中国能源统计年鉴

CHINA ENERGY STATISTICAL YEARBOOK

2012

国家统计局能源统计司 编

Compiled by
Department of Energy Statistics,
National Bureau of Statistics, People's Republic of China

中国统计出版社
China Statistics Press

图书在版编目（CIP）数据

中国能源统计年鉴. 2012：汉英对照 / 国家统计局能源统计司编. -- 北京 ：中国统计出版社, 2012.12
ISBN 978-7-5037-6766-1

Ⅰ. ①中… Ⅱ. ①国… Ⅲ. ①能源经济－经济统计－中国－2012－年鉴－汉、英 Ⅳ. ①F426.2-54

中国版本图书馆 CIP 数据核字(2012)第 307869 号

中国能源统计年鉴 2012

作　　者 / 国家统计局能源统计司
责任编辑 / 胡文华
封面设计 / 李雪燕
出版发行 / 中国统计出版社
通信地址 / 北京市丰台区西三环南路甲 6 号　邮政编码/100073
电　　话 / 邮购（010）63376909　书店（010）68783171
网　　址 / http://csp.stats.gov.cn
印　　刷 / 河北天普润印刷厂
经　　销 / 新华书店
开　　本 / 880 × 1230mm　1/16
字　　数 / 704 千字
印　　张 / 23
版　　别 / 2012 年 12 月第 1 版
版　　次 / 2012 年 12 月第 1 次印刷
定　　价 / 298.00 元

如有印装差错，由本社发行部调换。

《中国能源统计年鉴 2012》
编委会和编辑人员

China Energy Statistical Yearbook 2012

EDITORIAL BOARD AND STAFF

编 辑 说 明

一、《中国能源统计年鉴》是一部全面反映中国能源建设、生产、消费、供需平衡的权威性资料书，从1986年开始，由国家统计局工业交通统计司主编。2008 年版起，由国家统计局能源统计司主编，中国统计出版社出版，向国内外公开发行。

二、为满足广大读者对中国能源统计数据的需求，提高数据应用的时效性，从 2004 年起，《中国能源统计年鉴》由每两年出版一册改为每年出版一册，封面的年份由数据年改为出版年份。

三、《中国能源统计年鉴》信息量大，特别突出数据的权威性、完整性。全书共分为 8 个部分：1.综合；2.能源建设；3.能源生产；4.能源消费；5.全国能源平衡表；6.地区能源平衡表；7.香港、澳门特别行政区能源数据；附录为台湾省能源数据、有关国家和地区能源数据、主要统计指标解释以及各种能源折标准煤参考系数。

四、本书大部分资料来源于国家统计局年度统计报表及《中国统计年鉴》。全国统计数字均未包括香港、澳门特别行政区和台湾省。能源平衡表核算范围不包括非商品能源。

五、本书中，中国能源数据截止到2011年，世界和各国及地区能源数据截止到2010年。

六、符号使用说明：年鉴各表中“空格”表示该项统计指标数据不足本表最小位数、数据不详或无该项数据；“#”表示其中的主要项。

PREFACE

China energy statistical yearbook is an annual statistical publication, which covers very comprehensive data in energy construction, production, consumption, equilibrium of supply and demand in an all-round way, established in 1986, edited by the department of Industry and Transport Statistics of State Statistics Bureau. 2008 annual is edited by the Department of Energy Statistics of State Statistics Bureau, published by China Statistics Press, to the domestic and international public publication.

In order to satisfy the masses of readers' demands for China energy statistics, improve the efficiency and timeliness of the data use, from each of 2004, *China energy statistical yearbook* is published one volume every year instead of one volume every 2 years, the year of front cover also switched over to publishing year.

The amount of information in *China energy statistical yearbook* is large, especially stress the authoritativeness, integrality of the data. The book consists of eight chapters: 1. General Survey; 2. Construction of Energy Industry; 3. Energy Production; 4. Energy Consumption; 5. Energy Balance Table of China; 6. Energy Balance Table by Region; 7. Energy data for the Hong Kong and Macao Special Administrative Region. Additional information provided in the appendices include major energy data for Taiwan province, energy data for related countries or areas and explanatory notes of main statistical indicators and conversion factors from physical units to coal equivalent.

Annual statistical reports from the National Bureau of Statistics and the *China Statistical Yearbook* are the main data sources of this document. However, the national data in this book does not include that of the Hong Kong and Macao Special Administrative Region, the Taiwan province. Also, the data in the energy balance tables does not cover non-commercial energy.

The China energy data were by the year of 2011, energy data for the world and other countries or area were by the year of 2010.

Notations used in the yearbook：blank space indicates that the figure is not large enough to be measured with the smallest unit in the table, or data are unknown or are not available;" # "indicates a major breakdown of the total.

目　　录

CONTENTS

一、综合

Chapter 1 General Survey

二、能源建设

Chapter 2 Construction of Energy Industry

六、地区能源平衡表

Chapter 6 Energy Balance Table by Region

附录 1、台湾省能源数据

Appendix Ⅰ Energy Data for Taiwan Province

附录 2、有关国家和地区能源数据

Appendix Ⅱ Energy Data for Related Countries or Areas

一、综　　合

Chapter 1　General Survey

1-1 能源生产、消费与国内生产总值增长速度
GROWTH RATE OF ENERGY PRODUCTION AND CONSUMPTION COMPARED WITH GROWTH RATE OF GDP

年 份 Year	国内生产总值增长速度 (%) Growth Rate of GDP (%)	能源生产增长速度 (%) Growth Rate of Energy Production	电力生产增长速度 (%) Growth Rate of Electricity Production	能源消费增长速度 (%) Growth Rate of Energy Consumption	电力消费增长速度 (%) Growth Rate of Electricity Consumption	能源生产弹性系数 Elasticity of Energy Production	电力生产弹性系数 Elasticity of Electricity Production	能源消费弹性系数 Elasticity of Energy Consumption	电力消费弹性系数 Elasticity of Electricity Consumption
1980	7.8	-1.3	6.6	2.9	6.6		0.85	0.37	0.85
1981	5.2	-0.8	2.9	-1.4	3.0		0.56		0.58
1982	9.1	5.6	6.0	4.4	5.9	0.62	0.66	0.48	0.65
1983	10.9	6.7	7.2	6.4	7.3	0.61	0.66	0.59	0.67
1984	15.2	9.2	7.3	7.4	7.4	0.61	0.48	0.49	0.49
1985	13.5	9.9	8.9	8.1	9.0	0.73	0.66	0.60	0.67
1986	8.8	3.0	9.5	5.4	9.5	0.34	1.08	0.61	1.08
1987	11.6	3.6	10.6	7.2	10.6	0.31	0.91	0.62	0.91
1988	11.3	5.0	9.6	7.4	9.7	0.44	0.85	0.65	0.86
1989	4.1	6.1	7.3	4.2	7.3	1.49	1.77	1.03	1.78
1990	3.8	2.2	6.2	1.8	6.2	0.58	1.63	0.47	1.63
1991	9.2	0.9	9.1	5.1	9.2	0.10	0.99	0.55	1.00
1992	14.2	2.3	11.3	5.2	11.5	0.16	0.80	0.37	0.81
1993	14.0	3.6	15.3	6.3	11.0	0.26	1.09	0.45	0.79
1994	13.1	6.9	10.7	5.8	9.9	0.53	0.82	0.44	0.76
1995	10.9	8.7	8.6	6.9	8.2	0.80	0.79	0.63	0.75
1996	10.0	3.1	7.2	3.1	7.4	0.31	0.72	0.31	0.74
1997	9.3	0.3	5.1	0.5	4.8	0.03	0.55	0.06	0.52
1998	7.8	-2.7	2.7	0.2	2.8		0.35	0.03	0.36
1999	7.6	1.6	6.3	3.2	6.1	0.21	0.83	0.42	0.80
2000	8.4	2.4	9.4	3.5	9.5	0.28	1.12	0.42	1.13
2001	8.3	6.5	9.2	3.3	9.3	0.79	1.11	0.40	1.12
2002	9.1	4.7	11.7	6.0	11.8	0.52	1.29	0.66	1.30
2003	10.0	14.1	15.5	15.3	15.6	1.41	1.55	1.53	1.56
2004	10.1	14.4	15.3	16.1	15.4	1.43	1.51	1.60	1.52
2005	11.3	10.0	13.5	10.6	13.5	0.88	1.19	0.93	1.19
2006	12.7	7.4	14.6	9.6	14.6	0.58	1.15	0.76	1.15
2007	14.2	6.5	14.5	8.4	14.4	0.46	1.02	0.59	1.01
2008	9.6	5.4	5.6	3.9	5.6	0.56	0.58	0.41	0.58
2009	9.2	5.4	7.1	5.2	7.2	0.59	0.78	0.57	0.78
2010	10.4	8.1	13.3	6.0	13.2	0.78	1.28	0.58	1.27
2011	9.3	7.1	12.0	7.1	12.1	0.76	1.29	0.76	1.30

注：国内生产总值增长速度按可比价格计算，能源生产增长速度和能源消费增长速度采用等价值总量计算。

a) GDP growth rate is calculated at comparable prices, the growth rates of energy production and consumption are calculated by coal equivalent.

1-2 国民经济和能源经济主要指标

指标	Item	单位 unit	2000
1.年底人口总数	1.Year-end Population	万人 10^4 persons	126743
城镇	Urban	万人 10^4 persons	45906
乡村	Rural	万人 10^4 persons	80837
2.国内生产总值	2.Gross Domestic Products	亿元 10^8 yuan	99215
第一产业	Primary Industry	亿元 10^8 yuan	14945
第二产业	Secondary Industry	亿元 10^8 yuan	45556
工业	Industry	亿元 10^8 yuan	40034
建筑业	Construction	亿元 10^8 yuan	5522
第三产业	Tertiary Industry	亿元 10^8 yuan	38714
3.全社会固定资产投资总额	3.Investment in Fixed Assets	亿元 10^8 yuan	32918
能源工业(国有)	Energy Industry (State-owned)	亿元 10^8 yuan	2840
煤炭采选业	Coal Mining and Processing	亿元 10^8 yuan	199
石油和天然气开采业	Petroleum and Natural Gas Extraction	亿元 10^8 yuan	365
电力、蒸汽、热水生产和供应业	Electricity, Steam Production and Supply	亿元 10^8 yuan	2130
石油加工及炼焦业	Petroleum Processing and Coking	亿元 10^8 yuan	95
煤气生产和供应业	Gas Production and Supply	亿元 10^8 yuan	60
4.进出口总额	4.Total Value of Exports and Imports	亿元 10^8 yuan	39273
出口总额	Exports	亿元 10^8 yuan	20634
进口总额	Imports	亿元 10^8 yuan	18639
5.一次能源生产总量(发电煤耗计算法)(*)	5.Primary Energy Production (coal equivalent calculation)(*)	万吨标准煤10^4 tce	135048
一次能源生产总量(电热当量计算法)(**)	Primary Energy Production (calorific value calculation)(**)	万吨标准煤10^4 tce	128743
6.能源消费总量(发电煤耗计算法)(*)	6.Total Energy Consumption (coal equivalent calculation)(*)	万吨标准煤10^4 tce	145531
能源消费总量(电热当量计算法)(**)	Total Energy Consumption (calorific value calculation)(**)	万吨标准煤10^4 tce	139445

注: (*) 发电煤耗计算法是指电力按当年平均火力发电煤耗换算成标准煤(下表同)。

(**) 电热当量计算法是指电力按自身的热功当量换算成标准煤。采用的折标系数为1万千瓦时=1.229吨标准煤(下表同)。

(*) Electricity is converted to TCE by average quantity of fuel used for power generation. (the same as in the following tables)

(**) Electricity is converted to TCE by 104kwh=1.229TCE. (The same as in the following tables)

MAIN INDICATORS OF NATIONAL ECONOMY AND ENERGY ECONOMY

2001	2002	2003	2004	2005	2006	2007	2008	2009	2010	2011
127627	128453	129227	129988	130756	131448	132129	132802	133450	134091	134735
48064	50212	52376	54283	56212	58288	60633	62403	64512	66978	69079
79563	78241	76851	75705	74544	73160	71496	70399	68938	67113	65656
109655	120333	135823	159878	184937	216314	265810	314045	340903	401513	472882
15781	16537	17382	21413	22420	24040	28627	33702	35226	40534	47486
49512	53897	62436	73904	87598	103720	125831	149003	157639	187383	220413
43581	47431	54946	65210	77231	91311	110535	130260	135240	160722	188470
5932	6465	7491	8694	10367	12409	15296	18743	22399	26661	31943
44362	49899	56005	64561	74919	88555	111352	131340	148038	173596	204983
37214	43500	55567	70477	88774	109998	137324	172828	224599	278122	311485
2622	2626	2876	3643	4766	5687	6715	7940	10003	11219	11468
199	233	310	420	624	759	836	1014	1241	1477	1635
375	158	236	301	279	387	586	740	1271	1798	2009
1861	2082	2158	2640	3451	4042	4611	5336	6686	7054	6806
127	93	90	188	299	369	549	698	561	556	653
58	60	82	95	113	129	133	153	244	336	365
42184	51378	70484	95539	116922	140974	166864	179921	150648	201722	236402
22024	26948	36288	49103	62648	77597	93564	100395	82030	107023	123241
20159	24430	34196	46436	54274	63377	73300	79527	68618	94699	113161
143875	150656	171906	196648	216219	232167	247279	260552	274619	296916	317987
136223	142829	164011	187268	205860	220895	234856	247010	259767	279694	300907
150406	159431	183792	213456	235997	258676	280508	291448	306647	324939	348002
142972	151789	176074	204219	225781	247562	268413	277515	292028	307987	331173

1-3 平均每万元国内生产总值能源消费量

ENERGY INTENSITY BY GDP

年 份 Year	能源消费总量 (吨标准煤/万元) Total Energy Consumption (tce/10^4 yuan)	煤炭 (吨/万元) Coal (tn/10^4 yuan)	焦炭 (吨/万元) Coke (tn/10^4 yuan)	石油 (吨/万元) Petroleum (tn/10^4 yuan)	原油 (吨/万元) Crude Oil (tn/10^4 yuan)	燃料油 (吨/万元) Fuel Oil (tn/10^4 yuan)	电力 (万千瓦小时/万元) Electricity (10^4 kW·h /10^4 yuan)
	国内生产总值按1980年可比价格计算 GDP is calculated at 1980 constant prices						
1980	13.20	13.36	0.94	1.92	2.02	0.67	0.66
1981	12.37	12.60	0.82	1.94	1.82	0.59	0.64
1982	11.84	12.23	0.76	1.57	1.66	0.54	0.63
1983	11.36	11.82	0.71	1.44	1.56	0.49	0.61
1984	10.59	11.20	0.66	1.29	1.38	0.43	0.56
1985	10.10	10.74	0.62	1.21	1.25	0.37	0.54
1986	9.78	10.40	0.63	1.18	1.24	0.36	0.55
1987	9.39	10.06	0.62	1.12	1.16	0.34	0.54
1988	9.06	9.68	0.59	1.08	1.09	0.32	0.53
1989	9.07	9.68	0.60	1.08	1.09	0.32	0.55
1990	8.90	9.51	0.62	1.04	1.06	0.30	0.56
	国内生产总值按1990年可比价格计算 GDP is calculated at 1990 constant prices						
1990	5.32	5.69	0.37	0.62	0.63	0.18	0.34
1991	5.12	5.45	0.35	0.61	0.61	0.17	0.34
1992	4.72	4.93	0.34	0.58	0.57	0.15	0.33
1993	4.40	4.59	0.33	0.56	0.52	0.14	0.32
1994	4.12	4.31	0.31	0.50	0.47	0.12	0.31
1995	3.97	4.16	0.32	0.49	0.45	0.11	0.30
1996	3.69	3.83	0.32	0.48	0.43	0.10	0.29
1997	3.40	3.44	0.27	0.48	0.43	0.09	0.28
1998	3.16	3.13	0.27	0.46	0.40	0.09	0.27
1999	3.03	3.00	0.23	0.45	0.41	0.08	0.26
2000	2.89	2.80	0.22	0.45	0.42	0.08	0.27
	国内生产总值按2000年可比价格计算 GDP is calculated at 2000 constant prices						
2000	1.47	1.42	0.11	0.23	0.21	0.04	0.14
2001	1.40	1.35	0.11	0.21	0.20	0.04	0.14
2002	1.36	1.30	0.11	0.21	0.19	0.03	0.14
2003	1.43	1.40	0.12	0.21	0.19	0.03	0.15
2004	1.50	1.46	0.13	0.22	0.20	0.03	0.15
2005	1.49	1.47	0.16	0.21	0.19	0.03	0.16
	国内生产总值按2005年可比价格计算 GDP is calculated at 2005 constant prices						
2005	1.28	1.25	0.14	0.18	0.16	0.02	0.13
2006	1.24	1.22	0.13	0.17	0.15	0.02	0.14
2007	1.18	1.15	0.12	0.15	0.14	0.02	0.14
2008	1.12	1.08	0.11	0.14	0.14	0.01	0.13
2009	1.08	1.04	0.11	0.13	0.13	0.01	0.13
2010	1.03	0.99	0.11	0.14	0.14	0.01	0.13
	国内生产总值按2010年可比价格计算 GDP is calculated at 2010 constant prices						
2010	0.81	0.78	0.08	0.11	0.11	0.01	0.10
2011	0.79	0.78	0.09	0.10	0.10	0.01	0.11

1-4 能源加工转换效率

EFFICIENCY OF ENERGY TRANSFORMATION

单位：% (%)

年 份 Year	总效率 Total Efficiency	发电及电站供热 Power Generation and Heating by Power Station	炼 焦 Coking	炼 油 Petroleum Refinery
1980	69.54	36.02	88.68	99.00
1981	69.28	36.68	90.89	99.06
1982	69.20	36.78	90.51	99.13
1983	69.93	36.94	91.18	99.16
1984	69.16	36.95	90.08	99.17
1985	68.29	36.85	90.79	99.10
1986	68.32	36.69	90.63	99.04
1987	67.48	36.75	90.46	98.81
1988	66.54	36.34	90.77	98.76
1989	66.51	36.74	90.30	98.57
1990	66.48	37.34	91.28	90.19
1991	65.90	37.60	89.90	98.10
1992	66.00	37.80	92.70	96.80
1993	67.32	39.90	98.05	98.49
1994	65.20	39.35	89.62	97.48
1995	71.05	37.31	91.99	97.67
1996	70.19	36.63	94.07	97.46
1997	69.76	35.89	94.01	97.37
1998	69.28	37.09	94.97	96.41
1999	69.25	37.04	96.13	97.51
2000	69.04	37.36	96.21	97.32
2001	69.34	37.63	96.48	97.92
2002	69.04	38.73	96.63	96.71
2003	69.40	38.83	96.13	96.80
2004	70.91	39.46	97.55	96.43
2005	71.55	39.87	97.57	96.86
2006	71.24	39.87	97.77	96.86
2007	70.77	40.24	97.56	97.17
2008	71.55	41.04	97.75	97.17
2009	72.01	41.73	97.38	96.63
2010	72.83	42.43	96.44	96.86
2011	72.32	42.44	96.41	97.01

1-5 人均能源生产量和消费量

ENERGY PRODUCTION AND CONSUMPTION PER CAPITA

年 份 Year	人均能源生产量 Per-Capita Energy Production				人均能源消费量 Per-Capita Energy Consumption			
	能源总量（千克标准煤） Total Energy (kgce)	原煤（千克） Raw Coal (kg)	原油（千克） Crude Oil (kg)	电力（千瓦小时） Electricity (kW•h)	能源总量（千克标准煤） Total Energy (kgtce)	煤炭（千克） Coal (kg)	石油（千克） Oil (kg)	电力（千瓦小时） Electricity (kW•h)
1980	650	632	108	306	614	622	89	306
1981	636	625	102	311	598	610	94	311
1982	662	661	101	325	615	636	81	325
1983	696	698	104	343	645	671	82	344
1984	751	761	111	364	684	723	83	364
1985	814	830	119	391	730	776	87	392
1986	826	838	123	421	758	806	91	422
1987	842	856	124	459	799	856	95	460
1988	870	889	124	495	844	902	101	496
1989	909	942	123	523	867	925	104	524
1990	915	951	122	547	869	930	101	549
1991	911	945	123	589	902	960	108	591
1992	921	958	122	647	937	979	115	651
1993	942	976	123	711	984	1026	125	715
1994	996	1040	123	779	1030	1078	125	777
1995	1071	1129	125	836	1089	1143	133	832
1996	1093	1147	129	887	1110	1150	145	884
1997	1085	1128	131	923	1105	1120	157	917
1998	1045	1073	130	939	1097	1087	160	934
1999	1053	1089	128	989	1122	1112	168	982
2000	1070	1096	129	1074	1153	1117	178	1067
2001	1131	1157	129	1164	1183	1136	180	1158
2002	1177	1211	130	1292	1245	1189	194	1286
2003	1334	1424	132	1483	1427	1402	211	1477
2004	1517	1638	136	1700	1647	1601	245	1695
2005	1658	1802	139	1918	1810	1778	250	1913
2006	1771	1929	141	2181	1973	1946	266	2181
2007	1876	2042	141	2482	2128	2070	278	2482
2008	1967	2115	144	2608	2200	2122	282	2608
2009	2063	2233	142	2782	2303	2222	288	2782
2010	2220	2418	152	3145	2429	2334	323	3135
2011	2366	2616	151	3506	2589	2551	338	3497

注：本表按年平均人口数计算，下表同。

a) This table is calculated by annual average population, the same applies to table following.

1-6 人均生活用能量

RESIDENTIAL ENERGY CONSUMPTION PER CAPITA

年 份 Year	全国人均生活用能量(千克标准煤) Annual Average Residential Energy Consumption Per Capita (kgce)	煤炭 (千克) Coal (kg)	电力 (千瓦小时) Electricity (kW•h)	液化石油气 (千克) LPG (kg)	天然气 (立方米) Natural Gas (cu.m)	煤气 (立方米) Gas (cu.m)	城镇人均 生活用能量 (千克标准煤) Urban (kgce)	农村人均 生活用能量 (千克标准煤) Rural (kgce)
1980	112	118	11	0.4	0.2	1.4	332	60
1981	101	122	12	0.5	0.2	1.4	290	55
1982	102	124	12	0.5	0.2	1.5	281	56
1983	107	128	13	0.6	0.1	1.5	283	59
1984	113	135	15	0.6	0.4	1.6	288	63
1985	127	149	21	0.9	0.4	1.3	307	72
1986	127	148	23	1.1	0.6	1.3	306	71
1987	132	152	26	1.1	0.7	1.6	300	76
1988	141	159	31	1.2	1.4	1.6	307	84
1989	139	152	35	1.4	1.5	2.4	297	84
1990	139	147	42	1.4	1.6	2.5	298	83
1991	139	143	47	1.8	1.6	3.2	292	83
1992	134	127	55	2.1	1.8	4.4	267	85
1993	133	123	63	2.5	1.5	4.6	258	86
1994	129	109	73	3.2	1.7	6.3	238	86
1995	131	112	83	4.4	1.6	4.7	242	86
1996	121	83	88	5.9	1.7	6.4	238	71
1997	119	77	99	6.2	1.7	8.9	226	71
1998	119	73	104	6.9	1.9	9.7	218	71
1999	122	70	109	6.8	2.1	9.3	213	75
2000	124	67	115	6.8	2.6	10.0	210	76
2001	127	66	127	6.7	3.3	9.4	207	80
2002	134	66	138	7.6	3.6	9.8	210	87
2003	153	70	160	8.6	4.0	10.2	232	102
2004	176	75	184	10.4	5.2	10.7	256	119
2005	194	77	221	10.2	6.1	11.1	279	132
2006	212	77	256	11.1	7.8	12.7	298	145
2007	234	74	308	12.4	10.9	14.1	320	163
2008	241	69	332	11.0	12.8	13.9	319	173
2009	254	69	366	11.2	13.3	12.5	325	190
2010	258	68	383	10.9	17.0	12.5	315	204
2011	278	69	418	12.0	19.7	10.9	327	228

1-7 年末交通运输设备拥有量

NUMBER OF TRANSPORTATION EQUIPMENT (YEAR-END)

指 标 Item	2000	2002	2003	2004	2005	2006	2007	2008	2009	2010	2011
铁路机车合计(辆) Total Railway Locomotives(unit)	15253	16026	16320	17022	17473	17799	18306	18437	18922	19431	20721
蒸汽机车 Steam Locomotives	911	374	343	263	193	133	124	118	107	72	15
内燃机车 Diesel Locomotives	10826	11312	11355	11872	12114	12148	12111	12021	11805	10990	11081
电力机车 Electric Locomotives	3516	3918	4622	4887	5166	5518	6071	6298	7010	8369	9625
铁路客车(辆) Railway Passenger Coaches(unit)	35989	37942	38972	39766	40328	40945	42471	43215	47436	50391	52838
铁路货车(辆) Railway Freight Cars(unit)	439943	446707	503868	520101	541824	558483	571078	584961	594388	622284	644677
民用汽车合计(万辆) Total Civil Motor Vehicles(10^4unit)	1609	2053	2383	2694	3160	3697	4358	5100	6281	7802	9356
载客汽车 Passenger Vehicles	854	1202	1479	1739	2132	2620	3196	3839	4845	6124	7478
载货汽车 Trucks	716	812	854	893	956	986	1054	1126	1369	1598	1788
其它机动车(万辆) Others(10^4 unit)	4168	6174	7109	7786	8595	8798	9434	9757	10489	11306	11549
公路部门营运车辆(万辆) Motor Vehicles Owned by Highway Department(10^4 unit)	703	826	925	1067	733	803	849	931	1087	1133	1264
私人汽车(万辆) Private Vehicles(10^4 unit)	625	969	1219	1482	1848	2333	2876	3501	4575	5939	7327
民航飞机合计(架) Total Civil Aircraft(unit)	982	1112	1160	1245	1386	1614	1813	1961	2181	2405	3191
民用运输船舶合计(艘) Total Civil Transport Vessels(unit)	229676	202977	204270	210700	207294	194360	191771	184190	176932	178407	179242
机动船 Motor Vessels	185018	165936	163813	166854	165900	157805	157544	152247	149367	155624	157950
驳船 Barges	44658	37041	40457	43846	41394	36555	34227	31943	27565	22783	21292
#私人运输船舶 #Private Transport Vessels	142117	115108	114297	115503	95838	70292	70017	64552			

1-8 主要能源品种进、出口量

IMPORTS AND EXPORTS OF MAJOR ENERGY PRODUCTS

指 标 Item	2000	2002	2003	2004	2005	2006	2007	2008	2009	2010	2011
进口量 Import											
煤(万吨) Coal(10^4tn)	212	1081	1110	1861	2617	3811	5102	4034	12584	16310	18210
焦炭(万吨) Coal(10^4tn)				1	1				16	11	12
原油(万吨) Crude Oil(10^4tn)	7027	6941	9102	12272	12682	14517	16317	17889	20365	23768	25378
汽油(万吨) Gasoline(10^4tn)						6	23	199	4	0	3
煤油(万吨) Kerosene(10^4tn)	255	215	210	282	328	561	524	648	612	487	618
柴油(万吨) Diesel Oil(10^4tn)	26	48	85	275	53	71	162	624	184	180	233
燃料油(万吨) Fuel Oil(10^4tn)	1480	1660	2395	3059	2609	2799	2417	2186	2407	2299	2684
液化石油气(万吨) LPG(10^4tn)	482	626	637	641	617	536	405	259	408	327	350
其它石油制品(万吨) Other Petroleum Products(10^4tn)	161	384	432	384	443	443	689	666	1153	1731	1648
天然气(亿立方米) Natural Gas(10^8cu.m)						10	40	46	76	165	312
电力(亿千瓦小时) Electricity(10^8kW•h)	15	23	30	34	50	54	43	38	60	56	66
出口量 Export											
煤(万吨) Coal(10^4tn)	5505	8384	9403	8666	7172	6327	5317	4543	2240	1910	1466
焦炭、半焦炭 (万吨) Coke and Semi-coke(10^4tn)	1520	1357	1472	1501	1276	1447	1530	1221	54	335	330
原油(万吨) Crude Oil(10^4tn)	1031	766	813	549	807	634	389	424	507	303	252
汽油(万吨) Gasoline(10^4tn)	455	612	754	541	560	351	464	203	492	517	406
煤油(万吨) Kerosene(10^4tn)	199	170	202	205	269	371	448	536	594	605	653
柴油(万吨) Diesel Oil(10^4tn)	55	124	224	64	148	78	66	63	451	464	202
燃料油(万吨) Fuel Oil(10^4tn)	33	64	76	182	230	258	380	732	862	990	1227
液化石油气(万吨) LPG(10^4tn)	2	6	2	3	3	15	34	68	85	93	119
其它石油制品(万吨) Other Petroleum Products(10^4tn)	280	246	262	361	473	473	416	419	305	386	459
天然气(亿立方米) Natural Gas(10^8cu.m)				24	30	29	26	32	32	40	32
电力(亿千瓦小时) Electricity(10^8kW•h)	99	97	103	95	112	123	146	166	174	191	193

1-9 主要高耗能产品的进、出口量

IMPORTS AND EXPORTS OF ENERGY INTENSIVE PRODUCTS

指　标 Item	2000	2004	2005	2006	2007	2008	2009	2010	2011
进口量 Import									
钢材（万吨） Steel Products(10^4tn)	1596	2930	2582	1851	1687	1543	1763	1643	1558
钢铁丝(吨) Iron and Steel Wire(tn)	336300								
未锻造的铜及铜合金(万吨) Copper and Copper Alloys(10^4tn)	81	138	142	97	173	170	347	338	329
未锻造的铝及铝合金(万吨) Aluminum and Aluminum Alloys(10^4tn)	91	103	64	51	28	26	174	36	33
锌及锌合金(吨) Zinc and Zinc Alloys(tn)	129974								
烧碱(吨) Caustic Soda(tn)	46458								
纯碱(万吨) Soda Ash(10^4tn)	13	20	7	14	4				
肥料(万吨) Chemical Fertilizers, Manufactured(10^4tn)	1189	1240	1397	1129	1169	622	411	718	795
纸浆(万吨) Paper Pulp(10^4tn)	335	732	759	796	847	952	1368	1137	1445
纺织用合成纤维(万吨) Synthetic Fiber Suitable for Spinning(10^4tn)	100	99	84	62	51	32	35	37	35
出口量 Export									
水泥(万吨) Cement(10^4tn)	605	704	2216	3613	3301	2604	1561	1616	1061
平板玻璃(万平方米) Plate Glass(10^4sq.m)	5592	14464	19925	26433	30917	27762	16643	17398	18726
钢材（万吨） Steel Products(10^4tn)	621	1423	2052	4301	6265	5923	2460	4256	4888
钢铁丝(吨) Iron and Steel Wire(tn)	190122								
铜材(吨) Copper Products (tn)	144484	390023	463560	559122	499678	517522	455136	508580	500347
铝材(吨) Aluminum Products(tn)	130052	430988	711484	1240157	1853413	1900000	1390000	2180000	3000000
未锻造的锌及锌合金(吨) Zinc and Zinc Alloys(tn)	593336	263149	146845	341465	276714	71320	29287	43395	48369
纸及纸板(未切成形)(万吨) Paper and Paperboard in Rolls(10^4tn)	65	101	167	305	422	361	362	380	450

1-10 分地区废气中主要污染物排放情况（2011年）
MAIN POLLUTANT EMISSION IN WASTE GAS BY REGION (2011)

地　区	Region	废气中主要污染物排放量 Main Pollutant Emission in Waste Gas		
		二氧化硫 (万吨) Sulphur Dioxide (10^4 tons)	氮氧化物 (万吨) Nitrogen Oxides (10^4 tons)	烟(粉)尘 (万吨) Smoke and Dust (10^4 tons)
全　国	**National Total**	**2217.91**	**2404.27**	**1278.83**
北　京	Beijing	9.79	18.83	6.58
天　津	Tianjin	23.09	35.89	7.59
河　北	Hebei	141.21	180.11	132.25
山　西	Shanxi	139.91	128.60	112.99
内蒙古	Inner Mongolia	140.94	142.19	73.99
辽　宁	Liaoning	112.62	106.28	69.32
吉　林	Jilin	41.32	60.47	43.22
黑龙江	Heilongjiang	52.19	78.38	65.59
上　海	Shanghai	24.01	43.54	8.98
江　苏	Jiangsu	105.38	153.57	52.74
浙　江	Zhejiang	66.20	85.91	32.33
安　徽	Anhui	52.95	95.91	45.22
福　建	Fujian	38.92	49.45	22.53
江　西	Jiangxi	58.41	61.23	39.60
山　东	Shandong	182.74	179.03	78.38
河　南	Henan	137.05	166.54	66.82
湖　北	Hubei	66.56	66.96	34.61
湖　南	Hunan	68.55	66.64	38.44
广　东	Guangdong	84.77	138.82	32.43
广　西	Guangxi	52.10	49.40	28.83
海　南	Hainan	3.26	9.54	1.58
重　庆	Chongqing	58.69	40.26	18.10
四　川	Sichuan	90.20	67.49	38.59
贵　州	Guizhou	110.43	55.32	30.35
云　南	Yunnan	69.12	54.85	38.22
西　藏	Tibet	0.42	4.06	1.00
陕　西	Shaanxi	91.68	83.17	46.34
甘　肃	Gansu	62.39	48.09	23.62
青　海	Qinghai	15.66	12.41	13.83
宁　夏	Ningxia	41.04	45.82	21.55
新　疆	Xinjiang	76.31	75.51	53.19

1-11 分地区废水中主要污染物排放情况（2011年）

地区	Region	废水排放总量（万吨）Total Waste Water Discharged (10^4 tons)	废水中主要污染物排放量 Main Pullutant Emission in Waste Water			
			化学需氧量（万吨）COD (10^4 tons)	氨氮（万吨）Ammonia Nitrogen (10^4 tons)	总氮（万吨）Total Nitrogen (10^4 tons)	总磷（万吨）Total Phosphorus (10^4 tons)
全国	**National Total**	**6591922**	**2499.9**	**260.4**	**447.1**	**55.3**
北京	Beijing	145469	19.3	2.1	3.3	0.4
天津	Tianjin	67147	23.6	2.6	3.7	0.5
河北	Hebei	278551	138.9	11.4	45.0	6.8
山西	Shanxi	116132	49.0	5.9	8.8	1.0
内蒙古	Inner Mongolia	100389	91.9	5.4	15.9	1.7
辽宁	Liaoning	232247	134.3	11.1	20.0	2.8
吉林	Jilin	116162	82.5	5.8	11.0	1.4
黑龙江	Heilongjiang	150661	157.7	9.6	26.9	2.9
上海	Shanghai	214155	24.9	5.0	1.5	0.2
江苏	Jiangsu	592774	124.6	15.7	17.6	1.9
浙江	Zhejiang	420134	81.8	11.5	9.2	1.1
安徽	Anhui	243265	95.3	11.0	18.9	3.0
福建	Fujian	316178	67.9	9.5	9.5	1.3
江西	Jiangxi	194432	76.8	9.3	9.5	1.4
山东	Shandong	443331	198.2	17.3	56.0	6.5
河南	Henan	378785	143.7	15.4	41.5	4.9
湖北	Hubei	293064	110.5	13.1	19.8	2.5
湖南	Hunan	278811	130.5	16.5	23.1	2.8
广东	Guangdong	785587	188.4	23.1	12.5	2.0
广西	Guangxi	222439	79.3	8.4	11.6	1.4
海南	Hainan	35725	20.0	2.3	3.9	0.6
重庆	Chongqing	131450	41.7	5.5	5.5	0.7
四川	Sichuan	279852	130.2	14.4	23.0	2.7
贵州	Guizhou	77927	34.2	4.0	4.4	0.5
云南	Yunnan	147523	55.5	5.9	8.1	0.9
西藏	Tibet	4635	2.7	0.3	0.5	0.1
陕西	Shaanxi	121815	55.8	6.3	10.2	1.0
甘肃	Gansu	59232	39.7	4.3	5.2	0.5
青海	Qinghai	21292	10.3	1.0	0.8	0.1
宁夏	Ningxia	39432	23.4	1.8	3.1	0.3
新疆	Xinjiang	83329	67.3	4.7	17.1	1.4

MAIN POLLUTANT EMISSION IN WASTE WATER BY REGION (2011)

石油类 (吨) Petroleum (ton)	挥发酚 (吨) Volatile Phenol (ton)	铅 (千克) Plumbum (kg)	汞 (千克) Mercury (kg)	镉 (千克) Cadmium (kg)	总铬 (千克) Total Chromium (kg)	砷 (千克) Arsenic (kg)
21012.1	**2430.6**	**155242.0**	**1387.1**	**35899.0**	**293166.3**	**146616.0**
82.1	0.9	186.2	1.7	12.4	508.7	28.1
199.6	1.3	1459.4	1.1	9.8	285.2	22.8
1302.2	308.8	566.5	4.6	33.7	8480.5	78.1
1489.1	1048.0	662.7	5.1	830.9	519.8	755.4
808.1	5.9	3086.7	43.5	549.1	114.2	4929.6
897.6	70.0	982.0	10.5	96.4	692.5	478.8
287.5	4.7	267.8	7.7	35.3	199.8	1028.7
1252.1	25.7	37.9	1.7	5.6	875.4	78.5
777.0	5.8	175.5	3.4	18.2	2548.9	38.0
1578.9	63.3	3608.5	98.0	147.8	12318.3	804.5
981.3	23.7	568.4	8.3	281.2	21660.5	218.1
785.2	7.0	3026.1	9.6	777.7	6965.2	7166.1
455.0	16.7	5104.5	55.0	422.1	15327.6	1504.5
706.9	76.8	9401.6	95.0	2791.8	22669.2	10851.6
725.7	48.6	1096.6	48.4	1097.6	13959.0	2177.7
1266.5	160.1	7140.8	27.3	2781.3	37379.5	1810.7
1144.2	22.8	4166.8	223.3	846.6	17456.8	11961.7
880.4	104.5	42466.5	279.6	14518.2	34606.4	55704.9
837.1	13.2	11512.2	66.1	1147.7	75254.3	2287.7
563.8	64.5	15639.6	81.1	2498.1	4666.5	9070.5
4.6	0.1	32.5	0.4	6.2	137.6	28.8
522.8	35.0	188.0	3.6	12.2	740.6	1418.3
552.7	55.6	1760.6	71.2	183.3	1809.1	3596.2
483.8	1.0	536.7	40.1	123.6	268.8	619.8
494.4	3.9	27946.6	56.7	3343.6	134.7	15580.8
0.4		0.2		0.1	1.0	2721.1
851.5	199.2	4241.9	32.7	965.1	1655.1	965.6
333.7	11.1	6884.8	72.5	1424.9	4672.3	5735.6
321.2	1.7	1120.0	11.0	148.0	1033.3	2067.8
146.2	9.5	110.8	4.5	29.4	452.1	212.9
280.6	41.0	1263.8	23.6	760.9	5773.5	2673.0

二、能源建设

Chapter 2　Construction of Energy Industry

2-1 国有经济能源工业分行业固定资产投资
INVESTMENT IN FIXED ASSETS OF STATE-OWNED UNITS IN ENERGY INDUSTRY

单位：亿元 (100 million yuan)

项 目 Item	1995	2000	2005	2006	2007	2008	2009	2010	2011
能源工业 Energy Industry	2025	2840	4766	5687	6715	7940	10003	11219	11468
煤炭采选业 Coal Mining and Processing	282	199	624	759	836	1014	1241	1477	1635
石油和天然气开采业 Petroleum and Natural Gas Extraction	500	356	279	387	586	740	1271	1798	2009
电力、蒸汽、热水生产和供应业 Electricity, Steam, Hot Water Producing and Supply	1043	2130	3451	4042	4611	5336	6686	7054	6806
石油加工及炼焦业 Petroleum Processing and Coking	162	95	299	369	549	698	561	556	653
煤气生产和供应业 Coal Gas and Coal Products	39	60	113	129	133	153	244	336	365

注：自2011年起，除房地产开发投资和农户投资，固定资产投资统计起点由50万元提高到500万元；城镇固定资产投资数据发布口径改为固定资产投资(不含农户)，该口径等于原来城镇固定资产投资加上农村企事业组织的项目投资,以下表同。

a) Since 2011, the cut-off point has changed from 500 000 yuan to 5 million yuan, published coverage of investment in fixed assets in urban area changed into investment in fixed assets (excluding rural households) which included investment in urban area and investment in rural enterprises (units). The same applies to the tables following.

2-2 国有经济能源工业分行业固定资产投资构成
PROPORTIONS OF INVESTMENT IN FIXED ASSETS OF STATE-OWNED UNITS IN ENERGY INDUSTRY

单位：% (%)

项 目 Item	1995	2000	2005	2006	2007	2008	2009	2010	2011
能源工业 Energy Industry	100.00	100.00	100.00	100.00	100.00	100.00	100.00	100.00	100.00
煤炭采选业 Coal Mining and Processing	13.94	7.00	13.08	13.35	12.45	12.77	12.40	13.16	14.26
石油和天然气开采业 Petroleum and Natural Gas Extraction	24.67	12.52	5.85	6.80	8.72	9.31	12.71	16.02	17.52
电力、蒸汽、热水生产和供应业 Electricity, Steam, Hot Water Producing and Supply	51.48	75.02	72.42	71.09	68.67	67.20	66.84	62.87	59.35
石油加工及炼焦业 Petroleum Processing and Coking	7.98	3.34	6.28	6.49	8.18	8.79	5.61	4.95	5.70
煤气生产和供应业 Coal Gas and Coal Products	1.93	2.11	2.37	2.27	1.97	1.92	2.44	2.99	3.18

2-3 分地区国有经济能源工业固定资产投资

INVESTMENT IN FIXED ASSETS OF STATE-OWNED UNITS IN ENERGY INDUSTRY BY REGION

单位：亿元 (100 million yuan)

地 区	Region	1995	2000	2005	2006	2007	2008	2009	2010	2011
北 京	Beijing	48	54	100	91	133	124	125	94	88
天 津	Tianjin	121	31	47	104	175	273	297	235	241
河 北	Hebei	109	167	190	268	257	276	209	370	426
山 西	Shanxi	70	107	263	332	441	538	599	797	868
内 蒙	Inner Mongolia	74	33	382	445	600	695	822	906	824
辽 宁	Liaoning	133	180	127	167	241	248	307	407	366
吉 林	Jilin	44	66	47	80	104	217	256	321	253
黑龙江	Heilongjiang	163	72	114	149	180	283	313	586	566
上 海	Shanghai	76	76	108	122	138	158	272	140	101
江 苏	Jiangsu	49	202	311	285	175	248	324	294	275
浙 江	Zhejiang	56	91	291	272	339	258	318	326	420
安 徽	Anhui	77	54	170	238	380	388	326	321	289
福 建	Fujian	38	71	115	169	272	311	235	268	280
江 西	Jiangxi	19	51	81	97	93	83	136	150	129
山 东	Shandong	181	330	216	232	216	263	277	407	531
河 南	Henan	100	181	210	215	267	405	422	298	275
湖 北	Hubei	138	222	188	234	244	280	334	334	298
湖 南	Hunan	58	89	117	131	176	220	188	195	226
广 东	Guangdong	85	90	376	401	342	349	558	691	544
广 西	Guangxi	21	71	67	103	105	95	210	256	284
海 南	Hainan	2	13	71	47	20	30	37	27	32
重 庆	Chongqing		43	74	140	136	126	150	151	174
四 川	Sichuan	111	95	183	273	328	317	386	513	669
贵 州	Guizhou	27	67	180	187	202	242	241	263	283
云 南	Yunnan	23	49	141	207	215	267	382	348	358
西 藏	Tibet	9	10	15	13	18	30	39	44	49
陕 西	Shaanxi	40	94	238	276	425	471	580	667	717
甘 肃	Gansu	34	53	97	97	147	195	312	416	384
青 海	Qinghai	22	11	21	42	32	34	75	57	111
宁 夏	Ningxia	12	16	61	76	105	141	182	199	243
新 疆	Xinjiang	107	50	74	89	106	173	239	277	308

2-4 分地区国有经济煤炭采选业固定资产投资

INVESTMENT IN FIXED ASSETS OF STATE-OWNED UNITS IN COAL MINING AND PROCESSING BY REGION

单位：亿元 (100 million yuan)

地 区	Region	1995	2000	2005	2006	2007	2008	2009	2010	2011
北 京	Beijing	0.62	0.21	0.01	0.21	0.66	0.71	1.00	1.15	0.33
天 津	Tianjin	60.30								
河 北	Hebei	62.86	19.54	30.68	42.42	28.63	18.44	29.08	33.88	52.50
山 西	Shanxi	46.59	34.25	180.97	198.03	193.31	259.36	321.92	505.01	573.41
内 蒙	Inner Mongolia	35.26	2.49	31.74	70.73	103.60	135.68	188.78	166.89	210.74
辽 宁	Liaoning	6.09	7.95	15.34	7.94	14.16	17.53	11.27	13.89	18.17
吉 林	Jilin	2.86	0.84	5.07	14.43	8.49	16.04	15.88	13.21	12.33
黑龙江	Heilongjiang	14.12	7.46	22.48	33.68	34.66	39.46	54.82	46.95	54.78
上 海	Shanghai									
江 苏	Jiangsu	6.16	5.48	12.31	7.85	1.00	12.52	13.69	11.55	4.59
浙 江	Zhejiang	0.12								
安 徽	Anhui	34.64	13.16	91.42	131.17	166.54	160.06	167.18	164.91	104.34
福 建	Fujian	1.48	1.27	1.73	1.60	0.81	2.65	3.11	3.32	2.38
江 西	Jiangxi	1.72	0.89	4.40	4.18	6.47	4.43	8.21	1.00	2.07
山 东	Shandong	24.62	39.50	55.61	41.61	36.43	31.21	37.13	21.52	26.97
河 南	Henan	22.83	18.47	23.80	22.97	33.85	50.40	47.32	44.87	49.95
湖 北	Hubei	0.56	0.43				0.64	0.95	0.65	0.45
湖 南	Hunan	3.38	1.04	4.16	2.59	5.21	4.76	6.71	8.84	10.20
广 东	Guangdong	0.99	0.17							
广 西	Guangxi	0.93	0.52	1.58	1.83	1.56	2.36	5.79	6.57	10.29
海 南	Hainan	0.01								
重 庆	Chongqing		1.08	5.06	15.69	10.09	9.46	9.71	14.37	13.13
四 川	Sichuan	6.61	2.21	6.90	7.65	6.58	7.05	8.90	15.68	25.46
贵 州	Guizhou	6.65	4.46	21.56	30.11	32.17	49.92	35.97	42.58	56.44
云 南	Yunnan	3.59	1.90	6.30	8.69	10.57	17.95	22.96	23.35	14.33
西 藏	Tibet	0.09								
陕 西	Shaanxi	8.38	3.20	12.93	20.28	24.69	36.53	75.84	146.32	200.54
甘 肃	Gansu	4.07	4.97	10.21	8.96	11.56	10.32	46.11	60.63	78.32
青 海	Qinghai	0.24	0.01	0.42	0.48	1.43	1.28	1.20	2.29	4.61
宁 夏	Ningxia	5.21	2.79	32.88	32.42	58.67	69.76	77.88	77.76	75.67
新 疆	Xinjiang	3.34	2.15	6.92	15.90	15.28	18.70	49.31	49.75	33.10

2-5 分地区国有经济石油和天然气开采业固定资产投资
INVESTMENT IN FIXED ASSETS OF STATE-OWNED UNITS IN PETROLEUM AND NATURAL GAS EXTRACTION BY REGION

单位：亿元 (100 million yuan)

地　区	Region	1995	2000	2005	2006	2007	2008	2009	2010	2011
北　京	Beijing			0.03	0.03		18.16			0.14
天　津	Tianjin	30.77	4.11	9.03	30.60	28.26	29.22	28.18	62.30	66.51
河　北	Hebei	3.06	3.35	2.09	0.96	1.78	1.51	0.97	4.98	3.95
山　西	Shanxi							4.84	5.98	6.08
内　蒙	Inner Mongolia		0.70	18.05	28.28	105.87	175.69	157.29	184.41	92.55
辽　宁	Liaoning	54.91	67.50	21.58	34.63	49.47	19.72	11.27	16.18	24.74
吉　林	Jilin	17.39	20.85	0.14	6.22	20.14	33.47	80.54	66.51	54.99
黑龙江	Heilongjiang	103.85	0.40	7.52	5.00	19.36	61.43	98.39	327.04	337.64
上　海	Shanghai	0.07	2.17			12.72	28.41	8.21	0.33	0.57
江　苏	Jiangsu	6.28	10.74	11.62	14.97	11.25	19.20	25.24	25.71	13.67
浙　江	Zhejiang									
安　徽	Anhui						0.25		1.50	
福　建	Fujian									
江　西	Jiangxi						0.22			
山　东	Shandong	79.97	132.95		0.82	3.47	3.55	8.04	172.27	279.13
河　南	Henan	26.10	43.95	55.37	55.33	67.44	71.43	73.31	71.26	55.49
湖　北	Hubei	3.77	13.20	12.19	16.94	28.12	27.46	28.08	1.64	2.02
湖　南	Hunan							0.04	0.10	0.77
广　东	Guangdong	6.28	0.72	0.47	0.56	0.60	0.44	0.28	0.08	1.90
广　西	Guangxi	0.04			0.14	1.17	0.78	1.52	1.02	4.24
海　南	Hainan		5.00							
重　庆	Chongqing		0.09	0.28	0.24	3.14	7.13	8.31	6.20	4.88
四　川	Sichuan	24.11	6.87	13.65	15.19	19.50	19.37	11.66	7.45	
贵　州	Guizhou			0.52	0.54			0.42		0.56
云　南	Yunnan		0.03				0.29	0.67	0.73	0.17
西　藏	Tibet				0.03					
陕　西	Shaanxi	2.76	23.98	94.69	126.50	172.30	161.49	177.36	233.38	273.57
甘　肃	Gansu	4.29	6.57	5.76	8.05	14.23	22.35	15.23	10.82	17.65
青　海	Qinghai	6.00	1.76	4.54	1.07	0.92	0.59		0.15	0.05
宁　夏	Ningxia							0.15	0.05	
新　疆	Xinjiang	85.85	10.61	21.23	40.43	26.13	37.35	16.03	11.18	18.05

2-6 分地区国有经济电力、蒸汽、热水生产和供应业固定资产投资

NVESTMENT IN FIXED ASSETS OF STATE-OWNED UNITS IN ELECTRICITY, STEAM, HOT WATER PRODUCTION AND SUPPLY BY REGION

单位：亿元 (100 million yuan)

地 区	Region	1995	2000	2005	2006	2007	2008	2009	2010	2011
北 京	Beijing	37	36	76	65	126	101	113	82	74
天 津	Tianjin	23	21	28	60	106	125	155	130	154
河 北	Hebei	38	134	142	209	193	226	147	307	357
山 西	Shanxi	21	67	77	123	223	232	245	240	259
内 蒙	Inner Mongolia	33	29	308	292	340	338	434	536	450
辽 宁	Liaoning	42	86	77	108	160	187	260	320	215
吉 林	Jilin	20	43	41	58	73	160	157	238	177
黑龙江	Heilongjiang	26	59	76	88	110	151	125	181	143
上 海	Shanghai	57	62	103	114	100	122	248	124	95
江 苏	Jiangsu	29	172	284	257	161	202	269	196	246
浙 江	Zhejiang	54	90	261	259	333	253	313	319	403
安 徽	Anhui	27	39	66	90	194	209	135	141	128
福 建	Fujian	33	67	95	118	123	154	154	174	227
江 西	Jiangxi	14	47	66	86	79	68	116	136	119
山 东	Shandong	61	149	140	171	127	166	168	181	198
河 南	Henan	46	113	123	116	147	273	268	157	150
湖 北	Hubei	126	204	169	208	198	237	279	252	168
湖 南	Hunan	51	75	101	127	168	209	177	180	205
广 东	Guangdong	64	82	330	329	244	234	515	645	487
广 西	Guangxi	20	69	65	100	98	89	199	210	219
海 南	Hainan	2	6	8	8	15	30	35	23	32
重 庆	Chongqing		41	67	121	116	103	121	125	150
四 川	Sichuan	77	83	158	240	295	275	349	475	545
贵 州	Guizhou	20	62	157	156	168	192	202	218	218
云 南	Yunnan	19	47	130	197	198	242	344	309	332
西 藏	Tibet	9	10	15	13	18	30	38	44	48
陕 西	Shaanxi	25	63	110	107	197	217	264	208	164
甘 肃	Gansu	18	39	44	42	92	136	188	278	236
青 海	Qinghai	16	9	16	40	29	32	74	52	104
宁 夏	Ningxia	6	13	27	43	46	71	104	120	165
新 疆	Xinjiang	12	34	37	29	60	108	157	178	234

2-7 分地区国有经济石油加工及炼焦业固定资产投资

INVESTMENT IN FIXED ASSETS OF STATE-OWNED UNITS IN PETROLEUM PROCESSING AND COKING BY REGION

单位：亿元 (100 million yuan)

地　区	Region	1995	2000	2005	2006	2007	2008	2009	2010	2011
北　京	Beijing	6.95	5.59	12.37	15.08	6.79	4.45	8.57	5.81	6.61
天　津	Tianjin	5.17	1.48	6.94	11.00	35.37	112.59	103.55	29.71	5.10
河　北	Hebei	4.66	7.14	11.03	6.20	21.35	22.48	16.62	8.24	6.30
山　西	Shanxi	1.06	2.90	5.08	8.99	21.61	40.12	16.80	20.21	6.71
内　蒙	Inner Mongolia	5.59	0.26	23.24	51.85	48.22	40.44	32.72	13.35	61.26
辽　宁	Liaoning	28.90	16.59	8.81	13.64	13.33	17.44	17.31	22.71	43.61
吉　林	Jilin	3.15	0.55	0.25		0.08		0.22	0.09	0.95
黑龙江	Heilongjiang	16.74	4.26	7.09	19.44	14.31	27.39	26.24	27.15	21.41
上　海	Shanghai	10.05	5.33	0.97	2.67	19.94	5.53	7.25	10.96	4.19
江　苏	Jiangsu	6.80	12.24	1.55	3.16	0.80	1.27	1.26	16.89	1.61
浙　江	Zhejiang	1.36	0.24	0.44	0.37	1.01	0.13	0.10		
安　徽	Anhui	14.39	1.42	9.79	14.32	15.52	11.24	11.78	2.28	46.55
福　建	Fujian	3.56		11.07	26.35	121.10	143.20	63.89	74.55	42.05
江　西	Jiangxi	1.87	1.76	9.13	4.27	5.74	8.60	6.04	0.71	
山　东	Shandong	13.21	5.68	16.68	14.14	45.55	48.47	57.40	20.41	17.05
河　南	Henan	1.48	1.42	0.19	7.54	14.48	8.23	4.45	1.84	0.83
湖　北	Hubei	6.80	3.33	3.24	7.86	11.78	7.45	9.50	68.02	117.23
湖　南	Hunan	2.02	11.62	10.15	0.71		0.44	0.31	0.90	1.26
广　东	Guangdong	11.70	6.48	36.52	65.65	92.63	107.04	33.05	28.53	46.20
广　西	Guangxi	0.09	0.10	0.22	1.21	2.14	1.85	2.54	36.83	44.36
海　南	Hainan			62.53	38.30	2.81		0.26	0.80	
重　庆	Chongqing		0.15	0.09	0.14	0.22	0.24	0.25	0.03	
四　川	Sichuan	0.53	0.03	0.33	0.03	3.07	10.22	9.16	5.47	62.93
贵　州	Guizhou		0.07	0.13		1.36		1.06	1.31	2.38
云　南	Yunnan	0.05	0.06	0.66			3.03	10.20	9.22	8.56
西　藏	Tibet							0.03		
陕　西	Shaanxi	3.31	1.70	16.92	18.18	25.71	50.18	50.71	58.24	53.86
甘　肃	Gansu	6.64	2.26	36.31	36.51	21.91	20.90	57.58	59.08	40.85
青　海	Qinghai							0.14	0.38	1.00
宁　夏	Ningxia	0.25	0.05	0.49						0.10
新　疆	Xinjiang	5.32	2.07	7.11	1.69	2.53	4.72	12.20	31.86	10.28

2-8 分地区国有经济煤气生产和供应业固定资产投资

INVESTMENT IN FIXED ASSETS OF STATE-OWNED UNITS IN GAS PRODUCTION AND SUPPLY BY REGION

单位：亿元 (100 million yuan)

地 区	Region	1995	2000	2005	2006	2007	2008	2009	2010	2011
北 京	Beijing	4.04	12.50	11.03	10.57			2.08	4.73	7.24
天 津	Tianjin	1.10	3.90	2.63	2.50	5.72	6.58	10.93	13.88	15.29
河 北	Hebei	0.53	2.53	4.20	9.55	12.04	7.12	15.26	16.78	6.18
山 西	Shanxi	1.07	2.80	0.79	2.09	3.55	6.38	11.02	26.24	22.43
内 蒙	Inner Mongolia	0.14	0.74	1.44	2.64	2.46	5.87	8.79	4.49	9.25
辽 宁	Liaoning	1.55	1.83	4.15	2.18	3.87	6.16	6.90	34.57	64.71
吉 林	Jilin	0.91	0.76	0.50	1.49	2.59	7.22	1.92	3.47	7.03
黑龙江	Heilongjiang	2.61	1.22	0.71	2.43	2.01	4.18	8.42	4.41	9.51
上 海	Shanghai	8.43	6.88	4.18	5.43	4.65	2.05	8.31	5.39	1.07
江 苏	Jiangsu	0.86	1.41	1.32	1.94	1.07	12.73	14.92	43.47	9.85
浙 江	Zhejiang	1.38	1.16	29.35	12.21	4.72	5.10	5.15	6.48	16.96
安 徽	Anhui	0.88	0.61	3.27	3.00	3.55	6.90	12.15	11.82	9.90
福 建	Fujian	0.26	2.03	7.36	22.57	26.95	11.08	13.78	15.77	9.04
江 西	Jiangxi	0.78	0.64	1.14	1.89	1.91	1.85	6.08	12.08	7.95
山 东	Shandong	2.37	3.38	4.40	4.50	4.05	14.45	6.80	11.54	9.90
河 南	Henan	3.24	3.64	7.62	12.62	4.59	2.19	29.82	22.42	19.33
湖 北	Hubei	1.29	0.44	3.10	1.43	5.53	7.86	15.93	11.37	10.37
湖 南	Hunan	1.05	0.83	1.07	1.13	2.41	5.35	4.75	5.61	9.23
广 东	Guangdong	1.83	1.45	8.99	5.50	4.70	6.96	9.57	17.14	9.56
广 西	Guangxi	0.11	1.44	0.27	0.72	1.44	0.97	2.00	1.34	6.06
海 南	Hainan	0.01	1.58	0.14	0.20	1.80		1.45	2.66	
重 庆	Chongqing		0.72	1.40	2.48	6.48	6.38	11.42	4.52	6.27
四 川	Sichuan	2.27	3.00	4.51	10.10	4.19	5.54	7.80	9.91	36.34
贵 州	Guizhou	0.20	0.49	0.36	0.20	0.40	0.32	0.78	1.17	5.61
云 南	Yunnan	0.41	0.19	3.16	1.00	6.05	3.12	3.92	5.86	3.50
西 藏	Tibet					0.10	0.24	0.79	0.40	0.72
陕 西	Shaanxi	0.78	2.37	3.21	3.68	6.02	5.50	11.71	20.72	25.17
甘 肃	Gansu	0.52	0.36	0.80	1.71	6.79	5.43	5.96	8.10	11.74
青 海	Qinghai			0.09	0.10	0.11			2.12	1.46
宁 夏	Ningxia	0.09	0.47	0.21	0.47	0.32	0.57	0.70	0.98	1.55
新 疆	Xinjiang	0.29	0.68	1.50	2.60	2.47	4.57	4.83	6.10	11.65

2-9 能源工业分行业投资

INVESTMENT IN ENERGY INDUSTRY

单位：亿元 (100 million yuan)

项 目 Item	1995	2000	2005	2006	2007	2008	2009	2010	2011
能源工业 Energy Industry	2369	3991	10206	11826	13699	16346	19478	21627	23046
煤炭采选业 Coal Mining and Processing	286	211	1163	1459	1805	2399	3057	3785	4907
石油和天然气开采业 Petroleum and Natural Gas Extraction	504	789	1464	1822	2225	2675	2791	2928	3022
电力、蒸汽、热水生产和供应业 Electricity Steam, Hot Water Producing and and Supply	1337	2744	6503	7274	7907	9024	11139	11915	11603
石油加工及炼焦业 Petroleum Processing and Coking	194	173	801	939	1415	1828	1840	2035	2268
煤气生产和供应业 Gas Production and Supply	49	74	275	331	347	420	651	964	1244

2-10 能源工业分行业投资构成

INVESTMENT IN ENERGY INDUSTRY BY PROPORTIONS

单位：% (%)

项 目 Item	1995	2000	2005	2006	2007	2008	2009	2010	2011
能源工业 Energy Industry	100.00	100.00	100.00	100.00	100.00	100.00	100.00	100.00	100.00
煤炭采选业 Coal Mining and Processing	12.05	5.30	11.40	12.34	13.17	14.68	15.69	17.50	21.29
石油和天然气开采业 Petroleum and Natural Gas Extraction	21.27	19.78	14.34	15.41	16.25	16.37	14.33	13.54	13.11
电力、蒸汽、热水生产和供应业 Electricity Steam, Hot Water Producing and and Supply	56.43	68.76	63.72	61.51	57.72	55.21	57.19	55.09	50.35
石油加工及炼焦业 Petroleum Processing and Coking	8.20	4.32	7.85	7.94	10.33	11.18	9.45	9.41	9.84
煤气生产和供应业 Gas Production and Supply	2.05	1.85	2.69	2.80	2.53	2.57	3.34	4.46	5.40

2-11 分地区能源工业投资

INVESTMENT IN ENERGY INDUSTRY BY REGION

单位：亿元　　　　(100 million yuan)

地 区	Region	1995	2000	2005	2006	2007	2008	2009	2010	2011
北 京	Beijing	58	58	117	104	172	138	158	134	141
天 津	Tianjin	59	100	178	270	375	586	756	546	431
河 北	Hebei	80	200	417	513	602	704	635	882	963
山 西	Shanxi	73	157	603	682	863	1023	1206	1521	1919
内 蒙	Inner Mongolia	74	40	790	941	1197	1550	1880	2093	1903
辽 宁	Liaoning	154	190	321	417	599	675	886	1191	960
吉 林	Jilin	44	80	160	260	352	584	572	774	616
黑龙江	Heilongjiang	163	225	335	431	555	738	847	1014	983
上 海	Shanghai	81	115	139	137	219	198	326	199	145
江 苏	Jiangsu	90	223	560	443	316	406	487	479	598
浙 江	Zhejiang	70	215	478	443	458	366	434	430	529
安 徽	Anhui	78	81	294	370	516	528	453	527	481
福 建	Fujian	64	125	247	299	379	535	567	637	630
江 西	Jiangxi	25	60	133	155	155	179	300	281	331
山 东	Shandong	196	393	764	765	674	758	920	972	1133
河 南	Henan	133	188	498	574	656	833	940	773	827
湖 北	Hubei	146	239	287	365	364	403	495	512	518
湖 南	Hunan	59	96	249	271	329	421	406	496	601
广 东	Guangdong	174	182	674	685	594	710	919	966	891
广 西	Guangxi	27	87	187	284	305	289	351	368	421
海 南	Hainan	24	15	83	58	27	36	56	61	101
重 庆	Chongqing		50	164	244	224	225	276	316	343
四 川	Sichuan	123	137	431	573	655	677	824	1050	1315
贵 州	Guizhou	27	72	269	293	319	380	397	467	704
云 南	Yunnan	35	57	371	491	574	674	792	832	891
西 藏	Tibet	9	10	15	13	18	30	39	53	64
陕 西	Shaanxi	42	106	301	384	577	705	924	1043	1235
甘 肃	Gansu	34	65	142	173	243	328	530	667	638
青 海	Qinghai	22	30	86	118	112	125	157	141	232
宁 夏	Ningxia	12	19	104	119	159	195	297	351	414
新 疆	Xinjiang	107	180	375	490	649	704	795	988	1233

2-12 分地区煤炭采选业投资

INVESTMENT IN COAL MINING AND PROCESSING BY REGION

单位：亿元 (100 million yuan)

地 区	Region	1995	2000	2005	2006	2007	2008	2009	2010	2011
北 京	Beijing	0.62	0.21	0.43	0.43	0.66	0.71	1.92	2.62	2.70
天 津	Tianjin		0.08		0.21					3.74
河 北	Hebei	17.10	19.96	43.36	57.21	52.20	55.63	71.91	114.13	135.02
山 西	Shanxi	47.33	36.53	258.75	305.61	363.92	464.08	599.72	929.51	1240.24
内 蒙	Inner Mongolia	35.28	2.82	109.54	227.59	328.42	452.96	520.40	528.36	588.66
辽 宁	Liaoning	6.09	7.96	25.05	22.01	23.83	32.80	31.92	69.90	62.36
吉 林	Jilin	3.00	0.89	9.02	34.61	28.93	52.29	57.52	59.86	88.11
黑龙江	Heilongjiang	14.29	11.46	40.71	47.50	55.46	95.43	139.38	201.12	171.66
上 海	Shanghai									
江 苏	Jiangsu	6.16	5.52	13.36	11.11	3.67	15.92	17.34	17.45	13.91
浙 江	Zhejiang	0.12		0.34	0.18			0.07		
安 徽	Anhui	34.70	14.19	106.81	153.52	185.09	186.06	198.22	194.03	142.04
福 建	Fujian	1.48	1.35	4.54	5.28	5.65	12.94	24.32	18.90	43.66
江 西	Jiangxi	1.86	0.99	9.37	10.66	15.23	24.06	41.42	37.79	78.56
山 东	Shandong	25.26	40.35	148.63	88.29	70.70	77.38	99.65	97.25	93.62
河 南	Henan	23.18	18.71	102.88	136.92	203.25	275.85	315.70	231.93	296.11
湖 北	Hubei	0.58	0.78	3.93	3.70	3.84	8.20	14.77	19.32	45.60
湖 南	Hunan	3.38	1.22	18.42	22.86	40.87	63.57	101.55	146.27	182.15
广 东	Guangdong	0.99	0.17	0.02					0.46	0.49
广 西	Guangxi	1.04	0.52	5.18	4.41	4.51	4.77	9.74	11.39	21.49
海 南	Hainan	0.01								
重 庆	Chongqing		1.11	23.70	33.68	34.78	49.40	62.12	69.86	89.83
四 川	Sichuan	6.64	2.84	28.74	46.93	58.20	64.40	94.48	139.38	252.46
贵 州	Guizhou	6.65	5.31	32.69	44.50	51.35	95.87	121.20	171.81	359.97
云 南	Yunnan	3.68	2.07	37.07	25.01	36.23	51.31	60.53	74.90	106.37
西 藏	Tibet	0.09								
陕 西	Shaanxi	8.73	3.75	36.66	48.17	68.32	107.10	205.46	315.98	507.11
甘 肃	Gansu	4.07	4.98	13.01	15.41	22.90	30.62	54.51	77.04	111.89
青 海	Qinghai	0.24	0.01	2.56	4.93	6.51	11.83	7.61	9.41	14.39
宁 夏	Ningxia	5.37	2.82	33.03	38.69	69.32	79.73	102.00	110.69	119.79
新 疆	Xinjiang	3.36	2.35	16.02	31.60	41.05	49.18	103.46	135.33	135.33

2-13 分地区石油和天然气开采业投资
INVESTMENT IN PETROLEUM AND NATURAL GAS EXTRACTION BY REGION

单位：亿元 (100 million yuan)

地 区	Region	1995	2000	2005	2006	2007	2008	2009	2010	2011
北 京	Beijing			0.03	0.03	4.62	18.16	13.16	0.12	0.14
天 津	Tianjin	30.77	60.14	123.41	182.19	179.06	268.25	393.16	306.39	219.77
河 北	Hebei	3.06	3.35	24.89	37.97	74.19	69.60	9.77	33.51	36.79
山 西	Shanxi					0.44	1.90	16.49	21.62	65.68
内 蒙	Inner Mongolia		0.70	22.15	35.94	110.18	225.70	187.33	196.58	96.48
辽 宁	Liaoning	54.91	67.50	94.90	124.21	144.93	102.75	89.03	145.80	110.40
吉 林	Jilin	17.40	22.20	66.39	111.18	153.82	175.52	206.23	242.42	160.13
黑龙江	Heilongjiang	103.85	139.44	166.44	212.50	287.45	341.90	332.68	339.90	350.32
上 海	Shanghai	0.07	2.17	1.68	2.14	14.80	29.03	8.21	0.33	0.57
江 苏	Jiangsu	6.28	10.74	12.57	14.97	11.85	19.20	25.34	27.35	15.01
浙 江	Zhejiang									
安 徽	Anhui			0.02	0.01	0.20	0.67	0.20	1.63	1.04
福 建	Fujian		0.10			0.11				
江 西	Jiangxi						2.42			
山 东	Shandong	79.97	132.95	117.68	139.88	120.81	185.66	206.65	219.15	289.60
河 南	Henan	26.10	43.95	55.37	55.33	68.40	72.75	75.88	71.46	59.03
湖 北	Hubei	3.77	13.20	12.85	17.87	29.94	30.76	30.53	3.64	4.45
湖 南	Hunan				0.04			0.59	0.44	2.11
广 东	Guangdong	6.28	4.41	10.24	26.51	39.43	44.47	54.03	12.35	30.87
广 西	Guangxi	0.04		0.16	0.14	1.38	0.85	1.89	1.75	4.94
海 南	Hainan	3.62	5.00		0.75	0.73	0.27	4.40	0.27	11.43
重 庆	Chongqing		0.34	0.68	0.65	3.44	7.61	10.27	8.95	23.46
四 川	Sichuan	24.23	11.63	15.90	17.53	22.84	26.22	17.55	10.48	
贵 州	Guizhou		0.10	0.52	0.54		0.04	0.42		1.08
云 南	Yunnan		0.03	0.02			0.37	0.72	0.78	0.17
西 藏	Tibet			0.02	0.03					
陕 西	Shaanxi	3.16	23.98	95.71	133.92	190.73	177.58	213.62	256.04	301.25
甘 肃	Gansu	4.29	6.57	6.11	8.86	15.19	22.40	17.56	11.72	20.98
青 海	Qinghai	6.00	16.92	30.73	31.74	29.38	37.68	33.36	39.44	34.51
宁 夏	Ningxia				1.47	1.64	4.00	4.10	1.58	0.95
新 疆	Xinjiang	85.85	129.38	262.06	308.45	360.56	366.39	323.37	387.93	431.36

2-14 分地区电力、蒸汽、热水生产和供应业投资

INVESTMENT IN ELECTRICITY, STEAM, HOT WATER PRODUCTION AND SUPPLY BY REGION

单位：亿元 (100 million yuan)

地 区	Region	1995	2000	2005	2006	2007	2008	2009	2010	2011
北 京	Beijing	46	38	93	77	149	106	124	110	114
天 津	Tianjin	22	34	40	70	145	180	233	173	175
河 北	Hebei	54	166	283	343	379	437	406	543	598
山 西	Shanxi	22	105	246	294	385	421	451	418	463
内 蒙	Inner Mongolia	33	35	603	557	634	687	934	1152	865
辽 宁	Liaoning	50	89	116	173	288	376	550	637	498
吉 林	Jilin	20	55	77	104	155	326	283	424	309
黑龙江	Heilongjiang	26	67	103	142	175	232	295	351	278
上 海	Shanghai	58	89	120	116	163	133	267	148	105
江 苏	Jiangsu	69	187	510	383	257	317	383	308	433
浙 江	Zhejiang	60	204	436	410	435	344	406	391	473
安 徽	Anhui	27	65	166	188	299	287	202	276	240
福 建	Fujian	58	121	222	243	220	354	409	426	456
江 西	Jiangxi	21	56	106	131	117	118	195	191	182
山 东	Shandong	74	190	373	413	245	272	388	431	487
河 南	Henan	79	120	303	326	329	424	430	340	314
湖 北	Hubei	130	218	244	307	297	331	398	384	310
湖 南	Hunan	53	81	206	238	268	324	261	294	340
广 东	Guangdong	151	167	547	520	422	513	783	846	735
广 西	Guangxi	25	85	175	266	269	200	284	280	311
海 南	Hainan	14	7	17	19	21	35	44	54	80
重 庆	Chongqing		47	130	202	174	153	184	193	202
四 川	Sichuan	89	118	370	482	549	547	657	815	885
贵 州	Guizhou	20	65	232	243	252	258	247	269	292
云 南	Yunnan	31	55	321	451	509	596	696	708	747
西 藏	Tibet	9	10	15	13	18	30	39	52	63
陕 西	Shaanxi	26	73	138	173	265	291	327	301	234
甘 肃	Gansu	18	50	85	110	173	246	391	501	437
青 海	Qinghai	16	13	52	73	71	74	114	84	173
宁 夏	Ningxia	6	15	69	76	72	80	170	207	224
新 疆	Xinjiang	12	42	55	63	100	170	251	333	476

2-15 分地区石油加工及炼焦业投资

INVESTMENT IN PETROLEUM PROCESSING AND COKING BY REGION

单位：亿元 (100 million yuan)

地区	Region	1995	2000	2005	2006	2007	2008	2009	2010	2011
北京	Beijing	6.95	6.67	12.37	15.08	6.85	4.45	8.57	5.85	6.72
天津	Tianjin	5.17	1.52	8.31	14.35	45.47	129.94	117.98	50.96	14.54
河北	Hebei	5.09	7.65	55.33	45.01	74.12	123.72	121.44	155.33	137.03
山西	Shanxi	2.12	11.89	94.03	74.49	92.32	101.48	102.55	96.42	98.43
内蒙	Inner Mongolia	5.64	0.49	51.09	114.45	115.68	165.30	156.93	90.16	158.87
辽宁	Liaoning	41.89	23.70	78.31	91.95	132.27	149.81	192.93	266.88	189.63
吉林	Jilin	3.15	1.09	3.25	6.37	5.20	12.25	9.00	18.34	21.56
黑龙江	Heilongjiang	16.93	6.27	24.55	25.81	31.61	59.88	66.85	100.68	126.71
上海	Shanghai	10.05	17.06	5.54	6.41	29.85	16.65	25.87	24.80	26.59
江苏	Jiangsu	7.12	17.46	11.11	18.22	22.50	27.68	26.78	60.64	72.35
浙江	Zhejiang	8.24	9.86	8.88	10.53	13.92	10.99	17.34	21.19	22.41
安徽	Anhui	15.05	1.46	13.74	20.27	20.39	34.33	27.77	25.30	68.47
福建	Fujian	3.59	1.05	11.82	26.71	124.04	152.84	111.85	168.43	111.31
江西	Jiangxi	1.87	1.76	11.93	6.42	9.35	20.36	34.55	15.17	29.29
山东	Shandong	14.04	26.00	104.50	93.86	213.16	185.24	182.99	178.97	201.64
河南	Henan	1.53	1.76	18.84	25.28	37.56	44.65	59.17	74.80	96.29
湖北	Hubei	9.86	4.97	9.70	21.68	21.40	16.32	19.62	83.37	129.38
湖南	Hunan	2.02	12.47	15.01	3.85	9.21	16.00	20.80	34.63	33.06
广东	Guangdong	11.85	6.96	71.62	96.31	108.51	131.84	63.63	55.38	75.50
广西	Guangxi	0.09	0.14	2.59	9.72	25.41	77.28	48.01	63.15	67.69
海南	Hainan	5.60	0.38	62.65	38.33	3.29	0.35	4.19	2.08	1.13
重庆	Chongqing		0.15	3.09	1.19	1.64	2.32	3.34	8.75	7.43
四川	Sichuan	0.67	0.14	7.15	7.96	10.50	21.10	28.94	37.81	101.76
贵州	Guizhou		0.48	3.18	3.13	13.06	20.28	19.30	21.76	38.09
云南	Yunnan	0.05	0.22	9.62	12.51	22.39	21.99	29.56	37.36	29.11
西藏	Tibet							0.03		
陕西	Shaanxi	3.48	2.09	26.33	22.31	42.81	119.21	153.90	136.15	158.84
甘肃	Gansu	6.65	2.78	36.65	37.14	23.50	22.59	60.02	66.86	48.57
青海	Qinghai				7.20	4.16	0.44	1.79	5.58	6.97
宁夏	Ningxia	0.25	0.84	2.37	2.21	15.46	27.66	17.23	21.64	60.99
新疆	Xinjiang	5.43	5.25	37.73	80.53	139.74	110.56	106.89	106.63	128.10

2-16 分地区煤气生产和供应业投资

INVESTMENT IN GAS PRODUCTION AND SUPPLY BY REGION

单位：亿元 (100 million yuan)

地　区	Region	1995	2000	2005	2006	2007	2008	2009	2010	2011
北　京	Beijing	4.04	12.50	11.12	10.89	10.64	7.88	9.72	15.10	16.98
天　津	Tianjin	1.10	3.90	6.21	2.70	5.92	7.23	11.74	15.70	18.06
河　北	Hebei	0.59	3.15	10.83	29.83	22.81	18.10	25.98	36.97	56.26
山　西	Shanxi	1.07	3.45	3.66	8.41	21.01	34.75	36.58	55.63	51.87
内　蒙	Inner Mongolia	0.14	0.78	4.17	5.92	8.15	19.12	81.38	126.19	194.54
辽　宁	Liaoning	1.55	2.25	6.64	5.76	10.51	14.00	21.83	71.63	99.51
吉　林	Jilin	0.91	1.07	4.69	3.90	9.95	18.03	15.98	29.56	37.29
黑龙江	Heilongjiang	2.61	1.36	1.13	2.96	5.89	9.25	13.96	21.18	55.52
上　海	Shanghai	12.98	6.88	11.60	11.84	10.78	19.57	25.57	24.95	12.37
江　苏	Jiangsu	1.88	2.19	12.46	15.07	21.27	26.15	34.46	65.18	64.24
浙　江	Zhejiang	1.77	1.59	33.32	22.34	9.01	10.71	10.23	17.07	33.32
安　徽	Anhui	0.94	0.82	8.18	8.54	11.56	20.55	25.25	30.26	29.07
福　建	Fujian	0.26	2.12	8.59	24.43	28.94	14.41	21.94	23.87	18.70
江　西	Jiangxi	0.79	0.69	5.53	7.43	13.51	14.48	28.62	37.47	40.81
山　东	Shandong	2.37	3.99	20.68	29.58	23.49	37.57	42.39	46.49	61.00
河　南	Henan	3.24	3.92	17.36	29.97	17.87	15.70	59.45	55.34	61.49
湖　北	Hubei	1.30	2.35	16.36	14.96	12.47	16.96	31.61	22.19	29.40
湖　南	Hunan	1.17	1.11	9.39	6.55	10.79	17.66	22.23	20.84	44.48
广　东	Guangdong	4.11	3.67	45.24	41.70	24.45	21.39	18.45	51.72	49.60
广　西	Guangxi	0.11	1.77	4.08	4.20	4.57	5.59	7.32	10.89	15.30
海　南	Hainan	0.76	2.08	2.70	0.54	2.25	0.15	3.67	4.26	8.62
重　庆	Chongqing		1.53	5.90	6.18	9.92	12.89	16.70	36.00	20.70
四　川	Sichuan	2.44	3.92	9.05	18.55	13.90	18.62	25.53	47.25	75.05
贵　州	Guizhou	0.20	0.98	1.20	1.16	2.70	5.49	8.62	4.81	13.14
云　南	Yunnan	0.41	0.20	3.33	1.87	6.62	4.19	5.45	10.44	9.16
西　藏	Tibet			0.01		0.11	0.34	0.84	0.64	0.77
陕　西	Shaanxi	0.78	2.83	3.90	6.27	10.47	9.92	24.14	33.87	33.93
甘　肃	Gansu	0.61	0.36	1.46	2.22	8.15	6.64	7.01	10.57	19.60
青　海	Qinghai		0.01	0.86	0.34	0.54	0.86	0.43	3.26	3.35
宁　夏	Ningxia	0.09	1.01	0.39	0.62	0.98	3.70	3.32	9.84	7.98
新　疆	Xinjiang	0.29	1.21	4.61	6.78	7.41	8.12	10.26	25.04	62.32

三、能源生产

Chapter 3　Energy Production

3-1 一次能源生产量和构成

PRIMARY ENERGY PRODUCTION AND COMPOSITION

年 份 Year	电热当量计算法 calorific value calculation						
	一次能源生产量	占能源生产总量的比重（%） As percentage of primary energy production (%)					
	(万吨标准煤) Primary Energy Production (10^4 tce)	原 煤 Raw Coal	原 油 Crude Oil	天然气 Natural Gas	水电、核电、其他能发电 Hydro Power Nuclear Power Other Power	#水电 Hydro Power	核电 Nuclear Power
1980	62046	71.4	24.4	3.0	1.2	1.2	-
1981	61364	72.4	23.6	2.7	1.3	1.3	-
1982	64686	73.5	22.6	2.5	1.4	1.4	-
1983	68877	74.1	22.0	2.4	1.5	1.5	-
1984	75493	74.7	21.7	2.2	1.4	1.4	-
1985	83005	75.1	21.5	2.1	1.3	1.3	-
1986	85523	74.7	21.8	2.1	1.4	1.4	-
1987	88524	74.9	21.6	2.1	1.4	1.4	-
1988	92809	75.5	21.1	2.0	1.4	1.4	-
1989	98418	76.5	20.0	2.0	1.5	1.5	-
1990	100487	76.8	19.7	2.0	1.5	1.5	-
1991	101490	76.5	19.9	2.1	1.5	1.5	-
1992	103771	76.9	19.6	2.0	1.5	1.5	-
1993	107059	76.8	19.4	2.2	1.8	1.8	0.0
1994	114009	77.7	18.3	2.3	2.2	2.1	0.1
1995	123519	78.7	17.4	1.9	2.0	1.9	0.1
1996	127404	78.3	17.6	2.1	2.0	1.8	0.1
1997	127431	77.8	18.0	2.2	2.0	1.9	0.1
1998	123713	76.9	18.6	2.3	2.2	2.1	0.1
1999	126264	77.2	18.1	2.7	2.1	1.9	0.2
2000	128743	76.8	18.1	2.8	2.3	2.1	0.2
2001	136223	77.2	17.2	3.0	2.7	2.5	0.2
2002	142829	77.5	16.7	3.0	2.7	2.5	0.2
2003	164011	79.9	14.8	2.8	2.5	2.2	0.3
2004	187268	81.0	13.4	2.9	2.7	2.3	0.3
2005	205860	81.5	12.6	3.2	2.7	2.4	0.3
2006	220895	81.8	12.0	3.5	2.8	2.4	0.3
2007	234956	81.8	11.3	3.9	2.9	2.5	0.3
2008	247010	81.0	11.3	4.3	3.4	2.9	0.3
2009	259767	81.7	10.4	4.4	3.5	2.9	0.3
2010	279694	81.3	10.4	4.5	3.8	3.2	0.3
2011	300907	82.2	9.7	4.5	3.6	2.9	0.4

续表

Continued

年 份 Year	发电煤耗计算法 coal equivalent calculation						
	一次能源生产量（万吨标准煤） Primary Energy Production (10^4 tce)	占能源生产总量的比重（%） As percentage of primary energy production (%)					
		原 煤 Raw Coal	原 油 Crude Oil	天然气 Natural Gas	水电、核电、其他能发电 Hydro Power Nuclear Power Other Power	#水电 Hydro Power	核电 Nuclear Power
1980	63735	69.4	23.8	3.0	3.8	3.8	-
1981	63227	70.2	22.9	2.7	4.2	4.2	-
1982	66778	71.3	21.8	2.4	4.5	4.5	-
1983	71270	71.6	21.3	2.3	4.8	4.8	-
1984	77855	72.4	21.0	2.1	4.5	4.5	-
1985	85546	72.8	20.9	2.0	4.3	4.3	-
1986	88124	72.4	21.2	2.1	4.3	4.3	-
1987	91266	72.6	21.0	2.0	4.4	4.4	-
1988	95801	73.1	20.4	2.0	4.5	4.5	-
1989	101639	74.1	19.3	2.0	4.6	4.6	-
1990	103922	74.2	19.0	2.0	4.8	4.8	-
1991	104844	74.1	19.2	2.0	4.7	4.7	-
1992	107256	74.3	18.9	2.0	4.8	4.8	-
1993	111059	74.0	18.7	2.0	5.3	5.2	0.1
1994	118729	74.6	17.6	1.9	5.9	5.4	0.5
1995	129034	75.3	16.6	1.9	6.2	5.8	0.4
1996	133032	75.0	16.9	2.0	6.1	5.7	0.4
1997	133460	74.3	17.2	2.1	6.5	6.0	0.4
1998	129834	73.3	17.7	2.2	6.8	6.4	0.4
1999	131935	73.9	17.3	2.5	6.3	5.9	0.4
2000	135048	73.2	17.2	2.7	6.9	6.4	0.5
2001	143875	73.0	16.3	2.8	7.9	7.4	0.5
2002	150656	73.5	15.8	2.9	7.8	7.2	0.6
2003	171906	76.2	14.1	2.7	7.0	6.0	0.9
2004	196648	77.1	12.8	2.8	7.3	6.4	0.9
2005	216219	77.6	12.0	3.0	7.4	6.5	0.9
2006	232167	77.8	11.3	3.4	7.5	6.6	0.8
2007	247279	77.7	10.8	3.7	7.8	6.7	0.9
2008	260552	76.8	10.5	4.1	8.6	7.5	0.9
2009	274619	77.3	9.9	4.1	8.7	7.3	0.8
2010	296916	76.6	9.8	4.2	9.4	7.8	0.8
2011	317987	77.8	9.1	4.3	8.8	7.0	0.9

3-2 分地区焦炭生产量
COKE PRODUCTION BY REGION

单位：万吨 (10 000 ton)

地 区	Region	1995	2000	2004	2005	2006	2007	2008	2009	2010	2011
北 京	Beijing	401	402	362	344	254	177	170	166	161	
天 津	Tianjin	175	171	377	361	376	339	267	308	238	234
河 北	Hebei	938	792	1941	2613	3312	3821	3879	4800	5046	6290
山 西	Shanxi	5298	4967	6582	7981	9202	9897	8296	7682	8505	9010
内 蒙	Inner Mongolia	395	394	878	1034	1060	1440	1413	1838	2034	2482
辽 宁	Liaoning	820	789	1014	1238	1503	1625	1736	1877	1876	2027
吉 林	Jilin	136	154	225	270	286	365	318	424	411	485
黑龙江	Heilongjiang	190	129	415	474	563	683	784	968	957	1011
上 海	Shanghai	651	776	747	762	736	750	706	661	631	641
江 苏	Jiangsu	191	237	491	576	954	1073	1086	1213	1394	1855
浙 江	Zhejiang	57	60	58	55	52	53	166	230	282	292
安 徽	Anhui	293	330	438	488	509	684	765	773	875	869
福 建	Fujian	39	45	69	91	91	91	100	118	143	151
江 西	Jiangxi	167	187	341	401	493	557	526	626	799	876
山 东	Shandong	465	362	1125	1709	2154	2737	2942	3128	3429	3973
河 南	Henan	489	355	834	1381	1558	1938	1984	2163	2572	2417
湖 北	Hubei	398	411	469	678	688	696	918	838	947	994
湖 南	Hunan	215	207	410	446	474	523	451	559	582	677
广 东	Guangdong	54	54	91	125	125	94	136	191	195	194
广 西	Guangxi	64	61	152	223	250	256	310	360	392	411
海 南	Hainan										
重 庆	Chongqing		136	197	223	271	284	282	294	359	397
四 川	Sichuan	708	382	819	828	946	1049	1100	1167	1159	1281
贵 州	Guizhou	426	134	695	716	901	825	752	781	713	685
云 南	Yunnan	370	221	918	1214	1234	1184	1376	1457	1607	1603
西 藏	Tibet										
陕 西	Shaanxi	341	175	573	591	1111	1519	451	1325	1571	2172
甘 肃	Gansu	95	126	150	222	275	249	241	245	244	263
青 海	Qinghai	1	2		2	34	84	144	141	130	168
宁 夏	Ningxia	43	30	99	117	83	128	119	278	424	438
新 疆	Xinjiang	92	95	152	249	273	431	611	899	1188	1377

3-3 分地区原油生产量

CRUDE OIL PRODUCTION BY REGION

单位：万吨 (10 000 ton)

地 区	Region	1995	2000	2004	2005	2006	2007	2008	2009	2010	2011
北 京	Beijing										
天 津	Tianjin	620.8	764.0	1446.2	1793.0	1943.1	1924.3	1993.9	2297.0	3332.7	3187.8
河 北	Hebei	517.0	518.3	537.8	562.5	610.8	660.0	643.1	599.1	599.0	586.1
山 西	Shanxi										
内 蒙	Inner Mongolia			113.2							
辽 宁	Liaoning	1552.7	1401.1	1283.2	1261.0	1226.5	1207.2	1199.3	1000.0	950.0	1000.0
吉 林	Jilin	342.7	348.5	481.1	550.6	680.4	623.9	698.5	639.9	702.3	739.4
黑龙江	Heilongjiang	5601.5	5306.7	4666.5	4516.0	4340.5	4169.8	4020.5	4000.7	4004.9	4006.0
上 海	Shanghai		52.7	31.9	25.3	21.5	20.7	14.6	9.1	8.3	8.1
江 苏	Jiangsu	101.4	155.0	168.9	164.7	188.5	195.7	184.0	184.0	186.0	189.0
浙 江	Zhejiang										
安 徽	Anhui										
福 建	Fujian										
江 西	Jiangxi										
山 东	Shandong	3006.3	2675.7	2590.2	2694.5	2755.1	2793.1	2829.6	2828.2	2786.0	2713.5
河 南	Henan	602.0	562.2	523.4	507.2	492.1	485.1	476.3	474.5	497.9	485.5
湖 北	Hubei	85.0	75.1	165.0	78.1	79.7	85.5	83.9	80.9	86.5	79.0
湖 南	Hunan										
广 东	Guangdong	651.0	1393.2	1481.9	1470.0	1337.8	1261.1	1387.7	1345.1	1287.1	1152.8
广 西	Guangxi	3.6	3.3	3.6	3.4	3.4	2.9	2.9	2.9	2.7	2.3
海 南	Hainan	0.1		8.0	10.1	11.1	10.7	12.1	18.4	20.0	19.7
重 庆	Chongqing										
四 川	Sichuan	17.2	17.3	14.6	13.9	18.0	18.1	22.8	21.7	15.1	16.2
贵 州	Guizhou										
云 南	Yunnan	10.2		0.1	0.1						
西 藏	Tibet										
陕 西	Shaanxi	166.9	746.4	1531.5	1778.2	1988.9	2265.9	2463.6	2695.9	3017.3	3225.4
甘 肃	Gansu	267.8	55.3	77.0	78.9	81.7	82.9	74.9	49.2	58.2	62.6
青 海	Qinghai	121.7	200.0	222.0	221.5	223.0	220.7	220.4	186.4	186.1	195.0
宁 夏	Ningxia	39.0	139.0	4.1					3.1	3.1	3.6
新 疆	Xinjiang	1297.8	1848.2	2237.0	2406.4	2474.7	2604.3	2715.1	2512.9	2558.2	2615.6

3-4 分地区汽油生产量

GASOLINE PRODUCTION BY REGION

单位：万吨 (10 000 ton)

地区	Region	1995	2000	2004	2005	2006	2007	2008	2009	2010	2011
北京	Beijing	101.95	146.20	169.77	170.90	172.93	181.72	215.53	272.55	257.10	251.20
天津	Tianjin	94.02	122.02	130.89	145.42	129.83	150.10	117.17	136.41	164.60	178.20
河北	Hebei	135.11	159.04	210.79	223.60	212.85	230.15	272.49	275.24	270.00	292.80
山西	Shanxi			0.03						3.20	2.80
内蒙	Inner Mongolia	23.43		40.20	44.99	60.57	45.93	41.97	49.65	42.10	34.30
辽宁	Liaoning	398.22	683.88	925.79	965.60	1032.33	1005.40	1017.33	1043.57	1057.74	1017.43
吉林	Jilin	147.88	159.45	155.48	164.72	159.74	153.95	166.80	151.67	163.00	193.50
黑龙江	Heilongjiang	261.72	347.46	405.27	384.85	387.44	402.71	390.84	430.53	462.90	481.70
上海	Shanghai	111.00	263.69	290.56	263.45	248.16	211.10	244.88	260.04	259.70	274.40
江苏	Jiangsu	108.07	171.53	219.00	233.25	200.58	223.65	232.18	318.24	286.50	298.50
浙江	Zhejiang	124.15	178.98	292.47	288.69	254.94	259.64	288.75	321.32	305.10	315.20
安徽	Anhui	74.11	79.38	86.99	86.00	86.91	89.38	87.87	97.49	97.00	96.30
福建	Fujian	81.49	102.22	108.72	95.19	102.63	98.55	83.36	122.38	149.60	137.10
江西	Jiangxi	64.56	82.51	83.19	86.10	86.85	81.33	86.56	96.57	108.60	100.70
山东	Shandong	214.88	280.15	438.54	474.54	500.33	558.22	799.70	962.20	1195.46	1286.30
河南	Henan	138.68	136.86	136.20	127.65	140.86	157.83	159.43	189.40	208.00	191.40
湖北	Hubei	126.32	154.97	170.96	178.87	178.09	175.74	173.21	216.49	239.80	242.90
湖南	Hunan	90.38	120.19	129.67	122.83	124.20	129.86	137.83	133.15	125.50	191.00
广东	Guangdong	286.47	331.50	400.73	367.23	401.37	417.43	459.84	538.74	635.70	635.50
广西	Guangxi	15.09	15.64	16.24	19.38	24.84	29.58	31.48	37.91	77.30	229.70
海南	Hainan					65.68	238.66	244.05	264.31	263.20	295.20
重庆	Chongqing			0.01				0.83			
四川	Sichuan	5.92	8.42	18.33	23.20	32.47	45.53	51.61	69.40	57.80	76.20
贵州	Guizhou										
云南	Yunnan							0.02			
西藏	Tibet										
陕西	Shaanxi	49.68	180.13	310.54	387.83	410.32	465.86	465.09	526.21	572.50	610.80
甘肃	Gansu	166.84	150.92	226.94	229.30	239.14	276.04	289.31	314.44	287.90	398.60
青海	Qinghai	29.48	20.78	26.32	29.40	31.52	32.60	30.89	23.62	40.80	46.30
宁夏	Ningxia	23.57	26.91	48.51	58.17	58.15	51.72	65.56	69.38	76.80	46.50
新疆	Xinjiang	178.53	211.86	235.85	238.06	252.03	276.76	280.18	274.57	268.15	233.53

3-5 分地区煤油生产量

KEROSENE PRODUCTION BY REGION

单位：万吨 (10 000 ton)

地 区	Region	1995	2000	2004	2005	2006	2007	2008	2009	2010	2011
北 京	Beijing	0.26		8.11	12.36	11.60	36.39	85.23	111.61	116.10	126.40
天 津	Tianjin	8.85	32.57	29.19	25.83	27.42	35.12	21.80	32.74	81.20	115.00
河 北	Hebei	4.83	12.69	12.08	11.94	13.15	11.14	12.21	7.05	4.30	
山 西	Shanxi										
内 蒙	Inner Mongolia	0.02									
辽 宁	Liaoning	84.34	231.53	213.46	220.00	218.74	206.19	230.06	231.90	224.20	222.00
吉 林	Jilin	1.96	1.28	0.05				0.05			
黑龙江	Heilongjiang	22.27	23.27	20.53	19.28	20.57	23.54	24.96	28.46	31.50	34.70
上 海	Shanghai	35.84	48.38	137.05	144.25	112.27	121.19	136.98	149.71	149.30	150.10
江 苏	Jiangsu	50.64	67.21	69.18	99.41	99.45	141.03	108.93	156.87	165.60	201.30
浙 江	Zhejiang	32.31	107.28	130.69	130.97	127.29	153.78	129.41	146.08	154.60	162.90
安 徽	Anhui										
福 建	Fujian	3.49	8.64	5.64	5.81	6.31	5.55	6.41	32.28	94.70	106.80
江 西	Jiangxi	2.14	4.44	5.34	4.67	1.57	1.29	0.07			
山 东	Shandong	24.89	44.96	59.44	34.65	31.71	35.07	37.88	68.03	86.70	92.20
河 南	Henan	21.10	17.04	28.20	20.07	21.18	32.45	31.19	49.33	56.90	47.70
湖 北	Hubei	13.64	16.38	8.59	8.85	7.84	12.62	15.72	23.52	46.20	51.20
湖 南	Hunan	7.49	8.57	10.45	10.99	7.97	8.44	4.05	3.84	4.80	12.50
广 东	Guangdong	72.28	147.68	165.25	156.29	164.21	204.81	188.59	298.61	344.00	366.10
广 西	Guangxi	0.55	0.05		0.01				2.90	3.30	18.40
海 南	Hainan					3.43	32.78	31.06	35.43	44.60	68.10
重 庆	Chongqing			0.04	0.02						
四 川	Sichuan	2.76	4.23	1.42	1.44	1.88	1.43	1.11	0.83	1.10	0.90
贵 州	Guizhou										
云 南	Yunnan										
西 藏	Tibet										
陕 西	Shaanxi	1.65	8.46	8.21		8.92	11.32	15.73	18.69	27.70	25.70
甘 肃	Gansu	38.64	55.88	42.76	49.61	48.57	48.53	49.58	50.69	32.30	31.70
青 海	Qinghai										
宁 夏	Ningxia										
新 疆	Xinjiang	15.80	31.75	24.45	32.14	34.79	30.60	38.65	30.86	45.60	46.10

3-6 分地区柴油生产量

DIESEL OIL PRODUCTION BY REGION

单位：万吨 (10 000 ton)

地 区	Region	1995	2000	2004	2005	2006	2007	2008	2009	2010	2011
北 京	Beijing	79.20	183.92	180.74	199.41	204.78	270.89	373.28	364.24	350.40	355.70
天 津	Tianjin	119.44	246.82	310.24	364.54	386.99	383.48	340.19	338.69	602.70	646.00
河 北	Hebei	165.81	271.19	374.98	403.42	412.08	425.82	513.58	482.34	486.90	538.30
山 西	Shanxi	0.16		0.01						0.20	
内 蒙	Inner Mongolia	20.46		48.66	41.01	53.96	53.73	42.80	51.13	79.30	93.60
辽 宁	Liaoning	677.68	1202.07	1831.60	1899.60	1911.19	2048.93	2048.35	2101.38	2379.82	2284.75
吉 林	Jilin	99.83	178.81	332.73	367.43	344.02	320.73	321.68	320.88	322.20	412.90
黑龙江	Heilongjiang	379.68	532.61	616.80	627.52	577.03	583.59	547.30	589.15	615.50	609.12
上 海	Shanghai	129.13	401.30	637.89	717.86	639.32	603.47	747.98	682.63	773.60	798.90
江 苏	Jiangsu	207.31	408.69	544.96	725.87	702.33	696.30	738.33	751.10	808.30	746.80
浙 江	Zhejiang	201.52	387.40	688.46	728.09	749.50	758.73	862.33	825.89	832.60	870.90
安 徽	Anhui	98.87	151.85	181.39	177.36	193.75	188.20	177.95	184.93	196.00	208.20
福 建	Fujian	85.15	161.49	174.44	150.34	155.89	135.51	112.86	273.50	388.00	253.20
江 西	Jiangxi	83.17	127.09	137.25	132.53	179.04	166.86	182.86	187.47	190.80	193.90
山 东	Shandong	328.63	540.04	875.31	939.01	1040.80	1107.53	1645.17	1938.55	2263.86	2463.50
河 南	Henan	121.69	213.42	250.51	219.02	265.47	243.96	253.61	287.01	297.57	274.32
湖 北	Hubei	153.05	247.01	298.38	329.83	352.35	378.28	341.08	360.08	379.60	389.32
湖 南	Hunan	104.36	215.53	240.60	229.25	219.06	228.74	231.16	215.03	215.00	291.60
广 东	Guangdong	377.36	654.02	867.05	875.28	994.26	1033.53	1187.35	1287.36	1531.00	1551.70
广 西	Guangxi	14.98	24.92	27.93	36.33	42.37	47.46	38.90	44.85	145.50	474.80
海 南	Hainan					94.70	359.06	344.87	341.38	346.00	319.20
重 庆	Chongqing			0.38					0.30	0.60	
四 川	Sichuan	5.78	11.14	39.72	48.52	61.22	80.56	83.43	102.68	83.30	86.60
贵 州	Guizhou										
云 南	Yunnan							0.02			
西 藏	Tibet										
陕 西	Shaanxi	52.93	223.19	453.62	513.38	605.17	707.69	769.50	801.61	854.40	853.30
甘 肃	Gansu	188.59	276.23	442.53	535.67	585.65	597.39	594.76	641.83	619.90	736.00
青 海	Qinghai	20.99	22.63	36.14	44.31	47.51	49.58	46.59	37.27	56.70	73.00
宁 夏	Ningxia	24.92	33.44	63.24	76.57	77.64	69.15	85.60	79.94	92.30	53.30
新 疆	Xinjiang	231.88	364.79	523.10	697.27	759.46	819.96	826.75	835.78	976.10	1097.40

3-7 分地区燃料油生产量

FUEL OIL PRODUCTION BY REGION

单位：万吨 (10 000 ton)

地　区	Region	1995	2000	2004	2005	2006	2007	2008	2009	2010	2011
北　京	Beijing	220.31	78.95	73.36	75.29	70.02	50.57	42.33	29.58	35.08	21.40
天　津	Tianjin	142.38	40.60	102.02	29.38	25.92	32.76	54.56	18.31	62.68	21.90
河　北	Hebei	44.26	30.17	41.53	25.37	28.56	64.85	166.51	34.57	116.94	17.40
山　西	Shanxi							0.18			
内　蒙	Inner Mongolia	18.85		16.07	13.56	2.97	26.40	64.57	48.10	30.78	11.20
辽　宁	Liaoning	610.43	413.40	420.47	466.15	497.38	526.10	580.50	504.84	602.36	572.80
吉　林	Jilin	85.11	95.59	27.26	34.76	43.43	33.92	41.52	38.20	36.83	40.00
黑龙江	Heilongjiang	181.28	120.56	76.88	44.69	44.12	48.44	51.28	47.37	55.38	40.40
上　海	Shanghai	290.40	139.03	118.63	119.67	112.99	109.65	51.50	15.15	29.57	29.30
江　苏	Jiangsu	162.04	136.29	217.44	159.43	181.38	290.59	283.71	154.89	187.61	232.40
浙　江	Zhejiang	78.33	123.40	160.89	109.76	192.42	208.57	174.37	113.32	134.66	157.80
安　徽	Anhui	48.48	10.68	10.69	8.30	8.07	13.41	13.64	16.57	12.44	7.90
福　建	Fujian	10.44	10.01	105.10	8.86	20.73	22.75	18.85	31.02	2.60	3.70
江　西	Jiangxi	43.27	54.27	58.95	39.53	20.00	15.76	18.55	22.07	20.89	7.80
山　东	Shandong	334.33	274.66	429.98	602.62	434.14	347.49	597.56	428.96	365.19	327.90
河　南	Henan	19.56	30.42	47.54	40.02	43.38	48.32	29.46	15.43	17.20	14.70
湖　北	Hubei	95.49	40.24	35.70	28.38	23.67	22.58	13.52	15.97	21.93	21.30
湖　南	Hunan	55.29	33.95	32.80	31.55	27.91	28.61	24.66	16.90	22.66	24.00
广　东	Guangdong	214.73	186.13	279.49	248.08	305.83	266.85	380.68	166.29	156.38	130.80
广　西	Guangxi	3.60	4.37	17.47	9.16	9.48	37.82	32.81	20.30	30.82	60.80
海　南	Hainan		9.45		4.36	9.09	23.04	26.31	23.83	27.04	36.70
重　庆	Chongqing			0.06	0.06			0.18			
四　川	Sichuan	3.58	4.10	0.23				4.56	8.95	14.39	26.20
贵　州	Guizhou										
云　南	Yunnan	0.58		0.04			0.11	1.34	0.24		
西　藏	Tibet										
陕　西	Shaanxi	55.64	41.54	98.19	83.69	90.22	39.34	58.85	42.90	85.30	30.90
甘　肃	Gansu	101.21	91.65	73.38	39.57	21.51	26.42	21.19	8.78	20.57	15.50
青　海	Qinghai	19.72	6.39	2.75	2.11	2.33	4.19	3.43	2.69	3.34	4.20
宁　夏	Ningxia	10.24	10.54	3.59	3.23	3.05	2.85	2.97	2.74	3.10	1.70
新　疆	Xinjiang	111.22	67.26	28.58	33.61	49.42	54.65	34.76	28.74	19.33	10.10

3-8 分地区天然气生产量
NATURAL GAS PRODUCTION BY REGION

单位：亿立方米 (100 million cu.m)

地 区	Region	1995	2000	2004	2005	2006	2007	2008	2009	2010	2011
北 京	Beijing										
天 津	Tianjin	7.57	9.10	8.72	8.79	10.50	13.34	14.01	14.30	17.20	18.40
河 北	Hebei	3.49	5.14	6.63	6.92	6.55	7.14	8.74	10.87	12.70	12.20
山 西	Shanxi	0.47	1.14		3.24	6.02		5.21			
内 蒙	Inner Mongolia		4.55	17.19							
辽 宁	Liaoning	21.12	14.70	10.30	11.72	11.94	8.72	8.71	8.10	8.00	7.20
吉 林	Jilin	1.83	2.05	3.44	5.40	2.41	5.22	8.74	11.62	13.70	15.00
黑龙江	Heilongjiang	25.91	23.04	20.34	24.43	24.65	25.50	27.10	30.04	30.00	31.00
上 海	Shanghai		2.60	5.73	6.04	5.64	5.07	4.29	4.03	3.30	3.00
江 苏	Jiangsu	0.19	0.24	0.53	0.64	0.61	0.58	0.58	0.57	0.60	0.50
浙 江	Zhejiang		0.04		0.03			0.31			
安 徽	Anhui										
福 建	Fujian										
江 西	Jiangxi										
山 东	Shandong	12.85	6.88	9.25	9.25	8.55	7.84	8.85	9.05	5.33	5.20
河 南	Henan	11.38	14.95	18.55	17.62	18.68	15.76	11.22	29.58	6.72	5.00
湖 北	Hubei	0.76	0.91	1.08	1.12	1.16	1.17	1.40	1.67	2.00	2.28
湖 南	Hunan							3.19			
广 东	Guangdong	1.03	34.60	42.82	44.75	48.95	52.48	60.78	58.43	78.40	83.30
广 西	Guangxi							8.54			
海 南	Hainan			1.29	1.66	2.05	2.03	2.32	1.86	1.80	2.00
重 庆	Chongqing		1.94	4.69	3.27	6.47	5.00	9.54	0.60	1.20	0.46
四 川	Sichuan	76.64	88.60	114.03	142.30	159.95	187.46	194.23	193.56	237.65	265.53
贵 州	Guizhou		0.70		0.53				0.12	0.12	
云 南	Yunnan	1.81	0.05	0.18	0.22	0.17	0.14	0.06	0.02	0.06	0.07
西 藏	Tibet										
陕 西	Shaanxi	0.22	21.10	74.46	75.46	80.47	110.10	144.20	189.52	223.50	272.20
甘 肃	Gansu	1.13	0.20	0.20	0.84	1.53	0.63	1.43	0.29	0.20	0.20
青 海	Qinghai	0.64	3.91	17.94	22.26	25.03	34.02	43.65	43.07	56.10	65.00
宁 夏	Ningxia	0.62	0.15								3.02
新 疆	Xinjiang	11.81	35.38	57.23	106.71	164.20	210.20	235.89	245.39	249.90	235.33

3-9 分地区发电量

POWER GENERATION BY REGION

单位：亿千瓦小时 (100 million kW•h)

地 区	Region	1995	2000	2004	2005	2006	2007	2008	2009	2010	2011
北 京	Beijing	132	145	204	213	215	228	243	243	269	263
天 津	Tianjin	134	211	340	369	359	393	382	416	589	621
河 北	Hebei	607	844	1256	1339	1461	1646	1528	1742	1993	2327
山 西	Shanxi	506	620	1079	1312	1526	1761	1794	1874	2151	2344
内 蒙	Inner Mongolia	279	439	816	1057	1413	1932	2184	2242	2489	2973
辽 宁	Liaoning	540	646	875	904	1015	1115	1138	1163	1295	1370
吉 林	Jilin	285	314	386	433	443	495	578	542	605	710
黑龙江	Heilongjiang	388	427	502	596	647	685	733	723	777	835
上 海	Shanghai	403	553	705	734	721	739	774	778	876	949
江 苏	Jiangsu	700	910	1555	2120	2536	2675	2815	2928	3359	3763
浙 江	Zhejiang	401	625	1232	1456	1766	1915	1905	2246	2568	2777
安 徽	Anhui	310	355	607	648	734	873	1125	1320	1444	1635
福 建	Fujian	262	404	675	778	904	1038	1127	1171	1356	1580
江 西	Jiangxi	176	203	379	373	440	502	576	533	664	730
山 东	Shandong	739	1005	1688	1911	2315	2698	2648	2860	3043	3169
河 南	Henan	548	695	1281	1415	1601	1918	1978	2055	2192	2585
湖 北	Hubei	453	559	1097	1290	1307	1588	1828	1818	2043	2086
湖 南	Hunan	333	354	651	644	755	860	927	1028	1226	1347
广 东	Guangdong	821	1293	2141	2279	2466	2732	2716	2758	3237	3802
广 西	Guangxi	217	289	378	446	523	683	869	944	1032	1039
海 南	Hainan	32	39	66	82	97	115	121	128	153	173
重 庆	Chongqing		168	263	254	291	375	457	474	504	582
四 川	Sichuan	576	500	934	1019	1227	1263	1383	1579	1795	1981
贵 州	Guizhou	232	405	720	798	986	1166	1211	1380	1386	1379
云 南	Yunnan	228	298	548	624	754	905	1079	1171	1365	1555
西 藏	Tibet	5	7	12	13	15	15	18	18	21	27
陕 西	Shaanxi	237	272	498	549	585	707	853	909	1112	1222
甘 肃	Gansu	238	254	455	506	530	619	698	697	792	1028
青 海	Qinghai	60	134	173	216	282	308	310	378	468	463
宁 夏	Ningxia	108	137	254	313	388	453	471	480	587	939
新 疆	Xinjiang	120	182	264	310	357	414	489	549	679	875

3-10 分地区水力发电量

HYDRO POWER GENERATION BY REGION

单位：亿千瓦小时 (100 million kW•h)

地 区	Region	1995	2000	2004	2005	2006	2007	2008	2009	2010	2011
北 京	Beijing	3.18	8.64	3.96	4.71	4.94	4.93	0.36	0.37	4.40	4.48
天 津	Tianjin	0.21	0.14				0.14	0.14			
河 北	Hebei	12.63	4.70	4.02	5.61	14.42	5.68	10.95	5.71	5.55	7.25
山 西	Shanxi	7.11	13.04	21.00	20.32	23.87	47.32	23.36	21.66	36.63	34.63
内 蒙	Inner Mongolia	1.43	5.59	8.49	11.55	12.80	11.86	11.18	14.82	16.29	12.21
辽 宁	Liaoning	41.71	14.89	38.59	56.73	47.03	43.81	38.58	28.81	43.98	31.69
吉 林	Jilin	83.16	47.84	56.35	78.30	54.60	61.83	58.91	56.28	105.50	62.90
黑龙江	Heilongjiang	6.69	13.19	13.96	14.70	14.74	10.41	17.56	17.09	22.53	17.02
上 海	Shanghai										
江 苏	Jiangsu	0.35	0.13	3.00	2.66	3.05	2.95	6.65	2.23	2.98	2.02
浙 江	Zhejiang	78.25	65.23	95.38	135.11	139.76	118.15	143.49	152.67	230.85	161.72
安 徽	Anhui	11.39	4.58	18.11	12.52	15.72	19.67	28.14	16.39	18.85	17.90
福 建	Fujian	154.91	195.22	184.84	291.00	346.82	311.59	399.61	275.92	453.69	285.20
江 西	Jiangxi	55.13	53.50	75.55	67.88	95.40	85.06	167.26	85.07	117.85	79.82
山 东	Shandong	0.40	0.03	0.98	1.30	0.17	0.77	2.80	1.74	2.14	2.03
河 南	Henan	15.64	15.52	78.36	67.91	88.26	88.53	98.77	93.15	91.67	103.42
湖 北	Hubei	258.82	281.40	697.24	813.65	756.06	937.70	1272.47	1205.92	1263.83	1163.89
湖 南	Hunan	157.97	191.15	280.93	241.28	290.69	312.56	407.00	409.43	502.53	459.03
广 东	Guangdong	131.10	106.11	192.13	207.74	267.99	241.03	388.31	269.34	348.86	331.03
广 西	Guangxi	138.30	168.87	185.41	195.82	243.69	323.52	522.97	516.77	475.26	415.49
海 南	Hainan	11.32	11.54	9.23	10.64	11.59	13.09	12.72	14.95	13.34	12.55
重 庆	Chongqing		38.22	93.50	67.32	56.43	83.75	171.61	165.74	169.25	184.27
四 川	Sichuan	259.79	315.11	620.57	653.35	784.65	814.13	980.86	1065.41	1213.42	1364.02
贵 州	Guizhou	114.90	183.44	226.05	213.35	225.96	340.62	394.04	400.88	416.58	355.00
云 南	Yunnan	162.05	196.53	299.83	349.19	355.72	430.95	647.28	622.80	814.12	1007.43
西 藏	Tibet	3.04	5.54	10.32	12.10	13.79	13.99	14.53	15.27	15.85	20.62
陕 西	Shaanxi	25.43	34.80	42.49	50.54	39.88	55.45	64.23	74.59	87.24	99.63
甘 肃	Gansu	96.18	102.54	119.42	165.57	170.45	189.08	188.72	250.21	262.32	252.00
青 海	Qinghai	42.57	107.69	111.30	160.58	209.58	207.76	207.10	276.32	371.11	370.87
宁 夏	Ningxia	9.30	8.18	9.40	16.41	16.38	17.47	16.08	17.36	18.02	16.75
新 疆	Xinjiang	22.82	30.83	35.03	42.33	53.42	58.84	73.93	79.55	97.08	114.58

3-11 分地区火力发电量

THERMAL POWER GENERATION BY REGION

单位：亿千瓦小时 (100 million kW•h)

地区	Region	1995	2000	2004	2005	2006	2007	2008	2009	2010	2011
北京	Beijing	128.18	136.62	198.07	209.80	207.05	223.15	242.99	241.04	261.80	255.50
天津	Tianjin	131.58	211.35	339.76	365.69	359.24	393.13	377.93	389.67	559.60	619.52
河北	Hebei	593.72	839.53	1251.11	1332.17	1438.88	1633.04	1407.60	1707.18	1926.28	2214.67
山西	Shanxi	498.85	607.27	1058.00	1291.65	1502.50	1713.18	1764.93	1848.76	2104.00	2301.73
内蒙	Inner Mongolia	277.11	432.09	805.84	1042.28	1395.93	1876.83	2071.98	2073.49	2226.55	2639.00
辽宁	Liaoning	496.63	628.00	834.48	845.00	962.82	1065.26	1085.26	1117.15	1204.04	1260.40
吉林	Jilin	201.45	265.48	329.15	354.16	385.76	422.74	398.63	458.61	463.29	591.97
黑龙江	Heilongjiang	381.30	413.54	484.98	581.13	629.64	670.32	696.62	685.91	720.35	771.57
上海	Shanghai	401.93	553.09	703.77	728.74	720.33	736.25	765.25	767.77	864.79	946.00
江苏	Jiangsu	698.42	909.57	1550.78	2114.03	2512.58	2577.39	2631.34	2762.15	3166.32	3562.63
浙江	Zhejiang	300.67	539.18	915.34	1094.64	1403.49	1570.01	1519.53	1840.32	2075.47	2323.10
安徽	Anhui	297.94	350.87	587.58	636.37	718.67	853.76	1096.32	1300.24	1420.18	1609.86
福建	Fujian	106.60	208.45	489.52	486.88	555.80	723.63	715.97	882.30	890.43	1272.58
江西	Jiangxi	121.35	149.85	303.43	305.61	344.49	416.95	407.54	447.42	545.36	648.70
山东	Shandong	738.83	1005.14	1681.78	1909.59	2309.22	2691.43	2598.25	2828.88	3003.60	3128.18
河南	Henan	532.01	677.76	1200.87	1346.77	1512.35	1829.73	1754.92	1952.61	2092.09	2467.24
湖北	Hubei	193.71	277.73	396.80	476.15	548.41	644.40	525.63	606.07	752.72	913.63
湖南	Hunan	174.86	163.27	371.31	403.13	464.08	547.59	520.06	618.51	723.75	880.78
广东	Guangdong	583.62	1038.61	1661.26	1764.53	1884.29	2187.24	1968.54	2157.62	2487.86	3017.97
广西	Guangxi	78.99	120.21	192.02	250.23	279.67	355.89	301.26	409.51	543.73	623.02
海南	Hainan	20.21	27.51	56.40	72.46	85.08	101.61	107.90	112.49	137.39	157.24
重庆	Chongqing		129.68	168.99	185.81	234.87	290.69	284.88	307.59	333.76	393.50
四川	Sichuan	316.18	185.13	313.79	365.42	441.93	448.60	400.85	513.09	570.21	609.42
贵州	Guizhou	116.64	221.27	490.40	584.30	760.39	825.71	816.97	979.15	969.05	1024.00
云南	Yunnan	66.37	101.32	248.22	274.89	397.91	473.55	388.44	548.05	546.25	536.03
西藏	Tibet	0.25	0.05	0.08	0.08	0.09	0.01	0.14	1.31	3.82	4.60
陕西	Shaanxi	211.34	237.48	455.90	495.85	544.82	651.28	786.58	834.37	1024.89	1122.04
甘肃	Gansu	141.56	150.98	334.71	339.70	357.38	424.37	479.27	432.45	502.29	709.90
青海	Qinghai	17.85	26.10	61.21	55.63	72.04	99.90	103.23	101.62	97.15	91.80
宁夏	Ningxia	98.48	128.43	243.99	295.19	367.31	432.45	449.28	454.60	551.36	909.42
新疆	Xinjiang	97.27	149.29	226.34	265.48	299.01	349.20	404.25	447.82	550.90	731.02

3-12 分地区城市天然气供应情况

BASIC STATISTICS ON SUPPLY OF NATURAL GAS IN CITIES BY REGION

地区	Region	供气总量(万立方米) Total Gas Supply (10^4cu.m)							用气人口(万人) Population with Access(10^4persons)						
		2000	2005	2007	2008	2009	2010	2011	2000	2005	2007	2008	2009	2010	2011
全国	**National Total**	**821476**	**2104951**	**3086363**	**3680393**	**4050996**	**4875808**	**6787997**	**2581**	**7104**	**10190**	**12167**	**14544**	**17021**	**19028**
北京	Beijing	95740	317397	433823	601381	682839	719740	729608	295	880	1001	1068	1143	1292	1334
天津	Tianjin	23474	68966	120100	138630	149736	169453	169739	304	412	596	588	570	574	598
河北	Hebei	4647	25374	48408	59887	89065	106740	193461	31	142	319	569	674	839	919
山西	Shanxi	5611	10802	65266	89590	103239	141440	176342	36	50	165	286	358	431	509
内蒙古	Inner Mongolia		9444	30528	38134	46136	69531	127724		50	149	166	179	258	287
辽宁	Liaoning	24923	36817	54085	57736	60035	66173	76601	410	567	657	711	751	797	852
吉林	Jilin	13162	17333	26861	30249	33774	43462	51758	77	167	182	189	216	290	359
黑龙江	Heilongjiang	4185	19555	23607	27608	46770	72497	85070	56	104	136	289	512	568	601
上海	Shanghai	25974	174962	277458	298601	334399	450032	543314	67	522	696	741	851	1093	1231
江苏	Jiangsu		87634	260919	299726	343544	472309	591493		380	700	842	1030	1300	1558
浙江	Zhejiang		10428	50645	65640	86536	118884	148674		119	300	353	459	553	644
安徽	Anhui	600	11564	47920	68481	89259	112190	138832	5	208	328	436	529	636	786
福建	Fujian			848	2274	10295	51101	66297			20	34	211	274	287
江西	Jiangxi		1051	3508	4103	6187	11263	27004		38	60	90	114	157	259
山东	Shandong	84065	116691	142638	257433	242908	326931	438016	62	381	760	987	1231	1444	1628
河南	Henan	55018	53337	85165	101008	126721	158928	194720	186	399	469	586	707	831	931
湖北	Hubei	1	17422	76214	94429	117703	152833	204472		264	381	497	610	700	819
湖南	Hunan		5632	53238	77079	95816	111757	139137		62	207	236	331	422	444
广东	Guangdong	339	71597	41418	82976	117125	170266	1183316	4	79	399	582	850	922	1028
广西	Guangxi		84	2273	4693	7050	10320	13606		1	40	59	89	106	133
海南	Hainan		6360	13926	14947	12760	14264	16374		21	33	55	64	77	91
重庆	Chongqing	68049	164614	175128	187936	205164	254021	268790	329	509	640	696	730	861	862
四川	Sichuan	388394	598531	629864	594963	511115	525686	564557	556	967	960	1019	1079	1164	1284
贵州	Guizhou	450	6199	1449	1378	2336	3546	5484	2	2	9	9	10	12	24
云南	Yunnan	1533	14500	835	743	73	119	212	2	5	6	6	33	37	27
西藏	Tibet		808							15					
陕西	Shaanxi	17770	76285	108022	123518	144275	164654	182495	126	359	401	419	480	547	594
甘肃	Gansu	78	4100	47043	53394	59505	72917	88100	2	118	145	157	181	197	221
青海	Qinghai	2022	63606	103810	118383	152572	61557	65738	4	33	70	80	83	89	100
宁夏	Ningxia	56	68193	90762	98881	69561	108485	122647	1	34	55	69	85	108	128
新疆	Xinjiang	5385	45665	70603	86592	104498	134711	174413	27	220	307	350	382	445	490

3-13 分地区城市人工煤气供应情况

BASIC STATISTICS ON SUPPLY OF COAL GAS IN CITIES BY REGION

地 区 Region	供气总量(万立方米) Total Gas Supply (10^4cu.m)							用气人口(万人) Population with Access(10^4persons)						
	2000	2005	2007	2008	2009	2010	2011	2000	2005	2007	2008	2009	2010	2011
全 国 National Total	**1523615**	**2558343**	**3223512**	**3558287**	**3615507**	**2799380**	**847256**	**3944**	**4369**	**4022**	**3370**	**2971**	**2802**	**2676**
北 京 Beijing	47310	20211						83	22					
天 津 Tianjin	9882	28803						73	97					
河 北 Hebei	45918	78435	89864	85954	68793	89834	84634	279	401	399	201	192	180	185
山 西 Shanxi	241869	82291	95750	88168	82276	87203	93515	295	395	399	309	282	238	244
内蒙古 Inner Mongolia	7485	6887	7000	3602	3915	3069	2806	78	93	81	66	63	52	49
辽 宁 Liaoning	81957	63614	55785	61958	54441	55177	56625	422	532	487	503	524	542	574
吉 林 Jilin	15508	13755	17196	17348	17616	16727	17445	150	169	151	162	167	165	168
黑龙江 Heilongjiang	30347	40199	38691	42367	26349	7587	8040	211	289	338	238	85	74	81
上 海 Shanghai	213147	199744	208319	199141	162721	142167	118541	450	662	576	446	351	358	275
江 苏 Jiangsu	362606	1290834	1633281	1554953	1728890	1931995	10310	325	234	146	123	135	90	46
浙 江 Zhejiang	27796	27686	1847	2186	1468	484	493	48	83	33	39	30	5	4
安 徽 Anhui	22996	8723	5827	2268	1372			169	67	45	17	14		
福 建 Fujian	12727	1810	2489	2474	2537	2673	2892	21	11	18	14	14	15	16
江 西 Jiangxi	39463	31707	40595	39968	37898	58208	49641	125	131	127	134	146	150	95
山 东 Shandong	43041	47743	49030	48322	29377	35730	34513	335	357	282	210	156	159	140
河 南 Henan	81775	117592	48669	112111	111136	109500	116309	136	142	153	174	180	165	154
湖 北 Hubei	14588	9184	13155	12281	12382	12042	9950	180	22	58	50	49	41	35
湖 南 Hunan	60375	44064	89086	103516	89819	3044	2334	81	75	42	35	39	33	21
广 东 Guangdong	12097	29310	35831	26068	15493	7037	5307	150	163	215	139	25	18	
广 西 Guangxi	2817	4483	4861	4965	4449	4517	4503	15	25	25	46	42	43	45
海 南 Hainan														
重 庆 Chongqing	100							1						
四 川 Sichuan	111677	128252	158597	158993	162826	159719	159719	30	33	34	38	40	41	43
贵 州 Guizhou	8727	19209	23491	26613	26886	26963	30515	73	125	145	156	161	167	208
云 南 Yunnan	15407	20287	20365	21737	33113	33818	35309	100	177	220	227	235	233	267
西 藏 Tibet														
陕 西 Shaanxi	4447	4365						33	27					
甘 肃 Gansu	6691	3802	3955	9429	9427	9438	1617	70	24	29	23	22	20	15
青 海 Qinghai	24							3						
宁 夏 Ningxia	2838	3013	794	924	1024	697	240	10	9	12	13	13	6	5
新 疆 Xinjiang		232340	579036	932940	931300	1752	1999		5	6	6	6	9	6

3-14 分地区城市液化石油气供应情况

BASIC STATISTICS ON SUPPLY OF LPG IN CITIES BY REGION

地 区 Region	供气总量(吨) Total Gas Supply (ton)						用气人口(万人) Population with Access(10^4persons)					
	2000	2005	2008	2009	2010	2011	2000	2005	2008	2009	2010	2011
全 国 National Total	**10537147**	**12220141**	**13291072**	**13400303**	**12680054**	**11658326**	**11107**	**18013**	**17632**	**16924**	**16503**	**16094**
北 京 Beijing	176460	374358	324549	367323	323104	442535	253	341	371	349	394	407
天 津 Tianjin	44203	61503	87404	58963	53368	58608	89	123	51	38	42	17
河 北 Hebei	189612	327294	254206	284101	205007	224873	476	705	667	630	503	459
山 西 Shanxi	34152	42004	53822	55884	63331	74789	102	170	188	197	201	205
内蒙古 Inner Mongolia	59425	138348	72279	84206	74251	113190	192	295	337	356	354	355
辽 宁 Liaoning	379194	402659	396282	398309	395058	504938	569	713	694	694	652	669
吉 林 Jilin	169062	184659	208064	219848	214818	236297	350	493	489	491	461	460
黑龙江 Heilongjiang	601427	228630	198672	195710	219784	211074	546	612	538	538	507	430
上 海 Shanghai	490561	452613	489201	400176	398427	394278	421	711	701	719	852	839
江 苏 Jiangsu	705010	1129147	931734	865663	766586	766635	883	1765	1328	1248	1115	1043
浙 江 Zhejiang	630895	1060572	937042	909487	877956	807562	555	1135	1327	1236	1244	1166
安 徽 Anhui	458621	613614	680514	594994	615770	567246	379	541	555	525	491	393
福 建 Fujian	737609	378053	385945	341795	333758	324768	341	604	833	712	699	716
江 西 Jiangxi	164698	174521	185460	179792	188847	194329	220	412	453	454	453	454
山 东 Shandong	276543	572194	758261	872762	760332	541533	887	1836	1404	1253	1104	1017
河 南 Henan	162199	225864	250556	237895	241602	238178	430	574	570	547	564	560
湖 北 Hubei	296179	311171	356448	343513	421507	426496	908	1142	945	877	862	818
湖 南 Hunan	199873	294718	279320	235885	252906	265876	461	648	688	647	612	718
广 东 Guangdong	3108612	4101990	4478851	4704485	5055955	4049701	1485	3223	3394	3309	3275	3295
广 西 Guangxi	204904	315998	306091	296843	303804	297416	374	551	598	596	634	649
海 南 Hainan	77856	66866	67883	61724	63959	76650	117	113	109	113	111	119
重 庆 Chongqing	38769	95577	69252	70066	92807	92861	35	72	103	110	114	108
四 川 Sichuan	66154	164266	184229	176579	191071	206628	81	152	133	134	131	126
贵 州 Guizhou	28973	53779	58121	60227	63772	65375	90	189	191	194	199	188
云 南 Yunnan	82954	70436	130602	155859	166108	162402	138	141	235	245	290	295
西 藏 Tibet	16680	1500	813348	826148	5521	24650	14	3	34	38	36	41
陕 西 Shaanxi	79038	121943	113582	111081	43381	34059	206	243	259	217	165	143
甘 肃 Gansu	783739	71904	97642	185733	185523	151715	102	142	166	187	185	179
青 海 Qinghai	11496	14339	8743	7628	7142	6633	30	37	20	19	19	18
宁 夏 Ningxia	18231	22697	15868	15625	14984	14037	70	90	80	93	83	77
新 疆 Xinjiang	244018	147314	97102	81999	79617	82993	306	240	167	161	151	131

3-15 分地区城市集中供热情况

BASIC STATISTICS ON HEATING SUPPLY IN CITIES BY REGION

地 区	Region	蒸汽供应能力(吨/小时) Capacity of Steam Supply (tn/hr)							热水供应能力(兆瓦) Capacity of Hot Water Supply(10^6W)						
		2000	2005	2007	2008	2009	2010	2011	2000	2005	2007	2008	2009	2010	2011
全 国	**National Total**	**74148**	**106723**	**94009**	**94454**	**93193**	**105084**	**85274**	**97417**	**197976**	**224660**	**305695**	**286106**	**315717**	**338752**
北 京	Beijing	3408	2297	620	200	200	450	450	4755	30115	28989	31772	32674	35684	36805
天 津	Tianjin	9106	3294	3620	3469	3579	3167	3025	5608	10563	13866	16011	16158	18055	19325
河 北	Hebei	6427	9290	10117	10594	10979	11570	10357	8388	13917	16536	17787	22247	23177	24535
山 西	Shanxi	3316	3133	1452	2190	2215	2674	2802	5347	8578	8265	12677	12999	17405	18210
内蒙古	Inner Mongolia	1200	844	1024	998	214	662	1182	5687	10887	16042	19210	21364	25850	28560
辽 宁	Liaoning	11569	12583	11718	11612	12013	13186	11544	19154	36051	39717	46395	51183	55770	59855
吉 林	Jilin	3425	4749	3587	3288	2882	5208	3494	10564	18925	20985	23238	26147	29145	30988
黑龙江	Heilongjiang	4513	5937	4323	4248	4199	4411	4951	13750	23952	26143	27499	30420	32052	41000
上 海	Shanghai														
江 苏	Jiangsu	2554	19744	5934	6823	4330	6280		8	200	33	45033	55	6055	
浙 江	Zhejiang	1516	4569	5236	4801	4795	5438	4923		233	233	233		75	75
安 徽	Anhui	1915	2006	3154	3346	3487	3530	3753	214	135	165	165	176	182	182
福 建	Fujian								43	286	286				
江 西	Jiangxi														
山 东	Shandong	12498	22770	26394	28106	27609	31086	25634	9206	16744	19637	21088	22661	27587	28922
河 南	Henan	3261	4698	4926	4982	5632	5590	5530	1334	2118	3224	3664	3905	4767	6763
湖 北	Hubei	775	1404	1404	1404	1404	1564	1816		78	78	78	78	278	278
湖 南	Hunan	493	105												
广 东	Guangdong														
广 西	Guangxi														
海 南	Hainan														
重 庆	Chongqing														
四 川	Sichuan		160	60	60	60	60								
贵 州	Guizhou														
云 南	Yunnan														
西 藏	Tibet														
陕 西	Shaanxi	1923	2240	4079	2196	3305	3731	3681	551	1806	2992	11971	12543	4215	5309
甘 肃	Gansu	3949	4813	4229	4504	4511	4525		3611	5791	7749	8969	9225	10208	11137
青 海	Qinghai								89	173	121	193	369	370	230
宁 夏	Ningxia	662	646	432	425	425	576	672	2963	5115	5127	5160	5595	5945	6113
新 疆	Xinjiang	1638	1441	1700	1208	1354	1376	1460	6145	12309	14472		18307	18897	20465

四、能源消费

Chapter 4　Energy Consumption

4-1 能源消费总量和构成

TOTAL ENERGY CONSUMPTION AND COMPOSITION

年 份 Year	电热当量计算法 calorific value calculation						
	能源消费总量 (万吨标准煤) Total Energy Consumption (10^4 tce)	占能源消费总量的比重 (%) As percentage of primary energy consumption (%)					
		煤 炭 Coal	石 油 Petroleum	天然气 Natural Gas	水电、核电、其他能发电 Hydro Power Nuclear Power Other Power	#水电 Hydro Power	核电 Nuclear Power
1980	58587	74.2	21.4	3.2	1.2	1.2	-
1981	57577	75.1	20.6	2.9	1.4	1.4	-
1982	59966	76.3	19.6	2.6	1.5	1.5	-
1983	63635	77.0	18.8	2.5	1.7	1.7	-
1984	68495	77.8	18.1	2.5	1.6	1.6	-
1985	74112	78.5	17.7	2.3	1.5	1.5	-
1986	77776	78.2	17.9	2.4	1.5	1.5	-
1987	83850	78.7	17.6	2.2	1.5	1.5	-
1988	89963	78.8	17.6	2.1	1.5	1.5	-
1989	93666	79.3	17.1	2.0	1.6	1.6	-
1990	95384	79.0	17.2	2.1	1.7	1.7	-
1991	100413	78.7	17.7	2.1	1.5	1.5	-
1992	105602	78.3	18.1	2.0	1.6	1.6	-
1993	111490	79.0	17.1	2.1	1.8	1.8	0.0
1994	118071	79.5	16.2	2.2	2.1	2.0	0.1
1995	123471	77.0	18.6	1.9	2.5	2.4	0.1
1996	129665	76.7	19.5	1.9	1.9	1.8	0.1
1997	130082	74.9	21.3	1.8	2.0	1.9	0.1
1998	130260	74.2	21.8	1.9	2.1	2.0	0.1
1999	135132	73.6	22.3	2.1	1.9	1.8	0.1
2000	139445	72.4	23.1	2.3	2.1	2.0	0.1
2001	142972	71.9	23.0	2.6	2.6	2.4	0.2
2002	151789	71.5	23.4	2.6	2.6	2.4	0.2
2003	176074	73.1	22.1	2.6	2.3	2.0	0.3
2004	204219	72.8	22.2	2.6	2.5	2.2	0.3
2005	225781	74.1	20.7	2.8	2.5	2.2	0.3
2006	247562	74.3	20.2	3.0	2.5	2.2	0.3
2007	268413	74.3	19.7	3.5	2.6	2.2	0.3
2008	277515	74.9	19.2	2.9	3.0	2.6	0.3
2009	292028	74.0	18.8	4.1	3.1	2.6	0.3
2010	307987	71.9	20.0	4.6	3.5	2.9	0.3
2011	331173	72.0	19.5	5.2	3.3	2.6	0.3

续表

Continued

年 份 Year	发电煤耗计算法 coal equivalent calculation						
	能源消费总量 (万吨标准煤) Total Energy Consumption (10^4 tce)	占能源消费总量的比重 (%) As percentage of primary energy consumption (%)					
		煤 炭 Coal	石 油 Petroleum	天然气 Natural Gas	水电、核电、其他能发电 Hydro Power Nuclear Power Other Power	#水电 Hydro Power	核电 Nuclear Power
1980	60275	72.2	20.7	3.1	4.0	4.0	-
1981	59447	72.7	20.0	2.8	4.5	4.5	-
1982	62067	73.7	18.9	2.5	4.9	4.9	-
1983	66040	74.2	18.1	2.4	5.3	5.3	-
1984	70904	75.3	17.4	2.4	4.9	4.9	-
1985	76682	75.8	17.1	2.2	4.9	4.9	-
1986	80850	75.8	17.2	2.3	4.7	4.7	-
1987	86632	76.2	17.0	2.1	4.7	4.7	-
1988	92997	76.1	17.1	2.1	4.7	4.7	-
1989	96934	76.1	17.1	2.1	4.7	4.7	-
1990	98703	76.2	16.6	2.1	5.1	5.1	-
1991	103783	76.1	17.1	2.0	4.8	4.8	-
1992	109170	75.7	17.5	1.9	4.9	4.9	-
1993	115993	74.7	18.2	1.9	5.2	5.1	0.1
1994	122737	75.0	17.4	1.9	5.7	5.2	0.5
1995	131176	74.6	17.5	1.8	6.1	5.7	0.4
1996	135192	73.5	18.7	1.8	6.0	5.6	0.4
1997	135909	71.4	20.4	1.8	6.4	5.9	0.4
1998	136184	70.9	20.8	1.8	6.5	6.1	0.4
1999	140569	70.6	21.5	2.0	5.9	5.5	0.4
2000	145531	69.2	22.2	2.2	6.4	5.9	0.4
2001	150406	68.3	21.8	2.4	7.5	7.1	0.4
2002	159431	68.0	22.3	2.4	7.3	6.8	0.5
2003	183792	69.8	21.2	2.5	6.5	5.7	0.8
2004	213456	69.5	21.3	2.5	6.7	5.9	0.8
2005	235997	70.8	19.8	2.6	6.8	5.9	0.8
2006	258676	71.1	19.3	2.9	6.7	5.9	0.7
2007	280508	71.1	18.8	3.3	6.8	5.9	0.8
2008	291448	70.3	18.3	3.7	7.7	6.7	0.8
2009	306647	70.4	17.9	3.9	7.8	6.5	0.8
2010	324939	68.0	19.0	4.4	8.6	7.1	0.7
2011	348002	68.4	18.6	5.0	8.0	6.4	0.8

4-2 工业分行业终端能源消费量(实物量)-2011

行业	Item	煤合计 (万吨) Coal Total (10^4 tn)
工业	**Industry**	**69696.02**
(一)采掘业	**Mining and Quarrying**	**7693.25**
煤炭开采和洗选业	Mining and Washing of Coal	6863.07
石油和天然气开采业	Extraction of Petroleum and Natural Gas	154.54
黑色金属矿采选业	Mining and Processing of Ferrous Metal Ores	175.95
有色金属矿采选业	Mining and Processing of Non-Ferrous Metal Ores	107.90
非金属矿采选业	Mining and Processing of Nonmetal Ores	391.79
其他采矿业	Mining of Other Ores	
(二)制造业	**Manufacturing**	**59356.88**
农副食品加工业	Processing of Food from Agricultural Products	1356.82
食品制造业	Manufacture of Foods	825.49
饮料制造业	Manufacture of Beverages	730.56
烟草制品业	Manufacture of Tobacco	106.67
纺织业	Manufacture of Textile	1474.92
纺织服装、鞋、帽制造业	Manufacture of Textile Wearing Apparel,Footware, and Caps	185.98
皮革、毛皮、羽毛(绒)及其制品业	Manufacture of Leather, Fur, Feather and Related Products	68.95
木材加工及木、竹、藤、棕、草制品业	Processing of Timber,Manufacture of Wood,Bamboo,Rattan,Palm, and Straw Products	410.37
家具制造业	Manufacture of Furniture	27.43
造纸及纸制品业	Manufacture of Paper and Paper Products	2162.64
印刷业和记录媒介的复制	Printing,Reproduction of Recording Media	32.00
文教体育用品制造业	Manufacture of Articles For Culture, Education and Sport Activity	15.07
石油加工、炼焦及核燃料加工业	Processing of Petroleum, Coking, Processing of Nuclear Fuel	1236.12
化学原料及化学制品制造业	Manufacture of Raw Chemical Materials and Chemical Products	10762.39
医药制造业	Manufacture of Medicines	626.47
化学纤维制造业	Manufacture of Chemical Fibers	296.39
橡胶制品业	Manufacture of Rubber	384.05
塑料制品业	Manufacture of Plastics	278.84
非金属矿物制品业	Manufacture of Non-metallic Mineral Products	24426.40
黑色金属冶炼及压延加工业	Smelting and Pressing of Ferrous Metals	10287.77
有色金属冶炼及压延加工业	Smelting and Pressing of Non-ferrous Metals	1366.62
金属制品业	Manufacture of Metal Products	274.49
通用设备制造业	Manufacture of General Purpose Machinery	373.99
专用设备制造业	Manufacture of Special Purpose Machinery	511.70
交通运输设备制造业	Manufacture of Transport Equipment	593.37
电气机械及器材制造业	Manufacture of Electrical Machinery and Equipment	164.88
通信设备、计算机及其他电子设备制造业	Manufacture of Communication Equipment,Computers and Other Electronic Equipment	115.21
仪器仪表及文化、办公用机械制造业	Manufacture of Measuring Instruments and Machinery for Cultural Activity and Office Work	21.95
工艺品及其他制造业	Manufacture of Artwork and Other Manufacturing	225.89
废弃资源和废旧材料回收加工业	Recycling and Disposal of Waste	13.45
(三)电力、煤气及水生产和供应业	**Electric Power, Gas and Water Production and Supply**	**2645.89**
电力、热力的生产和供应业	Production and Distribution of Electric Power and Heat Power	2565.53
燃气生产和供应业	Production and Distribution of Gas	57.58
水的生产和供应业	Production and Distribution of Water	22.78

FINAL ENERGY CONSUMPTION BY INDUSTRIAL SECTOR (PHYSICAL QUANTITY)-2011

原煤 (万吨) Raw Coal (10^4 tn)	洗精煤 (万吨) Cleaned Coal (10^4 tn)	其他洗煤 (万吨) Other Washed Coal (10^4 tn)	焦炭 (万吨) Coke (10^4 tn)	焦炉煤气 (亿立方米) Coke Oven Gas (10^8 cu.m)	高炉煤气 (亿立方米) Blast Furnace Gas (10^8 cu.m)	转炉煤气 (亿立方米) Converter Gas (10^8 cu.m)	其他煤气 (亿立方米) Other Gas (10^8 cu.m)	其他焦化产品 (万吨) Other Coking Products (10^4 tn)
60653.37	**2510.04**	**6150.93**	**37943.08**	**582.86**	**1082.00**	**236.00**	**51.00**	**744.00**
7093.74	**163.68**	**428.21**	**236.69**	**13.65**	**5.37**	**1.24**	**1.44**	**2.15**
6293.34	146.82	419.51	29.81	8.59	5.37	0.01	1.07	2.15
154.54								
160.02	7.84	3.87	185.35	4.79		1.23	0.37	
98.69	7.26	1.95	13.92					
387.15	1.76	2.88	7.61	0.27				
51004.01	**2339.62**	**5653.15**	**37697.67**	**564.26**	**1076.63**	**234.76**	**47.52**	**732.59**
1270.72	6.85	75.06	13.72	0.05				
811.84	7.48	6.18	2.54	0.15				
720.64	1.58	8.34	0.80	0.09				
104.17	1.37	1.12		0.06				
1446.11	6.49	16.65	3.92	1.44				
183.52	1.07	1.39	5.20	0.01		0.01		
68.67	0.15	0.13	0.91					
406.42	1.99	1.96	0.61					
26.98	0.11	0.34	1.74					
2076.83	29.27	50.87	1.92	0.01				0.38
31.55	0.16	0.29	0.30	0.01				
14.93	0.06	0.08	3.59					
855.57	333.27	47.28	83.93	126.99	36.07	0.68		113.49
10007.32	376.07	167.73	2271.62	33.11	9.89	2.23	7.47	309.31
608.32	11.15	7.00	0.74	0.20				
294.78	1.44	0.17	2.33	0.05				
373.81	4.93	5.31	2.34	0.45				
270.38	4.15	4.31	3.88					
18967.20	419.95	5000.43	553.50	28.45		0.96	16.55	61.62
9087.04	977.25	168.56	32843.89	357.06	1030.67	230.41	2.10	231.27
1201.81	71.30	63.36	552.18	9.19		0.01	21.40	9.22
264.44	6.29	3.76	65.12	1.56				
352.93	8.94	7.02	982.11	0.51		0.46		0.38
455.92	54.45	1.33	78.19	2.88				0.58
582.70	3.71	6.96	175.99	0.39				0.58
159.63	4.50	0.75	24.83	0.06				
113.24	1.82	0.15	2.09	0.06				
21.07		0.87	4.39					
216.37	3.72	1.47	2.54	1.34				5.76
9.10	0.08	4.26	12.75	0.14				
2555.62	**6.74**	**69.58**	**8.73**	**4.95**			**2.04**	**9.26**
2475.49	6.71	69.38	7.63	0.01			2.04	9.26
57.35	0.03	0.19	0.80	4.94				
22.78			0.30					

续表 1

行　业	Item	油品合计 (万吨) Petroleum Products Total (10^4 tn)
工业	**Industry**	**15463.94**
(一)采掘业	**Mining and Quarrying**	**1147.65**
煤炭开采和洗选业	Mining and Washing of Coal	240.91
石油和天然气开采业	Extraction of Petroleum and Natural Gas	671.55
黑色金属矿采选业	Mining and Processing of Ferrous Metal Ores	121.87
有色金属矿采选业	Mining and Processing of Non-Ferrous Metal Ores	46.14
非金属矿采选业	Mining and Processing of Nonmetal Ores	66.94
其他采矿业	Mining of Other Ores	0.24
(二)制造业	**Manufacturing**	**14198.71**
农副食品加工业	Processing of Food from Agricultural Products	93.37
食品制造业	Manufacture of Foods	48.03
饮料制造业	Manufacture of Beverages	30.65
烟草制品业	Manufacture of Tobacco	6.08
纺织业	Manufacture of Textile	74.74
纺织服装、鞋、帽制造业	Manufacture of Textile Wearing Apparel,Footware, and Caps	48.38
皮革、毛皮、羽毛(绒)及其制品业	Manufacture of Leather, Fur, Feather and Related Products	20.08
木材加工及木、竹、藤、棕、草制品业	Processing of Timber,Manufacture of Wood,Bamboo,Rattan,Palm, and Straw Products	23.73
家具制造业	Manufacture of Furniture	16.45
造纸及纸制品业	Manufacture of Paper and Paper Products	44.87
印刷业和记录媒介的复制	Printing,Reproduction of Recording Media	16.18
文教体育用品制造业	Manufacture of Articles For Culture, Education and Sport Activity	12.43
石油加工、炼焦及核燃料加工业	Processing of Petroleum, Coking, Processing of Nuclear Fuel	5774.89
化学原料及化学制品制造业	Manufacture of Raw Chemical Materials and Chemical Products	4567.73
医药制造业	Manufacture of Medicines	31.12
化学纤维制造业	Manufacture of Chemical Fibers	26.25
橡胶制品业	Manufacture of Rubber	22.85
塑料制品业	Manufacture of Plastics	62.09
非金属矿物制品业	Manufacture of Non-metallic Mineral Products	2020.60
黑色金属冶炼及压延加工业	Smelting and Pressing of Ferrous Metals	173.31
有色金属冶炼及压延加工业	Smelting and Pressing of Non-ferrous Metals	394.47
金属制品业	Manufacture of Metal Products	93.50
通用设备制造业	Manufacture of General Purpose Machinery	130.39
专用设备制造业	Manufacture of Special Purpose Machinery	73.94
交通运输设备制造业	Manufacture of Transport Equipment	199.57
电气机械及器材制造业	Manufacture of Electrical Machinery and Equipment	94.09
通信设备、计算机及其他电子设备制造业	Manufacture of Communication Equipment,Computers and Other Electronic Equipment	53.17
仪器仪表及文化、办公用机械制造业	Manufacture of Measuring Instruments and Machinery for Cultural Activity and Office Work	14.12
工艺品及其他制造业	Manufacture of Artwork and Other Manufacturing	25.23
废弃资源和废旧材料回收加工业	Recycling and Disposal of Waste	6.40
(三)电力、煤气及水生产和供应业	**Electric Power, Gas and Water Production and Supply**	**117.58**
电力、热力的生产和供应业	Production and Distribution of Electric Power and Heat Power	94.96
燃气生产和供应业	Production and Distribution of Gas	17.04
水的生产和供应业	Production and Distribution of Water	5.58

Continued 1

原油 (万吨) Crude Oil (10^4 tn)	汽油 (万吨) Gasoline (10^4 tn)	煤油 (万吨) Kerosene (10^4 tn)	柴油 (万吨) Diesel Oil (10^4 tn)	燃料油 (万吨) Fuel Oil (10^4 tn)	石脑油 (万吨) Naphtha (10^4 tn)	润滑油 (万吨) Lubricants (10^4 tn)	石蜡 (万吨) Paraffin Waxes (10^4 tn)	溶剂油 (万吨) White Spirit (10^4 tn)
522.74	**604.63**	**34.21**	**1782.68**	**827.55**	**2900.91**	**248.00**	**91.00**	**165.00**
367.57	**68.41**	**3.22**	**614.35**	**28.03**		**0.90**		
	22.52	2.30	212.21	1.08		0.79		
367.51	22.46		192.13	26.69		0.03		
0.06	8.13	0.16	113.24	0.08		0.05		
	9.22	0.64	36.01	0.02		0.01		
	6.06	0.12	60.54	0.16		0.02		
	0.02		0.22					
155.13	**504.51**	**30.96**	**1116.96**	**795.31**	**2900.91**	**247.04**	**91.00**	**165.00**
0.14	32.70	0.29	49.47	6.4		0.01		0.98
	11.83	0.09	26.00	6.38			0.53	0.02
	8.77	0.04	15.26	5.75		0.01		
	0.85		4.13	1.02				
	21.20	0.31	34.18	14.67		0.02		
0.05	13.59	0.52	26.02	7.41				0.02
0.09	6.85	0.23	8.53	3.85				0.02
0.13	7.99	0.05	14.43	0.17			0.62	
	5.70	0.02	9.20	0.64				
0.04	8.81	0.13	21.94	12.17		0.08		0.14
0.03	6.02	0.10	7.41	1.51				0.01
0.03	3.14	0.04	6.59	1.39			0.10	0.02
68.85	41.29	2.46	25.04	128.55	666.42	234.60	0.27	51.63
82.32	45.15	2.94	79.29	126.59	2234.36	4.50	88.96	111.09
	10.39	0.25	13.82	4.89			0.05	0.07
	1.33	0.02	7.91	9.01		0.03		0.03
0.04	8.24	0.05	7.10	6.11		0.15		0.29
0.08	15.60	0.17	30.96	10.91		0.10	0.19	0.28
2.03	33.72	3.48	248.73	312.08	0.02	0.15	0.14	0.12
0.18	11.13	0.31	83.52	8.91		0.74		
0.62	9.05	1.80	60.17	78.70		0.20		0.04
0.14	22.94	1.07	44.98	12.42		0.11	0.01	0.01
0.05	48.15	3.75	63.44	4.61		1.25	0.01	0.04
0.02	25.24	0.56	38.07	2.55	0.11	0.94		
0.16	48.09	11.44	99.55	17.95		3.48	0.02	0.03
0.10	29.24	0.34	40.28	4.11		0.59	0.06	0.14
0.02	15.28	0.16	29.97	3.29		0.02		0.02
0.01	5.59	0.16	6.65	0.43		0.01		
	6.02	0.18	10.07	1.75		0.04	0.04	
	0.61		4.25	1.09		0.01		
0.04	**31.71**	**0.03**	**51.37**	**4.21**		**0.06**		
0.04	25.20	0.02	47.27	3.96		0.04		
	2.98	0.01	2.11	0.22		0.02		
	3.53		1.99	0.03				

续表 2

行业	Item	石油沥青（万吨）Bitumen Asphalt (10^4 tn)
工业	**Industry**	**38.94**
(一)采掘业	**Mining and Quarrying**	**0.15**
煤炭开采和洗选业	Mining and Washing of Coal	
石油和天然气开采业	Extraction of Petroleum and Natural Gas	
黑色金属矿采选业	Mining and Processing of Ferrous Metal Ores	
有色金属矿采选业	Mining and Processing of Non-Ferrous Metal Ores	0.15
非金属矿采选业	Mining and Processing of Nonmetal Ores	
其他采矿业	Mining of Other Ores	
(二)制造业	**Manufacturing**	**36.29**
农副食品加工业	Processing of Food from Agricultural Products	
食品制造业	Manufacture of Foods	
饮料制造业	Manufacture of Beverages	
烟草制品业	Manufacture of Tobacco	
纺织业	Manufacture of Textile	
纺织服装、鞋、帽制造业	Manufacture of Textile Wearing Apparel,Footware, and Caps	
皮革、毛皮、羽毛(绒)及其制品业	Manufacture of Leather, Fur, Feather and Related Products	
木材加工及木、竹、藤、棕、草制品业	Processing of Timber,Manufacture of Wood,Bamboo,Rattan,Palm, and Straw Products	
家具制造业	Manufacture of Furniture	
造纸及纸制品业	Manufacture of Paper and Paper Products	
印刷业和记录媒介的复制	Printing,Reproduction of Recording Media	
文教体育用品制造业	Manufacture of Articles For Culture, Education and Sport Activity	
石油加工、炼焦及核燃料加工业	Processing of Petroleum, Coking, Processing of Nuclear Fuel	1.14
化学原料及化学制品制造业	Manufacture of Raw Chemical Materials and Chemical Products	0.61
医药制造业	Manufacture of Medicines	
化学纤维制造业	Manufacture of Chemical Fibers	
橡胶制品业	Manufacture of Rubber	0.02
塑料制品业	Manufacture of Plastics	0.01
非金属矿物制品业	Manufacture of Non-metallic Mineral Products	27.54
黑色金属冶炼及压延加工业	Smelting and Pressing of Ferrous Metals	
有色金属冶炼及压延加工业	Smelting and Pressing of Non-ferrous Metals	6.97
金属制品业	Manufacture of Metal Products	
通用设备制造业	Manufacture of General Purpose Machinery	
专用设备制造业	Manufacture of Special Purpose Machinery	
交通运输设备制造业	Manufacture of Transport Equipment	
电气机械及器材制造业	Manufacture of Electrical Machinery and Equipment	
通信设备、计算机及其他电子设备制造业	Manufacture of Communication Equipment,Computers and Other Electronic Equipment	
仪器仪表及文化、办公用机械制造业	Manufacture of Measuring Instruments and Machinery for Cultural Activity and Office Work	
工艺品及其他制造业	Manufacture of Artwork and Other Manufacturing	
废弃资源和废旧材料回收加工业	Recycling and Disposal of Waste	
(三)电力、煤气及水生产和供应业	**Electric Power, Gas and Water Production and Supply**	**2.50**
电力、热力的生产和供应业	Production and Distribution of Electric Power and Heat Power	2.50
燃气生产和供应业	Production and Distribution of Gas	
水的生产和供应业	Production and Distribution of Water	

Continued 2

石油焦 (万吨) Petroleum Coke (10^4 tn)	液化石油气 (万吨) LPG (10^4 tn)	炼厂干气 (万吨) Refinery Gas (10^4 tn)	其他石油制品 (万吨) Other Petroleum Products (10^4 tn)	天然气 (亿立方米) Natural Gas (10^8 cu.m)	液化天然气 (万吨) LNG (10^4 tn)	热力 (万百万千焦) Heat (10^{10} kJ)	电力 (亿千瓦小时) Electricity (10^8 kW•h)
1797.80	**536.07**	**1255.85**	**4658.56**	**449.08**	**906.00**	**228716.14**	**31990.85**
	2.44	**36.15**	**26.43**	**98.39**	**0.01**	**6568.89**	**2245.23**
	0.04		1.96	1.83		782.14	818.57
	2.27	36.15	24.32	96.28		2916.32	374.81
	0.10		0.05	0.05		0.27	436.58
	0.01		0.08	0.10		1.72	311.97
	0.02		0.02	0.14	0.01	2868.44	214.27
							89.03
1782.94	**522.16**	**1219.62**	**4630.89**	**347.03**	**891.71**	**215473.17**	**25526.84**
	3.09		0.29	0.85	2.00	4595.19	471.04
	3.03		0.15	3.67	3.60	4951.82	198.18
	0.80		0.02	2.35	0.38	4155.34	145.57
	0.08			0.68	0.80	338.18	51.84
	3.59		0.77	1.76	1.48	20543.96	1378.82
	0.70		0.07	0.35	0.88	516.56	163.70
	0.44	0.02	0.05	0.07	0.16	298.15	88.37
	0.27		0.07	0.41	0.24	430.80	236.15
	0.89			0.51	0.32	84.70	45.83
	1.45		0.11	1.84	3.16	15906.18	580.38
	1.04		0.06	0.77	0.48	168.05	102.50
	1.11		0.01	0.16	0.64	32.07	61.79
236.04	162.47	1110.30	3045.83	24.56	265.84	30873.91	607.06
100.58	114.33	108.48	1468.53	174.06	390.35	69146.07	3528.32
	1.39		0.26	3.53	0.80	5759.65	240.88
	1.39		6.53	0.49	0.08	6850.49	322.36
	0.38		0.47	1.18	1.28	1490.19	358.92
	1.62	0.01	2.16	1.73	1.40	316.28	532.40
1248.69	96.04	0.57	47.29	49.61	102.56	1223.61	2917.93
5.90	54.19	0.01	8.42	26.80	11.76	26923.79	5248.27
191.73	9.53	0.05	35.61	9.99	28.56	11263.27	3501.80
	11.18	0.01	0.63	3.52	9.72	553.19	959.48
	5.88		3.21	7.41	6.64	708.11	714.18
	4.96		1.49	6.93	2.28	1523.58	361.84
	14.89	0.04	3.92	12.87	40.48	3542.42	861.41
	15.77	0.09	3.37	4.12	9.44	1578.95	584.42
	4.28	0.03	0.10	6.11	2.40	1049.23	737.83
	0.59		0.68	0.48	0.22	168.60	83.70
	6.39		0.74	0.11	3.76	473.48	424.25
	0.39		0.05	0.10		7.35	17.62
14.86	**11.47**	**0.08**	**1.24**	**3.67**	**14.28**	**6674.08**	**4218.78**
14.86	0.03	0.08	0.95	0.44	1.00	6181.72	3811.42
	11.41		0.29	3.05	13.28	425.91	90.21
	0.03			0.18		66.45	317.15

4-3 工业分行业终端能源消费量(标准量)-2011

单位:万吨标准煤

行业	Sector	终端消费合计 Final Consumption Total (发电煤耗计算法) (coal equivalent calculation)	(电热当量计算法) (calorific value calculation)
工业	**Industry**	**231963.16**	**169825.71**
(一)采掘业	**Mining and Quarrying**	**16072.88**	**11711.86**
煤炭开采和洗选业	Mining and Washing of Coal	7924.95	6335.00
石油和天然气开采业	Extraction of Petroleum and Natural Gas	3645.74	2917.72
黑色金属矿采选业	Mining and Processing of Ferrous Metal Ores	1912.42	1064.42
有色金属矿采选业	Mining and Processing of Non-Ferrous Metal Ores	1146.53	540.58
非金属矿采选业	Mining and Processing of Nonmetal Ores	1160.56	744.37
其他采矿业	Mining of Other Ores	282.70	109.77
(二)制造业	**Manufacturing**	**200155.58**	**150573.51**
农副食品加工业	Processing of Food from Agricultural Products	2683.63	1768.71
食品制造业	Manufacture of Foods	1496.89	1111.96
饮料制造业	Manufacture of Beverages	1190.41	907.65
烟草制品业	Manufacture of Tobacco	272.14	171.45
纺织业	Manufacture of Textile	6257.45	3579.30
纺织服装、鞋、帽制造业	Manufacture of Textile Wearing Apparel,Footware, and Caps	752.04	434.07
皮革、毛皮、羽毛(绒)及其制品业	Manufacture of Leather, Fur, Feather and Related Products	371.34	199.69
木材加工及木、竹、藤、棕、草制品业	Processing of Timber,Manufacture of Wood,Bamboo,Rattan,Palm, and Straw Products	1092.22	633.53
家具制造业	Manufacture of Furniture	200.70	111.69
造纸及纸制品业	Manufacture of Paper and Paper Products	3987.57	2860.27
印刷业和记录媒介的复制	Printing,Reproduction of Recording Media	389.60	190.51
文教体育用品制造业	Manufacture of Articles For Culture, Education and Sport Activity	232.76	112.74
石油加工、炼焦及核燃料加工业	Processing of Petroleum, Coking, Processing of Nuclear Fuel	13803.99	12624.86
化学原料及化学制品制造业	Manufacture of Raw Chemical Materials and Chemical Products	34187.00	27333.76
医药制造业	Manufacture of Medicines	1500.64	1032.77
化学纤维制造业	Manufacture of Chemical Fibers	1510.57	884.43
橡胶制品业	Manufacture of Rubber	1520.13	822.98
塑料制品业	Manufacture of Plastics	2015.70	981.59
非金属矿物制品业	Manufacture of Non-metallic Mineral Products	30283.53	24615.88
黑色金属冶炼及压延加工业	Smelting and Pressing of Ferrous Metals	62490.32	52296.33
有色金属冶炼及压延加工业	Smelting and Pressing of Non-ferrous Metals	13830.33	7028.61
金属制品业	Manufacture of Metal Products	3533.31	1669.66
通用设备制造业	Manufacture of General Purpose Machinery	3819.86	2432.67
专用设备制造业	Manufacture of Special Purpose Machinery	1872.55	1169.73
交通运输设备制造业	Manufacture of Transport Equipment	3980.34	2307.17
电气机械及器材制造业	Manufacture of Electrical Machinery and Equipment	2265.05	1129.91
通信设备、计算机及其他电子设备制造业	Manufacture of Communication Equipment,Computers and Other Electronic Equipment	2623.39	1190.26
仪器仪表及文化、办公用机械制造业	Manufacture of Measuring Instruments and Machinery for Cultural Activity and Office Work	318.39	155.81
工艺品及其他制造业	Manufacture of Artwork and Other Manufacturing	1583.05	759.01
废弃资源和废旧材料回收加工业	Recycling and Disposal of Waste	90.71	56.48
(三)电力、煤气及水生产和供应业	**Electric Power, Gas and Water Production and Supply**	**15734.70**	**7540.35**
电力、热力的生产和供应业	Production and Distribution of Electric Power and Heat Power	14238.46	6835.35
燃气生产和供应业	Production and Distribution of Gas	461.43	286.21
水的生产和供应业	Production and Distribution of Water	1034.81	418.79

FINAL ENERGY CONSUMPTION BY INDUSTRIAL SECTOR (STANDARD QUANTITY)-2011

(10 000 tce)

煤合计 Coal Total	原煤 Raw Coal	洗精煤 Cleaned Coal	其他洗煤 Other Washed Coal	焦炭 Coke	焦炉煤气 Coke Oven Gas	高炉煤气 Blast Furnace Gas	转炉煤气 Converter Gas	其他煤气 Other Gas
50412.97	**44691.71**	**2259.04**	**3230.47**	**36857.90**	**3330.46**	**1391.45**	**640.50**	**91.09**
5433.33	**5056.49**	**147.32**	**224.89**	**229.91**	**78.00**	**6.91**	**3.37**	**2.57**
4837.60	4483.07	132.14	220.32	28.95	49.08	6.91	0.03	1.91
107.87	107.87							
138.11	126.46	7.06	2.03	180.05	27.37		3.34	0.66
74.91	67.35	6.53	1.02	13.52				
274.85	271.75	1.58	1.51	7.39	1.54			
43144.76	**37851.41**	**2105.65**	**2969.04**	**36619.51**	**3224.18**	**1384.55**	**637.14**	**84.87**
867.51	819.37	6.17	39.42	13.33	0.29			
570.36	560.38	6.73	3.25	2.47	0.86			
508.95	503.15	1.42	4.38	0.78	0.51			
76.52	74.69	1.24	0.59		0.34			
1036.54	1018.52	5.84	8.74	3.81	8.23			
133.31	131.62	0.96	0.73	5.05	0.06		0.03	
49.47	49.26	0.14	0.07	0.88				
287.46	284.64	1.79	1.03	0.59				
19.19	18.90	0.10	0.18	1.69				
1506.72	1450.22	26.34	26.72	1.87	0.06			
23.50	23.20	0.14	0.15	0.29	0.06			
10.57	10.48	0.05	0.04	3.49				
931.91	607.13	299.95	24.83	81.53	725.62	46.39	1.85	
8300.69	7745.85	338.47	88.09	2206.65	189.19	12.72	6.05	13.34
444.47	430.76	10.04	3.68	0.72	1.14			
207.85	206.47	1.29	0.09	2.26	0.29			
275.03	267.80	4.44	2.79	2.28	2.57			
196.74	190.74	3.74	2.26	3.77				
16902.34	13874.58	377.96	2626.22	537.67	162.56		2.61	29.56
8121.99	7120.59	879.53	88.53	31904.56	2040.24	1325.44	625.33	3.75
1028.40	912.65	64.17	33.28	536.39	52.51		0.03	38.22
196.45	188.82	5.66	1.97	63.26	8.91			
270.32	255.49	8.05	3.69	954.02	2.91		1.25	
374.73	325.03	49.01	0.70	75.95	16.46			
417.22	410.23	3.34	3.65	170.96	2.23			
120.99	116.55	4.05	0.39	24.12	0.34			
81.14	79.43	1.64	0.08	2.03	0.34			
15.45	14.99		0.46	4.26				
158.27	151.52	3.34	0.77	2.47	7.66			
10.65	8.34	0.07	2.24	12.39	0.80			
1834.89	**1783.81**	**6.07**	**36.54**	**8.48**	**28.28**			**3.64**
1778.86	1727.91	6.04	36.44	7.41	0.06			3.64
40.16	40.03	0.03	0.10	0.77	28.23			
15.87	15.87			0.29				

续表 1

单位:万吨标准煤

行　业	Sector	其他焦化产品 Other Coking Products
工业	**Industry**	**858.58**
(一)采掘业	**Mining and Quarrying**	**2.48**
煤炭开采和洗选业	Mining and Washing of Coal	2.48
石油和天然气开采业	Extraction of Petroleum and Natural Gas	
黑色金属矿采选业	Mining and Processing of Ferrous Metal Ores	
有色金属矿采选业	Mining and Processing of Non-Ferrous Metal Ores	
非金属矿采选业	Mining and Processing of Nonmetal Ores	
其他采矿业	Mining of Other Ores	
(二)制造业	**Manufacturing**	**845.41**
农副食品加工业	Processing of Food from Agricultural Products	
食品制造业	Manufacture of Foods	
饮料制造业	Manufacture of Beverages	
烟草制品业	Manufacture of Tobacco	
纺织业	Manufacture of Textile	
纺织服装、鞋、帽制造业	Manufacture of Textile Wearing Apparel,Footware, and Caps	
皮革、毛皮、羽毛(绒)及其制品业	Manufacture of Leather, Fur, Feather and Related Products	
木材加工及木、竹、藤、棕、草制品业	Processing of Timber,Manufacture of Wood,Bamboo,Rattan,Palm, and Straw Products	
家具制造业	Manufacture of Furniture	
造纸及纸制品业	Manufacture of Paper and Paper Products	0.44
印刷业和记录媒介的复制	Printing,Reproduction of Recording Media	
文教体育用品制造业	Manufacture of Articles For Culture, Education and Sport Activity	
石油加工、炼焦及核燃料加工业	Processing of Petroleum, Coking, Processing of Nuclear Fuel	130.97
化学原料及化学制品制造业	Manufacture of Raw Chemical Materials and Chemical Products	356.94
医药制造业	Manufacture of Medicines	
化学纤维制造业	Manufacture of Chemical Fibers	
橡胶制品业	Manufacture of Rubber	
塑料制品业	Manufacture of Plastics	
非金属矿物制品业	Manufacture of Non-metallic Mineral Products	71.11
黑色金属冶炼及压延加工业	Smelting and Pressing of Ferrous Metals	266.89
有色金属冶炼及压延加工业	Smelting and Pressing of Non-ferrous Metals	10.64
金属制品业	Manufacture of Metal Products	
通用设备制造业	Manufacture of General Purpose Machinery	0.44
专用设备制造业	Manufacture of Special Purpose Machinery	0.67
交通运输设备制造业	Manufacture of Transport Equipment	0.67
电气机械及器材制造业	Manufacture of Electrical Machinery and Equipment	
通信设备、计算机及其他电子设备制造业	Manufacture of Communication Equipment,Computers and Other Electronic Equipment	
仪器仪表及文化、办公用机械制造业	Manufacture of Measuring Instruments and Machinery for Cultural Activity and Office Work	
工艺品及其他制造业	Manufacture of Artwork and Other Manufacturing	6.65
废弃资源和废旧材料回收加工业	Recycling and Disposal of Waste	
(三)电力、煤气及水生产和供应业	**Electric Power, Gas and Water Production and Supply**	**10.69**
电力、热力的生产和供应业	Production and Distribution of Electric Power and Heat Power	10.69
燃气生产和供应业	Production and Distribution of Gas	
水的生产和供应业	Production and Distribution of Water	

Continued 1

(10 000 tce)

油品合计 Petroleum Products Total	原油 Crude Oil	汽油 Gasoline	煤油 Kerosene	柴油 Diesel Oil	燃料油 Fuel Oil	石脑油 Naphtha	润滑油 Lubricants	石蜡 Paraffin Waxes
21561.96	**746.79**	**889.65**	**50.34**	**2597.54**	**1182.24**	**4351.37**	**350.75**	**124.20**
1663.33	**525.11**	**100.66**	**4.74**	**895.17**	**40.04**		**1.27**	
351.07		33.14	3.38	309.21	1.54		1.12	
969.23	525.02	33.05		279.95	38.13		0.04	
177.71	0.09	11.96	0.24	165.00	0.11		0.07	
67.35		13.57	0.94	52.47	0.03		0.01	
97.62		8.92	0.18	88.21	0.23		0.03	
0.35		0.03		0.32				
19730.60	**221.62**	**742.34**	**45.55**	**1627.52**	**1136.18**	**4351.37**	**349.39**	**124.20**
137.10	0.20	48.11	0.43	72.08	9.14		0.01	
70.68		17.41	0.13	37.88	9.11			0.72
44.83		12.90	0.06	22.24	8.21		0.01	
8.86		1.25		6.02	1.46			
109.61		31.19	0.46	49.80	20.96		0.03	
70.66	0.07	20.00	0.77	37.91	10.59			
29.36	0.13	10.08	0.34	12.43	5.50			
34.69	0.19	11.76	0.07	21.03	0.24			0.85
24.26		8.39	0.03	13.41	0.91			
65.52	0.06	12.96	0.19	31.97	17.39		0.11	
23.88	0.04	8.86	0.15	10.80	2.16			
18.39	0.04	4.62	0.06	9.60	1.99			0.14
8113.95	98.36	60.75	3.62	36.49	183.65	999.63	331.79	0.37
6553.06	117.60	66.43	4.33	115.53	180.85	3351.54	6.36	121.41
45.68		15.29	0.37	20.14	6.99			0.07
37.54		1.96	0.03	11.53	12.87		0.04	
33.27	0.06	12.12	0.07	10.35	8.73		0.21	
90.51	0.11	22.95	0.25	45.11	15.59		0.14	0.26
2442.14	2.90	49.62	5.12	362.42	445.84	0.03	0.21	0.19
262.87	0.26	16.38	0.46	121.70	12.73		1.05	
491.52	0.89	13.32	2.65	87.67	112.43		0.28	
139.02	0.20	33.75	1.57	65.54	17.74		0.16	0.01
191.65	0.07	70.85	5.52	92.44	6.59		1.77	0.01
109.09	0.03	37.14	0.82	55.47	3.64	0.17	1.33	
294.31	0.23	70.76	16.83	145.05	25.64		4.92	0.03
141.01	0.14	43.02	0.50	58.69	5.87		0.83	0.08
78.69	0.03	22.48	0.24	43.67	4.70		0.03	
20.71	0.01	8.23	0.24	9.69	0.61		0.01	
38.35		8.86	0.26	14.67	2.50		0.06	0.05
9.40		0.90		6.19	1.56		0.01	
168.03	**0.06**	**46.66**	**0.04**	**74.85**	**6.01**		**0.08**	
132.08	0.06	37.08	0.03	68.88	5.66		0.06	
27.76		4.38	0.01	3.07	0.31		0.03	
8.19		5.19		2.90	0.04			

续表 2

单位：万吨标准煤

行　业	Sector	溶剂油 White Spirit
工业	**Industry**	**242.09**
(一)采掘业	**Mining and Quarrying**	
煤炭开采和洗选业	Mining and Washing of Coal	
石油和天然气开采业	Extraction of Petroleum and Natural Gas	
黑色金属矿采选业	Mining and Processing of Ferrous Metal Ores	
有色金属矿采选业	Mining and Processing of Non-Ferrous Metal Ores	
非金属矿采选业	Mining and Processing of Nonmetal Ores	
其他采矿业	Mining of Other Ores	
(二)制造业	**Manufacturing**	**242.09**
农副食品加工业	Processing of Food from Agricultural Products	1.44
食品制造业	Manufacture of Foods	0.03
饮料制造业	Manufacture of Beverages	
烟草制品业	Manufacture of Tobacco	
纺织业	Manufacture of Textile	
纺织服装、鞋、帽制造业	Manufacture of Textile Wearing Apparel,Footware, and Caps	0.03
皮革、毛皮、羽毛(绒)及其制品业	Manufacture of Leather, Fur, Feather and Related Products	0.03
木材加工及木、竹、藤、棕、草制品业	Processing of Timber,Manufacture of Wood,Bamboo,Rattan,Palm, and Straw Products	
家具制造业	Manufacture of Furniture	
造纸及纸制品业	Manufacture of Paper and Paper Products	0.21
印刷业和记录媒介的复制	Printing,Reproduction of Recording Media	0.01
文教体育用品制造业	Manufacture of Articles For Culture, Education and Sport Activity	0.03
石油加工、炼焦及核燃料加工业	Processing of Petroleum, Coking, Processing of Nuclear Fuel	75.75
化学原料及化学制品制造业	Manufacture of Raw Chemical Materials and Chemical Products	162.99
医药制造业	Manufacture of Medicines	0.10
化学纤维制造业	Manufacture of Chemical Fibers	0.04
橡胶制品业	Manufacture of Rubber	0.43
塑料制品业	Manufacture of Plastics	0.41
非金属矿物制品业	Manufacture of Non-metallic Mineral Products	0.18
黑色金属冶炼及压延加工业	Smelting and Pressing of Ferrous Metals	
有色金属冶炼及压延加工业	Smelting and Pressing of Non-ferrous Metals	0.06
金属制品业	Manufacture of Metal Products	0.01
通用设备制造业	Manufacture of General Purpose Machinery	0.06
专用设备制造业	Manufacture of Special Purpose Machinery	
交通运输设备制造业	Manufacture of Transport Equipment	0.04
电气机械及器材制造业	Manufacture of Electrical Machinery and Equipment	0.21
通信设备、计算机及其他电子设备制造业	Manufacture of Communication Equipment,Computers and Other Electronic Equipment	0.03
仪器仪表及文化、办公用机械制造业	Manufacture of Measuring Instruments and Machinery for Cultural Activity and Office Work	
工艺品及其他制造业	Manufacture of Artwork and Other Manufacturing	
废弃资源和废旧材料回收加工业	Recycling and Disposal of Waste	
(三)电力、煤气及水生产和供应业	**Electric Power, Gas and Water Production and Supply**	
电力、热力的生产和供应业	Production and Distribution of Electric Power and Heat Power	
燃气生产和供应业	Production and Distribution of Gas	
水的生产和供应业	Production and Distribution of Water	

Continued 2

(10 000 tce)

石油沥青 Bitumen Asphalt	石油焦 Petroleum Coke	液化石油气 LPG	炼厂干气 Refinery Gas	其他石油制品 Other Petroleum Products	天然气 Natural Gas	液化天然气 LNG	热力 Heat	电力 Electricity
51.01	**1887.69**	**918.98**	**1973.44**	**6195.88**	**5972.79**	**1592.02**	**7799.22**	**39316.75**
0.20		**4.18**	**56.81**	**35.15**	**1308.56**	**0.02**	**224.00**	**2759.39**
		0.07		2.61	24.27		26.67	1006.02
		3.89	56.81	32.33	1280.54		99.45	460.64
		0.17		0.07	0.62		0.01	536.56
0.20		0.02		0.11	1.33		0.06	383.41
		0.03		0.03	1.80	0.02	97.81	263.34
								109.42
47.54	**1872.09**	**895.14**	**1916.50**	**6159.08**	**4615.45**	**1566.91**	**7347.64**	**31372.49**
		5.30		0.39	11.37	3.51	156.70	578.91
		5.19		0.20	48.85	6.33	168.86	243.56
		1.37		0.03	31.31	0.67	141.70	178.91
		0.14			9.08	1.41	11.53	63.71
		6.15		1.02	23.39	2.60	700.55	1694.57
		1.20		0.10	4.61	1.55	17.61	201.19
		0.75	0.03	0.07	0.93	0.28	10.17	108.61
		0.46		0.09	5.45	0.42	14.69	290.23
		1.53			6.78	0.56	2.89	56.32
		2.49		0.15	24.43	5.55	542.40	713.29
		1.78		0.08	10.24	0.84	5.73	125.97
		1.90		0.01	2.13	1.12	1.09	75.94
1.49	247.84	278.52	1744.71	4050.95	326.65	467.13	1052.80	746.08
0.80	105.61	196.00	170.47	1953.14	2315.00	685.92	2357.88	4336.31
		2.38		0.35	46.91	1.41	196.40	296.04
		2.38		8.68	6.57	0.14	233.60	396.18
0.03		0.65		0.63	15.66	2.25	50.82	441.11
0.01		2.78	0.02	2.87	23.01	2.46	10.79	654.32
36.08	1311.12	164.64	0.90	62.90	659.82	180.22	41.73	3586.14
	6.20	92.90	0.02	11.20	356.38	20.66	918.10	6450.12
9.13	201.32	16.34	0.08	47.36	132.92	50.19	384.08	4303.71
		19.17	0.02	0.84	46.87	17.08	18.86	1179.20
		10.08		4.27	98.54	11.67	24.15	877.73
		8.50		1.98	92.17	4.01	51.95	444.70
		25.53	0.06	5.21	171.17	71.13	120.80	1058.68
		27.03	0.14	4.48	54.76	16.59	53.84	718.25
		7.34	0.05	0.13	81.26	4.22	35.78	906.80
		1.01		0.90	6.38	0.39	5.75	102.87
		10.95		0.98	1.47	6.61	16.15	521.40
		0.67		0.07	1.33		0.25	21.66
3.28	**15.60**	**19.66**	**0.13**	**1.65**	**48.78**	**25.09**	**227.59**	**5184.87**
3.28	15.60	0.05	0.13	1.26	5.82	1.76	210.80	4684.22
		19.56		0.39	40.57	23.34	14.52	110.87
		0.05			2.39		2.27	389.78

4-4 分行业能源消费总量

单位：万吨标准煤

行 业	Sector	1995
消 费 总 量	**Total Consumption**	**131175.50**
农、林、牧、渔、水利业	**Agriculture, Forestry, Animal Husbandry, Fishery and Water Conservancy**	**5505.20**
工业	**Industry**	**96191.30**
采掘业	**Mining and Quarrying**	**9941.00**
煤炭开采和洗选业	Mining and Washing of Coal	5499.80
石油和天然气开采业	Extraction of Petroleum and Natural Gas	2812.60
黑色金属矿采选业	Mining and Processing of Ferrous Metal Ores	268.20
有色金属矿采选业	Mining and Processing of Non-Ferrous Metal Ores	557.20
非金属矿采选业	Mining and Processing of Nonmetal Ores	553.40
其他采矿业	Mining of Other Ores	249.80
制造业	**Manufacturing**	**78368.20**
农副食品加工业	Processing of Food from Agricultural Products	1972.50
食品制造业	Manufacture of Foods	1208.00
饮料制造业	Manufacture of Beverages	1000.30
烟草制品业	Manufacture of Tobacco	223.80
纺织业	Manufacture of Textile	3531.30
纺织服装、鞋、帽制造业	Manufacture of Textile Wearing Apparel,Footware, and Caps	329.20
皮革、毛皮、羽毛(绒)及其制品业	Manufacture of Leather, Fur, Feather and Related Products	289.90
木材加工及木、竹、藤、棕、草制品业	Processing of Timber,Manufacture of Wood,Bamboo,Rattan,Palm, and Straw Products	380.00
家具制造业	Manufacture of Furniture	105.80
造纸及纸制品业	Manufacture of Paper and Paper Products	2138.40
印刷业和记录媒介的复制	Printing,Reproduction of Recording Media	203.40
文教体育用品制造业	Manufacture of Articles For Culture, Education and Sport Activity	62.00
石油加工、炼焦及核燃料加工业	Processing of Petroleum, Coking, Processing of Nuclear Fuel	5567.30
化学原料及化学制品制造业	Manufacture of Raw Chemical Materials and Chemical Products	15821.60
医药制造业	Manufacture of Medicines	1201.30
化学纤维制造业	Manufacture of Chemical Fibers	1278.00
橡胶制品业	Manufacture of Rubber	644.10
塑料制品业	Manufacture of Plastics	541.90
非金属矿物制品业	Manufacture of Non-metallic Mineral Products	13058.00
黑色金属冶炼及压延加工业	Smelting and Pressing of Ferrous Metals	18532.80
有色金属冶炼及压延加工业	Smelting and Pressing of Non-ferrous Metals	2841.70
金属制品业	Manufacture of Metal Products	993.90
通用设备制造业	Manufacture of General Purpose Machinery	1650.50
专用设备制造业	Manufacture of Special Purpose Machinery	1089.30
交通运输设备制造业	Manufacture of Transport Equipment	1376.30
电气机械及器材制造业	Manufacture of Electrical Machinery and Equipment	629.20
通信设备、计算机及其他电子设备制造业	Manufacture of Communication Equipment,Computers and Other Electronic Equipment	321.40
仪器仪表及文化、办公用机械制造业	Manufacture of Measuring Instruments and Machinery for Cultural Activity and Office Work	142.60
工艺品及其他制造业	Manufacture of Artwork and Other Manufacturing	1233.70
废弃资源和废旧材料回收加工业	Recycling and Disposal of Waste	
电力、煤气及水生产和供应业	**Electric Power, Gas and Water Production and Supply**	**7882.70**
电力、热力的生产和供应业	Production and Distribution of Electric Power and Heat Power	7052.70
燃气生产和供应业	Production and Distribution of Gas	341.30
水的生产和供应业	Production and Distribution of Water	488.70
建筑业	**Construction**	**1334.50**
交通运输、仓储和邮政业	**Transport, Storage and Post**	**5862.90**
批发、零售业和住宿、餐饮业	**Wholesale, Retail Trade and Hotel ,Restaurants**	**2017.80**
其他行业	**Others**	**4519.00**
生活消费	**Residential Consumption**	**15744.80**

CONSUMPTION OF TOTAL ENERGY AND ITS MAIN VARIETIES BY SECTOR

(10 000 tce)

2000	2005	2006	2007	2008	2009	2010	2011
145530.86	**235996.65**	**258676.30**	**280507.94**	**291448.29**	**306647.15**	**324939.15**	**348001.66**
3913.77	**6071.06**	**6330.71**	**6228.40**	**6013.13**	**6251.18**	**6477.30**	**6758.56**
103773.85	**168723.53**	**184945.45**	**200531.38**	**209302.15**	**219197.16**	**232018.82**	**246440.96**
10968.06	**13914.67**	**14247.13**	**15240.74**	**17050.44**	**17585.17**	**18399.39**	**20024.66**
5286.08	7522.45	7672.90	8269.88	9356.17	10206.55	10574.43	11566.47
3963.58	3710.92	3586.79	3651.26	4210.04	3945.90	4057.55	3934.36
374.66	971.13	1138.05	1330.32	1408.03	1250.90	1573.35	1920.70
425.26	680.67	738.02	828.89	863.14	832.89	954.16	1146.53
690.46	927.84	978.21	1035.12	1028.27	1095.77	1026.38	1173.91
228.02	101.68	133.17	125.27	184.79	253.16	213.52	282.70
80771.97	**137140.40**	**151274.67**	**164951.10**	**172106.52**	**180595.97**	**189414.85**	**200403.37**
1717.36	2207.28	2360.77	2537.65	2731.34	2795.37	2644.27	2663.79
1055.55	1281.74	1389.67	1448.62	1544.66	1563.34	1508.52	1517.97
800.45	992.06	1081.60	1098.77	1161.85	1191.44	1130.42	1197.41
303.98	257.08	255.38	249.03	232.60	233.80	228.89	272.31
3014.37	5281.32	6108.59	6528.30	6396.38	6251.01	6204.53	6269.05
348.43	577.42	661.68	711.44	725.34	713.08	748.42	753.44
203.86	323.71	364.15	387.67	388.73	384.48	392.19	371.37
360.66	754.77	843.10	893.67	981.91	1049.09	1035.62	1097.31
101.14	133.12	149.32	152.86	181.80	183.81	209.66	201.99
2269.30	3574.91	3791.56	3643.36	3998.65	4101.00	3961.92	3983.51
204.55	280.70	303.62	327.08	349.81	357.48	390.97	389.60
122.75	198.37	202.85	210.09	219.76	214.62	210.84	232.76
7220.12	11923.57	12498.72	13445.30	13747.01	15328.29	16044.66	17057.01
14326.13	23848.69	25995.36	28621.16	28961.13	28946.07	31353.93	34713.14
941.62	1203.58	1255.98	1261.41	1360.49	1354.58	1427.68	1523.16
1883.87	1382.82	1465.05	1575.02	1448.58	1436.85	1440.91	1530.40
687.98	1137.05	1246.95	1305.16	1335.83	1344.72	1461.17	1521.16
696.39	1486.34	1604.91	1652.49	1852.37	1894.96	2097.51	2016.73
13768.08	21310.46	22637.64	23111.66	25460.52	26882.28	27473.24	30014.96
18962.27	39544.25	44729.92	50186.53	51862.92	56404.37	57533.71	58896.58
4079.30	7403.80	8861.83	10867.61	11287.99	11401.37	12841.45	13991.13
1210.42	2271.08	2632.41	2852.64	3023.79	3037.78	3627.75	3533.37
1251.01	2149.71	2406.23	2649.23	2758.11	2985.24	3270.81	3823.13
866.58	1314.71	1438.19	1579.44	1630.28	1671.52	1851.20	1887.05
1502.38	2043.13	2247.85	2467.64	2732.58	3031.90	3748.85	3995.63
648.35	1213.20	1353.04	1557.01	1791.10	1854.48	2121.53	2276.48
692.89	1482.64	1754.05	1994.99	2197.44	2216.28	2525.15	2623.39
156.70	197.45	232.82	260.90	284.98	291.92	346.47	318.39
1375.45	1330.45	1349.93	1323.74	1401.72	1413.73	1505.08	1641.89
	34.98	51.49	50.64	56.84	61.11	77.49	89.29
12033.83	**17668.45**	**19423.65**	**20339.53**	**20145.19**	**21016.02**	**24204.58**	**26012.93**
10812.32	16326.50	18004.12	18892.27	18676.48	19574.86	22584.11	24372.14
605.09	643.19	663.11	650.79	634.60	566.25	650.11	604.71
616.42	698.76	756.42	796.48	834.11	874.91	970.36	1036.08
2178.53	**3403.31**	**3760.73**	**4127.52**	**3812.53**	**4562.02**	**5309.30**	**5872.16**
11241.59	**18391.01**	**20284.23**	**21959.18**	**22917.25**	**23691.84**	**26068.47**	**28535.50**
3047.63	**4847.75**	**5314.05**	**5689.38**	**5733.58**	**6412.26**	**6826.82**	**7795.38**
5761.58	**9254.56**	**10275.98**	**11158.19**	**11771.34**	**12689.81**	**13680.50**	**15189.15**
15613.91	**25305.43**	**27765.16**	**30813.90**	**31898.32**	**33842.88**	**34557.94**	**37409.94**

4-5 分行业煤炭消费总量

单位：万吨

行 业	Sector	1995
消 费 总 量	**Total Consumption**	**137676.50**
农、林、牧、渔、水利业	**Agriculture, Forestry, Animal Husbandry, Fishery and Water Conservancy**	**1856.70**
工业	**Industry**	**117570.70**
采掘业	**Mining and Quarrying**	**9861.00**
煤炭开采和洗选业	Mining and Washing of Coal	8290.70
石油和天然气开采业	Extraction of Petroleum and Natural Gas	637.20
黑色金属矿采选业	Mining and Processing of Ferrous Metal Ores	94.90
有色金属矿采选业	Mining and Processing of Non-Ferrous Metal Ores	174.70
非金属矿采选业	Mining and Processing of Nonmetal Ores	434.40
其他采矿业	Mining of Other Ores	229.10
制造业	**Manufacturing**	**63109.40**
农副食品加工业	Processing of Food from Agricultural Products	1753.90
食品制造业	Manufacture of Foods	1214.50
饮料制造业	Manufacture of Beverages	983.30
烟草制品业	Manufacture of Tobacco	190.70
纺织业	Manufacture of Textile	2536.90
纺织服装、鞋、帽制造业	Manufacture of Textile Wearing Apparel,Footware, and Caps	117.30
皮革、毛皮、羽毛(绒)及其制品业	Manufacture of Leather, Fur, Feather and Related Products	239.00
木材加工及木、竹、藤、棕、草制品业	Processing of Timber,Manufacture of Wood,Bamboo,Rattan,Palm, and Straw Products	363.00
家具制造业	Manufacture of Furniture	62.70
造纸及纸制品业	Manufacture of Paper and Paper Products	2132.20
印刷业和记录媒介的复制	Printing,Reproduction of Recording Media	86.80
文教体育用品制造业	Manufacture of Articles For Culture, Education and Sport Activity	33.20
石油加工、炼焦及核燃料加工业	Processing of Petroleum, Coking, Processing of Nuclear Fuel	8025.10
化学原料及化学制品制造业	Manufacture of Raw Chemical Materials and Chemical Products	10803.50
医药制造业	Manufacture of Medicines	915.10
化学纤维制造业	Manufacture of Chemical Fibers	823.10
橡胶制品业	Manufacture of Rubber	566.40
塑料制品业	Manufacture of Plastics	311.50
非金属矿物制品业	Manufacture of Non-metallic Mineral Products	13424.20
黑色金属冶炼及压延加工业	Smelting and Pressing of Ferrous Metals	12920.70
有色金属冶炼及压延加工业	Smelting and Pressing of Non-ferrous Metals	1348.60
金属制品业	Manufacture of Metal Products	462.10
通用设备制造业	Manufacture of General Purpose Machinery	821.10
专用设备制造业	Manufacture of Special Purpose Machinery	652.50
交通运输设备制造业	Manufacture of Transport Equipment	860.20
电气机械及器材制造业	Manufacture of Electrical Machinery and Equipment	343.60
通信设备、计算机及其他电子设备制造业	Manufacture of Communication Equipment,Computers and Other Electronic Equipment	141.50
仪器仪表及文化、办公用机械制造业	Manufacture of Measuring Instruments and Machinery for Cultural Activity and Office Work	70.90
工艺品及其他制造业	Manufacture of Artwork and Other Manufacturing	905.90
废弃资源和废旧材料回收加工业	Recycling and Disposal of Waste	
电力、煤气及水生产和供应业	**Electric Power, Gas and Water Production and Supply**	**44600.30**
电力、热力的生产和供应业	Production and Distribution of Electric Power and Heat Power	43799.60
燃气生产和供应业	Production and Distribution of Gas	763.10
水的生产和供应业	Production and Distribution of Water	37.60
建筑业	**Construction**	**439.80**
交通运输、仓储和邮政业	**Transport, Storage and Post**	**1315.10**
批发、零售业和住宿、餐饮业	**Wholesale, Retail Trade and Hotel ,Restaurants**	**977.40**
其他行业	**Others**	**1986.70**
生活消费	**Residential Consumption**	**13530.10**

CONSUMPTION OF COAL AND ITS MAIN VARIETIES BY SECTOR

(10 000 ton)

2000	2005	2006	2007	2008	2009	2010	2011
141091.70	**231851.07**	**255065.45**	**272745.88**	**281095.92**	**295833.08**	**312236.50**	**342950.24**
933.38	**1513.80**	**1502.60**	**1519.57**	**1522.57**	**1582.11**	**1711.10**	**1756.63**
127806.65	**215493.30**	**238510.23**	**256202.76**	**265574.20**	**279888.52**	**296031.63**	**326229.97**
11512.86	**15833.26**	**16884.65**	**18971.74**	**19501.07**	**21728.00**	**24638.61**	**26141.48**
9874.51	14535.96	15599.75	17626.33	18317.30	20245.30	23143.94	24629.90
846.81	373.74	376.51	381.19	299.41	557.60	563.03	559.72
78.61	140.06	144.85	153.42	182.05	167.84	222.10	211.23
103.00	112.39	115.80	113.51	95.75	94.26	99.19	107.90
472.06	668.99	645.54	694.84	605.16	660.74	607.79	632.73
137.87	2.10	2.19	2.44	1.39	2.26	2.56	
57742.34	**92018.39**	**99084.39**	**102002.35**	**108176.80**	**112005.84**	**118821.50**	**128297.11**
1581.25	1392.33	1450.96	1557.11	1641.55	1673.25	1699.66	1719.05
747.35	974.49	1022.42	1054.17	1071.85	1047.01	1210.93	1187.05
725.48	840.34	860.56	864.04	856.53	814.72	792.40	801.38
150.41	135.30	139.56	124.04	94.94	89.20	80.06	109.11
1638.22	2555.37	2796.32	2862.05	2529.12	2433.32	2618.04	2261.68
139.67	237.14	258.88	265.91	229.35	219.34	233.77	211.90
81.46	105.20	110.56	107.29	85.60	85.72	75.11	68.97
264.74	437.06	459.40	455.35	440.00	441.63	432.64	433.54
49.51	32.75	34.06	33.20	33.46	29.74	33.79	33.89
2081.70	3439.45	3823.24	3819.31	3858.05	4006.28	4281.61	4466.51
58.32	45.64	47.42	46.25	41.52	39.47	44.70	32.00
20.25	20.92	21.75	21.23	18.25	17.63	17.74	15.07
9078.34	19753.15	22944.00	25000.49	26437.72	27204.87	29780.84	34087.24
8838.69	12915.21	13654.69	14187.95	15067.46	15014.41	14703.88	16177.17
614.98	686.31	730.76	701.89	717.67	697.32	716.35	776.27
953.48	813.13	830.10	886.90	751.47	733.36	589.10	651.14
315.16	443.14	456.73	456.80	458.39	453.90	508.10	468.39
168.52	280.45	293.78	285.87	312.40	367.29	377.96	353.14
13804.64	20036.23	20708.53	20416.79	23049.05	23753.51	23508.83	25031.84
12342.14	21294.47	22551.56	22846.70	24126.17	26553.24	28221.59	29971.15
1512.84	2488.32	2711.14	2918.68	3301.39	3086.63	5714.93	6227.18
271.78	337.56	340.66	333.35	342.56	334.90	316.00	281.42
411.51	411.63	438.93	419.01	436.37	425.42	432.85	399.21
375.74	553.91	580.71	571.95	548.01	576.83	627.83	559.55
825.31	865.59	891.77	887.33	835.57	845.85	853.95	798.64
220.40	172.76	179.74	176.08	179.34	383.11	253.54	519.06
82.82	155.25	153.47	150.02	185.11	184.68	185.11	164.04
37.13	24.68	25.65	25.07	26.55	25.16	25.46	21.95
350.49	563.56	559.76	520.27	491.79	457.67	471.78	456.11
	7.08	7.30	7.26	9.54	10.36	12.95	13.45
58551.45	**107641.65**	**122541.19**	**135228.67**	**137896.33**	**146154.67**	**152571.52**	**171791.38**
57380.72	106286.71	121059.67	133651.89	136725.09	144877.42	151163.05	170744.15
1120.30	1316.52	1441.37	1537.85	1136.08	1248.90	1341.79	1003.78
50.44	38.42	40.15	38.93	35.16	28.35	66.68	43.46
536.82	**603.56**	**651.99**	**615.33**	**603.18**	**635.59**	**718.91**	**781.81**
882.24	**811.17**	**769.94**	**735.89**	**665.41**	**640.89**	**639.23**	**645.85**
1314.64	**1674.39**	**1791.46**	**1868.27**	**1791.39**	**1977.89**	**1969.87**	**2211.71**
1161.01	**1715.88**	**1802.90**	**2043.43**	**1791.56**	**1986.14**	**2006.59**	**2112.21**
8456.96	**10038.97**	**10036.34**	**9760.61**	**9147.61**	**9121.95**	**9159.17**	**9212.06**

4-6 分行业焦炭消费总量

单位：万吨

行　业	Sector	1995
消 费 总 量	**Total Consumption**	**10725.28**
农、林、牧、渔、水利业	**Agriculture, Forestry, Animal Husbandry, Fishery and Water Conservancy**	**128.62**
工业	**Industry**	**10412.04**
采掘业	**Mining and Quarrying**	**151.42**
煤炭开采和洗选业	Mining and Washing of Coal	41.97
石油和天然气开采业	Extraction of Petroleum and Natural Gas	1.21
黑色金属矿采选业	Mining and Processing of Ferrous Metal Ores	56.76
有色金属矿采选业	Mining and Processing of Non-Ferrous Metal Ores	24.53
非金属矿采选业	Mining and Processing of Nonmetal Ores	26.14
其他采矿业	Mining of Other Ores	0.81
制造业	**Manufacturing**	**10243.83**
农副食品加工业	Processing of Food from Agricultural Products	15.37
食品制造业	Manufacture of Foods	10.43
饮料制造业	Manufacture of Beverages	4.98
烟草制品业	Manufacture of Tobacco	1.59
纺织业	Manufacture of Textile	5.78
纺织服装、鞋、帽制造业	Manufacture of Textile Wearing Apparel,Footware, and Caps	1.12
皮革、毛皮、羽毛(绒)及其制品业	Manufacture of Leather, Fur, Feather and Related Products	0.80
木材加工及木、竹、藤、棕、草制品业	Processing of Timber,Manufacture of Wood,Bamboo,Rattan,Palm, and Straw Products	1.13
家具制造业	Manufacture of Furniture	1.29
造纸及纸制品业	Manufacture of Paper and Paper Products	3.84
印刷业和记录媒介的复制	Printing,Reproduction of Recording Media	0.53
文教体育用品制造业	Manufacture of Articles For Culture, Education and Sport Activity	1.52
石油加工、炼焦及核燃料加工业	Processing of Petroleum, Coking, Processing of Nuclear Fuel	31.56
化学原料及化学制品制造业	Manufacture of Raw Chemical Materials and Chemical Products	1298.71
医药制造业	Manufacture of Medicines	2.64
化学纤维制造业	Manufacture of Chemical Fibers	23.53
橡胶制品业	Manufacture of Rubber	1.56
塑料制品业	Manufacture of Plastics	1.52
非金属矿物制品业	Manufacture of Non-metallic Mineral Products	276.66
黑色金属冶炼及压延加工业	Smelting and Pressing of Ferrous Metals	7810.76
有色金属冶炼及压延加工业	Smelting and Pressing of Non-ferrous Metals	195.09
金属制品业	Manufacture of Metal Products	123.24
通用设备制造业	Manufacture of General Purpose Machinery	237.13
专用设备制造业	Manufacture of Special Purpose Machinery	101.25
交通运输设备制造业	Manufacture of Transport Equipment	41.42
电气机械及器材制造业	Manufacture of Electrical Machinery and Equipment	15.59
通信设备、计算机及其他电子设备制造业	Manufacture of Communication Equipment,Computers and Other Electronic Equipment	1.05
仪器仪表及文化、办公用机械制造业	Manufacture of Measuring Instruments and Machinery for Cultural Activity and Office Work	3.42
工艺品及其他制造业	Manufacture of Artwork and Other Manufacturing	30.32
废弃资源和废旧材料回收加工业	Recycling and Disposal of Waste	
电力、煤气及水生产和供应业	**Electric Power, Gas and Water Production and Supply**	**16.79**
电力、热力的生产和供应业	Production and Distribution of Electric Power and Heat Power	3.80
燃气生产和供应业	Production and Distribution of Gas	12.88
水的生产和供应业	Production and Distribution of Water	0.11
建筑业	**Construction**	**10.76**
交通运输、仓储和邮政业	**Transport, Storage and Post**	**10.10**
批发、零售业和住宿、餐饮业	**Wholesale, Retail Trade and Hotel ,Restaurants**	**25.71**
其他行业	**Others**	**6.44**
生活消费	**Residential Consumption**	**131.61**

CONSUMPTION OF COKE AND ITS MAIN VARIETIES BY SECTOR

(10 000 ton)

2000	2005	2006	2007	2008	2009	2010	2011
10840.76	**25105.84**	**27892.77**	**29168.12**	**29900.23**	**31849.97**	**33687.80**	**38163.27**
70.93	**63.47**	**55.73**	**57.23**	**53.14**	**44.59**	**46.82**	**54.06**
10554.55	**24860.92**	**27653.55**	**28932.22**	**29756.70**	**31743.32**	**33583.69**	**38052.08**
160.58	**174.51**	**196.09**	**219.64**	**181.87**	**139.04**	**179.97**	**237.03**
53.06	61.34	65.63	75.84	55.80	28.26	25.05	30.15
5.76	0.29	0.31	0.35	0.01		0.16	
52.38	83.71	97.89	107.91	102.92	83.82	125.73	185.35
22.12	16.32	17.83	19.66	12.17	14.89	15.75	13.92
26.95	12.86	14.42	15.90	10.97	12.07	13.28	7.61
0.31							
10357.19	**24621.38**	**27421.25**	**28673.29**	**29538.48**	**31572.03**	**33381.02**	**37791.36**
16.15	8.52	8.10	8.92	13.20	10.56	9.50	13.72
14.67	5.36	5.60	6.18	7.92	7.13	3.01	2.54
3.14	1.03	1.08	1.18	1.05	0.94	0.68	0.80
1.26	0.01	0.01	0.01	0.83			
4.19	2.99	3.27	3.57	5.28	4.10	5.10	3.92
1.68	1.33	1.49	1.64	3.23	1.40	3.76	5.20
1.76	0.31	0.34	0.38	0.22	0.31	0.22	0.91
1.47	1.81	1.98	2.19	2.59	2.46	1.78	0.61
1.05	1.03	1.08	1.19	1.06	1.01	1.51	1.74
1.57	4.35	4.34	4.79	5.66	4.35	2.19	1.92
0.29	0.15	0.17	0.19	0.32	0.56	0.27	0.30
1.68	3.57	3.73	5.78	5.30	5.06	3.82	3.59
64.96	76.76	92.34	98.97	103.48	97.16	93.45	83.93
1104.86	1724.26	2024.28	2250.47	2248.82	2105.35	1743.01	2271.62
0.68	1.13	1.27	1.43	1.55	1.24	0.87	0.74
27.49	51.22	57.20	62.48	18.48	5.54	3.88	2.33
2.62	1.77	1.77	1.95	2.50	3.25	2.93	2.34
6.29	2.62	2.98	3.29	4.38	3.07	4.04	3.88
312.35	208.27	237.52	261.84	305.49	384.65	385.72	553.50
8084.98	21429.43	23731.54	24577.44	25477.78	27191.81	29448.47	32906.33
218.09	372.51	423.12	477.96	498.07	676.48	591.98	583.44
126.05	78.33	87.47	96.43	90.83	98.22	75.56	65.12
208.23	455.52	519.49	572.67	473.50	663.64	657.06	982.11
73.93	68.89	76.59	84.44	91.58	100.74	125.61	78.19
32.28	93.91	107.10	118.06	139.70	163.67	168.87	175.99
10.92	16.75	17.51	18.95	25.78	23.21	26.63	24.83
0.31	0.69	0.73	0.80	0.87	1.74	2.61	2.09
4.19	2.75	3.07	3.38	3.77	8.32	5.73	4.39
30.07	3.79	3.78	4.16	2.18	1.81	2.13	2.54
	2.33	2.33	2.57	3.04	4.25	10.63	12.75
36.78	**65.03**	**36.21**	**39.29**	**36.35**	**32.24**	**22.70**	**23.69**
	6.13	6.70	7.45	7.13	8.13	4.01	7.63
36.78	58.84	29.44	31.76	29.15	24.02	18.55	15.76
	0.07	0.07	0.08	0.07	0.09	0.14	0.30
18.98	**18.38**	**18.50**	**17.48**	**10.70**	**5.68**	**5.81**	**4.81**
11.24	**1.07**	**0.85**	**0.55**	**0.29**	**0.14**	**0.12**	**0.09**
35.71	**64.08**	**65.39**	**71.00**	**7.54**	**3.94**	**5.10**	**9.24**
12.15	**7.59**	**8.30**	**8.23**	**6.93**	**3.47**	**2.77**	**1.94**
137.20	**90.33**	**90.45**	**81.40**	**64.93**	**48.84**	**43.49**	**41.08**

4-7 分行业原油消费总量

单位：万吨

行　业	Sector	1995
消费总量	**Total Consumption**	**14886.39**
农、林、牧、渔、水利业	**Agriculture, Forestry, Animal Husbandry, Fishery and Water Conservancy**	**10.11**
工业	**Industry**	**14716.30**
采掘业	**Mining and Quarrying**	**1686.21**
煤炭开采和洗选业	Mining and Washing of Coal	
石油和天然气开采业	Extraction of Petroleum and Natural Gas	1686.16
黑色金属矿采选业	Mining and Processing of Ferrous Metal Ores	
有色金属矿采选业	Mining and Processing of Non-Ferrous Metal Ores	0.05
非金属矿采选业	Mining and Processing of Nonmetal Ores	
其他采矿业	Mining of Other Ores	
制造业	**Manufacturing**	**12963.62**
农副食品加工业	Processing of Food from Agricultural Products	0.53
食品制造业	Manufacture of Foods	0.72
饮料制造业	Manufacture of Beverages	0.72
烟草制品业	Manufacture of Tobacco	
纺织业	Manufacture of Textile	1.29
纺织服装、鞋、帽制造业	Manufacture of Textile Wearing Apparel,Footware, and Caps	0.04
皮革、毛皮、羽毛(绒)及其制品业	Manufacture of Leather, Fur, Feather and Related Products	0.04
木材加工及木、竹、藤、棕、草制品业	Processing of Timber,Manufacture of Wood,Bamboo,Rattan,Palm, and Straw Products	
家具制造业	Manufacture of Furniture	
造纸及纸制品业	Manufacture of Paper and Paper Products	0.26
印刷业和记录媒介的复制	Printing,Reproduction of Recording Media	0.10
文教体育用品制造业	Manufacture of Articles For Culture, Education and Sport Activity	
石油加工、炼焦及核燃料加工业	Processing of Petroleum, Coking, Processing of Nuclear Fuel	11338.36
化学原料及化学制品制造业	Manufacture of Raw Chemical Materials and Chemical Products	1078.84
医药制造业	Manufacture of Medicines	0.12
化学纤维制造业	Manufacture of Chemical Fibers	478.22
橡胶制品业	Manufacture of Rubber	1.22
塑料制品业	Manufacture of Plastics	0.02
非金属矿物制品业	Manufacture of Non-metallic Mineral Products	56.32
黑色金属冶炼及压延加工业	Smelting and Pressing of Ferrous Metals	3.17
有色金属冶炼及压延加工业	Smelting and Pressing of Non-ferrous Metals	0.35
金属制品业	Manufacture of Metal Products	0.17
通用设备制造业	Manufacture of General Purpose Machinery	0.28
专用设备制造业	Manufacture of Special Purpose Machinery	0.20
交通运输设备制造业	Manufacture of Transport Equipment	0.57
电气机械及器材制造业	Manufacture of Electrical Machinery and Equipment	0.85
通信设备、计算机及其他电子设备制造业	Manufacture of Communication Equipment,Computers and Other Electronic Equipment	
仪器仪表及文化、办公用机械制造业	Manufacture of Measuring Instruments and Machinery for Cultural Activity and Office Work	
工艺品及其他制造业	Manufacture of Artwork and Other Manufacturing	1.23
废弃资源和废旧材料回收加工业	Recycling and Disposal of Waste	
电力、煤气及水生产和供应业	**Electric Power, Gas and Water Production and Supply**	**66.47**
电力、热力的生产和供应业	Production and Distribution of Electric Power and Heat Power	66.47
燃气生产和供应业	Production and Distribution of Gas	
水的生产和供应业	Production and Distribution of Water	
建筑业	**Construction**	**2.71**
交通运输、仓储和邮政业	**Transport, Storage and Post**	**156.77**
批发、零售业和住宿、餐饮业	**Wholesale, Retail Trade and Hotel ,Restaurants**	**0.50**
其他行业	**Others**	
生活消费	**Residential Consumption**	

CONSUMPTION OF CRUDE OIL AND ITS MAIN VARIETIES BY SECTOR

(10 000 ton)

2000	2005	2006	2007	2008	2009	2010	2011
21232.01	**30086.24**	**32245.20**	**34031.60**	**35498.24**	**38128.59**	**42874.55**	**43965.84**
21052.08	**29959.37**	**32081.54**	**33867.94**	**35332.58**	**37975.17**	**42716.55**	**43860.44**
3196.35	**1386.75**	**1171.41**	**1203.93**	**1294.56**	**1078.98**	**1020.29**	**1000.63**
2.32							
3194.03	1386.75	1171.41	1203.93	1294.56	1078.98	1020.29	1000.57
							0.06
17779.14	**28563.58**	**30898.48**	**32655.33**	**34027.78**	**36891.89**	**41692.62**	**42857.70**
0.42	0.07	0.06	0.06	0.08	0.10	0.11	0.14
0.48	0.10	0.09	0.09	0.11		0.01	
0.52	0.50	0.49	0.49	0.60	0.20		
0.05	0.20	0.19	0.19	0.23	0.20	0.02	
0.16	0.24	0.23	0.25	0.31	0.33	0.03	0.05
	0.04	0.04	0.04	0.05	0.03	0.05	0.09
	0.12	0.11	0.14	0.17	0.28	0.22	0.13
	0.03	0.03	0.03	0.05		0.01	
0.48	0.51	0.50	0.52	0.60	0.36	0.12	0.04
						0.01	0.03
0.10	0.09	0.08	0.08	0.10	0.04	0.06	0.03
15305.82	26021.27	28726.34	30309.24	31204.73	34047.74	38624.99	39157.70
1809.79	2513.08	2141.34	2315.05	2785.45	2821.81	3062.50	3696.04
			0.10	0.10	0.03	0.02	
594.71	10.62	11.89	11.97	14.51	10.01		
0.05	0.82	0.81	0.78	0.85	0.40	0.02	0.04
0.40	0.08	0.08	0.05	0.07	0.02	0.10	0.08
53.54	14.17	14.57	14.66	17.78	8.89	2.45	2.03
10.25	0.13	0.13	0.10	0.15	0.04	0.33	0.18
0.80	0.31	0.31	0.31	0.38	0.61	0.71	0.62
0.03	0.06	0.06	0.06	0.11	0.18	0.12	0.14
0.11	0.15	0.15	0.19	0.23	0.06	0.09	0.05
0.27	0.11	0.11	0.13	0.16	0.05	0.06	0.02
0.06	0.15	0.15	0.11	0.14	0.10	0.17	0.16
0.50	0.26	0.26	0.24	0.29	0.12	0.15	0.10
	0.40	0.40	0.40	0.49	0.25	0.27	0.02
	0.05	0.05	0.04	0.04	0.01		0.01
0.60	0.01	0.01	0.01	0.01	0.02		
76.59	**9.04**	**11.65**	**8.67**	**10.23**	**4.30**	**3.64**	**2.11**
76.59	8.78	11.40	8.42	9.93	4.09	3.64	2.11
	0.26	0.25	0.25	0.31	0.21		
3.30							
175.05	**126.87**	**163.66**	**163.66**	**165.66**	**153.42**	**158.00**	**105.40**
0.18							
1.40							

4-8 分行业汽油消费总量

单位：万吨

行　业	Sector	1995
消 费 总 量	**Total Consumption**	**2909.59**
农、林、牧、渔、水利业	**Agriculture, Forestry, Animal Husbandry, Fishery and Water Conservancy**	**179.66**
工业	**Industry**	**812.43**
采掘业	**Mining and Quarrying**	**135.90**
煤炭开采和洗选业	Mining and Washing of Coal	37.87
石油和天然气开采业	Extraction of Petroleum and Natural Gas	58.99
黑色金属矿采选业	Mining and Processing of Ferrous Metal Ores	4.74
有色金属矿采选业	Mining and Processing of Non-Ferrous Metal Ores	8.18
非金属矿采选业	Mining and Processing of Nonmetal Ores	8.74
其他采矿业	Mining of Other Ores	17.38
制造业	**Manufacturing**	**637.21**
农副食品加工业	Processing of Food from Agricultural Products	37.56
食品制造业	Manufacture of Foods	16.33
饮料制造业	Manufacture of Beverages	14.91
烟草制品业	Manufacture of Tobacco	3.17
纺织业	Manufacture of Textile	42.72
纺织服装、鞋、帽制造业	Manufacture of Textile Wearing Apparel,Footware, and Caps	11.39
皮革、毛皮、羽毛(绒)及其制品业	Manufacture of Leather, Fur, Feather and Related Products	5.38
木材加工及木、竹、藤、棕、草制品业	Processing of Timber,Manufacture of Wood,Bamboo,Rattan,Palm, and Straw Products	4.68
家具制造业	Manufacture of Furniture	3.71
造纸及纸制品业	Manufacture of Paper and Paper Products	14.59
印刷业和记录媒介的复制	Printing,Reproduction of Recording Media	6.17
文教体育用品制造业	Manufacture of Articles For Culture, Education and Sport Activity	2.66
石油加工、炼焦及核燃料加工业	Processing of Petroleum, Coking, Processing of Nuclear Fuel	29.23
化学原料及化学制品制造业	Manufacture of Raw Chemical Materials and Chemical Products	62.64
医药制造业	Manufacture of Medicines	8.98
化学纤维制造业	Manufacture of Chemical Fibers	4.56
橡胶制品业	Manufacture of Rubber	14.41
塑料制品业	Manufacture of Plastics	17.47
非金属矿物制品业	Manufacture of Non-metallic Mineral Products	82.14
黑色金属冶炼及压延加工业	Smelting and Pressing of Ferrous Metals	42.55
有色金属冶炼及压延加工业	Smelting and Pressing of Non-ferrous Metals	12.71
金属制品业	Manufacture of Metal Products	18.19
通用设备制造业	Manufacture of General Purpose Machinery	58.65
专用设备制造业	Manufacture of Special Purpose Machinery	26.69
交通运输设备制造业	Manufacture of Transport Equipment	37.48
电气机械及器材制造业	Manufacture of Electrical Machinery and Equipment	24.07
通信设备、计算机及其他电子设备制造业	Manufacture of Communication Equipment,Computers and Other Electronic Equipment	9.15
仪器仪表及文化、办公用机械制造业	Manufacture of Measuring Instruments and Machinery for Cultural Activity and Office Work	4.69
工艺品及其他制造业	Manufacture of Artwork and Other Manufacturing	20.33
废弃资源和废旧材料回收加工业	Recycling and Disposal of Waste	
电力、煤气及水生产和供应业	**Electric Power, Gas and Water Production and Supply**	**39.32**
电力、热力的生产和供应业	Production and Distribution of Electric Power and Heat Power	33.85
燃气生产和供应业	Production and Distribution of Gas	3.21
水的生产和供应业	Production and Distribution of Water	2.26
建筑业	**Construction**	**103.62**
交通运输、仓储和邮政业	**Transport, Storage and Post**	**982.30**
批发、零售业和住宿、餐饮业	**Wholesale, Retail Trade and Hotel ,Restaurants**	**197.23**
其他行业	**Others**	**570.65**
生活消费	**Residential Consumption**	**63.70**

CONSUMPTION OF GASOLINE AND ITS MAIN VARIETIES BY SECTOR

(10 000 ton)

2000	2005	2006	2007	2008	2009	2010	2011
3504.56	**4854.91**	**5242.55**	**5519.09**	**6145.52**	**6172.69**	**6886.21**	**7395.95**
89.16	**159.59**	**167.75**	**172.78**	**160.44**	**168.06**	**169.07**	**185.98**
681.98	**441.71**	**498.50**	**524.50**	**586.11**	**671.07**	**689.46**	**604.81**
120.78	**51.89**	**59.43**	**62.91**	**65.73**	**65.46**	**66.32**	**68.41**
36.32	14.61	17.04	18.32	22.36	21.21	20.11	22.52
45.38	25.71	29.46	30.99	27.84	25.04	24.20	22.46
6.81	4.60	5.11	5.38	5.96	6.46	7.70	8.13
5.87	3.30	3.73	3.93	4.39	7.64	7.59	9.22
9.07	3.65	4.06	4.27	5.14	5.08	6.40	6.06
17.34	0.02	0.02	0.02	0.04	0.03	0.32	0.02
528.75	**364.25**	**411.39**	**436.66**	**492.78**	**571.16**	**590.92**	**504.66**
34.04	13.24	14.96	15.74	17.58	32.98	38.93	32.70
13.62	7.36	8.32	8.75	9.87	14.16	15.74	11.83
11.35	6.93	7.71	7.39	9.14	10.39	9.55	8.77
34.04	0.75	0.83	0.87	0.88	0.75	0.72	0.85
39.68	16.74	18.99	19.98	22.48	26.25	26.96	21.20
7.94	9.28	10.32	10.86	12.58	17.18	17.83	13.59
5.68	4.30	4.78	5.03	6.05	9.22	8.40	6.85
3.68	4.72	5.26	5.53	7.89	7.94	9.29	7.99
3.97	2.74	3.04	3.20	4.03	7.84	8.23	5.70
13.62	8.05	9.11	9.58	11.96	12.83	11.32	8.81
6.81	6.64	7.39	7.11	8.18	8.77	8.33	6.02
2.55	3.70	4.12	3.70	4.23	4.43	4.08	3.14
16.63	20.87	23.20	24.40	20.05	39.81	36.18	41.44
51.05	42.14	48.28	45.00	51.75	49.80	48.20	45.15
10.22	7.34	8.16	10.26	11.33	12.07	12.16	10.39
4.31	1.10	1.34	1.88	2.04	1.61	1.55	1.33
9.69	9.13	10.27	10.91	13.73	11.06	10.81	8.24
13.73	11.97	13.53	14.23	17.14	18.24	23.21	15.60
51.74	24.03	26.72	31.56	38.03	36.95	37.47	33.72
34.04	21.17	25.23	26.55	24.72	15.52	13.40	11.13
12.49	6.14	6.90	7.25	7.00	10.14	10.35	9.05
20.42	17.14	19.38	23.75	29.38	31.13	32.95	22.94
23.82	26.21	29.63	33.88	40.51	50.48	54.03	48.15
34.12	15.84	17.73	20.76	21.60	28.30	29.51	25.24
22.70	34.92	39.61	41.27	46.46	42.74	49.21	48.09
18.15	20.62	23.25	23.20	26.68	35.60	36.48	29.24
9.07	10.55	11.90	13.39	16.13	19.25	20.31	15.28
3.40	3.45	3.83	4.66	5.15	6.85	7.26	5.59
16.20	6.87	7.26	5.62	5.84	8.18	7.73	6.02
	0.31	0.35	0.34	0.38	0.69	0.73	0.61
32.44	**25.56**	**27.67**	**24.93**	**27.60**	**34.45**	**32.22**	**31.74**
28.17	20.25	21.77	19.06	21.99	26.53	24.64	25.23
1.95	2.36	2.66	2.62	2.10	2.88	3.20	2.98
2.32	2.95	3.25	3.25	3.51	5.04	4.38	3.53
115.55	**172.14**	**180.75**	**178.83**	**196.19**	**235.43**	**274.70**	**282.77**
1527.78	**2430.05**	**2592.36**	**2613.19**	**3090.43**	**2881.59**	**3204.93**	**3373.52**
69.84	**129.39**	**123.34**	**131.73**	**135.28**	**147.52**	**168.18**	**177.14**
792.67	**998.20**	**1064.11**	**1119.67**	**1121.93**	**1069.93**	**1166.22**	**1313.17**
227.58	**523.83**	**615.74**	**778.40**	**855.14**	**999.08**	**1213.65**	**1458.56**

4-9 分行业煤油消费总量

单位：万吨

行 业	Sector	1995
消 费 总 量	**Total Consumption**	**512.11**
农、林、牧、渔、水利业	**Agriculture, Forestry, Animal Husbandry, Fishery and Water Conservancy**	**3.57**
工业	**Industry**	**44.94**
采掘业	**Mining and Quarrying**	**2.92**
煤炭开采和洗选业	Mining and Washing of Coal	1.59
石油和天然气开采业	Extraction of Petroleum and Natural Gas	0.59
黑色金属矿采选业	Mining and Processing of Ferrous Metal Ores	0.08
有色金属矿采选业	Mining and Processing of Non-Ferrous Metal Ores	0.40
非金属矿采选业	Mining and Processing of Nonmetal Ores	0.20
其他采矿业	Mining of Other Ores	0.06
制造业	**Manufacturing**	**40.41**
农副食品加工业	Processing of Food from Agricultural Products	0.26
食品制造业	Manufacture of Foods	0.33
饮料制造业	Manufacture of Beverages	0.23
烟草制品业	Manufacture of Tobacco	2.07
纺织业	Manufacture of Textile	2.91
纺织服装、鞋、帽制造业	Manufacture of Textile Wearing Apparel,Footware, and Caps	0.11
皮革、毛皮、羽毛(绒)及其制品业	Manufacture of Leather, Fur, Feather and Related Products	0.42
木材加工及木、竹、藤、棕、草制品业	Processing of Timber,Manufacture of Wood,Bamboo,Rattan,Palm, and Straw Products	1.17
家具制造业	Manufacture of Furniture	0.01
造纸及纸制品业	Manufacture of Paper and Paper Products	1.78
印刷业和记录媒介的复制	Printing,Reproduction of Recording Media	3.41
文教体育用品制造业	Manufacture of Articles For Culture, Education and Sport Activity	0.10
石油加工、炼焦及核燃料加工业	Processing of Petroleum, Coking, Processing of Nuclear Fuel	1.02
化学原料及化学制品制造业	Manufacture of Raw Chemical Materials and Chemical Products	8.10
医药制造业	Manufacture of Medicines	0.15
化学纤维制造业	Manufacture of Chemical Fibers	0.18
橡胶制品业	Manufacture of Rubber	0.16
塑料制品业	Manufacture of Plastics	0.39
非金属矿物制品业	Manufacture of Non-metallic Mineral Products	2.59
黑色金属冶炼及压延加工业	Smelting and Pressing of Ferrous Metals	0.41
有色金属冶炼及压延加工业	Smelting and Pressing of Non-ferrous Metals	0.57
金属制品业	Manufacture of Metal Products	3.37
通用设备制造业	Manufacture of General Purpose Machinery	3.05
专用设备制造业	Manufacture of Special Purpose Machinery	0.91
交通运输设备制造业	Manufacture of Transport Equipment	4.87
电气机械及器材制造业	Manufacture of Electrical Machinery and Equipment	0.50
通信设备、计算机及其他电子设备制造业	Manufacture of Communication Equipment,Computers and Other Electronic Equipment	0.23
仪器仪表及文化、办公用机械制造业	Manufacture of Measuring Instruments and Machinery for Cultural Activity and Office Work	0.12
工艺品及其他制造业	Manufacture of Artwork and Other Manufacturing	0.99
废弃资源和废旧材料回收加工业	Recycling and Disposal of Waste	
电力、煤气及水生产和供应业	**Electric Power, Gas and Water Production and Supply**	**1.61**
电力、热力的生产和供应业	Production and Distribution of Electric Power and Heat Power	1.30
燃气生产和供应业	Production and Distribution of Gas	0.11
水的生产和供应业	Production and Distribution of Water	0.20
建筑业	**Construction**	**3.51**
交通运输、仓储和邮政业	**Transport, Storage and Post**	**250.01**
批发、零售业和住宿、餐饮业	**Wholesale, Retail Trade and Hotel ,Restaurants**	**8.51**
其他行业	**Others**	**137.32**
生活消费	**Residential Consumption**	**64.25**

CONSUMPTION OF KEROSENE AND ITS MAIN VARIETIES BY SECTOR

(10 000 ton)

2000	2005	2006	2007	2008	2009	2010	2011
871.61	**1076.84**	**1124.74**	**1243.72**	**1294.01**	**1439.41**	**1744.07**	**1816.72**
1.50	**1.60**	**1.54**	**0.94**	**1.26**	**0.76**	**0.90**	**1.47**
83.95	**57.50**	**48.19**	**45.24**	**49.08**	**32.04**	**40.20**	**34.21**
7.44	**6.40**	**5.72**	**5.30**	**5.38**	**4.64**	**4.41**	**3.22**
5.37	3.26	2.93	2.71	2.87	2.90	2.53	2.30
0.42	0.17	0.16	0.15	0.13	0.05		
0.04	1.42	1.27	1.16	1.03	0.45	0.35	0.16
1.26	0.74	0.66	0.62	0.77	0.87	0.67	0.64
0.34	0.80	0.70	0.66	0.58	0.37	0.24	0.12
0.01	0.01	0.01				0.62	
76.05	**50.74**	**42.18**	**39.64**	**43.46**	**27.28**	**35.75**	**30.96**
0.25	0.40	0.35	0.33	0.42	0.22	0.51	0.29
0.08	0.33	0.29	0.27	0.26	0.11	0.20	0.09
0.08	0.54	0.48	0.45	0.49	0.29	0.13	0.04
0.08	0.03	0.03	0.03				
3.78	2.05	1.84	1.72	1.38	0.43	0.50	0.31
0.42	0.70	0.61	0.57	0.49	0.28	0.25	0.52
0.17	0.37	0.32	0.30	0.24	0.29	0.24	0.23
0.08	1.09	0.97	0.91	0.46	0.20	0.17	0.05
0.04	0.24	0.21	0.20	0.18	0.13	0.08	0.02
3.61	0.91	0.81	0.76	0.91	0.41	0.22	0.13
5.71	0.74	0.66	0.62	0.53	0.23	0.10	0.10
1.26	0.35	0.31	0.29	0.17	0.12	0.11	0.04
18.06	2.06	1.85	1.73	2.08	1.24	5.64	2.46
8.73	6.09	4.58	4.20	3.87	3.69	5.02	2.94
0.15	0.52	0.46	0.43	0.43	0.07	0.34	0.25
0.42	0.50	0.44	0.41	0.29	0.11	0.01	0.02
0.07	0.27	0.23	0.22	0.15	0.08	0.09	0.05
0.42	0.74	0.66	0.52	1.04	0.23	0.28	0.17
2.43	3.06	2.75	2.58	2.32	1.23	1.16	3.48
5.37	1.92	1.71	1.61	2.25	1.39	0.47	0.31
0.59	2.32	2.07	1.94	2.18	1.65	1.78	1.80
1.68	2.64	2.35	2.21	2.65	1.64	1.40	1.07
3.27	5.80	5.18	4.82	6.32	3.88	4.47	3.75
1.34	1.69	1.49	1.38	0.98	0.53	0.64	0.56
6.30	11.08	7.76	7.57	9.05	7.16	10.18	11.44
0.25	1.60	1.40	1.31	1.58	0.50	0.66	0.34
0.18	0.82	0.80	0.75	0.86	0.22	0.36	0.16
0.15	1.13	0.99	0.93	1.39	0.69	0.61	0.16
11.08	0.70	0.59	0.55	0.44	0.23	0.10	0.18
	0.04	0.03	0.03	0.05	0.03	0.03	
0.46	**0.36**	**0.29**	**0.31**	**0.25**	**0.12**	**0.04**	**0.03**
0.42	0.32	0.24	0.25	0.23	0.12	0.03	0.02
0.01	0.02	0.02	0.03	0.01		0.01	0.01
0.03	0.03	0.03	0.03	0.01			
4.00				**9.67**	**10.39**	**8.77**	**10.79**
535.90	**952.42**	**1010.54**	**1129.98**	**1174.59**	**1314.25**	**1601.08**	**1646.35**
14.00	**3.67**	**3.77**	**4.90**	**20.82**	**29.15**	**34.98**	**32.18**
160.09	**36.19**	**37.97**	**43.17**	**25.90**	**33.67**	**38.73**	**68.24**
72.17	**25.46**	**22.73**	**19.48**	**12.68**	**19.15**	**19.41**	**23.48**

4-10 分行业柴油消费总量

单位: 万吨

行业	Sector	1995
消费总量	**Total Consumption**	**4321.44**
农、林、牧、渔、水利业	**Agriculture, Forestry, Animal Husbandry, Fishery and Water Conservancy**	**1001.39**
工业	**Industry**	**1189.87**
采掘业	**Mining and Quarrying**	**229.63**
煤炭开采和洗选业	Mining and Washing of Coal	31.68
石油和天然气开采业	Extraction of Petroleum and Natural Gas	147.95
黑色金属矿采选业	Mining and Processing of Ferrous Metal Ores	5.41
有色金属矿采选业	Mining and Processing of Non-Ferrous Metal Ores	12.62
非金属矿采选业	Mining and Processing of Nonmetal Ores	20.96
其他采矿业	Mining of Other Ores	11.01
制造业	**Manufacturing**	**722.25**
农副食品加工业	Processing of Food from Agricultural Products	33.65
食品制造业	Manufacture of Foods	18.15
饮料制造业	Manufacture of Beverages	8.04
烟草制品业	Manufacture of Tobacco	1.16
纺织业	Manufacture of Textile	36.39
纺织服装、鞋、帽制造业	Manufacture of Textile Wearing Apparel,Footware, and Caps	8.64
皮革、毛皮、羽毛(绒)及其制品业	Manufacture of Leather, Fur, Feather and Related Products	5.76
木材加工及木、竹、藤、棕、草制品业	Processing of Timber,Manufacture of Wood,Bamboo,Rattan,Palm, and Straw Products	6.10
家具制造业	Manufacture of Furniture	1.42
造纸及纸制品业	Manufacture of Paper and Paper Products	27.59
印刷业和记录媒介的复制	Printing,Reproduction of Recording Media	2.66
文教体育用品制造业	Manufacture of Articles For Culture, Education and Sport Activity	2.73
石油加工、炼焦及核燃料加工业	Processing of Petroleum, Coking, Processing of Nuclear Fuel	48.89
化学原料及化学制品制造业	Manufacture of Raw Chemical Materials and Chemical Products	94.41
医药制造业	Manufacture of Medicines	3.86
化学纤维制造业	Manufacture of Chemical Fibers	5.45
橡胶制品业	Manufacture of Rubber	4.04
塑料制品业	Manufacture of Plastics	21.02
非金属矿物制品业	Manufacture of Non-metallic Mineral Products	149.29
黑色金属冶炼及压延加工业	Smelting and Pressing of Ferrous Metals	73.20
有色金属冶炼及压延加工业	Smelting and Pressing of Non-ferrous Metals	21.66
金属制品业	Manufacture of Metal Products	23.40
通用设备制造业	Manufacture of General Purpose Machinery	31.18
专用设备制造业	Manufacture of Special Purpose Machinery	14.53
交通运输设备制造业	Manufacture of Transport Equipment	31.60
电气机械及器材制造业	Manufacture of Electrical Machinery and Equipment	17.14
通信设备、计算机及其他电子设备制造业	Manufacture of Communication Equipment,Computers and Other Electronic Equipment	10.73
仪器仪表及文化、办公用机械制造业	Manufacture of Measuring Instruments and Machinery for Cultural Activity and Office Work	3.94
工艺品及其他制造业	Manufacture of Artwork and Other Manufacturing	15.62
废弃资源和废旧材料回收加工业	Recycling and Disposal of Waste	
电力、煤气及水生产和供应业	**Electric Power, Gas and Water Production and Supply**	**237.99**
电力、热力的生产和供应业	Production and Distribution of Electric Power and Heat Power	234.44
燃气生产和供应业	Production and Distribution of Gas	2.12
水的生产和供应业	Production and Distribution of Water	1.43
建筑业	**Construction**	**118.19**
交通运输、仓储和邮政业	**Transport, Storage and Post**	**1246.56**
批发、零售业和住宿、餐饮业	**Wholesale, Retail Trade and Hotel ,Restaurants**	**103.59**
其他行业	**Others**	**645.70**
生活消费	**Residential Consumption**	**16.14**

CONSUMPTION OF DIESEL OIL AND ITS MAIN VARIETIES BY SECTOR

(10 000 ton)

2000	2005	2006	2007	2008	2009	2010	2011
6806.23	**10972.16**	**11835.43**	**12496.67**	**13532.58**	**13756.64**	**14633.80**	**15635.11**
697.10	**1286.35**	**1365.53**	**1218.97**	**1098.87**	**1134.15**	**1206.73**	**1271.91**
1696.46	**1991.27**	**1961.58**	**1972.78**	**2517.02**	**2348.80**	**2163.79**	**1824.25**
289.49	**360.52**	**363.07**	**380.58**	**525.91**	**498.62**	**500.35**	**614.87**
54.46	64.50	62.82	66.32	93.48	108.69	141.23	212.42
166.62	187.29	190.59	198.44	272.77	230.37	185.98	192.24
12.54	33.29	33.57	35.45	54.66	51.92	62.36	113.38
13.71	13.45	13.57	14.33	19.64	18.85	20.82	36.06
29.39	61.00	61.52	64.97	83.47	87.64	89.42	60.55
12.77	0.99	1.00	1.06	1.90	1.14	0.54	0.22
1138.97	**1222.51**	**1240.33**	**1302.84**	**1688.64**	**1596.84**	**1501.33**	**1120.39**
39.71	54.93	54.77	57.81	59.28	51.88	56.78	49.52
17.88	21.37	20.61	21.77	30.17	30.22	30.47	26.00
10.75	14.26	14.52	15.33	20.57	15.73	15.91	15.26
4.29	5.61	5.66	5.98	6.66	4.71	4.50	4.13
46.31	42.93	42.69	44.82	51.24	44.11	44.63	34.66
14.69	29.37	30.82	31.46	38.06	33.62	34.34	26.02
15.55	14.70	15.18	15.57	20.49	16.05	13.70	8.53
6.97	11.11	11.60	13.08	16.80	15.23	18.06	14.43
2.58	8.30	8.37	8.84	13.81	12.62	14.53	9.20
24.18	25.13	25.76	26.10	36.32	30.92	28.43	22.37
7.70	6.93	6.97	7.33	17.19	13.74	13.57	7.41
12.20	12.36	12.26	12.65	18.49	15.90	16.39	6.59
74.18	51.50	50.89	53.35	59.26	72.24	26.53	25.44
123.40	137.37	141.31	149.46	194.22	201.25	162.69	79.89
7.18	8.60	8.67	9.15	15.03	17.15	17.15	13.82
10.41	7.44	7.75	8.96	13.62	9.59	7.95	7.92
8.25	9.93	9.86	10.41	9.09	7.72	10.26	7.10
42.29	38.92	38.73	40.18	51.43	46.67	56.61	30.96
319.33	253.14	258.91	272.31	329.57	317.08	289.94	248.73
73.95	92.01	92.78	97.96	124.97	112.33	99.88	84.14
44.09	52.98	53.90	56.46	75.37	64.93	63.98	60.76
39.86	52.36	53.25	55.91	74.89	73.24	66.29	44.98
33.28	56.70	57.33	60.25	71.25	68.25	74.65	63.44
13.62	27.06	26.66	28.08	41.04	42.81	47.63	38.07
51.30	68.40	68.88	72.37	118.85	105.66	110.55	99.63
25.83	49.03	48.90	51.00	69.40	68.65	71.92	40.44
37.82	48.57	50.82	52.76	76.22	69.75	71.22	29.98
10.40	8.83	9.40	9.58	13.49	12.56	14.22	6.65
20.98	11.52	11.87	12.61	18.13	18.15	14.35	10.07
	1.15	1.20	1.28	3.74	4.08	4.20	4.25
268.00	**408.23**	**358.18**	**289.36**	**302.46**	**253.34**	**162.11**	**88.99**
258.02	396.17	345.37	275.74	284.23	238.93	154.89	84.89
7.18	9.67	10.27	10.89	14.55	10.21	2.61	2.11
2.80	2.39	2.54	2.73	3.68	4.20	4.61	1.99
205.86	**386.64**	**428.66**	**433.82**	**370.79**	**415.29**	**490.20**	**518.63**
3293.81	**5890.41**	**6547.32**	**7184.37**	**7649.31**	**7891.96**	**8518.56**	**9485.20**
95.94	**116.03**	**129.77**	**133.94**	**152.72**	**181.74**	**196.60**	**212.31**
638.70	**895.06**	**932.96**	**1007.48**	**1151.80**	**1131.80**	**1287.19**	**1428.07**
178.36	**406.40**	**469.59**	**545.32**	**592.08**	**652.91**	**770.73**	**894.74**

4-11 分行业燃料油消费总量

单位：万吨

行业	Sector	1995
消费总量	**Total Consumption**	**3693.67**
农、林、牧、渔、水利业	**Agriculture, Forestry, Animal Husbandry, Fishery and Water Conservancy**	**8.37**
工业	**Industry**	**3406.16**
采掘业	**Mining and Quarrying**	**246.45**
煤炭开采和洗选业	Mining and Washing of Coal	1.16
石油和天然气开采业	Extraction of Petroleum and Natural Gas	226.71
黑色金属矿采选业	Mining and Processing of Ferrous Metal Ores	2.33
有色金属矿采选业	Mining and Processing of Non-Ferrous Metal Ores	9.46
非金属矿采选业	Mining and Processing of Nonmetal Ores	6.79
其他采矿业	Mining of Other Ores	
制造业	**Manufacturing**	**2186.73**
农副食品加工业	Processing of Food from Agricultural Products	20.68
食品制造业	Manufacture of Foods	5.40
饮料制造业	Manufacture of Beverages	7.13
烟草制品业	Manufacture of Tobacco	1.34
纺织业	Manufacture of Textile	34.95
纺织服装、鞋、帽制造业	Manufacture of Textile Wearing Apparel,Footware, and Caps	2.07
皮革、毛皮、羽毛(绒)及其制品业	Manufacture of Leather, Fur, Feather and Related Products	1.49
木材加工及木、竹、藤、棕、草制品业	Processing of Timber,Manufacture of Wood,Bamboo,Rattan,Palm, and Straw Products	1.59
家具制造业	Manufacture of Furniture	0.83
造纸及纸制品业	Manufacture of Paper and Paper Products	16.62
印刷业和记录媒介的复制	Printing,Reproduction of Recording Media	0.23
文教体育用品制造业	Manufacture of Articles For Culture, Education and Sport Activity	0.06
石油加工、炼焦及核燃料加工业	Processing of Petroleum, Coking, Processing of Nuclear Fuel	611.91
化学原料及化学制品制造业	Manufacture of Raw Chemical Materials and Chemical Products	388.63
医药制造业	Manufacture of Medicines	38.86
化学纤维制造业	Manufacture of Chemical Fibers	90.23
橡胶制品业	Manufacture of Rubber	11.23
塑料制品业	Manufacture of Plastics	3.19
非金属矿物制品业	Manufacture of Non-metallic Mineral Products	324.83
黑色金属冶炼及压延加工业	Smelting and Pressing of Ferrous Metals	464.93
有色金属冶炼及压延加工业	Smelting and Pressing of Non-ferrous Metals	62.13
金属制品业	Manufacture of Metal Products	13.24
通用设备制造业	Manufacture of General Purpose Machinery	9.99
专用设备制造业	Manufacture of Special Purpose Machinery	22.57
交通运输设备制造业	Manufacture of Transport Equipment	15.93
电气机械及器材制造业	Manufacture of Electrical Machinery and Equipment	10.20
通信设备、计算机及其他电子设备制造业	Manufacture of Communication Equipment,Computers and Other Electronic Equipment	7.96
仪器仪表及文化、办公用机械制造业	Manufacture of Measuring Instruments and Machinery for Cultural Activity and Office Work	1.24
工艺品及其他制造业	Manufacture of Artwork and Other Manufacturing	17.27
废弃资源和废旧材料回收加工业	Recycling and Disposal of Waste	
电力、煤气及水生产和供应业	**Electric Power, Gas and Water Production and Supply**	**972.98**
电力、热力的生产和供应业	Production and Distribution of Electric Power and Heat Power	927.73
燃气生产和供应业	Production and Distribution of Gas	45.25
水的生产和供应业	Production and Distribution of Water	
建筑业	**Construction**	**14.24**
交通运输、仓储和邮政业	**Transport, Storage and Post**	**227.45**
批发、零售业和住宿、餐饮业	**Wholesale, Retail Trade and Hotel ,Restaurants**	**6.62**
其他行业	**Others**	**30.83**
生活消费	**Residential Consumption**	

CONSUMPTION OF FUEL OIL AND ITS MAIN VARIETIES BY SECTOR

(10 000 ton)

2000	2005	2006	2007	2008	2009	2010	2011
3872.75	**4242.06**	**4368.33**	**4157.49**	**3237.15**	**2827.80**	**3758.02**	**3662.80**
0.40	**0.66**	**0.69**	**1.00**	**1.50**	**1.05**	**1.14**	**1.31**
2975.05	**2924.77**	**2836.11**	**2329.19**	**2039.47**	**1521.53**	**2377.32**	**2260.15**
209.96	**37.07**	**39.04**	**35.84**	**49.12**	**35.06**	**37.33**	**30.09**
5.77	4.95	5.26	4.93	6.44	4.83	2.32	1.12
202.77	30.68	32.27	29.49	41.43	29.61	34.75	28.71
	0.61	0.65	0.61	0.65	0.32	0.07	0.08
0.22	0.24	0.25	0.24	0.20	0.04	0.01	0.02
1.20	0.59	0.62	0.58	0.41	0.26	0.18	0.16
1928.46	**1732.73**	**1821.68**	**1689.89**	**1604.91**	**1268.49**	**2220.15**	**2186.41**
13.32	11.68	10.56	9.62	10.86	12.68	9.79	6.40
9.04	17.06	15.43	14.05	15.43	13.76	13.76	6.38
8.08	12.29	13.45	12.75	11.35	11.06	8.26	5.75
3.00	1.38	1.44	1.35	1.06	0.90	1.06	1.02
66.61	41.96	42.43	39.65	36.01	23.98	22.45	14.76
12.44	6.52	6.89	6.53	6.98	6.63	5.31	7.41
3.50	11.21	12.27	11.64	11.12	8.43	5.87	3.85
2.82	2.47	2.23	2.09	1.99	0.50	0.25	0.17
0.67	0.27	0.28	0.27	0.29	0.26	0.58	0.64
19.72	26.98	28.77	27.29	23.91	19.58	19.58	13.38
2.30	1.69	1.80	1.68	1.80	1.44	2.05	1.51
1.04	2.41	2.64	2.50	2.67	2.14	1.73	1.39
510.63	377.03	384.84	348.99	320.27	263.66	1033.02	1191.77
372.50	303.28	352.37	328.72	286.71	219.98	514.56	452.00
5.53	5.65	5.57	5.00	6.00	5.40	6.69	4.91
89.86	31.65	33.46	31.37	32.43	18.80	15.24	9.52
12.44	16.67	17.77	16.65	15.85	11.90	9.16	6.11
10.77	17.27	18.39	16.98	16.13	14.51	13.67	10.93
314.36	497.27	543.05	510.09	515.13	411.12	353.57	312.08
332.01	176.66	151.36	138.48	98.40	59.20	23.90	9.13
55.43	84.51	88.89	83.48	98.41	77.89	97.12	79.03
12.93	16.74	16.59	14.45	15.44	14.67	12.47	12.42
7.05	8.75	7.50	6.98	9.33	11.50	7.75	4.61
11.56	6.72	6.24	5.86	7.27	5.75	3.75	2.55
14.22	10.98	10.97	10.28	14.23	12.75	12.50	17.95
12.67	13.13	13.72	12.67	12.04	9.63	7.81	4.11
12.57	26.79	29.45	27.33	30.44	27.34	13.67	3.29
0.15	0.19	0.20	0.18	0.20	0.18	0.40	0.43
11.24	2.64	2.39	2.24	2.53	2.28	2.38	1.75
	0.86	0.74	0.70	0.65	0.57	1.80	1.16
836.63	**1154.97**	**975.39**	**603.47**	**385.44**	**217.98**	**119.84**	**43.65**
812.31	1140.04	961.43	597.96	382.83	216.65	119.43	43.40
24.31	14.92	13.95	5.49	2.05	0.83	0.23	0.22
0.01	0.01	0.01	0.01	0.56	0.50	0.18	0.03
16.71	**14.18**	**16.34**	**30.74**	**37.70**	**34.18**	**30.76**	**30.60**
850.00	**1261.02**	**1480.61**	**1759.95**	**1142.77**	**1250.64**	**1326.65**	**1345.16**
11.59	**27.52**	**21.44**	**24.78**	**6.25**	**8.11**	**8.62**	**9.34**
19.00	**13.91**	**13.14**	**11.83**	**9.46**	**12.30**	**13.53**	**16.23**

4-12 分行业天然气消费总量

单位：亿立方米

行　业	Sector	1995
消 费 总 量	**Total Consumption**	**177.41**
农、林、牧、渔、水利业	**Agriculture, Forestry, Animal Husbandry, Fishery and Water Conservancy**	**0.02**
工业	**Industry**	**154.39**
采掘业	**Mining and Quarrying**	**51.87**
煤炭开采和洗选业	Mining and Washing of Coal	
石油和天然气开采业	Extraction of Petroleum and Natural Gas	50.58
黑色金属矿采选业	Mining and Processing of Ferrous Metal Ores	
有色金属矿采选业	Mining and Processing of Non-Ferrous Metal Ores	0.59
非金属矿采选业	Mining and Processing of Nonmetal Ores	0.70
其他采矿业	Mining of Other Ores	
制造业	**Manufacturing**	**100.80**
农副食品加工业	Processing of Food from Agricultural Products	1.00
食品制造业	Manufacture of Foods	0.03
饮料制造业	Manufacture of Beverages	0.02
烟草制品业	Manufacture of Tobacco	
纺织业	Manufacture of Textile	3.97
纺织服装、鞋、帽制造业	Manufacture of Textile Wearing Apparel,Footware, and Caps	
皮革、毛皮、羽毛(绒)及其制品业	Manufacture of Leather, Fur, Feather and Related Products	
木材加工及木、竹、藤、棕、草制品业	Processing of Timber,Manufacture of Wood,Bamboo,Rattan,Palm, and Straw Products	
家具制造业	Manufacture of Furniture	
造纸及纸制品业	Manufacture of Paper and Paper Products	0.06
印刷业和记录媒介的复制	Printing,Reproduction of Recording Media	
文教体育用品制造业	Manufacture of Articles For Culture, Education and Sport Activity	
石油加工、炼焦及核燃料加工业	Processing of Petroleum, Coking, Processing of Nuclear Fuel	15.14
化学原料及化学制品制造业	Manufacture of Raw Chemical Materials and Chemical Products	63.36
医药制造业	Manufacture of Medicines	0.30
化学纤维制造业	Manufacture of Chemical Fibers	4.32
橡胶制品业	Manufacture of Rubber	
塑料制品业	Manufacture of Plastics	
非金属矿物制品业	Manufacture of Non-metallic Mineral Products	2.27
黑色金属冶炼及压延加工业	Smelting and Pressing of Ferrous Metals	3.69
有色金属冶炼及压延加工业	Smelting and Pressing of Non-ferrous Metals	0.50
金属制品业	Manufacture of Metal Products	0.45
通用设备制造业	Manufacture of General Purpose Machinery	0.14
专用设备制造业	Manufacture of Special Purpose Machinery	2.25
交通运输设备制造业	Manufacture of Transport Equipment	0.66
电气机械及器材制造业	Manufacture of Electrical Machinery and Equipment	0.74
通信设备、计算机及其他电子设备制造业	Manufacture of Communication Equipment,Computers and Other Electronic Equipment	1.01
仪器仪表及文化、办公用机械制造业	Manufacture of Measuring Instruments and Machinery for Cultural Activity and Office Work	0.01
工艺品及其他制造业	Manufacture of Artwork and Other Manufacturing	0.88
废弃资源和废旧材料回收加工业	Recycling and Disposal of Waste	
电力、煤气及水生产和供应业	**Electric Power, Gas and Water Production and Supply**	**1.72**
电力、热力的生产和供应业	Production and Distribution of Electric Power and Heat Power	1.14
燃气生产和供应业	Production and Distribution of Gas	0.58
水的生产和供应业	Production and Distribution of Water	
建筑业	**Construction**	**0.28**
交通运输、仓储和邮政业	**Transport, Storage and Post**	**1.57**
批发、零售业和住宿、餐饮业	**Wholesale, Retail Trade and Hotel ,Restaurants**	**0.55**
其他行业	**Others**	**1.19**
生活消费	**Residential Consumption**	**19.41**

注：2010年起包括液化天然气数据。

CONSUMPTION OF NATURAL GAS AND ITS MAIN VARIETIES BY SECTOR

(100 million cu.m)

2000	2005	2006	2007	2008	2009	2010	2011
245.03	**467.63**	**561.41**	**705.23**	**812.94**	**895.20**	**1069.41**	**1305.30**
						0.50	**0.56**
199.00	**328.79**	**383.97**	**479.67**	**531.60**	**577.90**	**680.92**	**839.95**
72.12	**83.26**	**81.72**	**90.97**	**109.67**	**122.93**	**134.14**	**131.93**
0.10	4.32	4.22	4.98	5.14	4.70	3.80	5.10
71.98	78.88	77.44	85.89	104.41	117.40	129.55	126.04
	0.02	0.02	0.03	0.04	0.03	0.03	0.05
	0.02	0.02	0.02	0.04	0.04	0.09	0.10
0.04	0.02	0.02	0.04	0.05	0.76	0.66	0.65
					0.01	0.01	
118.75	**219.37**	**263.12**	**309.08**	**337.92**	**321.14**	**357.70**	**483.07**
0.15	0.27	0.27	0.33	0.54	0.65	0.88	1.13
0.07	1.28	1.28	1.39	2.10	2.31	2.76	4.21
0.03	0.50	0.58	0.68	0.95	1.43	1.70	2.41
0.08	0.26	0.26	0.30	0.38	0.52	0.62	0.81
1.09	0.56	0.56	0.69	1.49	1.35	1.66	1.96
	0.09	0.09	0.09	0.20	0.24	0.32	0.47
	0.03	0.03	0.04	0.06	0.07	0.04	0.09
	0.11	0.13	0.15	0.22	0.34	0.30	0.44
	0.04	0.04	0.05	0.39	0.44	0.36	0.55
0.29	0.50	0.59	0.69	1.11	1.06	1.49	2.27
0.08	0.19	0.23	0.27	0.46	0.52	0.77	0.84
					0.11	0.32	0.25
13.24	18.26	21.03	25.00	26.03	26.72	40.04	68.33
88.73	141.44	177.42	207.05	200.03	176.84	187.28	233.48
0.59	0.97	1.14	1.34	1.81	2.35	2.92	3.70
0.07	0.29	0.35	0.41	0.48	0.29	0.44	0.51
	0.35	0.34	0.41	0.53	0.69	0.99	1.35
0.10	0.55	0.65	0.76	1.09	1.36	1.61	1.92
2.46	23.81	23.78	28.91	43.75	44.62	42.72	63.76
1.68	9.76	11.22	13.15	17.06	18.81	20.42	28.56
0.49	3.87	4.56	5.35	6.08	6.73	9.06	13.94
0.59	0.69	0.81	0.95	2.06	2.47	3.63	4.87
0.20	1.81	2.35	3.00	5.50	6.06	6.66	8.33
1.29	2.70	2.97	3.48	5.08	4.67	5.95	7.24
1.68	4.92	5.65	6.62	11.62	12.18	12.97	18.55
0.79	1.23	1.42	1.66	2.33	3.03	4.63	5.42
3.35	4.77	5.24	6.16	6.26	4.88	6.27	6.44
0.02	0.08	0.10	0.12	0.25	0.36	0.54	0.51
1.69	0.04	0.05	0.05	0.05	0.06	0.34	0.63
						0.01	0.10
8.14	**26.16**	**39.13**	**79.62**	**84.01**	**133.82**	**189.07**	**224.95**
6.44	18.78	29.49	70.74	73.92	127.91	180.80	215.90
1.68	7.33	9.58	8.80	9.99	5.79	8.07	8.87
0.02	0.06	0.06	0.08	0.10	0.12	0.19	0.18
0.82	**1.49**	**1.66**	**2.09**	**0.99**	**0.97**	**1.16**	**1.28**
8.81	**38.01**	**47.24**	**46.88**	**71.55**	**91.07**	**106.70**	**138.35**
3.44	**10.79**	**13.16**	**17.11**	**17.75**	**23.96**	**27.24**	**33.64**
0.64	**9.12**	**12.77**	**16.09**	**20.92**	**23.64**	**26.00**	**27.14**
32.32	**79.43**	**102.62**	**143.39**	**170.12**	**177.67**	**226.90**	**264.38**

a) Include the data of LNG since 2010.

4-13 分行业电力消费总量

单位：亿千瓦小时

行业	Sector	1995
消费总量	**Total Consumption**	**10023.40**
农、林、牧、渔、水利业	**Agriculture, Forestry, Animal Husbandry, Fishery and Water Conservancy**	**582.42**
工业	**Industry**	**7659.81**
采掘业	**Mining and Quarrying**	**837.66**
煤炭开采和洗选业	Mining and Washing of Coal	392.38
石油和天然气开采业	Extraction of Petroleum and Natural Gas	258.85
黑色金属矿采选业	Mining and Processing of Ferrous Metal Ores	34.28
有色金属矿采选业	Mining and Processing of Non-Ferrous Metal Ores	83.00
非金属矿采选业	Mining and Processing of Nonmetal Ores	52.76
其他采矿业	Mining of Other Ores	16.39
制造业	**Manufacturing**	**5156.10**
农副食品加工业	Processing of Food from Agricultural Products	181.00
食品制造业	Manufacture of Foods	72.15
饮料制造业	Manufacture of Beverages	52.62
烟草制品业	Manufacture of Tobacco	17.16
纺织业	Manufacture of Textile	335.22
纺织服装、鞋、帽制造业	Manufacture of Textile Wearing Apparel,Footware, and Caps	41.22
皮革、毛皮、羽毛(绒)及其制品业	Manufacture of Leather, Fur, Feather and Related Products	42.88
木材加工及木、竹、藤、棕、草制品业	Processing of Timber,Manufacture of Wood,Bamboo,Rattan,Palm, and Straw Products	25.88
家具制造业	Manufacture of Furniture	13.16
造纸及纸制品业	Manufacture of Paper and Paper Products	169.06
印刷业和记录媒介的复制	Printing,Reproduction of Recording Media	31.19
文教体育用品制造业	Manufacture of Articles For Culture, Education and Sport Activity	7.09
石油加工、炼焦及核燃料加工业	Processing of Petroleum, Coking, Processing of Nuclear Fuel	156.06
化学原料及化学制品制造业	Manufacture of Raw Chemical Materials and Chemical Products	1028.05
医药制造业	Manufacture of Medicines	107.46
化学纤维制造业	Manufacture of Chemical Fibers	92.78
橡胶制品业	Manufacture of Rubber	53.80
塑料制品业	Manufacture of Plastics	71.36
非金属矿物制品业	Manufacture of Non-metallic Mineral Products	599.61
黑色金属冶炼及压延加工业	Smelting and Pressing of Ferrous Metals	905.36
有色金属冶炼及压延加工业	Smelting and Pressing of Non-ferrous Metals	425.61
金属制品业	Manufacture of Metal Products	113.51
通用设备制造业	Manufacture of General Purpose Machinery	136.30
专用设备制造业	Manufacture of Special Purpose Machinery	97.67
交通运输设备制造业	Manufacture of Transport Equipment	154.63
电气机械及器材制造业	Manufacture of Electrical Machinery and Equipment	64.96
通信设备、计算机及其他电子设备制造业	Manufacture of Communication Equipment,Computers and Other Electronic Equipment	38.64
仪器仪表及文化、办公用机械制造业	Manufacture of Measuring Instruments and Machinery for Cultural Activity and Office Work	17.12
工艺品及其他制造业	Manufacture of Artwork and Other Manufacturing	104.55
废弃资源和废旧材料回收加工业	Recycling and Disposal of Waste	
电力、煤气及水生产和供应业	**Electric Power, Gas and Water Production and Supply**	**1666.05**
电力、热力的生产和供应业	Production and Distribution of Electric Power and Heat Power	1539.76
燃气生产和供应业	Production and Distribution of Gas	10.83
水的生产和供应业	Production and Distribution of Water	115.46
建筑业	**Construction**	**159.62**
交通运输、仓储和邮政业	**Transport, Storage and Post**	**182.30**
批发、零售业和住宿、餐饮业	**Wholesale, Retail Trade and Hotel ,Restaurants**	**199.47**
其他行业	**Others**	**234.20**
生活消费	**Residential Consumption**	**1005.58**

CONSUMPTION OF ELECTRICITY AND ITS MAIN VARIETIES BY SECTOR

(100 million kW • h)

2000	2005	2006	2007	2008	2009	2010	2011
13472.38	**24940.32**	**28587.97**	**32711.81**	**34541.35**	**37032.14**	**41934.49**	**47000.88**
532.96	**776.33**	**827.04**	**878.96**	**887.05**	**939.90**	**976.49**	**1012.90**
10004.62	**18521.69**	**21267.74**	**24290.81**	**25388.63**	**26854.49**	**30871.77**	**34691.55**
993.71	**1480.34**	**1479.27**	**1589.79**	**1701.27**	**1761.77**	**1940.39**	**2245.23**
417.16	589.53	580.45	600.28	639.93	691.13	751.67	818.57
321.64	385.35	316.32	310.70	318.43	333.34	347.90	374.81
63.46	205.63	248.85	304.56	320.08	289.73	361.33	436.58
80.79	157.66	173.77	203.62	222.46	215.72	258.71	311.97
84.83	114.14	122.76	135.13	146.00	155.26	155.26	214.27
25.84	28.04	37.14	35.49	54.37	76.59	65.52	89.03
6731.44	**13126.01**	**15387.40**	**17832.78**	**18588.88**	**19685.98**	**22870.00**	**25526.84**
161.24	253.35	296.02	334.95	362.28	389.32	424.36	471.04
98.83	114.81	134.15	151.79	166.44	166.54	184.69	198.18
58.98	76.55	89.45	101.20	110.97	117.03	132.34	145.57
32.85	35.86	34.41	36.57	38.62	41.70	45.88	51.84
370.42	823.57	1032.21	1124.38	1126.38	1147.50	1276.74	1378.82
49.07	87.60	108.80	124.50	130.07	132.54	151.58	163.70
27.12	54.85	64.39	73.68	76.99	78.45	89.72	88.37
32.24	105.57	127.34	148.80	175.40	191.53	212.21	236.15
12.48	24.28	28.49	29.63	34.90	35.59	44.49	45.83
237.41	407.73	447.76	435.69	471.79	482.73	535.44	580.38
31.21	60.71	66.54	74.18	77.26	83.01	95.45	102.50
20.81	42.54	43.44	46.01	47.72	48.09	48.09	61.79
245.60	313.49	357.36	409.63	423.80	475.07	565.34	607.06
1153.74	2129.77	2439.33	2779.33	2761.34	2907.12	3144.92	3528.32
88.36	153.21	159.60	170.71	182.90	188.99	222.58	240.88
194.79	233.20	244.80	276.92	264.28	269.93	298.86	322.36
98.74	209.30	237.25	263.09	271.06	280.28	329.89	358.92
120.82	322.42	355.15	381.05	435.88	460.29	533.10	532.40
763.74	1419.51	1675.48	1855.92	1959.68	2126.16	2448.48	2917.93
1121.08	2550.47	3039.00	3661.70	3693.10	4020.52	4611.60	5248.27
697.58	1473.10	1829.51	2398.44	2511.23	2576.15	3129.09	3501.80
196.30	507.25	605.77	677.09	728.52	744.40	960.72	959.48
160.77	344.77	389.30	447.78	490.99	502.04	621.03	714.18
94.49	182.90	207.23	229.16	251.28	256.94	317.83	361.84
203.42	300.72	345.42	417.69	471.93	565.40	790.29	861.41
90.68	245.80	282.33	341.54	402.25	423.49	508.19	584.42
125.88	327.89	401.97	479.75	530.93	558.96	670.76	737.83
25.37	42.52	51.81	61.16	66.35	68.54	85.83	83.70
217.42	275.62	281.77	289.36	313.06	335.49	376.40	424.25
	6.66	11.30	11.07	11.47	12.15	14.10	17.62
2279.47	**3915.34**	**4401.07**	**4868.24**	**5098.48**	**5406.74**	**6061.38**	**6919.48**
2094.11	3698.28	4165.41	4602.94	4804.88	5079.98	5687.51	6512.12
34.41	29.86	31.40	44.87	55.08	70.23	82.87	90.21
150.94	187.20	204.26	220.43	238.52	256.53	291.00	317.15
159.77	**233.93**	**271.05**	**309.00**	**367.34**	**421.90**	**483.24**	**571.82**
281.20	**430.34**	**467.37**	**531.91**	**571.82**	**617.01**	**734.53**	**848.42**
418.68	**752.31**	**847.25**	**929.82**	**1017.44**	**1136.77**	**1292.00**	**1503.08**
623.20	**1340.91**	**1555.94**	**1708.60**	**1912.97**	**2189.92**	**2451.83**	**2753.05**
1451.95	**2884.81**	**3351.58**	**4062.71**	**4396.10**	**4872.16**	**5124.63**	**5620.06**

4-14 分地区能源消费总量

TOTAL ENERGY CONSUMPTION BY REGION

单位：万吨标准煤 (10 000 tce)

地 区	Region	1990	1995	2000	2005	2006	2007	2008	2009	2010	2011
北 京	Beijing	2709	3518	4144	5522	5904	6285	6327	6570	6954	6995
天 津	Tianjin	2071	2569	2794	4085	4500	4943	5364	5874	6818	7598
河 北	Hebei	6124	8990	11196	19836	21794	23585	24322	25419	27531	29498
山 西	Shanxi	4710	8413	6728	12750	14098	15601	15675	15576	16808	18315
内蒙古	Inner Mongolia	2424	2632	3549	9666	11221	12777	14100	15344	16820	18737
辽 宁	Liaoning	7856	9671	10656	13611	14987	16544	17801	19112	20947	22712
吉 林	Jilin	3523	4109	3766	5315	5908	6557	7221	7698	8297	9103
黑龙江	Heilongjiang	5285	5935	6166	8050	8731	9377	9979	10467	11234	12119
上 海	Shanghai	3175	4466	5499	8225	8876	9670	10207	10367	11201	11270
江 苏	Jiangsu	5509	8047	8612	17167	19041	20948	22232	23709	25774	27589
浙 江	Zhejiang	2580	4580	6560	12032	13219	14524	15107	15567	16865	17827
安 徽	Anhui	2761	4194	4879	6506	7069	7739	8325	8896	9707	10570
福 建	Fujian	1451	2280	3463	6142	6828	7587	8254	8916	9809	10653
江 西	Jiangxi	1732	2392	2505	4286	4660	5053	5383	5813	6355	6928
山 东	Shandong	6830	8780	11362	24162	26759	29177	30570	32420	34808	37132
河 南	Henan	5206	6473	7919	14625	16232	17838	18976	19751	21438	23062
湖 北	Hubei	3997	5655	6269	10082	11049	12143	12845	13708	15138	16579
湖 南	Hunan	3821	5426	4071	9709	10581	11629	12355	13331	14880	16161
广 东	Guangdong	4065	7345	9448	17921	19971	22217	23476	24654	26908	28480
广 西	Guangxi	1309	2384	2669	4869	5390	5997	6497	7075	7919	8591
海 南	Hainan	121	303	480	822	920	1057	1135	1233	1359	1601
重 庆	Chongqing			2428	4943	5368	5947	6472	7030	7856	8792
四 川	Sichuan	6353	9525	6518	11816	12986	14214	15145	16322	17892	19696
贵 州	Guizhou	2133	3183	4279	5641	6172	6800	7084	7566	8175	9068
云 南	Yunnan	1954	2641	3468	6024	6621	7133	7511	8032	8674	9540
陕 西	Shaanxi	2239	3134	2731	5571	6129	6775	7417	8044	8882	9761
甘 肃	Gansu	2172	2738	3012	4368	4743	5109	5346	5482	5923	6496
青 海	Qinghai	507	688	897	1670	1903	2095	2279	2348	2568	3189
宁 夏	Ningxia	707	759	1179	2536	2830	3077	3229	3388	3681	4316
新 疆	Xinjiang	2063	2830	3328	5506	6047	6576	7069	7526	8290	9927

注：1.1996年以前重庆包括在四川省内。
2.由于折算系数的不同，故各地区相加数与全国数不等，以下同。
a) Prior to 1996, the consumption for Chongqing was included in Sichuan.
b) As the conversion factors, the sum of the data by region is not equal to the total . The same as in the following tables.

4-15 分地区煤炭消费量

COAL CONSUMPTION BY REGION

单位：万吨 (10 000 ton)

地 区	Region	1990	1995	2000	2005	2006	2007	2008	2009	2010	2011
北 京	Beijing	2413	2692	2720	3069	3056	2985	2748	2665	2635	2366
天 津	Tianjin	1788	2428	2473	3801	3809	3927	3973	4120	4807	5262
河 北	Hebei	7875	10983	12115	20542	21360	24681	24419	26516	27465	30792
山 西	Shanxi	7659	15015	14262	25872	28605	29645	28373	27762	29865	33479
内蒙古	Inner Mongolia	3953	4420	5908	13954	22242	18607	22242	24047	27004	34684
辽 宁	Liaoning	8252	9363	9582	12710	13837	14712	15347	16033	16908	18054
吉 林	Jilin	4015	4816	4213	6447	6937	7312	8367	8589	9583	11035
黑龙江	Heilongjiang	6517	6188	5815	8524	9030	9857	11204	11050	12219	13200
上 海	Shanghai	2742	3944	4496	5306	5142	5223	5464	5305	5876	6142
江 苏	Jiangsu	6223	8936	8770	17159	18692	20237	20737	21003	23100	27364
浙 江	Zhejiang	2486	4231	5385	9681	11334	13024	13041	13276	13950	14776
安 徽	Anhui	3428	4965	5909	8323	8793	9766	11377	12666	13376	14538
福 建	Fujian	1307	1677	2160	4717	5342	6117	6596	7109	7026	8714
江 西	Jiangxi	2266	3039	2469	4243	4592	5171	5267	5356	6246	6988
山 东	Shandong	7256	9759	8698	26056	29838	32719	34390	34795	37328	38921
河 南	Henan	6099	7960	8725	18468	20999	23180	23868	24445	26050	28374
湖 北	Hubei	3343	5404	6051	8873	9910	10792	10196	11100	13470	15805
湖 南	Hunan	3956	5591	3335	8739	9401	10277	10169	10751	11323	13006
广 东	Guangdong	2991	4941	5890	9853	10948	12430	13298	13647	15984	18439
广 西	Guangxi	1562	2330	2228	3619	3980	4671	4676	5199	6207	7033
海 南	Hainan	68	168	192	326	332	426	472	537	647	815
重 庆	Chongqing			2942	4196	4690	5110	5273	5782	6397	7189
四 川	Sichuan	6646	8909	4862	8513	9160	10191	10727	12147	11520	11454
贵 州	Guizhou	2709	3946	5146	7921	8995	9573	9732	10912	10908	12085
云 南	Yunnan	2194	2765	3062	6682	7482	7620	7916	8886	9349	9664
陕 西	Shaanxi	2728	3779	2766	6049	7598	8082	8941	9497	11639	13318
甘 肃	Gansu	1858	2547	2480	3751	3959	4469	4683	4479	5390	6303
青 海	Qinghai	471	462	522	949	1082	1291	1316	1310	1271	1508
宁 夏	Ningxia	885	1079	1042	3277	3519	4089	4287	4781	5765	7947
新 疆	Xinjiang	1835	2448	2702	3854	4436	4944	5709	7418	8106	9745

4-16 分地区焦炭消费量

COKE CONSUMPTION BY REGION

单位：万吨 (10 000 ton)

地 区	Region	1990	1995	2000	2005	2006	2007	2008	2009	2010	2011
北 京	Beijing	231.43	500.71	449.08	397.40	348.62	358.19	232.87	211.97	220.45	33.28
天 津	Tianjin	137.06	149.45	143.68	329.75	541.10	667.75	719.23	868.65	663.91	709.48
河 北	Hebei	559.47	1135.79	1227.85	4583.15	5460.55	5127.33	6007.69	6208.83	7319.00	8399.88
山 西	Shanxi	835.68	1287.03	1283.72	2139.90	2432.14	2556.37	2358.76	2438.39	2589.22	2558.55
内蒙古	Inner Mongolia	234.93	339.33	286.47	814.03	1380.64	1213.12	1380.64	1554.12	1416.87	1559.21
辽 宁	Liaoning	889.23	987.59	878.12	1706.90	1959.93	2298.83	2440.82	2795.19	3162.88	3386.36
吉 林	Jilin	144.01	176.22	170.55	306.92	369.92	407.64	541.82	593.10	640.61	757.71
黑龙江	Heilongjiang	102.34	107.24	72.83	101.16	210.70	226.92	227.30	321.90	271.33	272.75
上 海	Shanghai	452.82	716.47	719.99	630.51	655.46	729.70	714.44	677.68	717.08	714.15
江 苏	Jiangsu	228.42	362.02	383.69	1593.12	1944.49	2018.89	1888.95	2221.20	2663.47	3151.47
浙 江	Zhejiang	85.46	127.76	117.46	163.59	317.76	326.40	485.98	504.51	443.09	470.00
安 徽	Anhui	260.36	440.72	533.27	538.39	652.22	809.70	851.22	856.28	910.17	948.12
福 建	Fujian	53.84	78.54	100.16	280.93	299.59	356.02	368.04	653.08	684.54	728.65
江 西	Jiangxi	157.25	187.87	205.94	452.86	527.26	597.65	581.40	710.41	772.61	872.32
山 东	Shandong	317.53	356.92	424.83	1992.57	2413.63	2593.44	2611.90	2922.57	3067.58	3314.77
河 南	Henan	231.86	393.19	426.75	994.37	1192.23	1437.05	1488.98	1441.74	1743.44	2052.63
湖 北	Hubei	381.79	491.15	556.83	685.47	752.13	820.00	952.27	910.76	1120.83	1172.72
湖 南	Hunan	248.75	293.03	299.74	356.58	423.12	915.89	998.90	1011.92	1089.19	851.65
广 东	Guangdong	104.80	131.88	146.57	300.16	410.78	460.97	449.60	466.43	485.97	552.13
广 西	Guangxi	111.38	184.16	158.61	433.04	451.26	520.42	580.03	627.88	682.07	740.25
海 南	Hainan	3.21	1.61	3.47	19.11	18.65	22.99	14.88	17.76	0.05	0.02
重 庆	Chongqing			180.74	388.00	329.15	323.38	342.44	334.10	299.47	377.79
四 川	Sichuan	506.54	754.07	447.25	894.54	1003.67	1144.05	1119.10	1121.99	1353.64	1438.85
贵 州	Guizhou	133.01	201.71	238.86	254.26	338.14	445.97	450.97	367.79	380.44	402.88
云 南	Yunnan	253.19	370.85	360.00	1223.36	1252.01	1377.39	1331.43	1276.33	1231.21	1218.44
陕 西	Shaanxi	98.43	304.04	134.27	251.10	288.23	407.00	387.95	655.00	731.25	793.68
甘 肃	Gansu	88.75	133.65	179.28	424.41	469.36	561.56	544.17	540.33	541.60	601.28
青 海	Qinghai	2.57	22.73	15.59	47.02	93.23	116.24	150.16	185.56	160.13	156.03
宁 夏	Ningxia	20.88	20.92	28.91	69.72	126.16	65.08	237.98	251.00	228.90	357.44
新 疆	Xinjiang	58.90	73.81	74.06	179.18	230.60	284.75	456.12	528.24	648.21	880.23

4-17 分地区原油消费量

CRUDE OIL CONSUMPTION BY REGION

单位：万吨 (10 000 ton)

地 区	Region	1990	1995	2000	2005	2006	2007	2008	2009	2010	2011
北 京	Beijing	680.98	654.66	754.71	799.60	796.12	950.91	1116.76	1162.93	1116.29	1105.08
天 津	Tianjin	404.92	488.38	709.76	863.14	900.49	950.14	790.33	844.64	1566.79	1754.02
河 北	Hebei	312.97	498.50	747.37	1003.29	1046.69	1124.77	1357.63	1379.12	1396.65	1564.68
山 西	Shanxi										
内蒙古	Inner Mongolia	0.61	87.30	126.26	131.83	189.25	142.82	189.25	191.76	140.74	118.66
辽 宁	Liaoning	2387.08	2516.42	3938.74	5410.89	5555.04	5893.46	5945.19	5873.05	6558.91	6705.53
吉 林	Jilin	470.15	493.30	702.63	967.67	913.44	934.17	915.24	851.89	939.97	1064.58
黑龙江	Heilongjiang	997.15	1204.34	1601.27	1785.01	1850.06	1886.02	1735.97	2065.13	2106.53	2200.93
上 海	Shanghai	828.27	976.04	1309.70	1967.00	1832.84	1719.57	1951.55	1937.18	2126.50	2134.69
江 苏	Jiangsu	823.47	1010.80	1376.65	2264.76	2302.70	2454.00	2313.13	2661.44	2998.55	2981.07
浙 江	Zhejiang	243.68	575.02	1112.48	2113.04	2114.73	2248.73	2287.35	2505.80	2835.41	2939.77
安 徽	Anhui	257.34	277.04	345.06	414.49	445.40	451.08	426.34	454.13	477.57	484.13
福 建	Fujian		225.02	358.43	348.40	375.03	352.33	310.96	706.01	1141.74	963.00
江 西	Jiangxi	155.10	230.56	331.18	368.02	417.99	396.47	411.00	451.68	469.92	432.77
山 东	Shandong	1170.34	1347.92	1771.22	3300.36	3878.27	4075.67	4626.97	5142.90	5593.40	5826.37
河 南	Henan	222.79	401.96	610.58	668.82	696.57	713.83	704.22	785.82	835.07	874.63
湖 北	Hubei	508.55	511.36	669.77	822.13	851.10	913.00	884.26	946.60	1033.86	1026.23
湖 南	Hunan	322.11	348.87	541.05	660.86	574.49	671.67	614.11	565.77	587.60	766.03
广 东	Guangdong	912.94	1226.95	1956.41	2388.37	2805.71	2940.10	3046.21	3709.44	4455.31	4403.37
广 西	Guangxi	5.88	42.44	61.41	97.71	118.21	152.98	133.30	163.03	396.02	1064.06
海 南	Hainan		0.01	14.69	11.46	230.10	816.28	796.83	835.68	859.17	915.19
重 庆	Chongqing				2.86	3.17	0.13	0.02	0.01		
四 川	Sichuan	16.68	30.60	38.89	140.81	174.94	239.95	285.49	315.68	351.76	361.75
贵 州	Guizhou										
云 南	Yunnan		32.16		0.07	0.07	0.11	0.06	0.07	0.06	0.02
陕 西	Shaanxi	60.99	153.94	521.61	1242.42	1488.94	1608.85	1764.73	1870.10	2104.61	2095.67
甘 肃	Gansu	473.83	673.37	880.88	1229.26	1323.38	1432.87	1394.36	1440.79	1400.18	1635.77
青 海	Qinghai	31.64	83.96	62.17	95.05	104.29	110.15	109.20	82.03	127.98	156.25
宁 夏	Ningxia	11.62	67.86	92.62	167.05	174.42	156.78	183.75	182.65	175.77	91.71
新 疆	Xinjiang	483.73	727.61	1071.29	1628.77	1813.64	1873.37	1940.53	1997.90	2308.44	2598.46

4-18 分地区汽油消费量
GASOLINE CONSUMPTION BY REGION

单位：万吨 (10 000 ton)

地 区	Region	1990	1995	2000	2005	2006	2007	2008	2009	2010	2011
北 京	Beijing	56.56	75.41	106.60	235.23	278.16	324.72	340.92	363.61	371.53	389.79
天 津	Tianjin	37.12	74.85	112.43	122.95	128.09	139.55	148.76	181.03	205.12	222.57
河 北	Hebei	96.55	132.24	136.44	221.91	263.78	249.04	211.11	212.06	238.75	305.74
山 西	Shanxi	70.95	97.51	88.84	145.89	169.69	194.92	236.63	262.41	228.35	216.88
内蒙古	Inner Mongolia	33.50	49.62	64.81	192.41	260.88	236.12	260.88	279.51	325.68	310.24
辽 宁	Liaoning	103.06	119.75	149.47	357.17	393.53	439.12	410.49	464.05	593.17	706.61
吉 林	Jilin	55.58	82.71	90.67	110.60	110.82	112.46	130.30	138.44	166.61	181.51
黑龙江	Heilongjiang	93.33	184.44	244.04	312.19	345.32	376.01	278.97	319.40	363.79	466.56
上 海	Shanghai	49.96	78.84	133.25	224.04	261.73	303.66	340.50	388.52	415.37	472.87
江 苏	Jiangsu	90.94	164.07	187.30	420.13	449.51	488.27	561.80	585.66	749.84	827.38
浙 江	Zhejiang	58.33	123.96	196.19	368.53	402.30	444.09	475.36	508.62	586.70	647.76
安 徽	Anhui	44.10	58.38	68.54	86.41	97.80	114.91	127.37	140.40	157.40	176.16
福 建	Fujian	39.50	69.47	105.11	199.81	208.05	264.17	250.48	263.64	333.20	374.01
江 西	Jiangxi	42.31	42.06	58.46	64.49	65.99	70.61	75.68	77.21	155.23	182.76
山 东	Shandong	123.82	192.85	188.52	443.68	477.72	529.49	588.59	640.91	802.40	806.41
河 南	Henan	86.93	142.55	120.86	234.54	249.69	210.90	191.75	196.36	297.49	358.53
湖 北	Hubei	110.45	152.36	169.17	344.01	421.49	554.91	624.23	559.50	457.80	497.81
湖 南	Hunan	55.24	104.37	115.40	205.38	236.24	271.66	231.80	246.11	262.36	295.05
广 东	Guangdong	141.59	281.73	301.16	706.22	771.39	837.73	886.90	957.20	1086.12	1207.59
广 西	Guangxi	33.19	41.32	65.87	139.59	173.91	190.70	202.00	216.28	247.68	259.48
海 南	Hainan	11.98	20.88	30.93	21.27	27.12	32.06	38.85	47.62	52.63	60.50
重 庆	Chongqing			65.66	77.53	86.22	86.46	96.59	90.54	102.63	144.97
四 川	Sichuan	78.24	124.38	143.65	224.44	269.32	330.44	375.92	462.92	541.82	642.08
贵 州	Guizhou	46.07	52.00	46.46	71.91	81.00	105.81	123.42	129.99	143.36	145.23
云 南	Yunnan	53.71	64.92	90.79	122.95	128.12	158.11	178.86	193.27	232.49	250.34
陕 西	Shaanxi	46.49	82.39	103.51	196.70	178.16	286.77	219.13	248.49	255.23	279.60
甘 肃	Gansu	36.98	55.57	98.41	86.90	88.03	87.66	50.18	50.14	56.57	58.77
青 海	Qinghai	12.49	17.98	16.31	12.92	15.26	18.36	21.38	23.17	26.19	28.97
宁 夏	Ningxia	9.88	10.71	10.50	24.49	19.07	19.06	20.66	20.95	22.68	20.80
新 疆	Xinjiang	69.32	101.89	101.93	106.73	117.82	124.51	123.66	121.87	131.17	138.84

4-19 分地区煤油消费量

KEROSENE CONSUMPTION BY REGION

单位：万吨　　　　(10 000 ton)

地 区	Region	1990	1995	2000	2005	2006	2007	2008	2009	2010	2011
北 京	Beijing	43.17	65.84	117.60	189.36	233.86	277.10	318.39	341.93	392.63	419.88
天 津	Tianjin	1.96	3.79	18.82	15.12	16.36	19.38	18.13	20.73	21.40	24.53
河 北	Hebei	3.69	3.50	3.23	3.21	5.88	6.22	7.37	6.25	7.34	8.94
山 西	Shanxi	2.33	2.65	6.36	8.45	10.43	11.90	14.67	16.28	14.64	15.18
内蒙古	Inner Mongolia	1.48	0.40	1.55	0.40	7.24	6.44	7.24	8.28	9.35	10.10
辽 宁	Liaoning	6.13	11.56	18.55	26.40	34.89	38.15	24.99	20.62	23.34	27.35
吉 林	Jilin	1.28	2.55	3.28	1.04	1.09	0.89	1.18	1.15	1.21	1.25
黑龙江	Heilongjiang	2.46	5.17	8.74	7.28	10.25	3.85	0.51	0.31	24.06	26.47
上 海	Shanghai	20.53	37.56	55.71	223.00	262.01	295.48	321.47	353.11	399.07	400.50
江 苏	Jiangsu	12.65	8.61	38.94	21.55	18.41	20.79	21.45	21.18	35.69	44.73
浙 江	Zhejiang	6.59	7.29	11.25	40.98	46.47	49.48	54.91	62.90	70.42	74.75
安 徽	Anhui	8.55	5.36	2.56	10.52	10.60	11.34	11.02	13.23	8.41	9.09
福 建	Fujian	3.23	4.63	7.60	32.77	36.99	49.09	51.95	50.96	56.50	64.39
江 西	Jiangxi	5.31	3.19	2.81	7.14	7.95	7.80	8.01	7.65	8.50	9.05
山 东	Shandong	11.38	23.51	48.25	21.99	23.88	32.02	30.73	35.41	38.61	39.66
河 南	Henan	7.77	16.42	14.34	13.91	16.03	17.03	16.50	25.63	30.64	49.64
湖 北	Hubei	12.15	14.93	18.29	16.08	34.61	35.98	49.70	47.43	40.41	46.75
湖 南	Hunan	7.54	9.77	8.08	20.48	22.83	24.50	25.41	30.44	30.25	32.03
广 东	Guangdong	31.62	56.04	89.51	153.72	157.40	171.14	183.07	192.12	202.38	216.93
广 西	Guangxi	6.14	5.60	3.79	6.80		0.27	16.05	0.09	2.73	0.28
海 南	Hainan	1.27	11.01	28.13	62.83	66.27	75.24	80.16	90.03	87.43	90.15
重 庆	Chongqing			8.34	12.30	23.01	27.01	30.44	34.06	41.78	52.78
四 川	Sichuan	20.55	24.17	36.04	93.56	105.83	128.62	126.61	155.07	173.31	206.24
贵 州	Guizhou	4.90	7.49	9.37	2.64	9.63	3.57	2.95	2.95	8.94	10.84
云 南	Yunnan	5.84	9.15	19.24	28.71	35.06	36.18	38.19	37.24	47.44	51.12
陕 西	Shaanxi	8.11	17.26	19.49	34.81	34.80	1.78	15.65	8.48	8.94	9.67
甘 肃	Gansu	3.10	3.17	3.73	4.61	4.68	5.48	5.51	5.45	4.98	3.72
青 海	Qinghai	1.00	0.07	0.06	0.01		2.06	0.40	0.16	0.17	0.19
宁 夏	Ningxia	0.33	0.42	0.04	2.01	2.25	2.81	3.72	4.23	5.16	6.58
新 疆	Xinjiang	4.62	16.10	21.31	26.12	30.88	33.28	38.15	31.40	33.33	37.32

4-20 分地区柴油消费量

DIESEL OIL CONSUMPTION BY REGION

单位：万吨 (10 000 ton)

地 区	Region	1990	1995	2000	2005	2006	2007	2008	2009	2010	2011
北 京	Beijing	47.99	51.29	81.17	140.86	177.49	192.02	227.22	240.18	237.42	241.12
天 津	Tianjin	73.78	65.59	197.60	220.78	235.38	255.83	289.76	303.57	333.54	360.66
河 北	Hebei	136.67	189.91	181.28	444.44	484.39	532.74	531.73	521.67	691.94	796.12
山 西	Shanxi	50.31	63.22	80.67	266.42	316.79	375.21	472.75	506.67	474.38	488.64
内蒙古	Inner Mongolia	34.55	44.05	68.73	379.96	686.16	579.46	686.16	738.95	863.56	922.86
辽 宁	Liaoning	138.48	143.49	197.22	464.40	587.76	660.52	778.42	810.45	963.90	1104.53
吉 林	Jilin	51.39	67.14	73.74	249.42	269.24	300.83	312.57	328.12	363.30	417.47
黑龙江	Heilongjiang	147.00	225.79	409.71	473.05	477.83	497.81	440.54	512.63	598.38	598.02
上 海	Shanghai	99.59	122.67	176.44	312.73	344.56	379.83	427.05	483.19	509.04	532.96
江 苏	Jiangsu	179.46	223.50	345.02	515.12	587.17	607.99	646.21	655.87	727.96	759.40
浙 江	Zhejiang	130.78	283.72	434.22	803.11	842.43	871.40	898.63	897.23	958.33	958.44
安 徽	Anhui	78.27	108.06	142.12	210.07	239.90	259.16	309.63	329.14	365.75	416.69
福 建	Fujian	62.27	156.91	213.50	368.96	391.12	476.03	433.08	413.09	510.57	531.36
江 西	Jiangxi	45.43	57.83	104.78	302.07	313.59	295.27	288.47	293.17	368.75	392.54
山 东	Shandong	226.65	309.78	343.87	1056.86	1101.08	1187.79	1257.74	1334.11	1448.12	1664.29
河 南	Henan	137.34	134.81	155.02	329.47	346.01	460.51	543.45	526.18	561.22	663.34
湖 北	Hubei	165.66	209.11	261.30	420.49	514.62	625.42	613.49	790.67	648.96	698.07
湖 南	Hunan	88.57	104.92	140.18	335.55	364.08	395.04	375.51	432.38	502.98	561.72
广 东	Guangdong	276.71	597.66	766.23	1306.66	1367.60	1438.21	1518.92	1567.91	1668.56	1500.55
广 西	Guangxi	55.45	72.43	147.44	295.46	308.91	337.25	355.54	413.61	442.37	476.91
海 南	Hainan	9.92	38.99	46.20	63.12	75.40	85.19	93.80	106.24	139.98	146.18
重 庆	Chongqing			61.44	180.18	186.55	234.11	257.65	273.55	338.51	397.70
四 川	Sichuan	72.52	101.97	161.61	287.43	354.61	394.23	473.94	538.46	525.10	576.52
贵 州	Guizhou	27.46	29.82	57.81	132.17	171.88	184.04	226.46	234.69	264.66	304.97
云 南	Yunnan	34.61	46.89	55.46	283.90	331.66	382.15	411.95	437.70	562.04	609.84
陕 西	Shaanxi	46.29	72.52	94.76	283.62	311.69	279.89	443.55	493.29	531.50	573.75
甘 肃	Gansu	38.56	73.04	91.82	114.98	117.61	113.94	168.61	185.62	210.64	222.68
青 海	Qinghai	9.40	12.83	19.29	62.22	61.66	73.07	78.38	87.11	89.89	102.37
宁 夏	Ningxia	9.03	9.75	11.22	68.02	82.11	88.28	96.51	98.57	105.82	104.04
新 疆	Xinjiang	88.75	119.35	155.28	302.76	341.01	378.39	335.44	331.70	363.72	390.52

4-21 分地区燃料油消费量

FUEL OIL CONSUMPTION BY REGION

单位：万吨 (10 000 ton)

地 区	Region	1990	1995	2000	2005	2006	2007	2008	2009	2010	2011
北 京	Beijing	228.49	196.20	89.62	65.88	48.05	42.85	25.62	42.40	66.69	74.64
天 津	Tianjin	227.88	155.73	79.51	112.69	107.12	89.63	92.49	94.65	143.69	149.96
河 北	Hebei	46.18	54.66	49.39	60.78	59.33	48.31	65.82	59.76	38.53	47.29
山 西	Shanxi	12.61	13.15	12.42	8.95	10.10	14.39	12.09	12.06	12.25	12.60
内蒙古	Inner Mongolia	25.54	15.91	30.99	25.34	13.75	7.20	13.75	19.66	15.15	24.61
辽 宁	Liaoning	642.38	499.65	296.73	189.88	230.73	224.22	379.66	299.94	356.43	391.40
吉 林	Jilin	101.07	75.76	50.96	42.43	34.28	30.62	39.84	38.44	39.96	37.81
黑龙江	Heilongjiang	235.48	187.51	135.38	39.89	44.34	47.19	69.86	88.18	88.90	88.92
上 海	Shanghai	434.28	364.71	494.20	767.95	805.29	848.61	788.73	742.79	744.28	675.04
江 苏	Jiangsu	189.98	161.95	202.44	257.72	201.06	236.59	218.00	217.10	157.71	151.19
浙 江	Zhejiang	102.20	106.47	182.52	303.66	240.95	227.29	219.86	289.53	330.48	370.29
安 徽	Anhui	42.37	47.02	46.91	23.88	21.62	13.24	15.60	14.26	11.73	11.31
福 建	Fujian	15.53	31.80	53.23	161.62	173.48	124.94	142.32	165.83	182.75	189.66
江 西	Jiangxi	23.38	26.70	34.20	31.08	26.50	20.95	26.98	22.04	23.67	26.80
山 东	Shandong	248.43	309.90	344.25	354.43	346.31	386.24	355.43	404.87	1286.77	1466.60
河 南	Henan	38.95	52.89	57.55	78.46	70.37	62.78	46.08	25.93	18.34	41.83
湖 北	Hubei	132.31	125.26	106.69	88.87	125.99	123.54	106.97	108.88	92.01	97.34
湖 南	Hunan	53.08	56.39	46.38	48.09	42.04	40.20	41.41	68.39	75.22	68.98
广 东	Guangdong	365.54	647.19	941.95	1600.05	1573.72	1316.44	1077.76	894.99	646.93	505.28
广 西	Guangxi	8.08	13.57	7.67	32.96	24.07	20.85	9.92	7.38	34.64	50.45
海 南	Hainan	0.51	4.19	9.39	5.24	11.28	20.18	29.55	26.82	30.49	35.29
重 庆	Chongqing			2.68	3.61	2.66	7.84	8.14	7.59	8.61	9.37
四 川	Sichuan	6.92	11.41	13.32	8.08	9.50	7.17	12.60	13.34	62.82	70.45
贵 州	Guizhou	4.77	5.34	7.51	10.39	12.01	21.19	23.16	13.47	14.43	16.04
云 南	Yunnan	1.80	2.80	11.17	3.91	4.72	5.04	5.20	5.16	5.62	2.59
陕 西	Shaanxi	22.40	28.19	80.05	4.43	0.99	1.13	5.93	0.03	0.14	0.16
甘 肃	Gansu	62.59	76.48	58.00	16.03	14.05	14.33	12.73	13.39	14.63	9.42
青 海	Qinghai	10.72	14.96	6.93	0.02	0.06	0.22	0.13	0.16	0.12	0.10
宁 夏	Ningxia	23.70	27.67	33.13	1.80	0.98	0.53	1.98	0.52	39.76	36.66
新 疆	Xinjiang	89.95	117.03	56.59	17.32	19.31	22.26	27.34	22.37	14.95	2.40

4-22 分地区天然气消费量

NATURAL GAS CONSUMPTION BY REGION

单位：亿立方米 (100 million cu.m)

地 区	Region	1990	1995	2000	2005	2006	2007	2008	2009	2010	2011
北 京	Beijing	0.83	1.16	10.90	32.04	40.65	46.64	60.65	69.40	74.79	73.56
天 津	Tianjin	2.45	3.93	5.40	9.04	11.22	14.27	16.84	18.12	23.10	26.02
河 北	Hebei	6.07	6.89	7.72	9.14	11.01	12.05	17.17	23.11	29.74	35.09
山 西	Shanxi	0.60	0.47	1.14	3.24	6.02	6.91	6.60	13.76	28.93	31.93
内蒙古	Inner Mongolia			0.01	6.35	30.53	26.51	30.53	44.29	45.32	40.84
辽 宁	Liaoning	20.42	21.12	20.15	14.81	13.10	14.24	16.21	16.44	19.06	39.07
吉 林	Jilin	0.98	1.83	2.98	7.65	7.48	9.63	13.83	16.66	22.01	19.38
黑龙江	Heilongjiang	22.47	25.91	23.04	24.43	24.53	30.70	31.47	30.00	29.90	31.00
上 海	Shanghai			2.54	18.72	22.60	27.96	30.00	33.52	45.08	55.43
江 苏	Jiangsu	0.38	0.19	0.24	13.62	31.30	44.58	63.13	63.43	72.14	93.74
浙 江	Zhejiang				2.25	11.89	18.09	17.70	19.30	32.62	43.88
安 徽	Anhui				0.85	1.95	4.03	7.17	9.77	12.54	20.14
福 建	Fujian				0.51	0.57	0.48	1.53	8.49	29.10	37.89
江 西	Jiangxi				0.11	0.68	1.04	2.50	2.58	5.27	6.34
山 东	Shandong	14.44	12.85	4.53	17.14	22.60	22.36	34.50	40.24	47.75	52.86
河 南	Henan	10.73	9.37	11.23	23.71	30.53	33.14	38.23	41.50	47.21	54.96
湖 北	Hubei	0.58	0.76	0.91	11.11	9.64	9.91	15.60	16.52	19.64	24.92
湖 南	Hunan				4.85	5.05	7.64	8.23	10.23	11.88	15.34
广 东	Guangdong		1.02	1.43	2.49	14.46	45.69	53.58	112.86	95.71	114.46
广 西	Guangxi				1.12	1.22	1.34	1.01	1.21	1.82	2.53
海 南	Hainan			5.28	20.97	23.97	23.49	26.78	24.94	29.72	48.86
重 庆	Chongqing			33.26	35.50	40.05	43.53	48.75	49.47	56.59	61.80
四 川	Sichuan	57.51	68.92	58.67	89.52	106.08	112.15	108.94	126.99	175.39	156.08
贵 州	Guizhou	4.74	5.08	5.72	5.05	4.98	5.14	4.74	4.18	4.19	4.76
云 南	Yunnan	4.53	4.71	5.17	6.12	5.45	5.49	5.28	4.52	3.64	4.20
陕 西	Shaanxi	0.07	0.38	6.67	18.76	28.43	41.34	51.60	50.01	59.19	62.49
甘 肃	Gansu	0.26	0.62	0.85	9.62	11.97	12.97	12.01	12.43	14.42	15.85
青 海	Qinghai	0.39	0.64	3.91	11.02	13.27	14.30	22.90	24.56	23.72	32.05
宁 夏	Ningxia	0.07	0.15	0.12	6.63	7.94	8.99	11.00	11.98	15.48	18.58
新 疆	Xinjiang	5.02	11.48	23.44	56.04	65.04	69.81	69.84	67.93	80.15	95.02

注：1.2010年起包括液化天然气数据。

a) Include the data of LNG since 2010.

4-23 分地区电力消费量

ELECTRICITY CONSUMPTION BY REGION

单位：亿千瓦小时 (100 million kW • h)

地 区	Region	1990	1995	2000	2005	2006	2007	2008	2009	2010	2011
北 京	Beijing	174	262	384	567	619	675	708	759	831	854
天 津	Tianjin	124	179	237	396	446	511	535	577	675	727
河 北	Hebei	354	603	809	1502	1735	2014	2095	2344	2692	2985
山 西	Shanxi	255	399	506	946	1098	1349	1313	1268	1460	1650
内蒙古	Inner Mongolia	122	187	256	668	1221	1160	1221	1288	1537	1834
辽 宁	Liaoning	462	623	797	1111	1228	1360	1412	1488	1715	1862
吉 林	Jilin	191	268	301	378	412	463	496	515	577	631
黑龙江	Heilongjiang	296	409	397	569	597	643	697	689	763	817
上 海	Shanghai	265	403	559	922	990	1072	1138	1153	1296	1340
江 苏	Jiangsu	412	685	972	2193	2570	2952	3118	3314	3864	4282
浙 江	Zhejiang	230	440	743	1642	1909	2189	2323	2471	2821	3117
安 徽	Anhui	186	289	339	582	662	769	859	952	1078	1221
福 建	Fujian	137	261	403	757	867	1000	1150	1216	1315	1520
江 西	Jiangxi	128	181	209	414	453	516	547	609	701	835
山 东	Shandong	449	741	1000	1977	2272	2596	2727	2941	3298	3635
河 南	Henan	338	571	718	1387	1534	1864	2093	2275	2464	2823
湖 北	Hubei	281	415	503	867	895	1009	1076	1183	1418	1573
湖 南	Hunan	227	375	406	787	913	1020	1129	1232	1353	1545
广 东	Guangdong	359	788	1335	2795	3004	3394	3507	3610	4060	4399
广 西	Guangxi	126	221	322	510	579	681	761	856	993	1112
海 南	Hainan	14	32	42	82	98	113	123	134	158	185
重 庆	Chongqing			308	349	405	449	486	532	625	717
四 川	Sichuan	350	583	462	943	1059	1178	1213	1362	1549	1963
贵 州	Guizhou	103	204	335	487	582	669	679	750	836	944
云 南	Yunnan	125	224	317	557	646	746	829	891	1004	1204
陕 西	Shaanxi	170	240	314	516	581	654	708	740	859	982
甘 肃	Gansu	178	241	295	489	536	615	678	706	804	923
青 海	Qinghai	42	69	116	208	246	287	313	337	465	561
宁 夏	Ningxia	55	92	115	307	378	440	440	470	547	725
新 疆	Xinjiang	70	120	183	310	356	417	479	548	662	839

五、全国能源平衡表

Chapter 5　Energy Balance Table of China

5-1 中国能源平衡表(实物量) -2011

项　目	Item	煤合计 (万吨) Coal Total (10^4 tn)	原煤 (万吨) Raw Coal (10^4 tn)
一.可供本地区消费的能源量	**Total Primary Energy Supply**	**360561.49**	**362451.54**
1.一次能源生产量	Indigenous Production	351600.00	351600.00
水电	Hydro Power		
核电	Nuclear Power		
风电	Wind Power		
2.进口量	Import	18209.81	18197.56
3.境内轮船和飞机在境外的加油量	Domestic Airplanes&Ships Refueling in Abroad		
4.出口量(-)	Export (-)	-1465.78	-1450.41
5.境外轮船和飞机在境内的加油量(-)	Oversea Airplanes&Ships Refueling in China		
6.库存增(-)、减(+)量	Stock Change	-7782.54	-5895.61
二.加工转换投入(-)产出(+)量	**Input(-) & Output(+) of Transformation**	**-256533.96**	**-271236.80**
1.火力发电	Thermal Power	-175578.53	-172866.61
2.供　热	Heating Supply	-16834.17	-15998.83
3.洗 选 煤	Coal Washing	-9723.38	-74502.22
4.炼　焦	Coking	-52959.88	-6889.76
5.炼油及煤制油	Petroleum Refineries	-345.72	-169.17
#油品再投入量(-)	Petroleum Products Input (-)		
6.制　气	Gas Works	-870.47	-539.89
#焦炭再投入量(-)	Coke Input (-)		
7.天然气液化	Natural Gas Liquefaction		
8.煤制品加工	Briquettes	-221.81	-270.32
9.回收能	Recovery of Energy		
三.损 失 量	**Loss**		
四.终端消费量	**Total Final Consumption**	**86416.28**	**75563.01**
1.农、林、牧、渔、水利业	Agriculture, Forestry, Animal Husbandry, Fishery and Water Conservancy	1756.63	1724.83
2.工业	Industry	69696.02	60653.37
#用作原料、材料	Non-Energy Use	4357.62	3964.12
3.建筑业	Construction	781.81	770.06
4.交通运输、仓储和邮政业	Transport, Storage and Post	645.85	620.90
5.批发、零售业和住宿、餐饮业	Wholesale, Retail Trade and Hotel, Restaurants	2211.71	2163.59
6.其他	Others	2112.21	1965.47
7.生活消费	Residential Consumption	9212.06	7664.79
城 镇	Urban	1744.20	1262.85
乡 村	Rural	7467.86	6401.93
五.平衡差额	**Statistical Difference**	**17611.25**	**15651.73**
六.消费量合计	**Total Energy Consumption**	**342950.24**	**346799.81**

ENERGY BANLANCE OF CHINA (PHYSICAL QUANTITY) -2011

洗精煤 (万吨) Cleaned Coal (10^4 tn)	其他洗煤 (万吨) Other Washed Coal (10^4 tn)	型煤 (万吨) Briquettes (10^4 tn)	煤矸石 (万吨) Gangue (10^4 tn)	焦炭 (万吨) Coke (10^4 tn)	焦炉煤气 (亿立方米) Coke Oven Gas (10^8 cu.m)	高炉煤气 (亿立方米) Blast Furnace Gas (10^8 cu.m)	转炉煤气 (亿立方米) Converter Gas (10^8 cu.m)	其他煤气 (亿立方米) Other Gas (10^8 cu.m)
-940.57	**-939.36**	**-10.12**		**-1347.15**				
		12.25		11.57				
		-15.37		-329.72				
-940.57	-939.36	-7.00		-1029.00				
4373.21	**9175.13**	**1154.51**	**21.30**	**40823.99**	**638.18**	**1080.12**	**243.66**	**166.71**
-52.62	-2659.30		-2645.67		-118.60	-930.24	-91.69	
-22.31	-813.03		-550.60		-68.66	-422.95	-44.28	
50949.30	13829.55		3217.57					
-46002.13	-67.99			40726.97	808.80			
-168.45	-8.10							
-330.58				206.03	16.64			166.71
				-109.00				
	-1106.00	1154.51						
						2433.31	379.63	
2525.56	**7308.52**	**1019.20**		**38054.28**	**625.34**	**1082.00**	**236.00**	**166.95**
	31.80			54.05				
2510.04	6150.93	381.68		37943.08	582.86	1082.00	236.00	51.00
129.02	264.49			1517.92	5.83			
5.49	6.26			4.81				
10.03	14.92			0.09				
	23.48	24.64		9.24	0.78			8.11
	138.15	8.59		1.94	3.48			
	942.99	604.28		41.08	38.22			107.84
	297.02	184.32		22.29	38.22			107.51
	645.96	419.96		18.78				0.33
907.08	**927.25**	**125.19**	**21.30**	**1422.56**	**12.84**	**-1.88**	**7.66**	**-0.24**
49101.65	**11962.94**	**1019.20**	**3196.27**	**38163.29**	**812.60**	**2435.19**	**371.97**	**166.95**

续表 1

项　　目	Item	其他焦化产品(万吨) Other Coking Products (10^4 tn)	油品合计(万吨) Petroleum Products Total (10^4 tn)
一.可供本地区消费的能源量	**Total Primary Energy Supply**		**45659.22**
1.一次能源生产量	Indigenous Production		20287.55
水电	Hydro Power		
核电	Nuclear Power		
风电	Wind Power		
2.进口量	Import		30912.42
3.境内轮船和飞机在境外的加油量	Domestic Airplanes&Ships Refueling in Abroad		681.29
4.出口量(-)	Export (-)		-3320.46
5.境外轮船和飞机在境内的加油量(-)	Oversea Airplanes&Ships Refueling in China		-796.58
6.库存增(-)、减(+)量	Stock Change		-2105.00
二.加工转换投入(-)产出(+)量	**Input(-) & Output(+) of Transformation**	**778.47**	**-2469.48**
1.火力发电	Thermal Power		-319.76
2.供　　热	Heating Supply		-525.67
3.洗 选 煤	Coal Washing		
4.炼　　焦	Coking	790.37	
5.炼油及煤制油	Petroleum Refineries	-42.34	3445.93
#油品再投入量(-)	Petroleum Products Input (-)		-5069.98
6.制　　气	Gas Works	44.81	
#焦炭再投入量(-)	Coke Input (-)	-14.37	
7.天然气液化	Natural Gas Liquefaction		
8.煤制品加工	Briquettes		
9.回收能	Recovery of Energy		
三.损 失 量	**Loss**		**181.74**
四.终端消费量	**Total Final Consumption**	**744.00**	**42727.32**
1.农、林、牧、渔、水利业	Agriculture, Forestry, Animal Husbandry, Fishery and Water Conservancy		1466.26
2.工业	Industry	744.00	15463.94
#用作原料、材料	Non-Energy Use		7080.98
3.建筑业	Construction		2521.79
4.交通运输、仓储和邮政业	Transport, Storage and Post		15910.94
5.批发、零售业和住宿、餐饮业	Wholesale, Retail Trade and Hotel, Restaurants		499.98
6.其他	Others		2880.47
7.生活消费	Residential Consumption		3983.93
城 镇	Urban		2867.22
乡 村	Rural		1116.71
五.平衡差额	**Statistical Difference**	**34.47**	**280.69**
六.消费量合计	**Total Energy Consumption**	**800.71**	**45378.54**

Continued 1

原油 (万吨) Crude Oil (10^4 tn)	汽油 (万吨) Gasoline (10^4 tn)	煤油 (万吨) Kerosene (10^4 tn)	柴油 (万吨) Diesel Oil (10^4 tn)	燃料油 (万吨) Fuel Oil (10^4 tn)	石脑油 (万吨) Naphtha (10^4 tn)	润滑油 (万吨) Lubricants (10^4 tn)	石蜡 (万吨) Paraffin Waxes (10^4 tn)	溶剂油 (万吨) White Spirit (10^4 tn)
43961.00	**-520.08**	**-100.70**	**-63.48**	**1385.81**	**150.29**	**23.06**	**-40.07**	**-0.99**
20287.55								
25377.88	2.93	618.29	232.67	2683.53	245.02	34.27	5.40	2.56
		256.80	10.64	413.85				
-251.43	-406.01	-656.33	-201.16	-1227.08	-49.73	-11.21	-45.47	-0.55
		-310.46	-27.63	-458.49				
-1453.00	-117.00	-9.00	-78.00	-26.00	-45.00			-3.00
-43266.10	**7917.76**	**1932.43**	**15648.15**	**869.20**	**2765.91**	**247.94**	**133.30**	**173.02**
-11.30	-0.03		-39.22	-60.85				
-4.59			-2.35	-183.75				
-43250.21	7917.94	1932.43	15689.72	2301.80	3001.59	247.94	133.30	173.02
	-0.15			-1188.00	-235.68			
177.00								
522.74	**7395.77**	**1816.72**	**15593.54**	**2230.20**	**2900.91**	**248.00**	**91.00**	**165.00**
	185.98	1.47	1271.90	1.31				
522.74	604.63	34.21	1782.68	827.55	2900.91	248.00	91.00	165.00
69.52	19.41				2862.08	236.24	90.05	160.27
	282.77	10.79	518.63	30.60				
	3373.51	1646.35	9485.20	1345.15				
	177.14	32.18	212.31	9.34				
	1313.17	68.24	1428.07	16.23				
	1458.56	23.48	894.74					
	989.94	2.98	648.12					
	468.63	20.50	246.61					
-4.84	**1.91**	**15.01**	**-8.87**	**24.81**	**15.29**	**23.00**	**2.23**	**7.03**
43965.84	**7395.95**	**1816.72**	**15635.11**	**3662.80**	**3136.59**	**248.00**	**91.00**	**165.00**

续表 2

项目	Item	石油沥青(万吨) Bitumen Asphalt (10^4 tn)	石油焦(万吨) Petroleum Coke (10^4 tn)
一.可供本地区消费的能源量	**Total Primary Energy Supply**	**295.17**	**415.07**
1.一次能源生产量	Indigenous Production		
水电	Hydro Power		
核电	Nuclear Power		
风电	Wind Power		
2.进口量	Import	319.02	811.05
3.境内轮船和飞机在境外的加油量	Domestic Airplanes&Ships Refueling in Abroad		
4.出口量(-)	Export (-)	-23.85	-310.98
5.境外轮船和飞机在境内的加油量(-)	Oversea Airplanes&Ships Refueling in China		
6.库存增(-)、减(+)量	Stock Change		-85.00
二.加工转换投入(-)产出(+)量	**Input(-) & Output(+) of Transformation**	**1411.44**	**1433.28**
1.火力发电	Thermal Power		-121.66
2.供　热	Heating Supply		-133.10
3.洗 选 煤	Coal Washing		
4.炼　焦	Coking		
5.炼油及煤制油	Petroleum Refineries	1411.44	1688.04
#油品再投入量(-)	Petroleum Products Input (-)		
6.制　气	Gas Works		
#焦炭再投入量(-)	Coke Input (-)		
7.天然气液化	Natural Gas Liquefaction		
8.煤制品加工	Briquettes		
9.回收能	Recovery of Energy		
三.损 失 量	**Loss**		
四.终端消费量	**Total Final Consumption**	**1645.74**	**1797.80**
1.农、林、牧、渔、水利业	Agriculture, Forestry, Animal Husbandry, Fishery and Water Conservancy		
2.工业	Industry	38.94	1797.80
#用作原料、材料	Non-Energy Use		1448.60
3.建筑业	Construction	1606.80	
4.交通运输、仓储和邮政业	Transport, Storage and Post		
5.批发、零售业和住宿、餐饮业	Wholesale, Retail Trade and Hotel, Restaurants		
6.其他	Others		
7.生活消费	Residential Consumption		
城 镇	Urban		
乡 村	Rural		
五.平衡差额	**Statistical Difference**	**60.87**	**50.55**
六.消费量合计	**Total Energy Consumption**	**1645.74**	**2052.56**

Continued 2

液化石油气（万吨） LPG (10^4 tn)	炼厂干气（万吨） Refinery Gas (10^4 tn)	其他石油制品（万吨） Other Petroleum Products (10^4 tn)	天然气（亿立方米） Natural Gas (10^8 cu.m)	液化天然气（万吨） LNG (10^4 tn)	热力（万百万千焦） Heat (10^{10} kJ)	电力（亿千瓦小时） Electricity (10^8 kW•h)	其他能源（万吨标煤） Other Energy (10^4 tce)
233.47		**-79.33**	**1138.07**	**1220.75**		**8665.72**	
			1026.89			8793.17	
						6989.45	
						863.50	
						703.31	
349.56		230.24	143.06	1220.75		65.62	
-119.09		-17.57	-31.88			-193.07	
3.00		-292.00					
2125.79	**1261.15**	**4877.25**	**-239.06**	**-139.68**	**317438.34**	**38337.02**	**0.54**
	-71.85	-14.85	-197.83	-196.75	-31738.42	38337.02	-435.67
-0.55	-136.91	-64.42	-28.37	-6.53	313082.06		-199.48
2250.77	1548.19	8399.96					-1.49
-124.43	-78.28	-3443.44					
			-3.11				
			-9.75	63.60			
					36094.70		637.18
4.74			**14.57**	**24.46**	**3536.00**	**2700.70**	
2340.50	**1255.85**	**4723.56**	**883.71**	**1053.00**	**313897.49**	**44300.18**	
5.61			0.56		90.69	1012.90	
536.07	1255.85	4658.56	449.08	906.00	228716.14	31990.85	
58.49	16.33	2120.00	112.27	226.50			
7.18		65.00	1.28		622.57	571.82	
60.72			107.62	147.00	1988.80	848.42	
69.00			33.64		4304.56	1503.08	
54.76			27.14		8130.80	2753.05	
1607.15			264.38		70043.94	5620.06	
1226.18			263.64		70043.94	3202.00	
380.97			0.74			2418.06	
14.02	**5.30**	**74.36**	**0.73**	**3.61**	**4.85**	**1.86**	**0.54**
2470.22	**1542.89**	**8246.27**	**1137.34**	**1280.74**	**349171.91**	**47000.88**	**636.64**

5-2 中国能源平衡表(标准量) -2011

单位：万吨标准煤

项　目	Item	能源合计 Energy Total (发电煤耗计算法) (coal equivalent calculation)	能源合计 Energy Total (电热当量计算法) (calorific value calculation)
一.可供本地区消费的能源量	**Total Primary Energy Supply**	**362841.52**	**346009.65**
1.一次能源生产量	Indigenous Production	317986.29	300906.87
水电	Hydro Power	22166.00	8590.03
核电	Nuclear Power	2738.46	1061.24
风电	Wind Power	2230.44	864.37
2.进口量	Import	61276.94	61149.48
3.境内轮船和飞机在境外的加油量	Domestic Airplanes&Ships Refueling in Abroad	984.59	984.59
4.出口量(-)	Export (-)	-7295.00	-6919.99
5.境外轮船和飞机在境内的加油量(-)	Oversea Airplanes&Ships Refueling in China	-1152.07	-1152.07
6.库存增(-)、减(+)量	Stock Change	-8959.23	-8959.23
二.加工转换投入(-)产出(+)量	**Input(-) & Output(+) of Transformation**	**-5691.38**	**-80155.32**
1.火力发电	Thermal Power		-74463.94
2.供　热	Heating Supply	-3932.60	-3932.60
3.洗 选 煤	Coal Washing	-3753.56	-3753.56
4.炼　焦	Coking	-1679.41	-1679.41
5.炼油及煤制油	Petroleum Refineries	4902.58	4902.58
#油品再投入量(-)	Petroleum Products Input (-)	-6967.01	-6967.01
6.制　气	Gas Works	-82.71	-82.71
#焦炭再投入量(-)	Coke Input (-)	-122.47	-122.47
7.天然气液化	Natural Gas Liquefaction	-17.92	-17.92
8.煤制品加工	Briquettes	-65.85	-65.85
9.回收能	Recovery of Energy	6027.57	6027.57
三.损 失 量	**Loss**	**9183.19**	**3937.49**
四.终端消费量	**Total Final Consumption**	**333127.09**	**247080.58**
1.农、林、牧、渔、水利业	Agriculture, Forestry, Animal Husbandry, Fishery and Water Conservancy	6758.56	4791.15
2.工业	Industry	231963.13	169825.68
#用作原料、材料	Non-Energy Use	16189.71	16189.71
3.建筑业	Construction	5872.16	4761.49
4.交通运输、仓储和邮政业	Transport, Storage and Post	28138.74	26490.81
5.批发、零售业和住宿、餐饮业	Wholesale, Retail Trade and Hotel, Restaurants	7795.38	4875.87
6.其他	Others	15189.15	9841.76
7.生活消费	Residential Consumption	37409.94	26493.81
城 镇	Urban	22241.56	16022.15
乡 村	Rural	15168.38	10471.66
五.平衡差额	**Statistical Difference**	**14839.86**	**14836.26**
六.消费量合计	**Total Energy Consumption**	**348001.66**	**331173.39**

ENERGY BALANCE OF CHINA (STANDARD QUANTITY) -2011

(10 000 tce)

煤合计 Coal Total	原煤 Raw Coal	洗精煤 Cleaned Coal	其他洗煤 Other Washed Coal	型煤 Briquettes	煤矸石 Gangue	焦炭 Coke	焦炉煤气 Coke Oven Gas	高炉煤气 Blast Furnace Gas	转炉煤气 Converter Gas
254290.99	**255637.00**	**-846.51**	**-493.35**	**-6.14**		**-1308.62**			
247459.63	247459.63								
13066.06	13058.62			7.44		11.24			
-1231.37	-1222.04			-9.33		-320.29			
-5003.34	-3659.22	-846.51	-493.35	-4.25		-999.57			
-178353.72	**-187809.40**	**3935.89**	**4818.78**	**701.02**	**4.26**	**39656.43**	**3646.56**	**1389.04**	**661.29**
-114012.70	-112568.68	-47.36	-1396.66		-529.13		-677.68	-1196.29	-248.85
-12139.89	-11692.81	-20.08	-427.00		-110.12		-392.32	-543.91	-120.18
-4397.07	-57514.72	45854.37	7263.28		643.51				
-46775.16	-5337.54	-41401.92	-35.71			39562.18	4621.48		
-277.02	-121.16	-151.61	-4.25						
-686.01	-388.49	-297.52				200.14	95.08		
						-105.89			
-65.85	-186.00		-580.87	701.02					
								3129.24	1030.32
63010.72	**56280.43**	**2273.00**	**3838.43**	**618.86**		**36965.93**	**3573.22**	**1391.45**	**640.50**
1342.68	1325.98		16.70			52.50			
									640.50
50412.97	44691.71	2259.04	3230.47	231.76		36857.90	3330.46	1391.45	
3211.00	2955.97	116.11	138.91			1474.50	33.30		
580.76	572.53	4.94	3.29			4.67			
457.65	440.78	9.03	7.84			0.09			
1657.45	1630.16		12.33	14.96		8.98	4.46		
1567.68	1489.91		72.55	5.22		1.88	19.91		
6991.54	6129.36		495.26	366.92		39.90	218.39		
1252.54	984.62		156.00	111.92		21.65	218.39		
5739.00	5144.74		339.26	255.00		18.25			**20.79**
12926.55	**11547.17**	**816.37**	**486.99**	**76.02**	**4.26**	**1381.88**	**73.34**	**-2.41**	

续表 1

单位：万吨标准煤

项　目	Item	其他煤气 Gasoline	其他焦化产品 Other Coking Products
一.可供本地区消费的能源量	**Total Primary Energy Supply**		
1.一次能源生产量	Indigenous Production		
水电	Hydro Power		
核电	Nuclear Power		
风电	Wind Power		
2.进口量	Import		
3.境内轮船和飞机在境外的加油量	Domestic Airplanes&Ships Refueling in Abroad		
4.出口量(−)	Export (-)		
5.境外轮船和飞机在境内的加油量(−)	Oversea Airplanes&Ships Refueling in China		
6.库存增(−)、减(+)量	Stock Change		
二.加工转换投入(−)产出(+)量	**Input(-) & Output(+) of Transformation**	**297.74**	**898.36**
1.火力发电	Thermal Power		
2.供　　热	Heating Supply		
3.洗 选 煤	Coal Washing		
4.炼　　焦	Coking		912.09
5.炼油及煤制油	Petroleum Refineries		-48.86
#油品再投入量(−)	Petroleum Products Input (-)		
6.制　　气	Gas Works	297.74	51.71
#焦炭再投入量(−)	Coke Input (-)		-16.58
7.天然气液化	Natural Gas Liquefaction		
8.煤制品加工	Briquettes		
9.回收能	Recovery of Energy		
三.损 失 量	**Loss**		
四.终端消费量	**Total Final Consumption**	**298.18**	**858.58**
1.农、林、牧、渔、水利业	Agriculture, Forestry, Animal Husbandry, Fishery and Water Conservancy		
2.工业	Industry	91.09	858.58
#用作原料、材料	Non-Energy Use		
3.建筑业	Construction		
4.交通运输、仓储和邮政业	Transport, Storage and Post		
5.批发、零售业和住宿、餐饮业	Wholesale, Retail Trade and Hotel, Restaurants	14.48	
6.其他	Others		
7.生活消费	Residential Consumption	192.61	
城 镇	Urban	192.02	
乡 村	Rural	0.59	
五.平衡差额	**Statistical Difference**	**-0.44**	**39.78**
六.消费量合计	**Total Energy Consumption**		

Continued 1

(10 000 tce)

油品合计 Petroleum Products Total	原油 Crude Oil	汽油 Gasoline	煤油 Kerosene	柴油 Diesel Oil	燃料油 Fuel Oil	石脑油 Naphtha	润滑油 Lubricants	石蜡 Paraffin Waxes
65095.68	**62802.68**	**-765.25**	**-148.17**	**-92.50**	**1979.77**	**225.44**	**32.61**	**-54.69**
28982.79	28982.79							
43943.73	36254.84	4.31	909.75	339.02	3833.69	367.53	48.47	7.37
984.59			377.86	15.50	591.23			
-4707.05	-359.19	-597.40	-965.72	-293.11	-1753.01	-74.60	-15.85	-62.06
-1152.07			-456.81	-40.26	-655.00			
-2956.32	-2075.76	-172.15	-13.24	-113.65	-37.14	-67.50		
-2871.72	**-61809.95**	**11650.19**	**2843.38**	**22800.92**	**1241.74**	**4148.87**	**350.66**	**181.93**
-420.66	-16.14	-0.04		-57.15	-86.93			
-714.00	-6.56			-3.42	-262.51			
5229.95	-61787.25	11650.46	2843.38	22861.49	3288.35	4502.39	350.66	181.93
-6967.01		-0.22			-1697.18	-353.52		
260.99	**252.86**							
61589.53	**746.79**	**10882.13**	**2673.12**	**22721.34**	**3186.06**	**4351.37**	**350.75**	**124.20**
2140.58		273.64	2.16	1853.28	1.87			
21561.97	746.79	889.65	50.34	2597.54	1182.24	4351.37	350.75	124.20
9579.71	99.32	28.56				4293.12	334.11	122.90
3435.05		416.07	15.88	755.70	43.72			
23232.90		4963.79	2422.44	13820.89	1921.69			
748.99		260.64	47.35	309.36	13.35			
4230.51		1932.20	100.40	2080.85	23.19			
6239.54		2146.13	34.55	1303.72				
4507.40		1456.59	4.38	944.38				
1732.14		689.54	30.16	359.34				
373.43	**-6.91**	**2.82**	**22.09**	**-12.92**	**35.45**	**22.93**	**32.53**	**3.04**

续表 2

单位：万吨标准煤

项　目	Item	溶剂油 White spirit	石油沥青 Bitumen Asphalt
一.可供本地区消费的能源量	**Total Primary Energy Supply**	**-1.45**	**386.67**
1.一次能源生产量	Indigenous Production		
水电	Hydro Power		
核电	Nuclear Power		
风电	Wind Power		
2.进口量	Import	3.76	417.92
3.境内轮船和飞机在境外的加油量	Domestic Airplanes&Ships Refueling in Abroad		
4.出口量(-)	Export (-)	-0.81	-31.24
5.境外轮船和飞机在境内的加油量(-)	Oversea Airplanes&Ships Refueling in China		
6.库存增(-)、减(+)量	Stock Change	-4.40	
二.加工转换投入(-)产出(+)量	**Input(-) & Output(+) of Transformation**	**253.85**	**1848.99**
1.火力发电	Thermal Power		
2.供　热	Heating Supply		
3.洗 选 煤	Coal Washing		
4.炼　焦	Coking		
5.炼油及煤制油	Petroleum Refineries	253.85	1848.99
#油品再投入量(-)	Petroleum Products Input (-)		
6.制　气	Gas Works		
#焦炭再投入量(-)	Coke Input (-)		
7.天然气液化	Natural Gas Liquefaction		
8.煤制品加工	Briquettes		
9.回收能	Recovery of Energy		
三.损 失 量	**Loss**		
四.终端消费量	**Total Final Consumption**	**242.09**	**2155.92**
1.农、林、牧、渔、水利业	Agriculture, Forestry, Animal Husbandry, Fishery and Water Conservancy		
2.工业	Industry	242.09	51.01
#用作原料、材料	Non-Energy Use	235.15	
3.建筑业	Construction		2104.91
4.交通运输、仓储和邮政业	Transport, Storage and Post		
5.批发、零售业和住宿、餐饮业	Wholesale, Retail Trade and Hotel, Restaurants		
6.其他	Others		
7.生活消费	Residential Consumption		
城 镇	Urban		
乡 村	Rural		
五.平衡差额	**Statistical Difference**	**10.31**	**79.74**
六.消费量合计	**Total Energy Consumption**		

Continued 2

(10 000 tce)

石油焦 Petroleum Coke	液化石油气 LPG	炼厂干气 Refinery Gas	其他石油制品 Other Petroleum Products	天然气 Natural Gas	液化天然气 LNG	热力 Heat	电力 Electricity	其他能源 Other Energy
435.82	**400.24**		**-105.51**	**15136.33**	**2145.10**		**10650.17**	
				13657.64			10806.81	
							8590.03	
							1061.24	
							864.37	
851.60	599.25		306.22	1902.698	2145.10		80.65	
-326.53	-204.16		-23.37	-424.00			-237.28	
-89.25	5.14		-388.36					
1504.94	**3644.24**	**1981.77**	**6486.74**	**-3179.50**	**-245.45**	**10824.65**	**47116.20**	**0.54**
-127.74		-112.91	-19.75	-2631.14	-345.73	-1082.28	47116.20	-435.67
-139.76	-0.94	-215.14	-85.68	-377.32	-11.47	10676.10		-199.48
1772.44	3858.50	2432.83	11171.95					-1.49
	-213.31	-123.01	-4579.78					
				-41.36				
				-129.68	111.76			
						1230.83		637.18
	8.13			**193.78**	**42.98**	**120.58**	**3319.16**	
1887.69	**4012.31**	**1973.44**	**6282.33**	**11753.31**	**1850.33**	**10703.90**	**54444.92**	
	9.62			7.45		3.09	1244.85	
1887.69	918.98	1973.44	6195.88	5972.76	1592.02	7799.22	39316.75	
1521.03	100.26	25.65	2819.60	1493.19	398.01			
	12.31		86.45	17.01		21.23	702.77	
	104.09			1431.35	258.31	67.82	1042.71	
	118.29			447.44		146.79	1847.29	
	93.88			361.02		277.26	3383.50	
	2755.14			3516.28		2388.50	6907.05	
	2102.04			3506.39		2388.50	3935.26	
	653.10			9.89			2971.80	
53.08	**24.04**	**8.33**	**98.90**	**9.74**	**6.34**	**0.17**	**2.29**	**0.54**

5-3 综合能源平衡表

单位：万吨标准煤

项　目	Item	1980	1985
可供消费的能源总量	**Total Energy Available for Consumption**	**61557**	**77603**
一次能源生产量	Primary Energy Output	63735	85546
回收能	Recovery of Energy		
进口量	Imports	261	340
出口量(-)	Exports (-)	3058	5774
年初年末库存差额	Stock Changes in the Year	619	-2509
能源消费总量	**Total Energy Consumption**	**60275**	**76682**
在总量中:	Consumption by Sector		
1.农、林、牧、渔、水利业	Agriculture, Forestry, Animal Husbandry, Fishery and Water Conservancy	4692	4045
2.工业	Industry	38986	51068
3.建筑业	Construction	957	1302
4.交通运输、仓储和邮政业	Transport, Storage and Post	2902	3713
5.批发、零售业和住宿、餐饮业	Wholesale, Retail Trade and Hotel, Restaurants	518	766
6.其他	Others	1205	2470
7.生活消费	Residential Consumption	11015	13318
在总量中:	Consumption by Usage		
(一) 终端消费	(I)Final Consumption	57508	73586
#工业	Industry	38293	48021
(二) 加工转换损失量	(II)Losses in Processing and	1358	1491
#炼焦	Coking	644	572
炼油	Petroleum Refining	113	110
(三) 损失量	(III)Other Losses	1409	1605
平衡差额	**Balance**	**1282**	**921**

注：1.村办工业包括在工业中(下同)。
　　2.电力按等价热值折算，因此加工转换损失量中不包括发电损失量。
　　3.进口量包括境内轮船和飞机在境外的加油量；出口量包括境外轮船和飞机在境内的加油量。

OVERALL ENERGY BALANCE SHEET

(10 000 tce)

1990	1995	2000	2005	2006	2007	2008	2009	2010	2011
96138	**129535**	**142605**	**232225**	**256034**	**274800**	**287011**	**311277**	**339687**	**362842**
103922	129034	135048	216219	232167	247279	260552	274619	296916	317986
	2312	1760	2939	3725	6166	6511	7627	5143	
1310	5456	14334	26952	31171	35062	36764	47313	55737	62262
5875	6776	9633	11448	10925	9995	9955	8440	-8846	-8447
-3219	-491	1097	-2436	-104	-3711	-6860	-9841	-9262	-8959
98703	**131176**	**145531**	**235997**	**258676**	**280508**	**291448**	**306647**	**324939**	**348002**
4852	5505	3914	6071	6331	6228	6013	6251	6477	6759
67578	96191	103774	168724	184945	200531	209302	219197	232019	246441
1213	1335	2179	3403	3761	4128	3813	4562	5309	5872
4541	5863	11242	18391	20284	21959	22917	23692	26068	28536
1247	2018	3048	4848	5314	5689	5734	6412	6827	7795
3473	4519	5762	9255	10276	11158	11771	12690	13681	15189
15799	15745	15614	25305	27765	30814	31898	33843	34558	37410
94289	124252	139008	225690	247520	268610	278546	292299	305098	333127
63239	89473	97597	158767	174225	189032	196832	205322	212631	231963
2264	3634	2461	3823	4056	4241	5166	6283	10985	5691
905		525	702	734	854	819	1010	1480	1679
326		781	1305	1391	1325	1380	1784	2054	2064
2150	3289	4062	6483	7100	7657	7736	8065	8857	9183
-2565	**-1641**	**-2926**	**-3772**	**-2642**	**-5708**	**-4437**	**4630**	**14748**	**14840**

a) Data on industry include the data of village-run industry.(The sane as in the following tables).

b) Electric power is converted on the basic of equal caloric value. Therefore, losses in processing and transformation exclude losses in power generation.

c) Data on imports include the petroleum consumed by the domestic airplanes and ships in refueling abroad. Data on exports include the petroleum consumed by the oversea airplanes and ships in refueling in China.

5-4 煤炭平衡表

单位：万吨

项　目	Item	1980	1985
可供量	**Total Energy Available for Consumption**	**62601.0**	**82776.6**
生产量	Output	62015.0	87228.4
进口量	Imports	199.0	230.7
出口量(-)	Exports (-)	632.0	777.0
年初年末库存差额	Stock Changes in the Year	1019.0	-3905.5
消费量	**Total Energy Consumption**	**61009.5**	**81603.0**
在消费量中:	Consumption by Sector		
1.农、林、牧、渔、水利业	Agriculture, Forestry, Animal Husbandry, Fishery and Water Conservancy	1550.3	2208.6
2.工业	Industry	43848.4	58613.3
3.建筑业	Construction	556.0	531.9
4.交通运输、仓储和邮政业	Transport, Storage and Post	1934.4	2307.1
5.批发、零售业和住宿、餐饮业	Wholesale, Retail Trade and Hotel, Restaurants	455.2	738.2
6.其他	Others	1091.2	1579.5
7.生活消费	Residential Consumption	11574.0	15624.4
在消费量中:	Consumption by Usage		
（一）终端消费	(I)Final Consumption	38804.2	52704.4
#工　业	Industry	21643.1	29715.0
（二）中间消费	(2)Intermediate Consumption		
(用于加工转换)	(Consumed in Transformation)	19461.6	25397.4
发　电	Power Generation	12648.4	16440.7
供　热	Heating		1462.3
炼　焦	Coking	6682.2	7303.8
炼油及煤制油			
制　气	Gas Production	131.0	190.6
（三）洗选损耗	(3) Losses in Coal Washing and Dressing	2743.7	3501.2
平衡差额	**Balance**	**1591.5**	**1173.6**

注：生产量为原煤产量。

COAL BALANCE SHEET

(10 000 ton)

1990	1995	2000	2005	2006	2007	2008	2009	2010	2011
102221.0	**133461.7**	**136794.5**	**226941.0**	**251336.3**	**265543.5**	**275061.1**	**301283.8**	**329772.0**	**360561.5**
107988.3	136073.1	138418.5	234951.8	252855.1	269164.3	280200.0	297300.0	323500.0	351600.0
200.3	163.5	217.9	2617.1	3810.5	5101.6	4034.1	12584.0	16309.5	18209.8
1729.0	2861.7	5506.5	7172.4	6327.3	5318.7	4543.4	2239.6	1910.4	1465.8
-4238.5	86.8	3664.7	-3455.4	997.9	-3403.6	-4629.6	-6360.6	-8127.2	-7782.5
105523.0	**137676.5**	**141091.7**	**231851.1**	**255065.5**	**272745.9**	**281095.9**	**295833.1**	**312236.5**	**342950.2**
2095.2	1856.7	933.4	1513.8	1502.6	1519.6	1522.6	1582.1	1711.1	1756.6
81090.9	117570.7	127806.7	215493.3	238510.2	256202.8	265574.2	279888.5	296031.6	326230.0
437.6	439.8	536.8	603.6	652.0	615.3	603.2	635.6	718.9	781.8
2160.9	1315.1	882.2	811.2	769.9	735.9	665.4	640.9	639.2	645.9
1058.3	977.4	1314.6	1674.4	1791.5	1868.3	1791.4	1977.9	1969.9	2211.7
1980.4	1986.7	1161.0	1715.9	1802.9	2043.4	1791.6	1986.1	2006.6	2112.2
16699.7	13530.1	8457.0	10039.0	10036.3	9760.6	9147.6	9121.9	9159.2	9212.0
60205.9	66156.1	55913.1	75382.7	77532.6	79676.6	81089.2	83700.5	84350.9	86416.3
35773.8	46050.3	42628.0	59024.9	60977.4	63133.5	65567.5	67755.9	68146.1	69696.0
41257.8	69487.6	85178.6	156468.4	177532.8	193069.3	200006.7	212132.6	227885.6	256534.0
27204.3	44440.2	55811.2	103263.5	118763.9	130548.8	135351.7	143967.3	154542.5	175578.5
2995.5	5887.3	8794.1	13542.0	14561.4	15394.2	15029.2	15359.7	15253.1	16834.2
10697.6	18396.4	16496.4	33167.1	37450.1	39659.0	41461.7	43691.7	47150.4	52959.9
								213.4	345.7
360.4	763.7	960.0	1277.0	1257.1	1491.8	1227.2	1150.7	1040.1	870.5
4059.3	2032.8	3191.2	4982.1	5279.3	5754.6	6757.8	7765.5	9484.6	9723.4
-3302.0	**-4214.8**	**-4297.2**	**-4910.0**	**-3729.2**	**-7202.4**	**-6034.9**	**5450.7**	**17535.5**	**17611.3**

a) Data on output refer to the output of raw coal.

5-5 焦炭平衡表

单位：万吨

项　　目	Item	1980	1985
可供量	**Total Energy Available for Consumption**	**4315.3**	**4689.7**
生产量	Output	4343.0	4802.1
进口量	Imports		2.1
出口量(−)	Exports (-)	27.1	36.9
年初年末库存差额	Stock Changes in the Year	-0.6	-77.6
消费量	**Total Energy Consumption**	**4303.0**	**4689.7**
在消费量中:	Consumption by Sector		
1.农、林、牧、渔、水利业	Agriculture, Forestry, Animal Husbandry, Fishery and Water Conservancy	10.6	20.8
2.工业	Industry	4266.7	4627.7
3.建筑业	Construction	11.9	7.8
4.交通运输、仓储和邮政业	Transport, Storage and Post	8.2	5.7
5.批发、零售业和住宿、餐饮业	Wholesale, Retail Trade and Hotel, Restaurants	0.9	2.7
6.其他	Others	4.7	2.0
7.生活消费	Residential Consumption		23.0
在消费量中:	Consumption by Usage		
(一) 终端消费	(1)Final Consumption	4294.7	4677.9
#工　业	Industry	4258.4	4615.9
(二) 中间消费	(2)Intermediate Consumption		
(用于加工转换)	(Consumed in Transformation)	8.3	11.8
制　气	Gas Production	8.3	11.8
(三) 损失量	(3) Losses in Coal Washing and Dressing		
平衡差额	**Balance**	**12.3**	

COKE BALANCE SHEET

(10 000 ton)

1990	1995	2000	2005	2006	2007	2008	2009	2010	2011
7085.8	**12207.1**	**10892.3**	**25184.4**	**27990.5**	**29090.1**	**29994.0**	**31961.3**	**34507.1**	**39585.9**
7328.3	13424.5	12184.0	26611.7	29768.3	31305.3	32313.9	34244.1	36457.8	40933.0
	0.1		0.5				15.9	11.0	11.6
129.0	886.1	1519.7	1276.4	1446.8	1529.9	1221.3	54.5	335.0	329.7
-113.5	-331.4	228.0	-151.4	-331.1	-685.3	-1098.6	-2244.1	-1626.7	-1029.0
6914.7	**10725.3**	**10840.8**	**25105.8**	**27892.8**	**29168.1**	**29900.2**	**31850.0**	**33687.8**	**38163.3**
60.1	128.6	70.9	63.5	55.7	57.2	53.1	44.6	46.8	54.1
6808.8	10412.0	10554.6	24860.9	27653.6	28932.2	29756.7	31743.3	33583.7	38052.1
5.2	10.8	19.0	18.4	18.5	17.5	10.7	5.7	5.8	4.8
4.1	10.1	11.2	1.1	0.9	0.6	0.3	0.1	0.1	0.1
7.7	25.7	35.7	64.1	65.4	71.0	7.5	3.9	5.1	9.2
1.9	6.4	12.2	7.6	8.3	8.2	6.9	3.5	2.8	1.9
26.9	131.6	137.2	90.3	90.4	81.4	64.9	48.8	43.5	41.1
6846.3	10648.0	10697.9	24877.9	27664.9	28900.1	29712.6	31689.7	33559.6	38054.3
6740.4	10334.7	10411.7	24633.0	27425.6	28664.2	29569.1	31583.0	33455.5	37943.1
68.4	77.3	142.9	227.9	227.9	268.0	187.6	160.3	128.2	109.0
68.4	77.3	142.9	227.9	227.9	268.0	187.6	160.3	128.2	109.0
171.1	**1481.8**	**51.6**	**78.6**	**97.7**	**-78.1**	**93.8**	**111.4**	**819.3**	**1422.6**

5-6 石油平衡表

单位: 万吨

项目	Item	1980	1985
可供量	**Total Energy Available for Consumption**	**8794.5**	**9193.7**
生产量	Output	10594.6	12489.5
进口量	Imports	82.7	90.0
出口量(−)	Exports (-)	1806.2	3630.4
年初年末库存差额	Stock Changes in the Year	-76.6	244.6
消费量	**Total Energy Consumption**	**8757.4**	**9168.8**
在消费量中:	Consumption by Sector		
1.农、林、牧、渔、水利业	Agriculture, Forestry, Animal Husbandry, Fishery and Water Conservancy	814..9	758.7
2.工业	Industry	6203.2	6171.4
3.建筑业	Construction	175.2	292.2
4.交通运输、仓储和邮政业	Transport, Storage and Post	911.5	1176.4
5.批发、零售业和住宿、餐饮业	Wholesale, Retail Trade and Hotel, Restaurants	29.0	38.1
6.其他	Others	481.7	506.1
7.生活消费	Residential Consumption	141.9	225.9
在消费量中:	Consumption by Usage	8838.9	
(一) 终端消费	(I)Final Consumption	6311.0	7063.3
#工　业	Industry	3780.3	4462.0
(二) 中间消费	(II)Intermediate Consumption		
(用于加工转换)	(Consumed in Transformation)	2183.6	1858.5
发　电	Power Generation	2065.4	1425.5
供　热	Heating		285.6
制　气	Gas Production	36.7	34.5
炼油损失量	Losses in Petroleum Refining	81.5	112.9
(三)损失量	(III) Other Losses	262.8	247.0
平衡差额	**Balance**	**37.1**	**24.9**

注：1.生产量为原油产量。
2.进口量包括境内轮船和飞机在境外的加油量；出口量包括境外轮船和飞机在境内的加油量。

PETROLEUM BALANCE SHEET

(10 000 ton)

1990	1995	2000	2005	2006	2007	2008	2009	2010	2011
11435.0	**16072.7**	**22631.8**	**32539.1**	**34930.0**	**36648.9**	**37318.8**	**38462.8**	**44178.4**	**45659.2**
13830.6	15005.0	16300.0	18135.3	18476.6	18631.8	19044.0	18949.0	20301.4	20287.6
755.6	3673.2	9748.5	17163.2	19453.0	21139.4	23015.5	25642.4	29437.2	31593.6
3110.4	2454.5	2172.1	2888.1	2626.2	2664.3	2945.7	3916.6	4079.0	4117.0
-40.8	-151.0	-1244.6	128.8	-373.3	-458.0	-1795.0	-2211.9	-1481.2	-2105.0
11485.6	**16064.9**	**22495.9**	**32537.7**	**34876.2**	**36658.7**	**37302.9**	**38384.5**	**43245.2**	**45378.5**
1033.6	1203.2	788.5	1451.7	1540.2	1399.9	1265.8	1308.1	1382.5	1466.3
7321.6	9349.3	11248.5	14245.1	14804.3	14905.1	15603.1	15692.9	18148.8	18005.0
327.3	242.8	840.6	1502.2	1648.5	1823.1	1517.5	1942.3	2345.1	2521.8
1683.2	2863.6	6399.0	10709.5	11849.2	12906.7	13279.4	13548.5	14870.3	16021.0
77.6	333.9	247.0	375.6	392.2	426.9	366.4	429.7	481.0	500.0
757.8	1390.3	1635.9	1969.2	2077.6	2215.9	2353.8	2296.3	2556.7	2880.5
284.5	682.0	1336.5	2284.4	2564.2	2981.1	2916.9	3166.8	3460.8	3983.9
9304.7	13676.3	19950.1	29191.6	31614.1	33857.6	34702.9	35689.9	40303.7	42727.3
5180.4	7095.5	8860.0	11027.5	11707.5	12269.2	13170.8	13153.7	15367.8	15463.9
1630.4	2230.0	2352.9	3190.7	3062.1	2601.2	2397.6	2505.9	2747.1	2469.5
1234.4	1358.5	1178.2	1602.0	1343.7	884.0	618.1	501.2	459.1	319.8
356.3	399.9	427.0	407.6	427.8	430.1	413.8	383.3	593.1	525.7
39.7	51.6	25.9	14.4	13.4	5.0	2.0	0.3		
295.8	420.1	721.9	1166.7	1277.3	1282.1	1363.7	1621.1	1604.8	1624.1
254.7	158.6	192.9	155.4	200.0	200.0	202.4	188.7	194.4	181.7
-50.6	**7.8**	**135.8**	**1.4**	**53.8**	**-9.9**	**15.9**	**78.3**	**933.3**	**280.7**

a) Data on output refer to the output of crude oil.

b) Data on imports include the petroleum consumed by the domestic airplanes and ships in refueling abroad. Data on exports include the petroleum consumed by the oversea airplanes and ships in refueling in China.

5-7 原油平衡表

单位：万吨

项　　目	Item	1980	1985
可供量	**Total Energy Available for Consumption**	**9222.9**	**9516.5**
生产量	Output	10594.6	12489.5
进口量	Imports	36.6	
出口量(–)	Exports (-)	1330.9	3003.0
年初年末库存差额	Stock Changes in the Year	-77.4	30.0
消费量	**Total Energy Consumption**	**9205.0**	**9509.5**
在消费量中:	Consumption by Sector		
1.农、林、牧、渔、水利业	Agriculture, Forestry, Animal Husbandry, Fishery and Water Conservancy	8.0	0.8
2.工业	Industry	9112.0	9389.9
3.建筑业	Construction	28.8	74.0
4.交通运输、仓储和邮政业	Transport, Storage and Post	50.1	44.3
5.批发、零售业和住宿、餐饮业	Wholesale, Retail Trade and Hotel, Restaurants		0.1
6.其他	Others	6.1	0.4
7.生活消费	Residential Consumption		
在消费量中:	Consumption by Usage		
(一) 终端消费	(I)Final Consumption	499.6	350.4
#工　业	Industry	429.7	254.9
(二) 中间消费	(II)Intermediate Consumption		
(用于加工转换)	(Consumed in Transformation)	8443.0	8929.7
发　电	Power Generation	574.0	279.5
供　热	Heating		61.3
炼　　油	Petroleum Refineries	7869.0	8588.9
(三) 油田原油损失量	(III)Losses in Oil Field for Crude Oil	262.4	229.4
平衡差额	**Balance**	**17.9**	**7.0**

CRUDE OIL BALANC SHEET

(10 000 ton)

1990	1995	2000	2005	2006	2007	2008	2009	2010	2011
11770.6	**14794.9**	**21383.0**	**30089.2**	**32249.2**	**34035.1**	**35498.6**	**38130.5**	**42876.6**	**43961.0**
13830.6	15004.4	16300.0	18135.3	18476.6	18631.8	19044.0	18949.0	20301.4	20287.6
292.3	1709.0	7026.5	12681.7	14517.5	16316.0	17888.5	20365.3	23768.2	25377.8
2399.0	1822.7	1030.6	806.7	633.7	388.4	423.8	507.3	303.0	251.4
46.7	-95.8	-912.9	78.8	-111.1	-524.4	-1010.1	-676.5	-890.0	-1453.0
11762.2	**14886.4**	**21232.0**	**30086.2**	**32245.2**	**34031.6**	**35498.2**	**38128.6**	**42874.6**	**43965.8**
0.2	10.1								
11653.8	14716.3	21052.1	29959.4	32081.5	33867.9	35332.6	37975.2	42716.6	43860.4
55.2	2.7	3.3							
52.1	156.8	175.1	126.9	163.7	163.7	165.7	153.4	158.0	105.4
0.3	0.5	0.2							
0.6	1390.3	1.4							
402.1	309.9	636.8	870.4	977.1	984.1	1192.8	826.2	806.1	522.7
333.4	274.7	612.3	870.4	977.1	984.1	1192.8	826.2	806.1	522.7
11106.9	14419.4	20404.3	29062.1	31069.8	32849.1	34105.1	37115.8	41876.4	43266.1
124.6	61.6	85.0	21.3	22.9	15.9	8.9	4.4	3.7	11.3
21.1	4.4	14.0	0.3	0.8	0.6	1.0	2.0	3.3	4.6
10961.2	14353.4	20305.3	29040.5	31046.0	32832.6	34095.3	37109.4	41869.4	43250.2
253.2	157.1	190.9	153.8	198.4	198.4	200.4	186.7	192.0	177.0
8.4	**-91.5**	**151.0**	**2.9**	**4.0**	**3.5**	**0.4**	**1.9**	**2.1**	**-4.8**

5-8 燃料油平衡表

单位: 万吨

项　目	Item	1980	1985
可供量	**Total Energy Available for Consumption**	**3096.1**	**2848.0**
生产量	Output	3142.0	2835.8
进口量	Imports	39.0	70.0
出口量(−)	Exports (-)	45.4	64.9
年初年末库存差额	Stock Changes in the Year	-39.5	7.1
消费量	**Total Energy Consumption**	**3073.7**	**2837.4**
在消费量中:	Consumption by Sector		
1.农、林、牧、渔、水利业	Agriculture, Forestry, Animal Husbandry, Fishery and Water Conservancy	2.3	3.1
2.工业	Industry	2937.4	2662.2
3.建筑业	Construction	15.0	18.9
4.交通运输、仓储和邮政业	Transport, Storage and Post	109.0	144.1
5.批发、零售业和住宿、餐饮业	Wholesale, Retail Trade and Hotel, Restaurants	2.9	3.1
6.其他	Others	7.1	6.0
7.生活消费	Residential Consumption		
在消费量中:	Consumption by Usage		
(一) 终端消费	(I)Final Consumption	1617.9	1538.8
#工　业	Industry	1481.6	1363.5
(二) 中间消费	(II)Intermediate Consumption		
(用于加工转换)	(Consumed in Transformation)	1455.8	1296.1
发　电	Power Generation	1419.1	1042.3
供　热	Heating		219.3
炼油再投入量	Petroleum Production		
制　气	Gas Production	36.7	34.5
(三)损失量	(III)Other Losses		2.5
平衡差额	**Balance**	**22.4**	**10.6**

FUEL OIL BALANCE SHEET

(10 000 ton)

1990	1995	2000	2005	2006	2007	2008	2009	2010	2011
3320.7	**3717.3**	**3836.7**	**4237.3**	**4371.8**	**4158.4**	**3242.4**	**2829.3**	**3815.4**	**3687.6**
3267.9	2960.8	2053.7	1767.4	1784.7	1967.2	1737.4	1353.4	2537.0	2301.8
167.3	859.1	1704.3	2883.9	3138.1	2807.6	2533.2	2723.9	2695.2	3097.4
97.2	68.6	57.9	427.6	466.9	631.4	1036.4	1222.4	1419.7	1685.6
-17.3	-34.0	136.6	13.5	-84.1	14.9	8.3	-25.5	3.0	-26.0
3367.8	**3693.7**	**3872.8**	**4242.1**	**4368.3**	**4157.5**	**3237.1**	**2827.8**	**3758.0**	**3662.8**
2.9	8.4	0.4	0.7	0.7	1.0	1.5	1.1	1.1	1.3
3091.7	3406.2	2975.1	2924.8	2836.1	2329.2	2039.5	1521.5	2377.3	2260.2
47.3	14.2	16.7	14.2	16.3	30.7	37.7	34.2	30.8	30.6
208.2	227.5	850.0	1261.0	1480.6	1760.0	1142.8	1250.6	1326.7	1345.2
1.6	6.6	11.6	27.5	21.4	24.8	6.3	8.1	8.6	9.3
16.1	30.8	19.0	13.9	13.1	11.8	9.5	12.3	13.5	16.2
2042.6	2262.8	2741.4	2949.9	3267.7	3455.5	2757.8	2533.7	2403.2	2230.2
1766.5	1975.3	1843.7	1632.6	1735.5	1627.2	1560.1	1227.5	1022.5	827.6
1325.2	1430.9	1131.3	1292.2	1100.6	702.0	479.3	294.1	1354.8	1432.6
977.3	1071.5	814.2	1106.1	928.0	565.6	347.5	193.0	123.9	60.9
308.3	307.8	291.2	171.7	159.2	131.5	129.8	100.7	201.3	183.8
								1029.6	1188.0
39.6	51.6	25.9	14.4	13.4	5.0	2.0	0.3		
-47.1	**23.6**	**-36.1**	**-4.8**	**3.5**	**0.9**	**5.3**	**1.5**	**57.4**	**24.8**

5-9 汽油平衡表

单位：万吨

项目	Item	1980	1985
可供量	**Total Energy Available for Consumption**	**999.4**	**1399.6**
生产量	Output	1079.0	1471.9
进口量	Imports		0.3
出口量(-)	Exports (-)	117.8	129.9
年初年末库存差额	Stock Changes in the Year	38.2	57.3
消费量	**Total Energy Consumption**	**998.6**	**1396.3**
在消费量中:	Consumption by Sector		
1.农、林、牧、渔、水利业	Agriculture, Forestry, Animal Husbandry, Fishery and Water Conservancy	53.3	122.3
2.工业	Industry	273.2	451.3
3.建筑业	Construction	54.1	73.0
4.交通运输、仓储和邮政业	Transport, Storage and Post	404.9	477.4
5.批发、零售业和住宿、餐饮业	Wholesale, Retail Trade and Hotel, Restaurants	19.4	23.4
6.其他	Others	193.7	238.3
7.生活消费	Residential Consumption		10.6
平衡差额	**Balance**	**0.8**	**3.3**

5-10 煤油平衡表

单位：万吨

项目	Item	1980	1985
可供量	**Total Energy Available for Consumption**	**359.0**	**383.2**
生产量	Output	398.5	405.3
进口量	Imports		15.2
出口量(-)	Exports (-)	46.8	46.0
年初年末库存差额	Stock Changes in the Year	2.3	8.7
消费量	**Total Energy Consumption**	**365.9**	**385.5**
在消费量中:	Consumption by Sector		
1.农、林、牧、渔、水利业	Agriculture, Forestry, Animal Husbandry, Fishery and Water Conservancy	2.3	3.3
2.工业	Industry	15.7	20.1
3.建筑业	Construction	0.8	1.3
4.交通运输、仓储和邮政业	Transport, Storage and Post	31.4	56.2
5.批发、零售业和住宿、餐饮业	Wholesale, Retail Trade and Hotel, Restaurants	0.2	0.1
6.其他	Others	216.7	182.9
7.生活消费	Residential Consumption	98.8	121.6
平衡差额	**Balance**	**-6.9**	**-2.3**

GASOLINE BALANCE SHEET

(10 000 ton)

1990	1995	2000	2005	2006	2007	2008	2009	2010	2011
1884.1	**2902.0**	**3504.5**	**4854.7**	**5243.0**	**5519.3**	**6147.6**	**6181.8**	**6914.3**	**7397.9**
2173.4	3051.6	4134.7	5433.0	5595.0	5917.9	6347.2	7320.7	7360.5	7917.9
16.9	15.9			6.1	22.7	198.7	4.4		2.9
233.8	193.1	467.7	559.7	350.5	464.3	203.4	491.9	517.0	406.0
-72.4	27.6	-162.5	-18.6	-7.5	42.9	-194.9	-651.4	70.8	-117.0
1899.5	**2909.6**	**3504.6**	**4854.9**	**5242.5**	**5519.1**	**6145.5**	**6172.7**	**6886.2**	**7396.0**
145.9	179.7	89.2	159.6	167.7	172.8	160.4	168.1	169.1	186.0
589.3	812.4	682.0	441.7	498.5	524.5	586.1	671.1	689.5	604.8
89.5	103.6	115.6	172.1	180.7	178.8	196.2	235.4	274.7	282.8
620.1	982.3	1527.8	2430.1	2592.4	2613.2	3090.4	2881.6	3204.9	3373.5
46.0	197.2	69.8	129.4	123.3	131.7	135.3	147.5	168.2	177.1
390.7	570.7	792.7	998.2	1064.1	1119.7	1121.9	1069.9	1166.2	1313.2
18.0	63.7	227.6	523.8	615.7	778.4	855.1	999.1	1213.7	1458.6
-15.4	**-7.6**	**-0.1**	**-0.2**	**0.5**	**0.2**	**2.1**	**9.1**	**28.1**	**1.9**

KEROSENE BALANCE SHEET

(10 000 ton)

1990	1995	2000	2005	2006	2007	2008	2009	2010	2011
350.9	**486.4**	**880.9**	**1070.0**	**1117.9**	**1239.2**	**1290.4**	**1448.2**	**1767.6**	**1831.7**
392.5	445.8	872.3	1006.5	975.5	1153.3	1158.9	1480.3	1924.4	1932.4
26.1	115.7	322.5	476.1	731.7	725.0	836.8	795.1	726.1	875.1
55.5	62.4	256.3	447.6	584.4	637.1	706.5	826.1	870.5	966.8
-12.2	-12.7	-57.6	35.0	-4.9	-2.0	1.3	-1.1	-12.3	-9.0
350.9	**512.1**	**871.6**	**1076.8**	**1124.7**	**1243.7**	**1294.0**	**1439.4**	**1744.1**	**1816.7**
3.1	3.6	1.5	1.6	1.5	0.9	1.3	0.8	0.9	1.5
20.6	44.9	84.0	57.5	48.2	45.2	49.1	32.0	40.2	34.2
1.3	3.5	4.0				9.7	10.4	8.8	10.8
93.4	250.0	535.9	952.4	1010.5	1130.0	1174.6	1314.3	1601.1	1646.4
0.6	8.5	14.0	3.7	3.8	4.9	20.8	29.1	35.0	32.2
127.3	137.3	160.1	36.2	38.0	43.2	25.9	33.7	38.7	68.2
104.6	64.3	72.2	25.5	22.7	19.5	12.7	19.2	19.4	23.5
	-25.7	**9.3**	**-6.8**	**-6.9**	**-4.5**	**-3.6**	**8.8**	**23.6**	**15.0**

5-11 柴油平衡表

单位：万吨

项　目	Item	1980	1985
可供量	**Total Energy Available for Consumption**	**1663.2**	**1944.1**
生产量	Output	1827.8	2023.2
进口量	Imports	2.1	4.5
出口量(-)	Exports (-)	166.5	225.6
年初年末库存差额	Stock Changes in the Year	-0.2	142.0
消费量	**Total Energy Consumption**	**1663.2**	**1939.4**
在消费量中:	Consumption by Sector		
1.农、林、牧、渔、水利业	Agriculture, Forestry, Animal Husbandry, Fishery and Water Conservancy	749.0	629.2
2.工业	Industry	457.4	644.1
3.建筑业	Construction	76.5	125.0
4.交通运输、仓储和邮政业	Transport, Storage and Post	316.1	454.4
5.批发、零售业和住宿、餐饮业	Wholesale, Retail Trade and Hotel, Restaurants	6.5	10.9
6.其他	Others	57.7	74.0
7.生活消费	Residential Consumption		
在消费量中:	Consumption by Usage		
(一) 终端消费	(I)Final Consumption	1590.9	1827.4
#工　业	Industry	385.1	532.1
(二) 中间消费	(II)Intermediate Consumption		
(用于加工转换)	(Consumed in Transformation)	72.3	108.6
发　电	Power Generation	72.3	103.6
供　热	Heating		5.0
(三) 损失量	(III)Other Losses		3.4
平衡差额	**Balance**		**4.7**

5-12 液化石油气平衡表

单位：万吨

项　目	Item	1980	1985
可供量	**Total Energy Available for Consumption**	**122.5**	**157.3**
生产量	Output	122.5	159.7
进口量	Imports		
出口量(-)	Exports (-)		1.9
年初年末库存差额	Stock Changes in the Year		-0.5
消费量	**Total Energy Consumption**	**119.6**	**155.7**
在消费量中:	Consumption by Sector		
1.农、林、牧、渔、水利业	Agriculture, Forestry, Animal Husbandry, Fishery and Water Conservancy		
2.工业	Industry	76.1	59.9
3.建筑业	Construction		
4.交通运输、仓储和邮政业	Transport, Storage and Post		
5.批发、零售业和住宿、餐饮业	Wholesale, Retail Trade and Hotel, Restaurants		0.5
6.其他	Others	0.4	4.5
7.生活消费	Residential Consumption	43.1	90.8
平衡差额	**Balance**	**2.9**	**1.6**

DIESEL OIL BALANCE SHEET

(10 000 ton)

1990	1995	2000	2005	2006	2007	2008	2009	2010	2011
2689.4	**4404.2**	**6806.5**	**10972.6**	**11836.1**	**12494.2**	**13543.1**	**13768.1**	**14701.9**	**15626.2**
2609.0	3972.6	7079.6	11090.2	11762.4	12359.1	13409.2	14288.6	14924.4	15689.7
233.8	645.3	51.9	61.0	80.7	173.7	633.1	192.5	190.2	243.3
169.8	169.5	77.5	170.9	102.6	93.3	89.1	478.7	490.2	228.8
16.4	-44.2	-247.6	-7.7	95.6	54.7	-410.0	-234.3	77.5	-78.0
2691.7	**4321.4**	**6806.2**	**10972.2**	**11835.4**	**12496.7**	**13532.6**	**13756.6**	**14633.8**	**15635.1**
881.5	1001.4	697.1	1286.3	1365.5	1219.0	1098.9	1134.1	1206.7	1271.9
728.1	1189.9	1696.5	1991.3	1961.6	1972.8	2517.0	2348.8	2163.8	1824.3
133.0	118.2	205.9	386.6	428.7	433.8	370.8	415.3	490.2	518.6
709.4	1246.6	3293.8	5890.4	6547.3	7184.4	7649.3	7892.0	8518.6	9485.2
22.5	103.6	95.9	116.0	129.8	133.9	152.7	181.7	196.6	212.3
217.0	645.7	638.7	895.1	933.0	1007.5	1151.8	1131.8	1287.2	1428.1
	16.1	178.4	406.4	469.6	545.3	592.1	652.9	770.7	894.7
2564.8	4070.0	6578.6	10605.4	11522.7	12265.3	13347.5	13604.8	14516.2	15593.5
601.2	938.5	1468.8	1624.5	1648.9	1741.4	2331.9	2197.0	2046.2	1782.7
126.9	251.4	227.7	366.7	312.7	231.4	185.1	151.8	117.6	41.6
124.5	204.9	227.7	366.7	312.7	231.4	185.1	151.8	113.9	39.2
2.4	46.6							3.8	2.4
-2.3	**82.7**	**0.3**	**0.4**	**0.7**	**-2.4**	**10.6**	**11.4**	**68.1**	**-8.9**

LPG BALANCE SHEET

(10 000 ton)

1990	1995	2000	2005	2006	2007	2008	2009	2010	2011
258.5	**774.3**	**1396.2**	**2052.2**	**2252.5**	**2320.2**	**2114.3**	**2157.7**	**2333.8**	**2484.2**
261.6	540.8	916.6	1432.7	1745.3	1944.7	1914.8	1831.7	2102.3	2250.8
	232.6	481.7	617.0	535.6	405.4	259.2	408.0	327.0	349.6
1.1	7.1	1.6	2.7	15.1	33.8	67.9	84.9	93.0	119.1
-2.0	8.0	-0.6	5.2	-13.3	3.8	8.1	2.9	-2.5	3.0
254.2	**750.6**	**1389.7**	**2046.5**	**2207.6**	**2327.9**	**2118.9**	**2153.1**	**2240.3**	**2470.2**
	0.1	0.4	3.5	4.7	6.2	3.7	4.1	4.7	5.6
82.0	192.5	426.1	534.4	541.2	455.6	499.4	478.5	586.8	661.0
1.0	0.5	8.9	6.3	7.5	7.2	6.2	6.5	7.2	7.2
	0.5	16.5	48.7	54.7	55.5	56.7	56.6	61.0	65.4
6.6	17.4	55.5	99.0	113.9	131.6	51.4	63.2	72.6	69.0
6.1	5.7	24.0	25.8	29.4	33.8	44.7	48.6	51.0	54.8
158.5	534.0	858.3	1328.7	1456.2	1637.9	1457.0	1495.7	1457.0	1607.2
4.3	**23.7**	**6.5**	**5.7**	**44.9**	**-7.6**	**-4.7**	**4.6**	**93.5**	**14.0**

5-13 天然气平衡表

单位：亿立方米

项 目	Item	1980	1985
可供量	**Total Energy Available for Consumption**	**142.7**	**129.3**
生产量	Output	142.7	129.3
进口量	Imports		
出口量(-)	Exports (-)		
年初年末库存差额	Stock Changes in the Year		
消费量	**Total Energy Consumption**	**140.6**	**129.3**
在消费量中:	Consumption by Sector		
1.农、林、牧、渔、水利业	Agriculture, Forestry, Animal Husbandry, Fishery and Water Conservancy		
2.工业	Industry	131.4	109.6
3.建筑业	Construction	6.0	14.1
4.交通运输、仓储和邮政业	Transport, Storage and Post	0.7	0.8
5.批发、零售业和住宿、餐饮业	Wholesale, Retail Trade and Hotel, Restaurants		
6.其他	Others	0.5	0.5
7.生活消费	Residential Consumption	2.0	4.3
平衡差额	**Balance**	**2.1**	

注：从2010年起包括液化天然气数据。

5-14 电力平衡表

单位：亿千瓦小时

项 目	Item	1980	1985
可供量	**Total Energy Available for Consumption**	**3006.3**	**4117.6**
生产量	Output	3006.3	4106.9
水　电	Hydropower	582.1	923.7
火　电	Thermal Power	2424.2	3183.2
核　电	Nuclear Power		
风　电	Wind Power		
进口量	Imports		11.1
出口量(-)	Exports (-)		0.4
消费量	**Total Energy Consumption**	**3006.3**	**4117.6**
在消费量中:	Consumption by Sector		
1.农、林、牧、渔、水利业	Agriculture, Forestry, Animal Husbandry, Fishery and Water Conservancy	270	317.4
2.工业	Industry	2471.9	3283.4
3.建筑业	Construction	47.1	71.2
4.交通运输、仓储和邮政业	Transport, Storage and Post	26.5	63.4
5.批发、零售业和住宿、餐饮业	Wholesale, Retail Trade and Hotel, Restaurants	16.8	38.0
6.其他	Others	68.8	121.7
7.生活消费	Residential Consumption	105.2	222.5
在消费量中:	Consumption by Usage		
(一) 终端消费	(I)Final Consumption	2763.4	3813.3
#工　业	Industry	2229.0	2979.1
(二) 输配电损失量	(II)Losses in Transmission	242.9	304.3

NATURAL GAS BALANCE SHEET

(100 million cu.m)

	1990	1995	2000	2005	2006	2007	2008	2009	2010	2011
	153.0	**179.5**	**240.6**	**463.5**	**566.1**	**706.6**	**816.6**	**896.9**	**1072.9**	**1306.5**
	153.0	179.5	272.0	493.2	585.5	692.4	803.0	852.7	948.5	1026.9
					9.5	40.2	46.0	76.3	164.7	311.5
			31.4	29.7	29.0	26.0	32.5	32.1	40.3	31.9
	152.5	**177.4**	**245.0**	**467.6**	**561.4**	**705.2**	**812.9**	**895.2**	**1069.4**	**1305.3**
									0.5	0.6
	120.2	154.4	199.0	328.8	384.0	479.7	531.6	577.9	680.9	840.0
	10.6	0.3	0.8	1.5	1.7	2.1	1.0	1.0	1.2	1.3
	1.9	1.6	8.8	38.0	47.2	46.9	71.6	91.1	106.7	138.3
		0.6	3.4	10.8	13.2	17.1	17.8	24.0	27.2	33.6
	1.2	1.2	0.6	9.1	12.8	16.1	20.9	23.6	26.0	27.1
	18.6	19.4	32.3	79.4	102.6	143.4	170.1	177.7	226.9	264.4
	0.5	**2.1**	**-4.4**	**-4.1**	**4.6**	**1.4**	**3.7**	**1.7**	**3.5**	**1.2**

a) Include the data of LNG since 2010.

ELECTRICITY BALANCE SHEET

(100 million kW•h)

	1990	1995	2000	2005	2006	2007	2008	2009	2010	2011
	6230.4	**10023.4**	**13472.7**	**24940.8**	**28588.4**	**32712.4**	**34540.8**	**37032.7**	**41936.5**	**47002.7**
	6212.0	10077.3	13556.0	25002.6	28657.3	32815.5	34668.8	37146.5	42071.6	47130.2
	1267.2	1905.8	2224.1	3970.2	4357.9	4852.6	5851.9	6156.4	7221.7	6989.5
	4944.8	8043.2	11141.9	20473.4	23696.0	27229.3	27900.8	29827.8	33319.3	38337.0
		128.3	167.4	530.9	548.4	621.3	683.9	701.3	738.8	863.5
									446.2	703.3
	19.3	6.4	15.5	50.1	53.9	42.5	38.4	60.1	55.5	65.6
	0.9	60.3	98.8	111.9	122.7	145.7	166.4	173.9	190.6	193.1
	6230.4	**10023.4**	**13472.4**	**24940.3**	**28588.0**	**32711.8**	**34541.4**	**37032.2**	**41934.5**	**47000.9**
	426.8	582.4	533.0	776.3	827.0	879.0	887.1	939.9	976.5	1012.9
	4873.3	7659.8	10004.6	18521.7	21267.7	24290.8	25388.6	26854.5	30871.8	34691.6
	65.0	159.6	159.8	233.9	271.0	309.0	367.3	421.9	483.2	571.8
	105.9	182.3	281.2	430.3	467.4	531.9	571.8	617.0	734.5	848.4
	76.2	199.5	418.7	752.3	847.3	929.8	1017.4	1136.8	1292.0	1503.1
	202.4	234.2	623.2	1340.9	1555.9	1708.6	1913.0	2189.9	2451.8	2753.1
	480.8	1005.6	1452.0	2884.8	3351.6	4062.7	4396.1	4872.2	5124.6	5620.1
	5795.8	9278.9	12535.7	23233.8	26729.1	30650.1	32403.5	34773.9	39366.3	44300.2
	4438.7	6915.3	9067.9	16815.2	19408.9	22229.1	23250.8	24596.3	28303.5	31990.9
	434.6	744.5	936.7	1706.5	1858.8	2061.7	2137.9	2258.2	2568.2	2700.7

六、地区能源平衡表

Chapter 6　Energy Balance Table by Region

6-1 北京能源平衡表(实物量)-2011

项目	Item	煤合计(万吨) Coal Total (10^4 tn)	原煤(万吨) Raw Coal (10^4 tn)
一.可供本地区消费的能源量	**Total Primary Energy Supply**	**2368.81**	**2361.93**
1.一次能源生产量	Indigenous Production	500.12	500.12
2.外省(区、市)调入量	Moving In from Other Provinces	2344.36	2330.01
3.进口量	Import		
4.境内轮船和飞机在境外的加油量	Domestic Airplanes&Ships Refueling in Abroad		
5.本省(区、市)调出量(−)	Sending Out to Other Provinces(-)	-295.97	-287.39
6.出口量(−)	Export(-)	-199.48	-199.48
7.境外轮船和飞机在境内的加油量(−)	Oversea Airplanes&Ships Refueling in China		
8.库存增(−)、减(+)量	Stock Change	19.78	18.67
二.加工转换投入(−)产出(+)量	**Input(-) & Output(+) of Transformation**	**-1286.36**	**-1288.80**
1.火力发电	Thermal Power	-682.20	-680.97
2.供　热	Heating Supply	-604.05	-584.46
3.洗选煤	Coal Washing	-4.66	-18.32
4.炼　焦	Coking		
5.炼油及煤制油	Petroleum Refineries		
#油品再投入量(−)	Petroleum Products Input (-)		
6.制　气	Gas Works	-1.87	-1.87
#焦炭再投入量(−)	Coke Input (-)		
7.天然气液化	Natural Gas Liquefaction		
8.煤制品加工	Briquettes	6.43	-3.17
9.回收能	Recovery of Energy		
三.损失量	**Loss**		
四.终端消费量	**Total Final Consumption**	**1079.17**	**1070.17**
1.农、林、牧、渔、水利业	Agriculture, Forestry, Animal Husbandry, Fishery and Water Conservancy	46.59	46.59
2.工业	Industry	442.86	439.15
#用作原料、材料	Non-Energy Use	0.60	0.60
3.建筑业	Construction	15.09	14.66
4.交通运输、仓储和邮政业	Transport, Storage and Post	18.00	17.60
5.批发、零售业和住宿、餐饮业	Wholesale, Retail Trade and Hotel, Restaurants	43.35	43.23
6.其他	Others	233.66	229.31
7.生活消费	Residential Consumption	279.63	279.63
城镇	Urban	69.63	69.63
乡村	Rural	210.00	210.00
五.平衡差额	**Statistical Difference**	**3.28**	**2.95**
六.消费量合计	**Total Energy Consumption**	**2365.53**	**2358.98**

ENERGY BALANCE OF BEIJING (PHYSICAL QUANTITY) -2011

	洗精煤 (万吨) Cleaned Coal (10^4 tn)	其他洗煤 (万吨) Other Washed Coal (10^4 tn)	型煤 (万吨) Briquettes (10^4 tn)	煤矸石 (万吨) Gangue (10^4 tn)	焦炭 (万吨) Coke (10^4 tn)	焦炉煤气 (亿立方米) Coke Oven Gas (10^8 cu.m)	高炉煤气 (亿立方米) Blast Furnace Gas (10^8 cu.m)	转炉煤气 (亿立方米) Converter Gas (10^8 cu.m)	其他煤气 (亿立方米) Other Gas (10^8 cu.m)
	-0.49		**7.37**	**0.11**	**33.39**	**0.72**	**6.40**		
	6.76		7.59	0.01	34.39	0.72	6.40		
	-8.58				-4.67				
	1.33		-0.22	0.10	3.67				
	0.57		**1.87**						**0.74**
			-1.23						
			-19.59						
	13.66								
									0.74
	-13.09		22.69						
	0.08		**8.91**	**0.11**	**33.28**	**0.72**	**6.40**		**0.74**
	0.08		3.63	0.11	33.27	0.72	6.40		0.74
			0.42		0.02				
			0.40						
			0.11						
			4.35						
			0.33		**0.11**				
	13.17		**29.73**	**0.11**	**33.28**	**0.72**	**6.40**		**0.74**

续表 1

项　　目	Item	其他焦化产品(万吨) Other Coking Products (10^4 tn)	油品合计(万吨) Petroleum Products Total (10^4 tn)
一.可供本地区消费的能源量	**Total Primary Energy Supply**		**1535.69**
1.一次能源生产量	Indigenous Production		
2.外省(区、市)调入量	Moving In from Other Provinces		1236.60
3.进口量	Import		887.06
4.境内轮船和飞机在境外的加油量	Domestic Airplanes&Ships Refueling in Abroad		82.54
5.本省(区、市)调出量(-)	Sending Out to Other Provinces(-)		-603.71
6.出口量(-)	Export(-)		
7.境外轮船和飞机在境内的加油量(-)	Oversea Airplanes&Ships Refueling in China		-94.44
8.库存增(-)、减(+)量	Stock Change		27.64
二.加工转换投入(-)产出(+)量	**Input(-) & Output(+) of Transformation**		**-40.28**
1.火力发电	Thermal Power		-7.50
2.供　热	Heating Supply		-40.97
3.洗 选 煤	Coal Washing		
4.炼　焦	Coking		
5.炼油及煤制油	Petroleum Refineries		255.54
#油品再投入量(-)	Petroleum Products Input (-)		-247.35
6.制　气	Gas Works		
#焦炭再投入量(-)	Coke Input (-)		
7.天然气液化	Natural Gas Liquefaction		
8.煤制品加工	Briquettes		
9.回收能	Recovery of Energy		
三.损 失 量	**Loss**		**6.51**
四.终端消费量	**Total Final Consumption**		**1488.18**
1.农、林、牧、渔、水利业	Agriculture, Forestry, Animal Husbandry, Fishery and Water Conservancy		10.22
2.工业	Industry		459.26
#用作原料、材料	Non-Energy Use		290.53
3.建筑业	Construction		42.80
4.交通运输、仓储和邮政业	Transport, Storage and Post		598.71
5.批发、零售业和住宿、餐饮业	Wholesale, Retail Trade and Hotel, Restaurants		47.36
6.其他	Others		64.36
7.生活消费	Residential Consumption		265.46
城 镇	Urban		249.61
乡 村	Rural		15.85
五.平衡差额	**Statistical Difference**		**0.72**
六.消费量合计	**Total Energy Consumption**		**1534.97**

Continued 1

原油(万吨) Crude Oil (10^4 tn)	汽油(万吨) Gasoline (10^4 tn)	煤油(万吨) Kerosene (10^4 tn)	柴油(万吨) Diesel Oil (10^4 tn)	燃料油(万吨) Fuel Oil (10^4 tn)	石脑油(万吨) Naphtha (10^4 tn)	润滑油(万吨) Lubricants (10^4 tn)	石蜡(万吨) Paraffin Waxes (10^4 tn)	溶剂油(万吨) White Spirit (10^4 tn)
1104.82	**138.10**	**293.54**	**-114.56**	**54.15**	**60.58**	**25.20**	**-9.15**	**0.08**
367.67	178.47	289.35	149.84	79.58	58.47	25.21	0.14	0.08
729.55		157.51						
		82.54						
	-49.75	-143.42	-265.19	-25.18			-9.29	
		-94.44						
7.60	9.38	2.00	0.79	-0.25	2.11	-0.01		
-1103.31	**251.15**	**126.35**	**355.32**	**-44.12**	**17.33**		**9.29**	
			-0.09	-0.25				
			-0.28	-3.01				
-1103.31	251.15	126.35	355.69	21.36	132.56		9.29	
				-62.22	-115.23			
1.77								
	389.79	**419.88**	**240.75**	**9.16**	**76.02**	**25.20**	**0.14**	**0.08**
	4.77		5.30			0.10		
	18.26	0.16	43.07	8.08	76.02	25.10	0.14	0.08
	0.23	0.03	0.19	3.43	76.02	25.10	0.14	0.08
	8.76		33.31					
	44.99	419.35	133.88	0.15				
	23.81	0.01	9.31	0.04				
	45.71	0.37	15.11	0.88				
	243.49		0.77					
	235.73							
	7.76		0.77					
-0.26	**-0.54**	**0.01**	**0.01**	**0.87**	**1.89**			
1105.08	**389.79**	**419.88**	**241.12**	**74.64**	**191.25**	**25.20**	**0.14**	**0.08**

续表 2

项　　目	Item	石油沥青（万吨） Bitumen Asphalt (10^4 tn)	石油焦（万吨） Petroleum Coke (10^4 tn)
一.可供本地区消费的能源量	**Total Primary Energy Supply**	**1.21**	**-21.64**
1.一次能源生产量	Indigenous Production		
2.外省(区、市)调入量	Moving In from Other Provinces	22.13	
3.进口量	Import		
4.境内轮船和飞机在境外的加油量	Domestic Airplanes&Ships Refueling in Abroad		
5.本省(区、市)调出量(−)	Sending Out to Other Provinces(-)	-20.70	-22.02
6.出口量(−)	Export(-)		
7.境外轮船和飞机在境内的加油量(−)	Oversea Airplanes&Ships Refueling in China		
8.库存增(−)、减(+)量	Stock Change	-0.22	0.38
二.加工转换投入(−)产出(+)量	**Input(-) & Output(+) of Transformation**	**20.72**	**21.64**
1.火力发电	Thermal Power		-5.87
2.供　热	Heating Supply		-23.17
3.洗 选 煤	Coal Washing		
4.炼　焦	Coking		
5.炼油及煤制油	Petroleum Refineries	20.72	50.68
#油品再投入量(−)	Petroleum Products Input (-)		
6.制　气	Gas Works		
#焦炭再投入量(−)	Coke Input (-)		
7.天然气液化	Natural Gas Liquefaction		
8.煤制品加工	Briquettes		
9.回收能	Recovery of Energy		
三.损 失 量	**Loss**		
四.终端消费量	**Total Final Consumption**	**21.93**	
1.农、林、牧、渔、水利业	Agriculture, Forestry, Animal Husbandry, Fishery and Water Conservancy		
2.工业	Industry	21.93	
#用作原料、材料	Non-Energy Use	21.93	
3.建筑业	Construction		
4.交通运输、仓储和邮政业	Transport, Storage and Post		
5.批发、零售业和住宿、餐饮业	Wholesale, Retail Trade and Hotel, Restaurants		
6.其他	Others		
7.生活消费	Residential Consumption		
城 镇	Urban		
乡 村	Rural		
五.平衡差额	**Statistical Difference**		
六.消费量合计	**Total Energy Consumption**	**21.93**	**29.04**

Continued 2

液化石油气 (万吨) LPG (10^4 tn)	炼厂干气 (万吨) Refinery Gas (10^4 tn)	其他石油制品 (万吨) Other Petroleum Products (10^4 tn)	天然气 (亿立方米) Natural Gas (10^8 cu.m)	液化天然气 (万吨) LNG (10^4 tn)	热力 (万百万千焦) Heat (10^{10} kJ)	电力 (亿千瓦小时) Electricity (10^8 kW•h)	其他能源 (万吨标煤) Other Energy (10^4 tce)
17.18		**-13.82**	**72.96**		**2412.24**	**596.49**	**18.75**
						3.55	
17.24		48.42	72.96		2412.24	594.48	18.75
		-68.16				-1.54	
-0.06		5.92					
27.09	**69.61**	**208.65**	**-26.34**		**15127.73**	**257.28**	**-18.56**
-0.01	-0.41	-0.87	-15.70			257.28	-18.56
-0.07	-4.31	-10.13	-10.64		15127.73		
30.19	74.33	286.53					
-3.02		-66.88					
4.74			**3.87**			**46.82**	
40.80	**69.61**	**194.83**	**43.35**		**17539.09**	**806.86**	**0.52**
0.05			0.01			17.04	
1.99	69.61	194.83	8.53		5101.38	240.42	0.52
0.26	2.67	160.45					
0.73			0.41		133.81	25.14	
0.34			2.38		689.70	61.96	
14.20			4.50		1400.46	83.97	
2.28			17.04		7303.73	233.60	
21.20			10.49		2910.00	144.74	
13.88			10.21		2910.00	95.48	
7.33			0.28			49.26	
-1.27			**-0.60**		**0.88**	**0.09**	**-0.33**
48.64	**74.33**	**272.71**	**73.56**		**17539.09**	**853.68**	**19.08**

6-2 天津能源平衡表(实物量)-2011

项　目	Item	煤合计(万吨) Coal Total (10^4 tn)	原煤(万吨) Raw Coal (10^4 tn)
一.可供本地区消费的能源量	**Total Primary Energy Supply**	**5261.50**	**4799.00**
1.一次能源生产量	Indigenous Production		
2.外省(区、市)调入量	Moving In from Other Provinces	5255.84	4789.24
3.进口量	Import		
4.境内轮船和飞机在境外的加油量	Domestic Airplanes&Ships Refueling in Abroad		
5.本省(区、市)调出量(–)	Sending Out to Other Provinces(-)		
6.出口量(–)	Export(-)		
7.境外轮船和飞机在境内的加油量(–)	Oversea Airplanes&Ships Refueling in China		
8.库存增(–)、减(+)量	Stock Change	5.66	9.76
二.加工转换投入(–)产出(+)量	**Input(-) & Output(+) of Transformation**	**-4077.94**	**-3765.26**
1.火力发电	Thermal Power	-2828.45	-2828.45
2.供　热	Heating Supply	-936.81	-936.81
3.洗 选 煤	Coal Washing		
4.炼　焦	Coking	-312.68	
5.炼油及煤制油	Petroleum Refineries		
#油品再投入量(–)	Petroleum Products Input (-)		
6.制　气	Gas Works		
#焦炭再投入量(–)	Coke Input (-)		
7.天然气液化	Natural Gas Liquefaction		
8.煤制品加工	Briquettes		
9.回收能	Recovery of Energy		
三.损 失 量	**Loss**	**11.53**	**11.53**
四.终端消费量	**Total Final Consumption**	**1172.03**	**1022.21**
1.农、林、牧、渔、水利业	Agriculture, Forestry, Animal Husbandry, Fishery and Water Conservancy	17.49	17.49
2.工业	Industry	939.63	789.81
#用作原料、材料	Non-Energy Use	29.46	25.30
3.建筑业	Construction	11.77	11.77
4.交通运输、仓储和邮政业	Transport, Storage and Post	28.41	28.41
5.批发、零售业和住宿、餐饮业	Wholesale, Retail Trade and Hotel, Restaurants	40.70	40.70
6.其他	Others	70.19	70.19
7.生活消费	Residential Consumption	63.84	63.84
城 镇	Urban	7.96	7.96
乡 村	Rural	55.88	55.88
五.平衡差额	**Statistical Difference**		
六.消费量合计	**Total Energy Consumption**	**5261.50**	**4799.00**

ENERGY BALANCE OF TIANJIN (PHYSICAL QUANTITY) -2011

洗精煤（万吨） Cleaned Coal (10^4 tn)	其他洗煤（万吨） Other Washed Coal (10^4 tn)	型煤（万吨） Briquettes (10^4 tn)	煤矸石（万吨） Gangue (10^4 tn)	焦炭（万吨） Coke (10^4 tn)	焦炉煤气（亿立方米） Coke Oven Gas (10^8 cu.m)	高炉煤气（亿立方米） Blast Furnace Gas (10^8 cu.m)	转炉煤气（亿立方米） Converter Gas (10^8 cu.m)	其他煤气（亿立方米） Other Gas (10^8 cu.m)
431.10	**28.11**	**3.29**	**57.71**	**475.15**	**1.21**	**3.50**	**-0.13**	
431.25	32.16	3.19	57.79	469.30	2.89	15.54	0.23	
				-1.02	-1.68	-12.04	-0.36	
-0.15	-4.05	0.10	-0.08	6.87				
-312.68				**234.32**	**3.49**	**122.71**	**6.36**	
					-1.52	-16.08	-1.75	
-312.68				234.32	5.01			
						138.79	8.11	
				1.25				
118.42	**28.11**	**3.29**	**57.71**	**708.23**	**4.68**	**126.21**	**6.23**	
118.42	28.11	3.29	57.71	708.23	4.68	126.21	6.23	
2.83		1.33	50.62	1.36				
				-0.01	**0.02**			
431.10	**28.11**	**3.29**	**57.71**	**709.48**	**6.20**	**142.29**	**7.98**	

续表 1

项目	Item	其他焦化产品(万吨) Other Coking Products (10^4 tn)	油品合计(万吨) Petroleum Products Total (10^4 tn)
一.可供本地区消费的能源量	**Total Primary Energy Supply**	**168.12**	**1515.44**
1.一次能源生产量	Indigenous Production		3193.83
2.外省(区、市)调入量	Moving In from Other Provinces	182.00	3876.98
3.进口量	Import		1412.85
4.境内轮船和飞机在境外的加油量	Domestic Airplanes&Ships Refueling in Abroad		69.63
5.本省(区、市)调出量(-)	Sending Out to Other Provinces(-)	-12.98	-6891.57
6.出口量(-)	Export(-)		-26.40
7.境外轮船和飞机在境内的加油量(-)	Oversea Airplanes&Ships Refueling in China		-125.74
8.库存增(-)、减(+)量	Stock Change	-0.90	5.86
二.加工转换投入(-)产出(+)量	**Input(-) & Output(+) of Transformation**	**15.08**	**-146.67**
1.火力发电	Thermal Power		-15.44
2.供　热	Heating Supply	-0.50	-28.06
3.洗选煤	Coal Washing		
4.炼　焦	Coking	15.58	
5.炼油及煤制油	Petroleum Refineries		264.48
#油品再投入量(-)	Petroleum Products Input (-)		-367.65
6.制　气	Gas Works		
#焦炭再投入量(-)	Coke Input (-)		
7.天然气液化	Natural Gas Liquefaction		
8.煤制品加工	Briquettes		
9.回收能	Recovery of Energy		
三.损失量	**Loss**		**0.29**
四.终端消费量	**Total Final Consumption**	**183.26**	**1369.39**
1.农、林、牧、渔、水利业	Agriculture, Forestry, Animal Husbandry, Fishery and Water Conservancy		30.49
2.工业	Industry	183.26	720.46
#用作原料、材料	Non-Energy Use		490.39
3.建筑业	Construction		98.32
4.交通运输、仓储和邮政业	Transport, Storage and Post		286.98
5.批发、零售业和住宿、餐饮业	Wholesale, Retail Trade and Hotel, Restaurants		49.08
6.其他	Others		52.29
7.生活消费	Residential Consumption		131.77
城镇	Urban		118.90
乡村	Rural		12.87
五.平衡差额	**Statistical Difference**	**-0.06**	**-0.91**
六.消费量合计	**Total Energy Consumption**	**183.76**	**1516.35**

Continued 1

原油（万吨） Crude Oil (10^4 tn)	汽油（万吨） Gasoline (10^4 tn)	煤油（万吨） Kerosene (10^4 tn)	柴油（万吨） Diesel Oil (10^4 tn)	燃料油（万吨） Fuel Oil (10^4 tn)	石脑油（万吨） Naphtha (10^4 tn)	润滑油（万吨） Lubricants (10^4 tn)	石蜡（万吨） Paraffin Waxes (10^4 tn)	溶剂油（万吨） White Spirit (10^4 tn)
1754.02	**44.37**	**-90.53**	**-285.43**	**125.84**	**63.32**	**-20.75**	**0.12**	**-0.20**
3193.83								
43.39	1246.55	276.77	2110.44	81.86	59.27		0.14	
1316.11		8.80	2.56	85.38				
		1.21		68.42				
-2763.38	-1202.22	-372.03	-2396.02	-4.79		-20.75		
-26.40								
		-8.55	-2.73	-114.46				
-9.53	0.04	3.27	0.32	9.43	4.05		-0.02	-0.20
-1734.51	**178.18**	**114.95**	**645.99**	**-28.07**	**173.41**	**21.45**		**29.07**
-1734.51	178.18	114.95	645.99	24.23	293.87	21.45		29.07
				-52.30	-120.46			
0.20					**0.09**			
19.31	**222.57**	**24.53**	**360.66**	**97.66**	**236.64**	**0.70**	**0.12**	**28.87**
	6.62		23.35			0.52		
19.31	11.63	0.30	48.70	9.79	236.64	0.18	0.12	28.87
			0.33		232.65			
	12.69		83.32	2.01				
	60.50	22.39	121.00	83.08				
	11.78	1.68	27.69	2.31				
	12.55	0.16	39.00	0.47				
	106.80		17.60					
	101.44		16.02					
	5.36		1.58					
	-0.02	**-0.11**	**-0.10**	**0.11**				
1754.02	**222.57**	**24.53**	**360.66**	**149.96**	**357.19**	**0.70**	**0.12**	**28.87**

续表 2

项目	Item	石油沥青(万吨) Bitumen Asphalt (10^4 tn)	石油焦(万吨) Petroleum Coke (10^4 tn)
一.可供本地区消费的能源量	**Total Primary Energy Supply**		**-73.64**
1.一次能源生产量	Indigenous Production		
2.外省(区、市)调入量	Moving In from Other Provinces		0.55
3.进口量	Import		
4.境内轮船和飞机在境外的加油量	Domestic Airplanes&Ships Refueling in Abroad		
5.本省(区、市)调出量(-)	Sending Out to Other Provinces(-)		-74.23
6.出口量(-)	Export(-)		
7.境外轮船和飞机在境内的加油量(-)	Oversea Airplanes&Ships Refueling in China		
8.库存增(-)、减(+)量	Stock Change		0.04
二.加工转换投入(-)产出(+)量	**Input(-) & Output(+) of Transformation**	**0.25**	**103.98**
1.火力发电	Thermal Power		-15.42
2.供　热	Heating Supply		-28.02
3.洗 选 煤	Coal Washing		
4.炼　焦	Coking		
5.炼油及煤制油	Petroleum Refineries	0.25	147.42
#油品再投入量(-)	Petroleum Products Input (-)		
6.制　气	Gas Works		
#焦炭再投入量(-)	Coke Input (-)		
7.天然气液化	Natural Gas Liquefaction		
8.煤制品加工	Briquettes		
9.回收能	Recovery of Energy		
三.损 失 量	**Loss**		
四.终端消费量	**Total Final Consumption**	**0.25**	**30.34**
1.农、林、牧、渔、水利业	Agriculture, Forestry, Animal Husbandry, Fishery and Water Conservancy		
2.工业	Industry	0.25	30.34
#用作原料、材料	Non-Energy Use		
3.建筑业	Construction		
4.交通运输、仓储和邮政业	Transport, Storage and Post		
5.批发、零售业和住宿、餐饮业	Wholesale, Retail Trade and Hotel, Restaurants		
6.其他	Others		
7.生活消费	Residential Consumption		
城 镇	Urban		
乡 村	Rural		
五.平衡差额	**Statistical Difference**		
六.消费量合计	**Total Energy Consumption**	**0.25**	**73.78**

Continued 2

液化石油气 (万吨) LPG (10^4 tn)	炼厂干气 (万吨) Refinery Gas (10^4 tn)	其他石油制品 (万吨) Other Petroleum Products (10^4 tn)	天然气 (亿立方米) Natural Gas (10^8 cu.m)	液化天然气 (万吨) LNG (10^4 tn)	热力 (万百万千焦) Heat (10^{10} kJ)	电力 (亿千瓦小时) Electricity (10^8 kW•h)	其他能源 (万吨标煤) Other Energy (10^4 tce)
-27.22		**25.54**	**25.59**	**1.37**		**102.68**	**43.15**
			18.53			1.57	19.25
2.69		55.32	19.36	1.37		101.99	24.38
-29.79		-28.36	-12.30			-0.88	
-0.12		-1.42				-0.48	
80.09	**55.85**	**212.69**	**-1.54**	**2.24**	**17209.68**	**623.82**	**-16.58**
	-0.02		-0.57			623.82	-14.29
	-0.04		-0.24		16999.62		-2.29
80.97	55.91	406.70	-0.39				
-0.88		-194.01					
			-0.34	2.24			
					210.06		
			0.70		**42.00**	**42.84**	
52.87	**55.84**	**239.03**	**23.28**	**3.61**	**17166.81**	**683.66**	**26.57**
						12.90	
39.67	55.84	238.82	14.56	0.68	8579.47	489.95	26.57
27.54		229.87		0.04			
0.09		0.21	0.03	0.23	79.40	13.94	
0.01			0.17	2.18	144.86	17.86	
5.62			3.34	0.19	508.25	30.77	
0.11			0.80	0.33	943.00	51.87	
7.37			4.38		6911.83	66.37	
1.44			4.38		6911.83	49.26	
5.93						17.11	
	0.01	**-0.80**	**0.07**		**0.87**		
53.75	**55.90**	**433.04**	**25.52**	**3.61**	**17208.81**	**726.50**	**43.15**

6-3 河北能源平衡表(实物量)-2011

项　目	Item	煤合计(万吨) Coal Total (10^4 tn)	原煤(万吨) Raw Coal (10^4 tn)
一.可供本地区消费的能源量	**Total Primary Energy Supply**	**30791.75**	**28747.19**
1.一次能源生产量	Indigenous Production	10584.57	10584.57
2.外省(区、市)调入量	Moving In from Other Provinces	23876.17	19585.72
3.进口量	Import	268.85	44.82
4.境内轮船和飞机在境外的加油量	Domestic Airplanes&Ships Refueling in Abroad		
5.本省(区、市)调出量(-)	Sending Out to Other Provinces(-)	-3455.45	-1409.72
6.出口量(-)	Export(-)	-46.07	
7.境外轮船和飞机在境内的加油量(-)	Oversea Airplanes&Ships Refueling in China		
8.库存增(-)、减(+)量	Stock Change	-436.31	-58.19
二.加工转换投入(-)产出(+)量	**Input(-) & Output(+) of Transformation**	**-21805.35**	**-21453.80**
1.火力发电	Thermal Power	-10156.17	-10070.31
2.供　热	Heating Supply	-1437.30	-1352.02
3.洗 选 煤	Coal Washing	-2236.14	-9669.37
4.炼　焦	Coking	-7999.63	-67.69
5.炼油及煤制油	Petroleum Refineries	-3.54	-3.54
#油品再投入量(-)	Petroleum Products Input (-)		
6.制　气	Gas Works		
#焦炭再投入量(-)	Coke Input (-)		
7.天然气液化	Natural Gas Liquefaction		
8.煤制品加工	Briquettes	27.43	-290.87
9.回收能	Recovery of Energy		
三.损 失 量	**Loss**		
四.终端消费量	**Total Final Consumption**	**8986.40**	**7293.39**
1.农、林、牧、渔、水利业	Agriculture, Forestry, Animal Husbandry, Fishery and Water Conservancy	58.72	58.11
2.工业	Industry	6978.39	5851.46
#用作原料、材料	Non-Energy Use	378.84	322.40
3.建筑业	Construction	36.44	35.50
4.交通运输、仓储和邮政业	Transport, Storage and Post	40.85	40.33
5.批发、零售业和住宿、餐饮业	Wholesale, Retail Trade and Hotel, Restaurants	161.58	158.30
6.其他	Others	356.03	353.65
7.生活消费	Residential Consumption	1354.39	796.04
城 镇	Urban	581.30	355.60
乡 村	Rural	773.09	440.44
五.平衡差额	**Statistical Difference**		
六.消费量合计	**Total Energy Consumption**	**30791.75**	**28747.19**

ENERGY BALANCE OF HEBEI (PHYSICAL QUANTITY) -2011

洗精煤 (万吨) Cleaned Coal (10^4 tn)	其他洗煤 (万吨) Other Washed Coal (10^4 tn)	型煤 (万吨) Briquettes (10^4 tn)	煤矸石 (万吨) Gangue (10^4 tn)	焦炭 (万吨) Coke (10^4 tn)	焦炉煤气 (亿立方米) Coke Oven Gas (10^8 cu.m)	高炉煤气 (亿立方米) Blast Furnace Gas (10^8 cu.m)	转炉煤气 (亿立方米) Converter Gas (10^8 cu.m)	其他煤气 (亿立方米) Other Gas (10^8 cu.m)
3251.47	**-1202.55**	**-4.36**	**-765.52**	**2551.18**				
4146.40	144.05			3233.85				
224.01		0.02		0.14				
-704.22	-1341.51		-765.52	-706.70				
-45.95		-0.12		-7.71				
-368.77	-5.09	-4.26		31.60				
-2519.55	**1849.70**	**318.30**	**781.42**	**5816.57**	**97.83**	**400.91**	**35.96**	**9.06**
	-85.86		-279.36		-18.47	-298.60	-10.62	
	-85.28		-84.57		-12.81	-199.01	-7.30	
5412.39	2020.84		1145.35					
-7931.94				5848.70	129.11			
								9.06
				-32.13				
		318.30						
						898.52	53.88	
731.92	**647.15**	**313.94**	**15.90**	**8367.75**	**97.83**	**400.91**	**35.96**	**9.06**
		0.61		0.80				
731.92	158.85	236.16	15.90	8365.76	79.74	400.91	35.96	9.06
55.34	0.77	0.33	0.31	111.95	0.70	0.12		
		0.94		0.05	0.05			
		0.52			0.01			
		3.28		0.29	0.61			
		2.39		0.85	1.72			
	488.30	70.05			15.70			
	198.60	27.10			15.70			
	289.70	42.95						
8663.86	**818.29**	**313.94**	**379.83**	**8399.88**	**129.11**	**898.52**	**53.88**	**9.06**

续表 1

项　　目	Item	其他焦化产品(万吨) Other Coking Products (10^4 tn)	油品合计(万吨) Petroleum Products Total (10^4 tn)
一.可供本地区消费的能源量	**Total Primary Energy Supply**	**-190.29**	**1582.42**
1.一次能源生产量	Indigenous Production		586.11
2.外省(区、市)调入量	Moving In from Other Provinces		743.93
3.进口量	Import	1.03	1135.51
4.境内轮船和飞机在境外的加油量	Domestic Airplanes&Ships Refueling in Abroad		
5.本省(区、市)调出量(-)	Sending Out to Other Provinces(-)	-176.90	-850.86
6.出口量(-)	Export(-)	-17.79	-16.75
7.境外轮船和飞机在境内的加油量(-)	Oversea Airplanes&Ships Refueling in China		
8.库存增(-)、减(+)量	Stock Change	3.37	-15.52
二.加工转换投入(-)产出(+)量	**Input(-) & Output(+) of Transformation**	**423.10**	**-53.56**
1.火力发电	Thermal Power	-9.81	-6.38
2.供　　热	Heating Supply		-5.82
3.洗 选 煤	Coal Washing		
4.炼　　焦	Coking	432.91	
5.炼油及煤制油	Petroleum Refineries		21.07
#油品再投入量(-)	Petroleum Products Input (-)		-62.43
6.制　　气	Gas Works		
#焦炭再投入量(-)	Coke Input (-)		
7.天然气液化	Natural Gas Liquefaction		
8.煤制品加工	Briquettes		
9.回收能	Recovery of Energy		
三.损 失 量	**Loss**		**13.31**
四.终端消费量	**Total Final Consumption**	**232.81**	**1515.55**
1.农、林、牧、渔、水利业	Agriculture, Forestry, Animal Husbandry, Fishery and Water Conservancy		165.74
2.工业	Industry	232.81	303.41
#用作原料、材料	Non-Energy Use	24.25	23.96
3.建筑业	Construction		202.19
4.交通运输、仓储和邮政业	Transport, Storage and Post		536.11
5.批发、零售业和住宿、餐饮业	Wholesale, Retail Trade and Hotel, Restaurants		29.45
6.其他	Others		90.12
7.生活消费	Residential Consumption		188.52
城 镇	Urban		142.42
乡 村	Rural		46.10
五.平衡差额	**Statistical Difference**		
六.消费量合计	**Total Energy Consumption**	**242.62**	**1582.42**

Continued 1

原油 (万吨) Crude Oil (10^4 tn)	汽油 (万吨) Gasoline (10^4 tn)	煤油 (万吨) Kerosene (10^4 tn)	柴油 (万吨) Diesel Oil (10^4 tn)	燃料油 (万吨) Fuel Oil (10^4 tn)	石脑油 (万吨) Naphtha (10^4 tn)	润滑油 (万吨) Lubricants (10^4 tn)	石蜡 (万吨) Paraffin Waxes (10^4 tn)	溶剂油 (万吨) White Spirit (10^4 tn)
1564.68	**-41.17**	**8.94**	**257.94**	**-55.00**	**-65.50**	**0.15**		**-6.08**
586.11								
293.95	88.53	12.78	347.48	0.10		1.09		
1120.49		0.02	0.39	11.82				
-414.98	-136.41		-87.63	-54.24	-65.50	-1.71		-6.08
		-2.78	-0.58	-12.37				
-20.89	6.71	-1.08	-1.72	-0.31		0.77		
-1525.95	**346.91**		**536.05**	**101.67**	**65.50**			**6.19**
			-1.96	-0.08				
			-0.17	-0.54				
-1525.95	346.91		538.18	102.29	65.50			6.19
13.31								
25.42	**305.74**	**8.94**	**793.99**	**46.67**		**0.15**		**0.11**
	37.80	0.80	125.54	0.60				
25.42	45.16	0.94	119.65	32.80		0.15		0.11
	0.12	0.05	0.35	0.31				0.02
	7.68	0.91	21.83	2.68				
	105.28	3.90	416.79	9.93				
	9.10	0.32	14.90	0.32				
	45.82	0.52	42.88	0.33				
	54.90	1.55	52.40					
	39.40	0.01	26.87					
	15.50	1.54	25.53					
1564.68	**305.74**	**8.94**	**796.12**	**47.29**		**0.15**		**0.11**

续表 2

项　目	Item	石油沥青(万吨) Bitumen Asphalt (10^4 tn)	石油焦(万吨) Petroleum Coke (10^4 tn)
一.可供本地区消费的能源量	**Total Primary Energy Supply**	**-11.05**	**-62.61**
1.一次能源生产量	Indigenous Production		
2.外省(区、市)调入量	Moving In from Other Provinces		
3.进口量	Import		
4.境内轮船和飞机在境外的加油量	Domestic Airplanes&Ships Refueling in Abroad		
5.本省(区、市)调出量(−)	Sending Out to Other Provinces(-)	-11.05	-62.41
6.出口量(−)	Export(-)		
7.境外轮船和飞机在境内的加油量(−)	Oversea Airplanes&Ships Refueling in China		
8.库存增(−)、减(+)量	Stock Change		-0.20
二.加工转换投入(−)产出(+)量	**Input(-) & Output(+) of Transformation**	**59.57**	**63.43**
1.火力发电	Thermal Power		
2.供　热	Heating Supply		
3.洗 选 煤	Coal Washing		
4.炼　焦	Coking		
5.炼油及煤制油	Petroleum Refineries	59.57	63.43
#油品再投入量(−)	Petroleum Products Input (-)		
6.制　气	Gas Works		
#焦炭再投入量(−)	Coke Input (-)		
7.天然气液化	Natural Gas Liquefaction		
8.煤制品加工	Briquettes		
9.回收能	Recovery of Energy		
三.损 失 量	**Loss**		
四.终端消费量	**Total Final Consumption**	**48.52**	**0.82**
1.农、林、牧、渔、水利业	Agriculture, Forestry, Animal Husbandry, Fishery and Water Conservancy		
2.工业	Industry		0.82
#用作原料、材料	Non-Energy Use		
3.建筑业	Construction	48.52	
4.交通运输、仓储和邮政业	Transport, Storage and Post		
5.批发、零售业和住宿、餐饮业	Wholesale, Retail Trade and Hotel, Restaurants		
6.其他	Others		
7.生活消费	Residential Consumption		
城 镇	Urban		
乡 村	Rural		
五.平衡差额	**Statistical Difference**		
六.消费量合计	**Total Energy Consumption**	**48.52**	**0.82**

Continued 2

液化石油气（万吨） LPG (10^4 tn)	炼厂干气（万吨） Refinery Gas (10^4 tn)	其他石油制品（万吨） Other Petroleum Products (10^4 tn)	天然气（亿立方米） Natural Gas (10^8 cu.m)	液化天然气（万吨） LNG (10^4 tn)	热力（万百万千焦） Heat (10^{10} kJ)	电力（亿千瓦小时） Electricity (10^8 kW•h)	其他能源（万吨标煤） Other Energy (10^4 tce)
-10.10		**2.22**	**34.96**	**0.98**		**835.63**	
			12.22			95.91	
			22.77	1.01		739.72	
		2.79					
-10.11		-0.74		-0.03			
		-1.02					
0.01		1.19	-0.03				
99.65	**25.08**	**168.34**	**-0.76**	**-0.01**	**26937.02**	**2149.27**	**47.06**
	-2.02	-2.32	-0.15		-2322.09	2149.27	-60.70
	-5.11		-0.61	-0.01	26374.23		-4.51
99.65	37.65	227.65					
	-5.44	-56.99					
					2884.88		112.27
						105.10	
89.55	**25.08**	**170.56**	**34.20**	**0.97**	**26937.02**	**2879.80**	**47.06**
1.00						125.96	
3.10	25.08	50.18	25.03	0.97	19889.05	2192.85	47.06
0.04		23.07	3.15	0.18			9.43
0.19		120.38	0.01		63.70	28.90	
0.21			2.69		92.51	67.29	
4.81			0.69		396.01	53.12	
0.57			0.94		1500.05	95.26	
79.67			4.84		4995.70	316.42	
76.14			4.84		4995.70	128.11	
3.53						188.31	
89.55	**37.65**	**229.87**	**34.96**	**0.98**	**29259.11**	**2984.90**	**112.27**

6-4 山西能源平衡表(实物量)-2011

项　　目	Item	煤合计 (万吨) Coal Total (10^4 tn)	原煤 (万吨) Raw Coal (10^4 tn)
一.可供本地区消费的能源量	**Total Primary Energy Supply**	**33478.65**	**41395.56**
1.一次能源生产量	Indigenous Production	87228.00	87228.00
2.外省(区、市)调入量	Moving In from Other Provinces	4939.83	4939.83
3.进口量	Import		
4.境内轮船和飞机在境外的加油量	Domestic Airplanes&Ships Refueling in Abroad		
5.本省(区、市)调出量(-)	Sending Out to Other Provinces(-)	-57742.48	-49743.69
6.出口量(-)	Export(-)	-383.34	-383.34
7.境外轮船和飞机在境内的加油量(-)	Oversea Airplanes&Ships Refueling in China		
8.库存增(-)、减(+)量	Stock Change	-563.36	-645.24
二.加工转换投入(-)产出(+)量	**Input(-) & Output(+) of Transformation**	**-27245.17**	**-36265.54**
1.火力发电	Thermal Power	-10980.40	-10326.00
2.供　热	Heating Supply	-938.72	-759.49
3.洗 选 煤	Coal Washing	-2747.63	-24827.28
4.炼　焦	Coking	-12497.87	-297.20
5.炼油及煤制油	Petroleum Refineries		
#油品再投入量(-)	Petroleum Products Input (-)		
6.制　气	Gas Works	-58.21	-55.57
#焦炭再投入量(-)	Coke Input (-)		
7.天然气液化	Natural Gas Liquefaction		
8.煤制品加工	Briquettes	-22.34	
9.回收能	Recovery of Energy		
三.损 失 量	**Loss**		
四.终端消费量	**Total Final Consumption**	**6233.48**	**5130.02**
1.农、林、牧、渔、水利业	Agriculture, Forestry, Animal Husbandry, Fishery and Water Conservancy	179.20	179.20
2.工业	Industry	4241.35	3769.48
#用作原料、材料	Non-Energy Use	612.10	552.56
3.建筑业	Construction	71.18	70.08
4.交通运输、仓储和邮政业	Transport, Storage and Post	55.86	55.86
5.批发、零售业和住宿、餐饮业	Wholesale, Retail Trade and Hotel, Restaurants	245.40	242.90
6.其他	Others	246.91	246.91
7.生活消费	Residential Consumption	1193.58	565.59
城 镇	Urban	466.07	217.90
乡 村	Rural	727.51	347.69
五.平衡差额	**Statistical Difference**		
六.消费量合计	**Total Energy Consumption**	**33478.65**	**41395.56**

ENERGY BALANCE OF SHANXI (PHYSICAL QUANTITY) -2011

洗精煤 (万吨) Cleaned Coal (10^4 tn)	其他洗煤 (万吨) Other Washed Coal (10^4 tn)	型煤 (万吨) Briquettes (10^4 tn)	煤矸石 (万吨) Gangue (10^4 tn)	焦炭 (万吨) Coke (10^4 tn)	焦炉煤气 (亿立方米) Coke Oven Gas (10^8 cu.m)	高炉煤气 (亿立方米) Blast Furnace Gas (10^8 cu.m)	转炉煤气 (亿立方米) Converter Gas (10^8 cu.m)	其他煤气 (亿立方米) Other Gas (10^8 cu.m)
-4990.56	**-2928.44**	**2.09**		**-6489.36**				
-5052.84	-2945.95			-6226.19				
				-279.11				
62.28	17.51	2.09		15.94				
5212.76	**3642.44**	**165.17**	**48.58**	**9047.91**	**163.65**			**16.83**
-11.93	-642.47		-2101.12		-22.01	-36.90	-1.02	
	-179.23		-76.19		-1.16	-30.17		
17426.68	4652.97		2225.89					
-12180.33	-20.34			9047.91	186.82			
-2.22		-0.42						16.83
-19.44	-168.49	165.59						
						67.07	1.02	
222.20	**714.00**	**167.26**	**48.58**	**2558.55**	**163.65**			**16.83**
222.20	129.39	120.28	48.58	2554.69	149.67			16.83
59.54				41.40	3.14			
		1.10		0.15				
		2.50		1.36				
	584.61	43.38		2.35	13.98			
	233.17	15.00		1.09	12.33			
	351.44	28.38		1.26	1.65			
12436.12	**1724.53**	**167.68**	**2225.89**	**2558.55**	**186.82**	**67.07**	**1.02**	**16.83**

续表 1

项目	Item	其他焦化产品(万吨) Other Coking Products (10^4 tn)	油品合计(万吨) Petroleum Products Total (10^4 tn)
一.可供本地区消费的能源量	**Total Primary Energy Supply**	**-166.31**	**758.65**
1.一次能源生产量	Indigenous Production		
2.外省(区、市)调入量	Moving In from Other Provinces		761.31
3.进口量	Import		
4.境内轮船和飞机在境外的加油量	Domestic Airplanes&Ships Refueling in Abroad		
5.本省(区、市)调出量(-)	Sending Out to Other Provinces(-)	-164.54	
6.出口量(-)	Export(-)		
7.境外轮船和飞机在境内的加油量(-)	Oversea Airplanes&Ships Refueling in China		
8.库存增(-)、减(+)量	Stock Change	-1.77	-2.66
二.加工转换投入(-)产出(+)量	**Input(-) & Output(+) of Transformation**	**344.64**	
1.火力发电	Thermal Power		
2.供　　热	Heating Supply		
3.洗 选 煤	Coal Washing		
4.炼　　焦	Coking	344.64	
5.炼油及煤制油	Petroleum Refineries		
#油品再投入量(-)	Petroleum Products Input (-)		
6.制　　气	Gas Works		
#焦炭再投入量(-)	Coke Input (-)		
7.天然气液化	Natural Gas Liquefaction		
8.煤制品加工	Briquettes		
9.回收能	Recovery of Energy		
三.损 失 量	**Loss**		**1.40**
四.终端消费量	**Total Final Consumption**	**178.33**	**757.25**
1.农、林、牧、渔、水利业	Agriculture, Forestry, Animal Husbandry, Fishery and Water Conservancy		68.64
2.工业	Industry	178.33	109.33
#用作原料、材料	Non-Energy Use		
3.建筑业	Construction		26.94
4.交通运输、仓储和邮政业	Transport, Storage and Post		455.85
5.批发、零售业和住宿、餐饮业	Wholesale, Retail Trade and Hotel, Restaurants		9.49
6.其他	Others		27.32
7.生活消费	Residential Consumption		59.68
城 镇	Urban		29.91
乡 村	Rural		29.77
五.平衡差额	**Statistical Difference**		
六.消费量合计	**Total Energy Consumption**	**178.33**	**758.65**

Continued 1

原油 (万吨) Crude Oil (10^4 tn)	汽油 (万吨) Gasoline (10^4 tn)	煤油 (万吨) Kerosene (10^4 tn)	柴油 (万吨) Diesel Oil (10^4 tn)	燃料油 (万吨) Fuel Oil (10^4 tn)	石脑油 (万吨) Naphtha (10^4 tn)	润滑油 (万吨) Lubricants (10^4 tn)	石蜡 (万吨) Paraffin Waxes (10^4 tn)	溶剂油 (万吨) White Spirit (10^4 tn)
	216.88	**15.18**	**488.64**	**12.60**				
	217.28	16.57	489.62	12.39				
	-0.40	-1.39	-0.98	0.21				
	0.60		**0.80**					
	216.28	**15.18**	**487.84**	**12.60**				
	31.50		37.14					
	21.32	1.22	70.40	12.37				
	8.78	0.15	17.94					
	105.18	13.34	337.33					
	2.87	0.34	4.30	0.12				
	14.03	0.13	12.76	0.11				
	32.60		7.97					
	15.60		1.59					
	17.00		6.38					
	216.88	**15.18**	**488.64**	**12.60**				

续表 2

项　　目	Item	石油沥青 (万吨) Bitumen Asphalt (10^4 tn)	石油焦 (万吨) Petroleum Coke (10^4 tn)
一.可供本地区消费的能源量	**Total Primary Energy Supply**		
1.一次能源生产量	Indigenous Production		
2.外省(区、市)调入量	Moving In from Other Provinces		
3.进口量	Import		
4.境内轮船和飞机在境外的加油量	Domestic Airplanes&Ships Refueling in Abroad		
5.本省(区、市)调出量(−)	Sending Out to Other Provinces(-)		
6.出口量(−)	Export(-)		
7.境外轮船和飞机在境内的加油量(−)	Oversea Airplanes&Ships Refueling in China		
8.库存增(−)、减(+)量	Stock Change		
二.加工转换投入(−)产出(+)量	**Input(-) & Output(+) of Transformation**		
1.火力发电	Thermal Power		
2.供　热	Heating Supply		
3.洗 选 煤	Coal Washing		
4.炼　焦	Coking		
5.炼油及煤制油	Petroleum Refineries		
#油品再投入量(−)	Petroleum Products Input (-)		
6.制　气	Gas Works		
#焦炭再投入量(−)	Coke Input (-)		
7.天然气液化	Natural Gas Liquefaction		
8.煤制品加工	Briquettes		
9.回收能	Recovery of Energy		
三.损 失 量	**Loss**		
四.终端消费量	**Total Final Consumption**		
1.农、林、牧、渔、水利业	Agriculture, Forestry, Animal Husbandry, Fishery and Water Conservancy		
2.工业	Industry		
#用作原料、材料	Non-Energy Use		
3.建筑业	Construction		
4.交通运输、仓储和邮政业	Transport, Storage and Post		
5.批发、零售业和住宿、餐饮业	Wholesale, Retail Trade and Hotel, Restaurants		
6.其他	Others		
7.生活消费	Residential Consumption		
城 镇	Urban		
乡 村	Rural		
五.平衡差额	**Statistical Difference**		
六.消费量合计	**Total Energy Consumption**		

Continued 2

液化石油气 (万吨) LPG (10^4 tn)	炼厂干气 (万吨) Refinery Gas (10^4 tn)	其他石油制品 (万吨) Other Petroleum Products (10^4 tn)	天然气 (亿立方米) Natural Gas (10^8 cu.m)	液化天然气 (万吨) LNG (10^4 tn)	热力 (万百万千焦) Heat (10^{10} kJ)	电力 (亿千瓦小时) Electricity (10^8 kW•h)	其他能源 (万吨标煤) Other Energy (10^4 tce)
22.05		**3.30**	**31.93**			**-646.05**	**81.51**
			27.26			47.84	81.51
22.07		3.38	15.33			0.36	
			-10.66			-694.25	
-0.02		-0.08					
			-5.85		**14472.47**	**2296.45**	**-74.18**
			-5.85			2296.45	-65.98
					14472.47		-8.20
						74.17	
22.05		**3.30**	**26.08**		**14472.47**	**1576.23**	**7.33**
						38.74	
0.72		3.30	13.72		6314.78	1270.96	3.33
0.07			0.05			20.61	1.00
			5.63			50.71	
1.86			3.36		1385.00	24.37	3.00
0.29			1.32		1015.00	50.94	
19.11			2.00		5757.69	119.90	
12.72			2.00		5757.69	73.09	
6.39						46.81	
22.05		**3.30**	**31.93**		**14472.47**	**1650.40**	**81.51**

6-5 内蒙古能源平衡表(实物量)-2011

项　　目	Item	煤合计（万吨） Coal Total (10^4 tn)	原煤（万吨） Raw Coal (10^4 tn)
一.可供本地区消费的能源量	**Total Primary Energy Supply**	**34687.11**	**39531.96**
1.一次能源生产量	Indigenous Production	97961.00	97961.00
2.外省(区、市)调入量	Moving In from Other Provinces	970.84	737.00
3.进口量	Import	2070.00	2070.00
4.境内轮船和飞机在境外的加油量	Domestic Airplanes&Ships Refueling in Abroad		
5.本省(区、市)调出量(-)	Sending Out to Other Provinces(-)	-65621.11	-60500.00
6.出口量(-)	Export(-)	-304.00	-304.00
7.境外轮船和飞机在境内的加油量(-)	Oversea Airplanes&Ships Refueling in China		
8.库存增(-)、减(+)量	Stock Change	-389.62	-432.04
二.加工转换投入(-)产出(+)量	**Input(-) & Output(+) of Transformation**	**-27033.10**	**-32559.85**
1.火力发电	Thermal Power	-19186.31	-18998.38
2.供　　热	Heating Supply	-1784.33	-1763.18
3.洗 选 煤	Coal Washing	-2053.30	-11162.17
4.炼　　焦	Coking	-3662.76	-466.27
5.炼油及煤制油	Petroleum Refineries	-339.12	-162.57
#油品再投入量(-)	Petroleum Products Input (-)		
6.制　　气	Gas Works	-7.28	-7.28
#焦炭再投入量(-)	Coke Input (-)		
7.天然气液化	Natural Gas Liquefaction		
8.煤制品加工	Briquettes		
9.回收能	Recovery of Energy		
三.损 失 量	**Loss**		
四.终端消费量	**Total Final Consumption**	**7650.41**	**6968.51**
1.农、林、牧、渔、水利业	Agriculture, Forestry, Animal Husbandry, Fishery and Water Conservancy	302.17	302.17
2.工业	Industry	3832.62	3708.72
#用作原料、材料	Non-Energy Use	722.21	665.72
3.建筑业	Construction	149.95	149.95
4.交通运输、仓储和邮政业	Transport, Storage and Post	215.71	215.71
5.批发、零售业和住宿、餐饮业	Wholesale, Retail Trade and Hotel, Restaurants	1063.33	1063.33
6.其他	Others	394.86	291.86
7.生活消费	Residential Consumption	1691.77	1236.77
城 镇	Urban	1193.11	838.11
乡 村	Rural	498.66	398.66
五.平衡差额	**Statistical Difference**	**3.60**	**3.60**
六.消费量合计	**Total Energy Consumption**	**34683.51**	**39528.36**

ENERGY BALANCE OF INNER MONGOLIA (PHYSICAL QUANTITY) -2011

洗精煤 (万吨) Cleaned Coal (10^4 tn)	其他洗煤 (万吨) Other Washed Coal (10^4 tn)	型煤 (万吨) Briquettes (10^4 tn)	煤矸石 (万吨) Gangue (10^4 tn)	焦炭 (万吨) Coke (10^4 tn)	焦炉煤气 (亿立方米) Coke Oven Gas (10^8 cu.m)	高炉煤气 (亿立方米) Blast Furnace Gas (10^8 cu.m)	转炉煤气 (亿立方米) Converter Gas (10^8 cu.m)	其他煤气 (亿立方米) Other Gas (10^8 cu.m)
-2207.47	**-2870.57**	**233.19**		**-939.40**	**-6.57**			
		233.84						
-2270.54	-2850.57			-949.40	-6.57			
63.07	-20.00	-0.65		10.00				
2231.19	**3301.60**	**-6.04**		**2498.61**	**47.46**	**187.48**	**9.01**	**3.05**
-2.84	-185.09		-896.55		-6.00	-60.32		
	-15.11	-6.04	-25.22		-1.06	-16.13	-4.20	
5596.53	3512.34		921.77					
-3194.05	-2.44			2498.61	54.52			
-168.45	-8.10							
								1.66
						263.93	13.21	1.39
23.73	**431.02**	**227.15**		**1559.21**	**40.89**	**187.48**	**9.01**	**3.05**
23.73	38.02	62.15		1559.21	40.61	187.48	9.01	3.05
12.61		43.88		316.74				
	103.00							
	290.00	165.00			0.28			
	230.00	125.00			0.28			
	60.00	40.00						
3389.06	**641.77**	**233.19**	**921.77**	**1559.21**	**47.95**	**263.93**	**13.21**	**3.05**

续表 1

项　　目	Item	其他焦化产品 (万吨) Other Coking Products (10^4 tn)	油品合计 (万吨) Petroleum Products Total (10^4 tn)
一.可供本地区消费的能源量	**Total Primary Energy Supply**	**76.43**	**1348.42**
1.一次能源生产量	Indigenous Production		202.97
2.外省(区、市)调入量	Moving In from Other Provinces	76.73	1282.84
3.进口量	Import		
4.境内轮船和飞机在境外的加油量	Domestic Airplanes&Ships Refueling in Abroad		
5.本省(区、市)调出量(-)	Sending Out to Other Provinces(-)		-123.32
6.出口量(-)	Export(-)		
7.境外轮船和飞机在境内的加油量(-)	Oversea Airplanes&Ships Refueling in China		
8.库存增(-)、减(+)量	Stock Change	-0.30	-14.07
二.加工转换投入(-)产出(+)量	**Input(-) & Output(+) of Transformation**	**128.21**	**96.27**
1.火力发电	Thermal Power		-0.58
2.供　　热	Heating Supply		-0.02
3.洗 选 煤	Coal Washing		
4.炼　　焦	Coking	128.21	
5.炼油及煤制油	Petroleum Refineries		96.88
#油品再投入量(-)	Petroleum Products Input (-)		
6.制　　气	Gas Works		
#焦炭再投入量(-)	Coke Input (-)		
7.天然气液化	Natural Gas Liquefaction		
8.煤制品加工	Briquettes		
9.回收能	Recovery of Energy		
三.损 失 量	**Loss**		
四.终端消费量	**Total Final Consumption**	**204.64**	**1444.70**
1.农、林、牧、渔、水利业	Agriculture, Forestry, Animal Husbandry, Fishery and Water Conservancy		111.64
2.工业	Industry	204.64	234.78
#用作原料、材料	Non-Energy Use	11.99	37.39
3.建筑业	Construction		137.48
4.交通运输、仓储和邮政业	Transport, Storage and Post		764.66
5.批发、零售业和住宿、餐饮业	Wholesale, Retail Trade and Hotel, Restaurants		117.37
6.其他	Others		41.25
7.生活消费	Residential Consumption		37.53
城 镇	Urban		24.78
乡 村	Rural		12.75
五.平衡差额	**Statistical Difference**		**-0.01**
六.消费量合计	**Total Energy Consumption**	**204.64**	**1348.43**

Continued 1

原油 (万吨) Crude Oil (10^4 tn)	汽油 (万吨) Gasoline (10^4 tn)	煤油 (万吨) Kerosene (10^4 tn)	柴油 (万吨) Diesel Oil (10^4 tn)	燃料油 (万吨) Fuel Oil (10^4 tn)	石脑油 (万吨) Naphtha (10^4 tn)	润滑油 (万吨) Lubricants (10^4 tn)	石蜡 (万吨) Paraffin Waxes (10^4 tn)	溶剂油 (万吨) White Spirit (10^4 tn)
118.66	**275.98**	**10.10**	**833.14**	**13.41**	**-27.81**		**-3.81**	**-7.04**
202.97								
	279.67	10.09	843.62	13.70				
-84.66					-27.81		-3.81	-7.04
0.35	-3.69	0.01	-10.48	-0.29				
-108.12	**34.26**		**89.14**	**11.18**	**27.81**		**3.84**	**7.04**
			-0.56	-0.02				
			-0.02					
-108.12	34.26		89.72	11.20	27.81		3.84	7.04
10.54	**310.24**	**10.10**	**922.29**	**24.59**			**0.03**	
	28.54		80.00					
10.54	13.34	0.35	135.44	16.49			0.03	
0.04	0.01	0.12	1.23					
	16.71		30.22					
	161.55	9.75	584.55	8.10				
	50.68		65.77					
	24.50		16.09					
	14.92		10.22					
	12.42		3.11					
	2.51		7.11					
			-0.01					
118.66	**310.24**	**10.10**	**922.86**	**24.61**			**0.03**	

续表 2

项　　目	Item	石油沥青(万吨) Bitumen Asphalt (10^4 tn)	石油焦(万吨) Petroleum Coke (10^4 tn)
一.可供本地区消费的能源量	**Total Primary Energy Supply**	**63.12**	**50.34**
1.一次能源生产量	Indigenous Production		
2.外省(区、市)调入量	Moving In from Other Provinces	63.12	50.34
3.进口量	Import		
4.境内轮船和飞机在境外的加油量	Domestic Airplanes&Ships Refueling in Abroad		
5.本省(区、市)调出量(−)	Sending Out to Other Provinces(-)		
6.出口量(−)	Export(-)		
7.境外轮船和飞机在境内的加油量(−)	Oversea Airplanes&Ships Refueling in China		
8.库存增(−)、减(+)量	Stock Change		
二.加工转换投入(−)产出(+)量	**Input(-) & Output(+) of Transformation**	**10.59**	
1.火力发电	Thermal Power		
2.供　热	Heating Supply		
3.洗 选 煤	Coal Washing		
4.炼　焦	Coking		
5.炼油及煤制油	Petroleum Refineries	10.59	
#油品再投入量(−)	Petroleum Products Input (-)		
6.制　气	Gas Works		
#焦炭再投入量(−)	Coke Input (-)		
7.天然气液化	Natural Gas Liquefaction		
8.煤制品加工	Briquettes		
9.回收能	Recovery of Energy		
三.损 失 量	**Loss**		
四.终端消费量	**Total Final Consumption**	**73.71**	**50.34**
1.农、林、牧、渔、水利业	Agriculture, Forestry, Animal Husbandry, Fishery and Water Conservancy		
2.工业	Industry	0.06	50.34
#用作原料、材料	Non-Energy Use		36.00
3.建筑业	Construction	73.65	
4.交通运输、仓储和邮政业	Transport, Storage and Post		
5.批发、零售业和住宿、餐饮业	Wholesale, Retail Trade and Hotel, Restaurants		
6.其他	Others		
7.生活消费	Residential Consumption		
城 镇	Urban		
乡 村	Rural		
五.平衡差额	**Statistical Difference**		
六.消费量合计	**Total Energy Consumption**	**73.71**	**50.34**

Continued 2

液化石油气(万吨) LPG (10^4 tn)	炼厂干气(万吨) Refinery Gas (10^4 tn)	其他石油制品(万吨) Other Petroleum Products (10^4 tn)	天然气(亿立方米) Natural Gas (10^8 cu.m)	液化天然气(万吨) LNG (10^4 tn)	热力(万百万千焦) Heat (10^{10} kJ)	电力(亿千瓦小时) Electricity (10^8 kW•h)	其他能源(万吨标煤) Other Energy (10^4 tce)
		22.33	**40.81**	**-27.04**		**-1025.78**	
			249.07			245.28	
		22.30				5.45	
			-208.26	-27.04		-1276.51	
		0.03					
18.27	**2.27**		**-4.39**	**27.26**	**21567.89**	**2859.40**	**31.10**
			-0.12		-979.69	2859.40	-12.63
			-0.08		21780.66		-6.03
18.27	2.27						
			-4.19	27.26			
					766.92		49.76
18.27	**2.27**	**22.33**	**36.42**	**0.22**	**21567.88**	**1833.62**	**31.10**
3.10					195.26	46.99	
0.50	2.27	5.43	26.88	0.22	4315.05	1592.68	31.10
			12.25				
		16.90			352.00	11.20	
0.71			4.30		1070.82	20.12	
0.92			2.15		1519.47	31.10	
0.66			1.50		1577.28	32.53	
12.38			1.59		12538.00	98.99	
9.25			1.59		12538.00	68.94	
3.13						30.04	
18.27	**2.27**	**22.33**	**40.81**	**0.22**	**22547.58**	**1833.62**	**49.76**

6-6 辽宁能源平衡表(实物量)-2011

项　　目	Item	煤合计(万吨) Coal Total (10^4 tn)	原煤(万吨) Raw Coal (10^4 tn)
一.可供本地区消费的能源量	**Total Primary Energy Supply**	**18053.60**	**16320.36**
1.一次能源生产量	Indigenous Production	7121.43	7121.43
2.外省(区、市)调入量	Moving In from Other Provinces	12241.47	9875.41
3.进口量	Import	725.00	357.66
4.境内轮船和飞机在境外的加油量	Domestic Airplanes&Ships Refueling in Abroad		
5.本省(区、市)调出量(-)	Sending Out to Other Provinces(-)	-1671.35	-658.55
6.出口量(-)	Export(-)	-64.51	-64.51
7.境外轮船和飞机在境内的加油量(-)	Oversea Airplanes&Ships Refueling in China		
8.库存增(-)、减(+)量	Stock Change	-298.44	-311.08
二.加工转换投入(-)产出(+)量	**Input(-) & Output(+) of Transformation**	**-13603.23**	**-12623.03**
1.火力发电	Thermal Power	-7305.28	-6644.87
2.供　　热	Heating Supply	-2417.14	-2377.47
3.洗 选 煤	Coal Washing	-1049.55	-3569.76
4.炼　　焦	Coking	-2794.59	
5.炼油及煤制油	Petroleum Refineries		
#油品再投入量(-)	Petroleum Products Input (-)		
6.制　　气	Gas Works	-27.85	-27.85
#焦炭再投入量(-)	Coke Input (-)		
7.天然气液化	Natural Gas Liquefaction		
8.煤制品加工	Briquettes	-8.82	-3.08
9.回收能	Recovery of Energy		
三.损 失 量	**Loss**		
四.终端消费量	**Total Final Consumption**	**4450.37**	**3697.33**
1.农、林、牧、渔、水利业	Agriculture, Forestry, Animal Husbandry, Fishery and Water Conservancy	63.61	63.61
2.工业	Industry	3767.46	3272.99
#用作原料、材料	Non-Energy Use	17.91	15.22
3.建筑业	Construction	23.65	23.65
4.交通运输、仓储和邮政业	Transport, Storage and Post	65.93	57.75
5.批发、零售业和住宿、餐饮业	Wholesale, Retail Trade and Hotel, Restaurants	61.00	61.00
6.其他	Others	62.00	62.00
7.生活消费	Residential Consumption	406.72	156.33
城 镇	Urban	269.74	98.74
乡 村	Rural	136.98	57.59
五.平衡差额	**Statistical Difference**		
六.消费量合计	**Total Energy Consumption**	**18053.60**	**16320.36**

ENERGY BALANCE OF LIAONING (PHYSICAL QUANTITY) -2011

洗精煤 (万吨) Cleaned Coal (10^4 tn)	其他洗煤 (万吨) Other Washed Coal (10^4 tn)	型煤 (万吨) Briquettes (10^4 tn)	煤矸石 (万吨) Gangue (10^4 tn)	焦炭 (万吨) Coke (10^4 tn)	焦炉煤气 (亿立方米) Coke Oven Gas (10^8 cu.m)	高炉煤气 (亿立方米) Blast Furnace Gas (10^8 cu.m)	转炉煤气 (亿立方米) Converter Gas (10^8 cu.m)	其他煤气 (亿立方米) Other Gas (10^8 cu.m)
2516.28	**-782.93**	**-0.11**	**175.80**	**1352.64**				
2333.79	32.27		175.80	1536.70				
367.34								
-169.16	-843.64			-191.73				
-15.69	28.44	-0.11		7.67				
-2174.01	**1156.50**	**37.31**	**-164.87**	**2027.70**	**64.37**	**2.00**	**0.69**	**12.64**
	-660.41		-110.00	-3.67	-5.43	-88.81	-3.86	
-5.93	-33.74		-218.19	-0.24	-6.68	-93.49	-4.47	
626.51	1893.70		163.32					
-2794.59				2033.72	76.48	-45.34		
								12.64
				-2.11				
	-43.05	37.31						
						229.64	9.02	
342.27	**373.57**	**37.20**	**10.93**	**3380.34**	**64.37**	**2.00**	**0.69**	**12.64**
334.09	138.14	22.24	10.93	3380.33	64.37	2.00	0.69	6.52
0.01	2.32	0.36		8.66				
								0.05
8.18				0.01				0.25
								0.81
	235.43	14.96						5.01
	158.00	13.00						5.00
	77.43	1.96						0.01
3142.79	**1110.77**	**37.20**	**339.12**	**3386.36**	**76.48**	**229.64**	**9.02**	**12.64**

续表 1

项目	Item	其他焦化产品 (万吨) Other Coking Products (10^4 tn)	油品合计 (万吨) Petroleum Products Total (10^4 tn)
一.可供本地区消费的能源量	**Total Primary Energy Supply**	**-63.96**	**4403.43**
1.一次能源生产量	Indigenous Production		1000.01
2.外省(区、市)调入量	Moving In from Other Provinces	17.39	4872.22
3.进口量	Import		1479.32
4.境内轮船和飞机在境外的加油量	Domestic Airplanes&Ships Refueling in Abroad		52.95
5.本省(区、市)调出量(−)	Sending Out to Other Provinces(-)	-81.05	-2463.52
6.出口量(−)	Export(-)		-461.55
7.境外轮船和飞机在境内的加油量(−)	Oversea Airplanes&Ships Refueling in China		-58.23
8.库存增(−)、减(+)量	Stock Change	-0.30	-17.77
二.加工转换投入(−)产出(+)量	**Input(-) & Output(+) of Transformation**	**110.72**	**-471.34**
1.火力发电	Thermal Power		-10.70
2.供　　热	Heating Supply	-0.04	-50.44
3.洗 选 煤	Coal Washing		
4.炼　　焦	Coking	106.36	
5.炼油及煤制油	Petroleum Refineries		-251.63
#油品再投入量(−)	Petroleum Products Input (-)		-148.38
6.制　　气	Gas Works	4.40	-10.19
#焦炭再投入量(−)	Coke Input (-)		
7.天然气液化	Natural Gas Liquefaction		
8.煤制品加工	Briquettes		
9.回收能	Recovery of Energy		
三.损 失 量	**Loss**		**52.27**
四.终端消费量	**Total Final Consumption**	**46.76**	**3879.82**
1.农、林、牧、渔、水利业	Agriculture, Forestry, Animal Husbandry, Fishery and Water Conservancy		134.52
2.工业	Industry	46.76	1935.09
#用作原料、材料	Non-Energy Use	20.15	438.77
3.建筑业	Construction		75.18
4.交通运输、仓储和邮政业	Transport, Storage and Post		1133.58
5.批发、零售业和住宿、餐饮业	Wholesale, Retail Trade and Hotel, Restaurants		35.85
6.其他	Others		327.58
7.生活消费	Residential Consumption		238.02
城 镇	Urban		174.38
乡 村	Rural		63.64
五.平衡差额	**Statistical Difference**		
六.消费量合计	**Total Energy Consumption**	**46.80**	**4403.43**

Continued 1

原油 (万吨) Crude Oil (10^4 tn)	汽油 (万吨) Gasoline (10^4 tn)	煤油 (万吨) Kerosene (10^4 tn)	柴油 (万吨) Diesel Oil (10^4 tn)	燃料油 (万吨) Fuel Oil (10^4 tn)	石脑油 (万吨) Naphtha (10^4 tn)	润滑油 (万吨) Lubricants (10^4 tn)	石蜡 (万吨) Paraffin Waxes (10^4 tn)	溶剂油 (万吨) White Spirit (10^4 tn)
6705.53	**-410.49**	**-194.61**	**-1439.74**	**29.80**	**-120.08**	**-2.62**	**-20.98**	**-0.01**
1000.01								
4773.98	0.98	0.91	2.62	12.19	23.00			
1166.56	0.04		0.68	121.61				
		3.62		49.33				
-220.78	-119.90	-128.92	-1429.19	-74.28	-98.00			
	-284.01	-51.37	-5.70	-39.48	-60.00		-20.99	
		-18.22	-3.61	-36.40				
-14.24	-7.60	-0.63	-4.54	-3.17	14.92	-2.62	0.01	-0.01
-6392.35	**1117.08**	**221.96**	**2543.54**	**289.89**	**339.07**	**42.19**	**86.59**	**4.73**
-1.21			-0.60	-7.45				
-2.49			-0.13	-37.90				
-6388.65	1117.10	221.96	2544.27	361.60	339.07	42.19	86.59	4.73
	-0.02			-26.36				
30.68	**21.59**							
282.50	**685.00**	**27.35**	**1103.80**	**319.69**	**218.99**	**39.57**	**65.61**	**4.72**
	59.46		75.05					
282.50	156.51	4.76	290.17	145.99	218.99	39.57	65.61	4.72
101.03	0.11	0.38	0.10	0.01	194.95			0.03
	12.42	0.72	59.71	1.94				
	282.18	21.21	557.87	170.65				
	15.89	0.12	5.90	0.42				
	44.00	0.54	79.05	0.69				
	114.54		36.05					
	89.00		17.95					
	25.54		18.10					
6705.53	**706.61**	**27.35**	**1104.53**	**391.40**	**218.99**	**39.57**	**65.61**	**4.72**

续表 2

项目	Item	石油沥青（万吨） Bitumen Asphalt (10^4 tn)	石油焦（万吨） Petroleum Coke (10^4 tn)
一.可供本地区消费的能源量	**Total Primary Energy Supply**	**18.95**	**-0.92**
1.一次能源生产量	Indigenous Production		
2.外省(区、市)调入量	Moving In from Other Provinces	18.95	
3.进口量	Import		
4.境内轮船和飞机在境外的加油量	Domestic Airplanes&Ships Refueling in Abroad		
5.本省(区、市)调出量(−)	Sending Out to Other Provinces(-)		
6.出口量(−)	Export(-)		
7.境外轮船和飞机在境内的加油量(−)	Oversea Airplanes&Ships Refueling in China		
8.库存增(−)、减(+)量	Stock Change		-0.92
二.加工转换投入(−)产出(+)量	**Input(-) & Output(+) of Transformation**	**280.07**	**133.41**
1.火力发电	Thermal Power		
2.供　热	Heating Supply		
3.洗 选 煤	Coal Washing		
4.炼　焦	Coking		
5.炼油及煤制油	Petroleum Refineries	280.07	133.41
#油品再投入量(−)	Petroleum Products Input (-)		
6.制　气	Gas Works		
#焦炭再投入量(−)	Coke Input (-)		
7.天然气液化	Natural Gas Liquefaction		
8.煤制品加工	Briquettes		
9.回收能	Recovery of Energy		
三.损 失 量	**Loss**		
四.终端消费量	**Total Final Consumption**	**299.02**	**132.49**
1.农、林、牧、渔、水利业	Agriculture, Forestry, Animal Husbandry, Fishery and Water Conservancy		
2.工业	Industry	5.32	132.49
#用作原料、材料	Non-Energy Use		3.39
3.建筑业	Construction		
4.交通运输、仓储和邮政业	Transport, Storage and Post	96.00	
5.批发、零售业和住宿、餐饮业	Wholesale, Retail Trade and Hotel, Restaurants		
6.其他	Others	197.70	
7.生活消费	Residential Consumption		
城 镇	Urban		
乡 村	Rural		
五.平衡差额	**Statistical Difference**		
六.消费量合计	**Total Energy Consumption**	**299.02**	**132.49**

Continued 2

液化石油气（万吨） LPG (10^4 tn)	炼厂干气（万吨） Refinery Gas (10^4 tn)	其他石油制品（万吨） Other Petroleum Products (10^4 tn)	天然气（亿立方米） Natural Gas (10^8 cu.m)	液化天然气（万吨） LNG (10^4 tn)	热力（万百万千焦） Heat (10^{10} kJ)	电力（亿千瓦小时） Electricity (10^8 kW•h)	其他能源（万吨标煤） Other Energy (10^4 tce)
-31.76		**-129.64**	**38.89**	**1.31**		**545.76**	**35.40**
			7.21			107.54	34.70
		39.59	31.68	1.31		539.09	0.24
0.67		189.76					0.37
-32.76		-359.69				-100.87	
0.33		0.70					0.09
172.77	**207.20**	**482.51**	**-0.13**		**41015.03**	**1315.79**	**-16.47**
	-1.44				-396.20	1315.79	-5.18
	-9.92		-0.13		40015.03		-11.00
182.57	244.18	579.28					-0.29
-4.00	-21.23	-96.77					
-5.80	-4.39						
					1396.20		
					44.11	**101.46**	
141.01	**207.20**	**352.87**	**38.76**	**1.31**	**40970.92**	**1760.09**	**18.93**
0.01						24.65	
28.39	207.20	352.87	36.23	1.31	21035.09	1320.33	18.93
0.01		138.76	5.72	0.02			1.16
0.39					40.75	25.04	
5.67			0.05		200.32	37.36	
13.52			1.04		108.42	66.37	
5.60			0.22		870.33	98.74	
87.43			1.22		18716.01	187.60	
67.43			1.02		18576.25	122.85	
20.00			0.20		139.76	64.75	
150.81	**244.18**	**449.64**	**38.89**	**1.31**	**41411.23**	**1861.55**	**35.40**

6-7 吉林能源平衡表(实物量)-2011

项　　目	Item	煤合计(万吨) Coal Total (10^4 tn)	原煤(万吨) Raw Coal (10^4 tn)
一.可供本地区消费的能源量	**Total Primary Energy Supply**	**11035.29**	**11909.25**
1.一次能源生产量	Indigenous Production	5393.24	5393.24
2.外省(区、市)调入量	Moving In from Other Provinces	8223.70	8049.74
3.进口量	Import	15.66	15.66
4.境内轮船和飞机在境外的加油量	Domestic Airplanes&Ships Refueling in Abroad		
5.本省(区、市)调出量(-)	Sending Out to Other Provinces(-)	-2294.87	-1298.45
6.出口量(-)	Export(-)	-1.00	-1.00
7.境外轮船和飞机在境内的加油量(-)	Oversea Airplanes&Ships Refueling in China		
8.库存增(-)、减(+)量	Stock Change	-301.44	-249.94
二.加工转换投入(-)产出(+)量	**Input(-) & Output(+) of Transformation**	**-6468.85**	**-7425.19**
1.火力发电	Thermal Power	-3718.78	-3702.69
2.供　　热	Heating Supply	-1654.39	-1616.47
3.洗 选 煤	Coal Washing	-348.70	-2098.87
4.炼　　焦	Coking	-663.73	
5.炼油及煤制油	Petroleum Refineries		
#油品再投入量(-)	Petroleum Products Input (-)		
6.制　　气	Gas Works	-83.51	
#焦炭再投入量(-)	Coke Input (-)		
7.天然气液化	Natural Gas Liquefaction		
8.煤制品加工	Briquettes	0.26	-7.16
9.回收能	Recovery of Energy		
三.损 失 量	**Loss**		
四.终端消费量	**Total Final Consumption**	**4566.44**	**4484.06**
1.农、林、牧、渔、水利业	Agriculture, Forestry, Animal Husbandry, Fishery and Water Conservancy	27.92	27.92
2.工业	Industry	3765.11	3693.50
#用作原料、材料	Non-Energy Use	71.02	58.79
3.建筑业	Construction	12.72	12.72
4.交通运输、仓储和邮政业	Transport, Storage and Post	119.16	116.97
5.批发、零售业和住宿、餐饮业	Wholesale, Retail Trade and Hotel, Restaurants	166.35	166.35
6.其他	Others	279.73	279.73
7.生活消费	Residential Consumption	195.45	186.87
城 镇	Urban	143.80	139.17
乡 村	Rural	51.65	47.70
五.平衡差额	**Statistical Difference**		
六.消费量合计	**Total Energy Consumption**	**11035.29**	**11909.25**

ENERGY BALANCE OF JILIN (PHYSICAL QUANTITY) -2011

洗精煤 (万吨) Cleaned Coal (10^4 tn)	其他洗煤 (万吨) Other Washed Coal (10^4 tn)	型煤 (万吨) Briquettes (10^4 tn)	煤矸石 (万吨) Gangue (10^4 tn)	焦炭 (万吨) Coke (10^4 tn)	焦炉煤气 (亿立方米) Coke Oven Gas (10^8 cu.m)	高炉煤气 (亿立方米) Blast Furnace Gas (10^8 cu.m)	转炉煤气 (亿立方米) Converter Gas (10^8 cu.m)	其他煤气 (亿立方米) Other Gas (10^8 cu.m)
106.59	**-990.55**	**10.00**		**223.09**				
164.13		9.83		239.58				
	-996.42							
				-0.14				
-57.54	5.87	0.17		-16.35				
-46.49	**995.41**	**7.42**	**6.81**	**534.62**	**11.52**	**99.39**	**5.47**	
-16.09					-1.21	-8.48	-0.96	
-37.92								
754.76	995.41		6.81					
-663.73				478.68	10.44			
-83.51				55.94	2.29			
		7.42						
						107.87	6.43	
60.10	**4.86**	**17.42**	**6.81**	**757.71**	**11.52**	**99.39**	**5.47**	
				7.05				
57.91	4.86	8.84	6.81	750.66	11.00	99.39	5.47	
12.23				14.87				
2.19								
		8.58			0.52			
		4.63			0.52			
		3.95						
861.35	**4.86**	**17.42**	**6.81**	**757.71**	**12.73**	**107.87**	**6.43**	

续表 1

项目	Item	其他焦化产品(万吨) Other Coking Products (10^4 tn)	油品合计(万吨) Petroleum Products Total (10^4 tn)
一.可供本地区消费的能源量	**Total Primary Energy Supply**	**-21.60**	**1079.15**
1.一次能源生产量	Indigenous Production		741.68
2.外省(区、市)调入量	Moving In from Other Provinces		382.83
3.进口量	Import		0.44
4.境内轮船和飞机在境外的加油量	Domestic Airplanes&Ships Refueling in Abroad		
5.本省(区、市)调出量(-)	Sending Out to Other Provinces(-)	-21.59	-24.87
6.出口量(-)	Export(-)		-15.47
7.境外轮船和飞机在境内的加油量(-)	Oversea Airplanes&Ships Refueling in China		
8.库存增(-)、减(+)量	Stock Change	-0.01	-5.46
二.加工转换投入(-)产出(+)量	**Input(-) & Output(+) of Transformation**	**22.24**	**-74.62**
1.火力发电	Thermal Power		-1.52
2.供　　热	Heating Supply		-2.92
3.洗 选 煤	Coal Washing		
4.炼　　焦	Coking	22.24	
5.炼油及煤制油	Petroleum Refineries		-70.18
#油品再投入量(-)	Petroleum Products Input (-)		
6.制　　气	Gas Works		
#焦炭再投入量(-)	Coke Input (-)		
7.天然气液化	Natural Gas Liquefaction		
8.煤制品加工	Briquettes		
9.回收能	Recovery of Energy		
三.损 失 量	**Loss**		
四.终端消费量	**Total Final Consumption**	**0.64**	**1004.53**
1.农、林、牧、渔、水利业	Agriculture, Forestry, Animal Husbandry, Fishery and Water Conservancy		51.55
2.工业	Industry	0.64	473.45
#用作原料、材料	Non-Energy Use		286.03
3.建筑业	Construction		37.93
4.交通运输、仓储和邮政业	Transport, Storage and Post		254.24
5.批发、零售业和住宿、餐饮业	Wholesale, Retail Trade and Hotel, Restaurants		19.14
6.其他	Others		37.80
7.生活消费	Residential Consumption		130.42
城 镇	Urban		108.77
乡 村	Rural		21.65
五.平衡差额	**Statistical Difference**		
六.消费量合计	**Total Energy Consumption**	**0.64**	**1079.15**

Continued 1

原油 (万吨) Crude Oil (10^4 tn)	汽油 (万吨) Gasoline (10^4 tn)	煤油 (万吨) Kerosene (10^4 tn)	柴油 (万吨) Diesel Oil (10^4 tn)	燃料油 (万吨) Fuel Oil (10^4 tn)	石脑油 (万吨) Naphtha (10^4 tn)	润滑油 (万吨) Lubricants (10^4 tn)	石蜡 (万吨) Paraffin Waxes (10^4 tn)	溶剂油 (万吨) White Spirit (10^4 tn)
1064.58	**-11.99**	**1.25**	**4.57**	**-2.19**	**57.43**		**-0.01**	
741.68								
320.05		0.80			57.62			
		0.44						
	-0.02		-0.01					
2.85	-11.97	0.01	4.58	-2.19	-0.19		-0.01	
-1031.97	**193.50**		**412.31**	**36.15**	**89.52**	**0.01**	**0.04**	**0.01**
			-0.54	-0.98				
			-0.05	-2.87				
-1031.97	193.50		412.90	40.00	89.52	0.01	0.04	0.01
32.61	**181.51**	**1.25**	**416.88**	**33.96**	**146.95**	**0.01**	**0.03**	**0.01**
	8.03	0.03	43.48					
32.61	37.25	0.30	76.13	33.96	146.95	0.01	0.03	0.01
	0.02			26.69	146.94			
	12.58	0.39	24.96					
	40.27	0.23	213.42					
	10.13	0.13	8.22					
	25.82	0.17	11.19					
	47.43		39.48					
	37.42		35.05					
	10.01		4.43					
1064.58	**181.51**	**1.25**	**417.47**	**37.81**	**146.95**	**0.01**	**0.03**	**0.01**

续表 2

项　　目	Item	石油沥青（万吨）Bitumen Asphalt (10^4 tn)	石油焦（万吨）Petroleum Coke (10^4 tn)
一.可供本地区消费的能源量	**Total Primary Energy Supply**		**-24.87**
1.一次能源生产量	Indigenous Production		
2.外省(区、市)调入量	Moving In from Other Provinces		
3.进口量	Import		
4.境内轮船和飞机在境外的加油量	Domestic Airplanes&Ships Refueling in Abroad		
5.本省(区、市)调出量(-)	Sending Out to Other Provinces(-)		-24.87
6.出口量(-)	Export(-)		
7.境外轮船和飞机在境内的加油量(-)	Oversea Airplanes&Ships Refueling in China		
8.库存增(-)、减(+)量	Stock Change		
二.加工转换投入(-)产出(+)量	**Input(-) & Output(+) of Transformation**	**0.01**	**24.87**
1.火力发电	Thermal Power		
2.供　　热	Heating Supply		
3.洗 选 煤	Coal Washing		
4.炼　　焦	Coking		
5.炼油及煤制油	Petroleum Refineries	0.01	24.87
#油品再投入量(-)	Petroleum Products Input (-)		
6.制　　气	Gas Works		
#焦炭再投入量(-)	Coke Input (-)		
7.天然气液化	Natural Gas Liquefaction		
8.煤制品加工	Briquettes		
9.回收能	Recovery of Energy		
三.损 失 量	**Loss**		
四.终端消费量	**Total Final Consumption**	**0.01**	
1.农、林、牧、渔、水利业	Agriculture, Forestry, Animal Husbandry, Fishery and Water Conservancy		
2.工业	Industry	0.01	
#用作原料、材料	Non-Energy Use		
3.建筑业	Construction		
4.交通运输、仓储和邮政业	Transport, Storage and Post		
5.批发、零售业和住宿、餐饮业	Wholesale, Retail Trade and Hotel, Restaurants		
6.其他	Others		
7.生活消费	Residential Consumption		
城 镇	Urban		
乡 村	Rural		
五.平衡差额	**Statistical Difference**		
六.消费量合计	**Total Energy Consumption**	**0.01**	

Continued 2

液化石油气 (万吨) LPG (10^4 tn)	炼厂干气 (万吨) Refinery Gas (10^4 tn)	其他石油制品 (万吨) Other Petroleum Products (10^4 tn)	天然气 (亿立方米) Natural Gas (10^8 cu.m)	液化天然气 (万吨) LNG (10^4 tn)	热力 (万百万千焦) Heat (10^{10} kJ)	电力 (亿千瓦小时) Electricity (10^8 kW•h)	其他能源 (万吨标煤) Other Energy (10^4 tce)
-0.04	**4.36**	**-13.94**	**19.31**	**0.50**		**39.08**	**90.41**
			19.31			113.88	32.18
	4.36			0.50		134.75	57.81
						-209.55	
		-15.44					
-0.04		1.50					0.42
45.60	**25.33**	**130.00**	**-4.61**		**25717.04**	**591.49**	**-31.21**
			-1.99		-61.75	591.49	-31.21
			-2.62		25041.94		
45.60	25.33	130.00					
					736.85		
					2121.07	**0.42**	
45.56	**29.69**	**116.06**	**14.70**	**0.50**	**23595.97**	**630.15**	**59.20**
0.01						9.06	
0.44	29.69	116.06	9.32	0.50	14235.75	431.37	59.20
		112.38	0.45				
					70.12	7.16	
0.32			2.02		497.63	13.94	
0.66			0.07		125.46	23.34	
0.62			0.06		636.21	35.23	
43.51			3.23		8030.80	110.05	
36.30			3.21		8030.80	64.77	
7.21			0.02			45.28	
45.56	**29.69**	**116.06**	**19.31**	**0.50**	**25778.79**	**630.57**	**90.41**

6-8 黑龙江能源平衡表(实物量)-2011

项目	Item	煤合计(万吨) Coal Total (10^4 tn)	原煤(万吨) Raw Coal (10^4 tn)
一.可供本地区消费的能源量	**Total Primary Energy Supply**	**13200.03**	**16316.11**
1.一次能源生产量	Indigenous Production	9820.00	9820.00
2.外省(区、市)调入量	Moving In from Other Provinces	6593.94	6593.94
3.进口量	Import	96.75	96.75
4.境内轮船和飞机在境外的加油量	Domestic Airplanes&Ships Refueling in Abroad		
5.本省(区、市)调出量(-)	Sending Out to Other Provinces(-)	-3220.99	-111.99
6.出口量(-)	Export(-)		
7.境外轮船和飞机在境内的加油量(-)	Oversea Airplanes&Ships Refueling in China		
8.库存增(-)、减(+)量	Stock Change	-89.67	-82.59
二.加工转换投入(-)产出(+)量	**Input(-) & Output(+) of Transformation**	**-9809.15**	**-14449.52**
1.火力发电	Thermal Power	-4457.96	-4384.47
2.供热	Heating Supply	-1859.58	-1760.26
3.洗选煤	Coal Washing	-1922.63	-8034.67
4.炼焦	Coking	-1438.75	-56.80
5.炼油及煤制油	Petroleum Refineries		
#油品再投入量(-)	Petroleum Products Input (-)		
6.制气	Gas Works	-134.03	-107.72
#焦炭再投入量(-)	Coke Input (-)		
7.天然气液化	Natural Gas Liquefaction		
8.煤制品加工	Briquettes	3.80	-105.60
9.回收能	Recovery of Energy		
三.损失量	**Loss**		
四.终端消费量	**Total Final Consumption**	**3390.88**	**1866.59**
1.农、林、牧、渔、水利业	Agriculture, Forestry, Animal Husbandry, Fishery and Water Conservancy	54.11	54.11
2.工业	Industry	2233.66	805.37
#用作原料、材料	Non-Energy Use	72.69	29.36
3.建筑业	Construction		
4.交通运输、仓储和邮政业	Transport, Storage and Post	376.57	376.57
5.批发、零售业和住宿、餐饮业	Wholesale, Retail Trade and Hotel, Restaurants	225.00	225.00
6.其他	Others	102.86	102.86
7.生活消费	Residential Consumption	398.68	302.68
城镇	Urban	286.00	190.00
乡村	Rural	112.68	112.68
五.平衡差额	**Statistical Difference**		
六.消费量合计	**Total Energy Consumption**	**13200.03**	**16316.11**

ENERGY BALANCE OF HEILONGJIANG (PHYSICAL QUANTITY) -2011

洗精煤 (万吨) Cleaned Coal (10^4 tn)	其他洗煤 (万吨) Other Washed Coal (10^4 tn)	型煤 (万吨) Briquettes (10^4 tn)	煤矸石 (万吨) Gangue (10^4 tn)	焦炭 (万吨) Coke (10^4 tn)	焦炉煤气 (亿立方米) Coke Oven Gas (10^8 cu.m)	高炉煤气 (亿立方米) Blast Furnace Gas (10^8 cu.m)	转炉煤气 (亿立方米) Converter Gas (10^8 cu.m)	其他煤气 (亿立方米) Other Gas (10^8 cu.m)
-1742.33	**-1282.29**	**-91.46**		**-724.86**				
-1728.48	-1285.33	-95.19		-715.17				
-13.85	3.04	3.73		-9.69				
2365.33	**2174.59**	**100.45**		**995.70**	**7.25**			**18.76**
	-72.35	-1.14	-254.75				-0.56	
	-91.51	-7.81	-87.76		-11.00	-37.83	-0.63	
3766.46	2345.58		342.51					
-1381.95				997.61	18.25			
-19.18	-7.13							18.76
				-1.91				
		109.40						
						37.83	1.19	
623.00	**892.30**	**8.99**		**270.84**	**7.25**			**18.76**
623.00	796.30	8.99		270.84	7.25			18.76
31.84	11.49				0.83			3.26
	96.00							
	96.00							
2024.13	**1063.29**	**17.94**	**342.51**	**272.75**	**18.25**	**37.83**	**1.19**	**18.76**

续表 1

项目	Item	其他焦化产品（万吨） Other Coking Products (10^4 tn)	油品合计（万吨） Petroleum Products Total (10^4 tn)
一.可供本地区消费的能源量	**Total Primary Energy Supply**		**2128.12**
1.一次能源生产量	Indigenous Production		4006.00
2.外省(区、市)调入量	Moving In from Other Provinces		25.38
3.进口量	Import		1804.13
4.境内轮船和飞机在境外的加油量	Domestic Airplanes&Ships Refueling in Abroad		
5.本省(区、市)调出量(−)	Sending Out to Other Provinces(-)		-3612.39
6.出口量(−)	Export(-)		-80.23
7.境外轮船和飞机在境内的加油量(−)	Oversea Airplanes&Ships Refueling in China		
8.库存增(−)、减(+)量	Stock Change		-14.77
二.加工转换投入(−)产出(+)量	**Input(-) & Output(+) of Transformation**	**66.25**	**-229.54**
1.火力发电	Thermal Power		-10.75
2.供　热	Heating Supply		-64.68
3.洗选煤	Coal Washing		
4.炼　焦	Coking	66.25	
5.炼油及煤制油	Petroleum Refineries		-45.06
#油品再投入量(−)	Petroleum Products Input (-)		-109.05
6.制　气	Gas Works		
#焦炭再投入量(−)	Coke Input (-)		
7.天然气液化	Natural Gas Liquefaction		
8.煤制品加工	Briquettes		
9.回收能	Recovery of Energy		
三.损失量	**Loss**		**48.00**
四.终端消费量	**Total Final Consumption**	**66.25**	**1850.58**
1.农、林、牧、渔、水利业	Agriculture, Forestry, Animal Husbandry, Fishery and Water Conservancy		176.00
2.工业	Industry	66.25	711.95
#用作原料、材料	Non-Energy Use		130.03
3.建筑业	Construction		5.65
4.交通运输、仓储和邮政业	Transport, Storage and Post		377.57
5.批发、零售业和住宿、餐饮业	Wholesale, Retail Trade and Hotel, Restaurants		181.21
6.其他	Others		56.00
7.生活消费	Residential Consumption		342.20
城镇	Urban		306.00
乡村	Rural		36.20
五.平衡差额	**Statistical Difference**		
六.消费量合计	**Total Energy Consumption**	**66.25**	**2128.12**

Continued 1

原油 (万吨) Crude Oil (10^4 tn)	汽油 (万吨) Gasoline (10^4 tn)	煤油 (万吨) Kerosene (10^4 tn)	柴油 (万吨) Diesel Oil (10^4 tn)	燃料油 (万吨) Fuel Oil (10^4 tn)	石脑油 (万吨) Naphtha (10^4 tn)	润滑油 (万吨) Lubricants (10^4 tn)	石蜡 (万吨) Parafin Waxes (10^4 tn)	溶剂油 (万吨) White Spirit (10^4 tn)
2200.93	**-15.07**	**-35.56**	**-11.12**	**49.27**	**-2.76**	**-25.42**	**-32.37**	**-0.48**
4006.00								
			1.23					
1750.56			8.11	45.46				
-3527.77					-2.76	-25.42	-32.37	-0.48
	-15.11	-35.60	-29.48					
-27.86	0.04	0.04	9.02	3.81				
-1702.93	**481.63**	**62.03**	**608.69**	**19.37**	**2.76**	**25.43**	**32.43**	**0.82**
			-0.36	-0.82				
			-0.09	-19.46				
-1702.93	481.63	62.03	609.14	39.65	2.76	25.43	32.43	0.82
48.00								
450.00	**466.56**	**26.47**	**597.57**	**68.64**		**0.01**	**0.06**	**0.34**
	21.00		155.00					
450.00	11.59	0.47	41.16	68.64		0.01	0.06	0.34
26.20			0.12	2.53				
			5.65					
	174.53	26.00	177.00					
	110.00		71.21					
	56.00							
	93.44		147.55					
	79.44		125.35					
	14.00		22.20					
2200.93	**466.56**	**26.47**	**598.02**	**88.92**		**0.01**	**0.06**	**0.34**

续表 2

项　　目	Item	石油沥青(万吨) Bitumen Asphalt (10^4 tn)	石油焦(万吨) Petroleum Coke (10^4 tn)
一.可供本地区消费的能源量	**Total Primary Energy Supply**	**-7.25**	**-16.25**
1.一次能源生产量	Indigenous Production		
2.外省(区、市)调入量	Moving In from Other Provinces		
3.进口量	Import		
4.境内轮船和飞机在境外的加油量	Domestic Airplanes&Ships Refueling in Abroad		
5.本省(区、市)调出量(–)	Sending Out to Other Provinces(-)	-7.25	-16.34
6.出口量(–)	Export(-)		
7.境外轮船和飞机在境内的加油量(–)	Oversea Airplanes&Ships Refueling in China		
8.库存增(–)、减(+)量	Stock Change		0.09
二.加工转换投入(–)产出(+)量	**Input(-) & Output(+) of Transformation**	**8.20**	**18.66**
1.火力发电	Thermal Power		
2.供　　热	Heating Supply		
3.洗 选 煤	Coal Washing		
4.炼　　焦	Coking		
5.炼油及煤制油	Petroleum Refineries	8.20	18.66
#油品再投入量(–)	Petroleum Products Input (-)		
6.制　　气	Gas Works		
#焦炭再投入量(–)	Coke Input (-)		
7.天然气液化	Natural Gas Liquefaction		
8.煤制品加工	Briquettes		
9.回收能	Recovery of Energy		
三.损 失 量	**Loss**		
四.终端消费量	**Total Final Consumption**	**0.95**	**2.41**
1.农、林、牧、渔、水利业	Agriculture, Forestry, Animal Husbandry, Fishery and Water Conservancy		
2.工业	Industry	0.95	2.41
#用作原料、材料	Non-Energy Use		
3.建筑业	Construction		
4.交通运输、仓储和邮政业	Transport, Storage and Post		
5.批发、零售业和住宿、餐饮业	Wholesale, Retail Trade and Hotel, Restaurants		
6.其他	Others		
7.生活消费	Residential Consumption		
城 镇	Urban		
乡 村	Rural		
五.平衡差额	**Statistical Difference**		
六.消费量合计	**Total Energy Consumption**	**0.95**	**2.41**

Continued 2

液化石油气 (万吨) LPG (10^4 tn)	炼厂干气 (万吨) Refinery Gas (10^4 tn)	其他石油制品 (万吨) Other Petroleum Products (10^4 tn)	天然气 (亿立方米) Natural Gas (10^8 cu.m)	液化天然气 (万吨) LNG (10^4 tn)	热力 (万百万千焦) Heat (10^{10} kJ)	电力 (亿千瓦小时) Electricity (10^8 kW•h)	其他能源 (万吨标煤) Other Energy (10^4 tce)
-0.04		**24.24**	**31.00**			**42.07**	**173.69**
			31.00			74.61	
		24.15				90.36	173.69
						12.38	
						-131.11	
-0.04						-4.17	
		0.09					
160.05	**33.89**	**19.43**	**-5.18**		**25737.20**	**774.77**	**-113.74**
	-9.57		-1.36			774.77	-86.12
	-45.13		-3.82		25737.20		-33.19
160.05	88.59	128.48					
		-109.05					
							5.57
			1.26			**14.97**	
160.01	**33.89**	**43.67**	**24.56**		**25737.20**	**801.87**	**59.95**
						28.35	
58.80	33.85	43.67	24.56		4788.20	533.18	
50.47		50.71	5.97				
					85.43	9.71	
	0.04				371.08	11.19	
					1795.96	23.72	
					1801.64	50.07	
101.21					16894.89	145.65	59.95
101.21					16894.89	91.61	59.95
						54.04	
160.01	**88.59**	**152.72**	**31.00**		**25737.20**	**816.84**	**179.26**

6-9 上海能源平衡表(实物量)-2011

项　　目	Item	煤合计(万吨) Coal Total (10^4 tn)	原煤(万吨) Raw Coal (10^4 tn)
一.可供本地区消费的能源量	**Total Primary Energy Supply**	**6141.60**	**4990.61**
1.一次能源生产量	Indigenous Production		
2.外省(区、市)调入量	Moving In from Other Provinces	8493.32	7336.00
3.进口量	Import	238.48	238.48
4.境内轮船和飞机在境外的加油量	Domestic Airplanes&Ships Refueling in Abroad		
5.本省(区、市)调出量(-)	Sending Out to Other Provinces(-)	-2541.06	-2541.06
6.出口量(-)	Export(-)		
7.境外轮船和飞机在境内的加油量(-)	Oversea Airplanes&Ships Refueling in China		
8.库存增(-)、减(+)量	Stock Change	-49.14	-42.81
二.加工转换投入(-)产出(+)量	**Input(-) & Output(+) of Transformation**	**-4990.98**	**-4028.55**
1.火力发电	Thermal Power	-3667.60	-3667.60
2.供　　热	Heating Supply	-324.02	-324.02
3.洗 选 煤	Coal Washing		
4.炼　　焦	Coking	-992.44	-31.12
5.炼油及煤制油	Petroleum Refineries		
#油品再投入量(-)	Petroleum Products Input (-)		
6.制　　气	Gas Works	-6.92	-5.81
#焦炭再投入量(-)	Coke Input (-)		
7.天然气液化	Natural Gas Liquefaction		
8.煤制品加工	Briquettes		
9.回收能	Recovery of Energy		
三.损 失 量	**Loss**	**4.38**	**4.38**
四.终端消费量	**Total Final Consumption**	**1146.59**	**958.03**
1.农、林、牧、渔、水利业	Agriculture, Forestry, Animal Husbandry, Fishery and Water Conservancy	1.77	1.77
2.工业	Industry	1001.62	813.06
#用作原料、材料	Non-Energy Use	0.29	
3.建筑业	Construction	12.35	12.35
4.交通运输、仓储和邮政业	Transport, Storage and Post	2.86	2.86
5.批发、零售业和住宿、餐饮业	Wholesale, Retail Trade and Hotel, Restaurants	39.52	39.52
6.其他	Others	45.13	45.13
7.生活消费	Residential Consumption	43.35	43.35
城 镇	Urban	35.05	35.05
乡 村	Rural	8.30	8.30
五.平衡差额	**Statistical Difference**	**-0.35**	**-0.34**
六.消费量合计	**Total Energy Consumption**	**6141.95**	**4990.96**

ENERGY BALANCE OF SHANGHAI (PHYSICAL QUANTITY)-2011

洗精煤 (万吨) Cleaned Coal (10^4 tn)	其他洗煤 (万吨) Other Washed Coal (10^4 tn)	型煤 (万吨) Briquettes (10^4 tn)	煤矸石 (万吨) Gangue (10^4 tn)	焦炭 (万吨) Coke (10^4 tn)	焦炉煤气 (亿立方米) Coke Oven Gas (10^8 cu.m)	高炉煤气 (亿立方米) Blast Furnace Gas (10^8 cu.m)	转炉煤气 (亿立方米) Converter Gas (10^8 cu.m)	其他煤气 (亿立方米) Other Gas (10^8 cu.m)
1123.86	**7.59**	**19.54**		**73.81**				**32.18**
1133.12	4.62	19.58		192.44				32.18
				-113.21				
-9.26	2.97	-0.05		-5.42				
-962.43				**632.81**	**23.63**			**-19.96**
					-0.77			-32.18
-961.32				640.62	28.05			-2.08
-1.11					-3.65			13.50
				-7.81				
								0.80
								0.94
161.43	**7.59**	**19.54**		**706.34**	**23.54**			**11.29**
161.43	7.59	19.54		706.34	23.54			1.80
		0.29						
								0.02
								0.16
								2.44
								1.49
								5.38
								5.10
								0.28
		-0.01		**0.28**	**0.09**			**-0.01**
1123.86	**7.59**	**19.54**		**714.15**	**27.96**			**46.49**

续表 1

项　　目	Item	其他焦化产品(万吨) Other Coking Products (10^4 tn)	油品合计(万吨) Petroleum Products Total (10^4 tn)
一.可供本地区消费的能源量	**Total Primary Energy Supply**	**70.36**	**3145.79**
1.一次能源生产量	Indigenous Production		8.12
2.外省(区、市)调入量	Moving In from Other Provinces	71.44	3623.04
3.进口量	Import		2292.08
4.境内轮船和飞机在境外的加油量	Domestic Airplanes&Ships Refueling in Abroad		625.02
5.本省(区、市)调出量(-)	Sending Out to Other Provinces(-)		-3099.49
6.出口量(-)	Export(-)		-58.47
7.境外轮船和飞机在境内的加油量(-)	Oversea Airplanes&Ships Refueling in China		-242.29
8.库存增(-)、减(+)量	Stock Change	-1.08	-2.23
二.加工转换投入(-)产出(+)量	**Input(-) & Output(+) of Transformation**	**38.36**	**-34.38**
1.火力发电	Thermal Power		-36.76
2.供　热	Heating Supply		-25.43
3.洗 选 煤	Coal Washing		
4.炼　焦	Coking	38.36	
5.炼油及煤制油	Petroleum Refineries		50.05
#油品再投入量(-)	Petroleum Products Input (-)		-22.25
6.制　气	Gas Works		
#焦炭再投入量(-)	Coke Input (-)		
7.天然气液化	Natural Gas Liquefaction		
8.煤制品加工	Briquettes		
9.回收能	Recovery of Energy		
三.损 失 量	**Loss**		
四.终端消费量	**Total Final Consumption**	**108.72**	**3113.65**
1.农、林、牧、渔、水利业	Agriculture, Forestry, Animal Husbandry, Fishery and Water Conservancy		30.58
2.工业	Industry	108.72	1054.27
#用作原料、材料	Non-Energy Use	23.66	599.96
3.建筑业	Construction		85.32
4.交通运输、仓储和邮政业	Transport, Storage and Post		1300.71
5.批发、零售业和住宿、餐饮业	Wholesale, Retail Trade and Hotel, Restaurants		155.47
6.其他	Others		241.25
7.生活消费	Residential Consumption		246.06
城 镇	Urban		177.66
乡 村	Rural		68.39
五.平衡差额	**Statistical Difference**		**-2.25**
六.消费量合计	**Total Energy Consumption**	**108.72**	**3148.04**

Continued 1

原油 (万吨) Crude Oil (10^4 tn)	汽油 (万吨) Gasoline (10^4 tn)	煤油 (万吨) Kerosene (10^4 tn)	柴油 (万吨) Diesel Oil (10^4 tn)	燃料油 (万吨) Fuel Oil (10^4 tn)	石脑油 (万吨) Naphtha (10^4 tn)	润滑油 (万吨) Lubricants (10^4 tn)	石蜡 (万吨) Paraffin Waxes (10^4 tn)	溶剂油 (万吨) White Spirit (10^4 tn)
2134.69	**197.71**	**250.36**	**-266.68**	**645.84**	**186.25**	**103.93**	**-6.85**	**-0.49**
8.12								
241.44	949.90	131.18	1733.27	180.25	220.86	103.34		
1913.74		271.51		93.55				
		140.93	9.81	474.28				
-5.50	-744.30	-101.29	-2026.03	-29.42	-30.71		-1.14	-0.42
		-35.64		-1.95			-5.71	
		-151.68		-90.61				
-23.11	-7.89	-4.64	16.27	19.74	-3.90	0.59		-0.06
-2131.00	**274.37**	**150.12**	**797.93**	**13.13**	**239.41**	**6.11**	**11.52**	**2.66**
			-0.87	-14.15				
			-0.05	-2.05				
-2131.00	274.37	150.12	798.85	29.33	239.41	6.11	11.52	2.66
3.69	**472.87**	**400.50**	**532.05**	**658.84**	**425.86**	**110.83**	**4.94**	**1.27**
	17.32		13.24					
3.69	33.31	4.64	80.13	62.86	425.86	6.22	4.38	1.27
	0.80	4.03	7.85	0.27	425.86			1.27
	26.18		33.35	9.62		0.29		
	109.11	395.82	181.53	578.36		29.29		
	55.52	0.01	75.63	6.14		10.04	0.52	
	88.94	0.03	106.13	1.86		37.68	0.04	
	142.50		42.04			27.31		
	123.12		23.57			20.37		
	19.39		18.47			6.94		
	-0.79	**-0.02**	**-0.79**	**0.13**	**-0.20**	**-0.79**	**-0.27**	**0.91**
2134.69	**472.87**	**400.50**	**532.96**	**675.04**	**425.86**	**110.83**	**4.94**	**1.27**

续表 2

项　　目	Item	石油沥青(万吨) Bitumen Asphalt (10^4 tn)	石油焦(万吨) Petroleum Coke (10^4 tn)
一.可供本地区消费的能源量	**Total Primary Energy Supply**	**-18.62**	**-28.24**
1.一次能源生产量	Indigenous Production		
2.外省(区、市)调入量	Moving In from Other Provinces		
3.进口量	Import		
4.境内轮船和飞机在境外的加油量	Domestic Airplanes&Ships Refueling in Abroad		
5.本省(区、市)调出量(−)	Sending Out to Other Provinces(-)	-18.62	-13.15
6.出口量(−)	Export(-)		-15.17
7.境外轮船和飞机在境内的加油量(−)	Oversea Airplanes&Ships Refueling in China		
8.库存增(−)、减(+)量	Stock Change		0.08
二.加工转换投入(−)产出(+)量	**Input(-) & Output(+) of Transformation**	**35.01**	**88.39**
1.火力发电	Thermal Power		-21.22
2.供　热	Heating Supply		-22.53
3.洗 选 煤	Coal Washing		
4.炼　焦	Coking		
5.炼油及煤制油	Petroleum Refineries	35.01	132.14
#油品再投入量(−)	Petroleum Products Input (-)		
6.制　气	Gas Works		
#焦炭再投入量(−)	Coke Input (-)		
7.天然气液化	Natural Gas Liquefaction		
8.煤制品加工	Briquettes		
9.回收能	Recovery of Energy		
三.损 失 量	**Loss**		
四.终端消费量	**Total Final Consumption**	**16.39**	**60.15**
1.农、林、牧、渔、水利业	Agriculture, Forestry, Animal Husbandry, Fishery and Water Conservancy		
2.工业	Industry	0.50	60.15
#用作原料、材料	Non-Energy Use		0.04
3.建筑业	Construction	15.89	
4.交通运输、仓储和邮政业	Transport, Storage and Post		
5.批发、零售业和住宿、餐饮业	Wholesale, Retail Trade and Hotel, Restaurants		
6.其他	Others		
7.生活消费	Residential Consumption		
城 镇	Urban		
乡 村	Rural		
五.平衡差额	**Statistical Difference**		
六.消费量合计	**Total Energy Consumption**	**16.39**	**103.90**

Continued 2

液化石油气（万吨） LPG (10^4 tn)	炼厂干气（万吨） Refinery Gas (10^4 tn)	其他石油制品（万吨） Other Petroleum Products (10^4 tn)	天然气（亿立方米） Natural Gas (10^8 cu.m)	液化天然气（万吨） LNG (10^4 tn)	热力（万百万千焦） Heat (10^{10} kJ)	电力（亿千瓦小时） Electricity (10^8 kW•h)	其他能源（万吨标煤） Other Energy (10^4 tce)
36.44	**0.22**	**-88.77**	**55.37**	**0.53**		**317.40**	
			3.01			4.10	
50.03		12.77	31.29	0.53		372.02	
11.64		1.65	21.07				
-26.37		-102.54				-58.72	
1.14	0.22	-0.65					
81.78	**119.58**	**276.61**	**-15.44**		**7665.30**	**1022.22**	**4.59**
	-0.46	-0.05	-10.24		-10.89	1022.22	-16.34
-0.03	-0.71	-0.06	-2.09		7375.14		-2.22
81.81	120.75	298.97					
		-22.25					
			-3.11		-38.11		
					339.16		23.15
			2.86			**70.49**	
118.90	**119.54**	**187.83**	**37.06**	**0.53**	**7665.29**	**1269.13**	**4.59**
0.02			0.01			6.37	
63.89	119.54	187.83	23.20	0.53	7454.33	735.27	4.59
49.02		110.82					
			0.03		3.73	26.95	
6.60			0.32		69.69	38.37	
7.62			1.46		48.07	72.04	
6.57			3.41		69.11	214.91	
34.20			8.63		20.36	175.22	
10.61			7.19		20.36	162.00	
23.59			1.44			13.22	
-0.68	**0.26**		**0.01**				
118.93	**120.71**	**210.19**	**55.36**	**0.53**	**7714.30**	**1339.62**	**23.15**

6-10 江苏能源平衡表(实物量)-2011

项目	Item	煤合计 (万吨) Coal Total (10^4 tn)	原煤 (万吨) Raw Coal (10^4 tn)
一.可供本地区消费的能源量	**Total Primary Energy Supply**	**27363.83**	**25464.95**
1.一次能源生产量	Indigenous Production	2100.27	2100.27
2.外省(区、市)调入量	Moving In from Other Provinces	26804.72	24436.10
3.进口量	Import	571.00	571.00
4.境内轮船和飞机在境外的加油量	Domestic Airplanes&Ships Refueling in Abroad		
5.本省(区、市)调出量(-)	Sending Out to Other Provinces(-)	-1810.39	-1406.89
6.出口量(-)	Export(-)	-42.00	-42.00
7.境外轮船和飞机在境内的加油量(-)	Oversea Airplanes&Ships Refueling in China		
8.库存增(-)、减(+)量	Stock Change	-259.77	-193.53
二.加工转换投入(-)产出(+)量	**Input(-) & Output(+) of Transformation**	**-21172.65**	**-19780.45**
1.火力发电	Thermal Power	-15266.50	-15074.21
2.供　　热	Heating Supply	-2801.35	-2697.94
3.洗 选 煤	Coal Washing	-326.45	-1588.44
4.炼　　焦	Coking	-2762.31	-416.43
5.炼油及煤制油	Petroleum Refineries		
#油品再投入量(-)	Petroleum Products Input (-)		
6.制　　气	Gas Works	-16.04	-3.43
#焦炭再投入量(-)	Coke Input (-)		
7.天然气液化	Natural Gas Liquefaction		
8.煤制品加工	Briquettes		
9.回收能	Recovery of Energy		
三.损 失 量	**Loss**		
四.终端消费量	**Total Final Consumption**	**6191.18**	**5684.50**
1.农、林、牧、渔、水利业	Agriculture, Forestry, Animal Husbandry, Fishery and Water Conservancy	56.34	56.34
2.工业	Industry	6082.56	5575.88
#用作原料、材料	Non-Energy Use	497.57	433.71
3.建筑业	Construction	2.62	2.62
4.交通运输、仓储和邮政业	Transport, Storage and Post	3.20	3.20
5.批发、零售业和住宿、餐饮业	Wholesale, Retail Trade and Hotel, Restaurants	25.00	25.00
6.其他	Others	0.46	0.46
7.生活消费	Residential Consumption	21.00	21.00
城 镇	Urban	5.00	5.00
乡 村	Rural	16.00	16.00
五.平衡差额	**Statistical Difference**		
六.消费量合计	**Total Energy Consumption**	**27363.83**	**25464.95**

ENERGY BALANCE OF JIANGSU (PHYSICAL QUANTITY)-2011

洗精煤 (万吨) Cleaned Coal (10^4 tn)	其他洗煤 (万吨) Other Washed Coal (10^4 tn)	型煤 (万吨) Briquettes (10^4 tn)	煤矸石 (万吨) Gangue (10^4 tn)	焦炭 (万吨) Coke (10^4 tn)	焦炉煤气 (亿立方米) Coke Oven Gas (10^8 cu.m)	高炉煤气 (亿立方米) Blast Furnace Gas (10^8 cu.m)	转炉煤气 (亿立方米) Converter Gas (10^8 cu.m)	其他煤气 (亿立方米) Other Gas (10^8 cu.m)
1912.21	**-34.46**	**21.13**		**1260.15**				
2294.10	53.83	20.69		1299.18				
-363.00	-40.50							
-18.89	-47.79	0.44		-39.03				
-1451.85	**59.65**		**40.27**	**1889.71**	**32.53**	**58.23**	**10.00**	**0.33**
	-192.29		-186.46		-10.49			
	-103.41		-12.76		-1.02			
906.64	355.35		239.49					
-2345.88				1881.40	43.77			
-12.61				9.92	0.27			0.33
				-1.61				
						58.23	10.00	
460.36	**25.19**	**21.13**	**40.27**	**3149.86**	**32.53**	**58.23**	**10.00**	**0.33**
460.36	25.19	21.13		3149.86	32.53	58.23	9.07	0.33
63.86				85.14				
			40.27					
							0.93	
							0.93	
2818.85	**320.89**	**21.13**	**239.49**	**3151.47**	**44.04**	**58.23**	**10.00**	**0.33**

续表 1

项目	Item	其他焦化产品 (万吨) Other Coking Products (10^4 tn)	油品合计 (万吨) Petroleum Products Total (10^4 tn)
一.可供本地区消费的能源量	**Total Primary Energy Supply**	**-91.51**	**2572.54**
1.一次能源生产量	Indigenous Production		189.03
2.外省(区、市)调入量	Moving In from Other Provinces		2202.11
3.进口量	Import		1893.91
4.境内轮船和飞机在境外的加油量	Domestic Airplanes&Ships Refueling in Abroad		23.28
5.本省(区、市)调出量(−)	Sending Out to Other Provinces(-)	-90.15	-1610.58
6.出口量(−)	Export(-)		-193.71
7.境外轮船和飞机在境内的加油量(−)	Oversea Airplanes&Ships Refueling in China		-2.10
8.库存增(−)、减(+)量	Stock Change	-1.36	70.60
二.加工转换投入(−)产出(+)量	**Input(-) & Output(+) of Transformation**	**120.85**	**-94.19**
1.火力发电	Thermal Power		-5.04
2.供　热	Heating Supply		-3.84
3.洗 选 煤	Coal Washing		
4.炼　焦	Coking	120.31	
5.炼油及煤制油	Petroleum Refineries		443.38
#油品再投入量(−)	Petroleum Products Input (-)		-528.69
6.制　气	Gas Works	0.54	
#焦炭再投入量(−)	Coke Input (-)		
7.天然气液化	Natural Gas Liquefaction		
8.煤制品加工	Briquettes		
9.回收能	Recovery of Energy		
三.损 失 量	**Loss**		**9.47**
四.终端消费量	**Total Final Consumption**	**29.34**	**2468.88**
1.农、林、牧、渔、水利业	Agriculture, Forestry, Animal Husbandry, Fishery and Water Conservancy		214.80
2.工业	Industry	29.34	734.29
#用作原料、材料	Non-Energy Use	24.58	313.02
3.建筑业	Construction		143.10
4.交通运输、仓储和邮政业	Transport, Storage and Post		945.36
5.批发、零售业和住宿、餐饮业	Wholesale, Retail Trade and Hotel, Restaurants		21.48
6.其他	Others		52.04
7.生活消费	Residential Consumption		357.82
城 镇	Urban		290.03
乡 村	Rural		67.79
五.平衡差额	**Statistical Difference**		
六.消费量合计	**Total Energy Consumption**	**29.34**	**2572.54**

Continued 1

原油 (万吨) Crude Oil (10^4 tn)	汽油 (万吨) Gasoline (10^4 tn)	煤油 (万吨) Kerosene (10^4 tn)	柴油 (万吨) Diesel Oil (10^4 tn)	燃料油 (万吨) Fuel Oil (10^4 tn)	石脑油 (万吨) Naphtha (10^4 tn)	润滑油 (万吨) Lubricants (10^4 tn)	石蜡 (万吨) Paraffin Waxes (10^4 tn)	溶剂油 (万吨) White Spirit (10^4 tn)
2981.07	**528.90**	**-156.56**	**12.61**	**-69.84**	**-177.52**	**-3.14**	**-8.98**	**-12.89**
189.03								
992.40	524.70	24.02	552.70	12.31	95.13	0.41		
1779.61			5.00	66.00	17.30			
		16.24	0.49	6.46		0.09		
-15.89		-138.36	-548.94	-39.90	-283.44	-0.46	-8.98	-12.90
	-8.97	-59.73	-8.00	-117.01				
		-0.34	-0.21	-1.55				
35.92	13.17	1.61	11.57	3.85	-6.51	-3.18		0.01
-2963.89	**298.48**	**201.29**	**744.35**	**220.21**	**228.05**	**3.82**	**9.18**	**13.68**
			-2.20	-0.20				
			-0.24	-0.62				
-2963.89	298.48	201.29	746.79	221.03	228.05	3.82	9.18	13.68
7.17	**1.40**		**0.29**		**0.15**			
10.01	**825.98**	**44.73**	**756.67**	**150.37**	**50.38**	**0.68**	**0.20**	**0.79**
	23.48		181.96	9.36				
10.01	41.24	1.92	101.52	84.55	50.38	0.68	0.20	0.79
	0.59	0.16	0.78	1.01	48.00	0.25	0.17	0.45
	2.70		39.98					
	446.26	42.81	399.80	56.46				
	11.85		1.63					
	32.60		19.44					
	267.86		12.34					
	234.41							
	33.45		12.34					
2981.07	**827.38**	**44.73**	**759.40**	**151.19**	**50.53**	**0.68**	**0.20**	**0.79**

续表 2

项目	Item	石油沥青(万吨) Bitumen Asphalt (10^4 tn)	石油焦(万吨) Petroleum Coke (10^4 tn)
一.可供本地区消费的能源量	**Total Primary Energy Supply**	**-119.23**	**-182.69**
1.一次能源生产量	Indigenous Production		
3.外省(区、市)调入量	Moving In from Other Provinces		
4.进口量	Import		
5.境内轮船和飞机在境外的加油量	Domestic Airplanes&Ships Refueling in Abroad		
6.本省(区、市)调出量(-)	Sending Out to Other Provinces(-)	-117.64	-180.88
7.出口量(-)	Export(-)		
8.境外轮船和飞机在境内的加油量(-)	Oversea Airplanes&Ships Refueling in China		
9.库存增(-)、减(+)量	Stock Change	-1.59	-1.81
二.加工转换投入(-)产出(+)量	**Input(-) & Output(+) of Transformation**	**226.75**	**223.80**
1.火力发电	Thermal Power		-1.29
2.供　热	Heating Supply		-1.23
3.洗 选 煤	Coal Washing		
4.炼　焦	Coking		
5.炼油及煤制油	Petroleum Refineries	226.75	226.32
#油品再投入量(-)	Petroleum Products Input (-)		
6.制　气	Gas Works		
#焦炭再投入量(-)	Coke Input (-)		
7.天然气液化	Natural Gas Liquefaction		
8.煤制品加工	Briquettes		
2.回收能	Recovery of Energy		
三.损 失 量	**Loss**		**0.46**
四.终端消费量	**Total Final Consumption**	**107.52**	**40.65**
1.农、林、牧、渔、水利业	Agriculture, Forestry, Animal Husbandry, Fishery and Water Conservancy		
2.工业	Industry	7.46	40.65
#用作原料、材料	Non-Energy Use	0.05	17.61
3.建筑业	Construction	100.06	
4.交通运输、仓储和邮政业	Transport, Storage and Post		
5.批发、零售业和住宿、餐饮业	Wholesale, Retail Trade and Hotel, Restaurants		
6.其他	Others		
7.生活消费	Residential Consumption		
城 镇	Urban		
乡 村	Rural		
五.平衡差额	**Statistical Difference**		
六.消费量合计	**Total Energy Consumption**	**107.52**	**43.63**

Continued 2

液化石油气 (万吨) LPG (10^4 tn)	炼厂干气 (万吨) Refinery Gas (10^4 tn)	其他石油制品 (万吨) Other Petroleum Products (10^4 tn)	天然气 (亿立方米) Natural Gas (10^8 cu.m)	液化天然气 (万吨) LNG (10^4 tn)	热力 (万百万千焦) Heat (10^{10} kJ)	电力 (亿千瓦小时) Electricity (10^8 kW•h)	其他能源 (万吨标煤) Other Energy (10^4 tce)
-33.44		**-185.75**	**93.20**	**3.90**		**550.68**	**176.31**
			0.54			201.96	176.30
		0.44	92.66	3.90		510.23	
26.00							
-59.52		-203.67				-161.51	
0.08		17.48					0.01
161.15	**92.96**	**445.98**	**-39.07**		**52705.73**	**3730.94**	**-143.15**
	-0.21	-1.14	-35.96		-9.80	3730.94	-122.66
-0.34	-0.41	-1.00	-3.11		51758.15		-20.49
161.49	93.58	976.81					
		-528.69					
					957.38		
			0.04		**2039.17**	**298.81**	
127.71	**92.96**	**260.23**	**54.09**	**3.90**	**50666.56**	**3982.81**	**33.16**
						33.01	
41.70	92.96	260.23	38.64	3.90	49884.12	3086.38	33.16
0.45		243.50	1.34				
0.36						39.45	
0.03			4.34		79.38	39.99	
8.00			1.81		63.30	121.00	
			0.02		132.00	254.77	
77.62			9.28		507.76	408.21	
55.62			9.28		507.76	201.34	
22.00						206.87	
128.05	**93.58**	**791.06**	**93.20**	**3.90**	**52715.53**	**4281.62**	**176.31**

6-11 浙江能源平衡表(实物量)-2011

项 目	Item	煤合计 (万吨) Coal Total (10^4 tn)	原煤 (万吨) Raw Coal (10^4 tn)
一.可供本地区消费的能源量	**Total Primary Energy Supply**	**14776.04**	**14382.48**
1.一次能源生产量	Indigenous Production	15.06	15.06
2.外省(区、市)调入量	Moving In from Other Provinces	13672.17	13286.28
3.进口量	Import	1216.80	1216.80
4.境内轮船和飞机在境外的加油量	Domestic Airplanes&Ships Refueling in Abroad		
5.本省(区、市)调出量(−)	Sending Out to Other Provinces(-)		
6.出口量(−)	Export(-)		
7.境外轮船和飞机在境内的加油量(−)	Oversea Airplanes&Ships Refueling in China		
8.库存增(−)、减(+)量	Stock Change	-127.99	-135.67
二.加工转换投入(−)产出(+)量	**Input(-) & Output(+) of Transformation**	**-11569.54**	**-11360.63**
1.火力发电	Thermal Power	-9033.56	-9033.56
2.供　热	Heating Supply	-2184.52	-2184.52
3.洗 选 煤	Coal Washing	-3.10	-13.15
4.炼　焦	Coking	-383.31	-13.05
5.炼油及煤制油	Petroleum Refineries		
#油品再投入量(−)	Petroleum Products Input (-)		
6.制　气	Gas Works	-1.42	-1.42
#焦炭再投入量(−)	Coke Input (-)		
7.天然气液化	Natural Gas Liquefaction		
8.煤制品加工	Briquettes	36.38	-114.92
9.回收能	Recovery of Energy		
三.损 失 量	**Loss**		
四.终端消费量	**Total Final Consumption**	**3206.47**	**3021.82**
1.农、林、牧、渔、水利业	Agriculture, Forestry, Animal Husbandry, Fishery and Water Conservancy	4.00	4.00
2.工业	Industry	3085.58	2971.94
#用作原料、材料	Non-Energy Use		
3.建筑业	Construction	8.50	8.50
4.交通运输、仓储和邮政业	Transport, Storage and Post	0.38	0.38
5.批发、零售业和住宿、餐饮业	Wholesale, Retail Trade and Hotel, Restaurants	47.00	37.00
6.其他	Others		
7.生活消费	Residential Consumption	61.00	
城 镇	Urban	18.00	
乡 村	Rural	43.00	
五.平衡差额	**Statistical Difference**	**0.03**	**0.02**
六.消费量合计	**Total Energy Consumption**	**14776.00**	**14382.45**

ENERGY BALANCE OF ZHEJIANG (PHYSICAL QUANTITY)-2011

洗精煤 (万吨) Cleaned Coal (10^4 tn)	其他洗煤 (万吨) Other Washed Coal (10^4 tn)	型煤 (万吨) Briquettes (10^4 tn)	煤矸石 (万吨) Gangue (10^4 tn)	焦炭 (万吨) Coke (10^4 tn)	焦炉煤气 (亿立方米) Coke Oven Gas (10^8 cu.m)	高炉煤气 (亿立方米) Blast Furnace Gas (10^8 cu.m)	转炉煤气 (亿立方米) Converter Gas (10^8 cu.m)	其他煤气 (亿立方米) Other Gas (10^8 cu.m)
390.95	**2.37**	**0.24**	**25.24**	**184.64**				
383.50	2.39		25.24	179.64				
7.45	-0.02	0.24		5.00				
-360.21		**151.30**	**-1.80**	**285.35**	**6.61**	**39.69**	**1.41**	**0.24**
			-1.00		-0.34	-25.32	-1.16	
			-0.80		-0.05	-1.77	-0.30	
10.05								
-370.26				285.35	7.00			
								0.24
		151.30						
						66.78	2.87	
30.75	**2.37**	**151.53**	**23.44**	**470.00**	**6.58**	**39.69**	**1.41**	**0.22**
30.75	2.37	80.53	23.44	470.00	6.58	39.69	1.41	0.22
		10.00						
		61.00						
		18.00						
		43.00						
		0.01			**0.02**			**0.02**
401.00	**2.37**	**151.53**	**25.24**	**470.00**	**6.98**	**66.78**	**2.87**	**0.22**

续表 1

项　　目	Item	其他焦化产品(万吨) Other Coking Products (10^4 tn)	油品合计(万吨) Petroleum Products Total (10^4 tn)
一.可供本地区消费的能源量	**Total Primary Energy Supply**	**-6.30**	**2708.36**
1.一次能源生产量	Indigenous Production		
2.外省(区、市)调入量	Moving In from Other Provinces		2299.72
3.进口量	Import		2548.08
4.境内轮船和飞机在境外的加油量	Domestic Airplanes&Ships Refueling in Abroad		
5.本省(区、市)调出量(-)	Sending Out to Other Provinces(-)	-6.35	-1800.98
6.出口量(-)	Export(-)		-371.06
7.境外轮船和飞机在境内的加油量(-)	Oversea Airplanes&Ships Refueling in China		
8.库存增(-)、减(+)量	Stock Change	0.05	32.60
二.加工转换投入(-)产出(+)量	**Input(-) & Output(+) of Transformation**	**8.37**	**-199.35**
1.火力发电	Thermal Power		-50.86
2.供　热	Heating Supply		-11.79
3.洗 选 煤	Coal Washing		
4.炼　焦	Coking	8.37	
5.炼油及煤制油	Petroleum Refineries		244.86
#油品再投入量(-)	Petroleum Products Input (-)		-381.56
6.制　气	Gas Works		
#焦炭再投入量(-)	Coke Input (-)		
7.天然气液化	Natural Gas Liquefaction		
8.煤制品加工	Briquettes		
9.回收能	Recovery of Energy		
三.损 失 量	**Loss**		
四.终端消费量	**Total Final Consumption**	**2.08**	**2509.04**
1.农、林、牧、渔、水利业	Agriculture, Forestry, Animal Husbandry, Fishery and Water Conservancy		220.00
2.工业	Industry	2.08	741.69
#用作原料、材料	Non-Energy Use		
3.建筑业	Construction		155.90
4.交通运输、仓储和邮政业	Transport, Storage and Post		808.36
5.批发、零售业和住宿、餐饮业	Wholesale, Retail Trade and Hotel, Restaurants		92.00
6.其他	Others		96.10
7.生活消费	Residential Consumption		395.00
城 镇	Urban		212.00
乡 村	Rural		183.00
五.平衡差额	**Statistical Difference**		**-0.04**
六.消费量合计	**Total Energy Consumption**	**2.08**	**2708.39**

Continued 1

原油（万吨） Crude Oil (10^4 tn)	汽油（万吨） Gasoline (10^4 tn)	煤油（万吨） Kerosene (10^4 tn)	柴油（万吨） Diesel Oil (10^4 tn)	燃料油（万吨） Fuel Oil (10^4 tn)	石脑油（万吨） Naphtha (10^4 tn)	润滑油（万吨） Lubricants (10^4 tn)	石蜡（万吨） Paraffin Waxes (10^4 tn)	溶剂油（万吨） White Spirit (10^4 tn)
2939.77	**332.81**	**-88.14**	**87.53**	**213.35**	**-133.44**	**0.93**	**0.23**	**-2.62**
818.06	533.53		417.80	359.62			0.24	
2123.59		7.45	38.30	347.19		0.97		
	-159.92	-19.86	-390.53	-244.82	-133.44	-12.25		-2.62
	-8.96	-71.18	-28.30	-253.57		-0.62		
-1.88	-31.84	-4.55	50.26	4.93		12.84	-0.01	
-2939.67	**314.95**	**162.89**	**869.87**	**-38.48**	**133.44**			**3.18**
-2.03			-1.01	-7.05				
			-0.02	-0.56				
-2937.63	314.95	162.89	870.90	156.93	133.44			3.18
				-187.81				
0.10	**647.76**	**74.75**	**957.41**	**174.87**		**0.94**	**0.24**	**0.56**
	20.00		200.00					
0.10	70.76	2.52	208.41	84.77		0.94	0.24	0.56
	32.00	1.90	122.00					
	308.00	70.34	355.00	75.00				
	23.00		24.00	11.00				
	53.00		22.00	4.10				
	141.00		26.00					
	78.00		12.00					
	63.00		14.00					
			-0.01					
2939.77	**647.76**	**74.75**	**958.44**	**370.29**		**0.94**	**0.24**	**0.56**

续表 2

项　　目	Item	石油沥青（万吨） Bitumen Asphalt (10^4 tn)	石油焦（万吨） Petroleum Coke (10^4 tn)
一.可供本地区消费的能源量	**Total Primary Energy Supply**	**-317.44**	**-107.65**
1.一次能源生产量	Indigenous Production		
2.外省(区、市)调入量	Moving In from Other Provinces		
3.进口量	Import		
4.境内轮船和飞机在境外的加油量	Domestic Airplanes&Ships Refueling in Abroad		
5.本省(区、市)调出量(–)	Sending Out to Other Provinces(-)	-317.44	-107.59
6.出口量(–)	Export(-)		
7.境外轮船和飞机在境内的加油量(–)	Oversea Airplanes&Ships Refueling in China		
8.库存增(–)、减(+)量	Stock Change		-0.06
二.加工转换投入(–)产出(+)量	**Input(-) & Output(+) of Transformation**	**317.46**	**130.24**
1.火力发电	Thermal Power		-40.77
2.供　　热	Heating Supply		-11.04
3.洗 选 煤	Coal Washing		
4.炼　　焦	Coking		
5.炼油及煤制油	Petroleum Refineries	317.46	182.06
#油品再投入量(–)	Petroleum Products Input (-)		
6.制　　气	Gas Works		
#焦炭再投入量(–)	Coke Input (-)		
7.天然气液化	Natural Gas Liquefaction		
8.煤制品加工	Briquettes		
9.回收能	Recovery of Energy		
三.损 失 量	**Loss**		
四.终端消费量	**Total Final Consumption**	**0.02**	**22.59**
1.农、林、牧、渔、水利业	Agriculture, Forestry, Animal Husbandry, Fishery and Water Conservancy		
2.工业	Industry	0.02	22.59
#用作原料、材料	Non-Energy Use		
3.建筑业	Construction		
4.交通运输、仓储和邮政业	Transport, Storage and Post		
5.批发、零售业和住宿、餐饮业	Wholesale, Retail Trade and Hotel, Restaurants		
6.其他	Others		
7.生活消费	Residential Consumption		
城 镇	Urban		
乡 村	Rural		
五.平衡差额	**Statistical Difference**		
六.消费量合计	**Total Energy Consumption**	**0.02**	**74.40**

Continued 2

液化石油气（万吨） LPG (10⁴ tn)	炼厂干气（万吨） Refinery Gas (10⁴ tn)	其他石油制品（万吨） Other Petroleum Products (10⁴ tn)	天然气（亿立方米） Natural Gas (10⁸ cu.m)	液化天然气（万吨） LNG (10⁴ tn)	热力（万百万千焦） Heat (10¹⁰ kJ)	电力（亿千瓦小时） Electricity (10⁸ kW•h)	其他能源（万吨标煤） Other Energy (10⁴ tce)
192.51		**-409.50**	**43.00**	**6.43**		**774.30**	**149.66**
						447.63	149.66
170.47			43.00	6.43		344.87	
30.58							
		-412.51				-18.20	
-8.43							
-0.11		3.01					
99.08	**106.06**	**641.62**	**-25.60**	**-1.84**	**43585.81**	**2342.61**	**-97.90**
			-25.49	-1.65	-3240.38	2342.61	-74.06
	-0.16		-0.11	-0.18	43278.40		-23.84
130.06	133.99	776.63					
-30.98	-27.76	-135.01					
					3547.79		
					1620.00	**117.55**	
291.62	**106.05**	**232.12**	**17.40**	**4.59**	**41965.78**	**2999.36**	**51.76**
						19.36	
12.60	106.05	232.12	9.90	4.59	34665.78	2265.61	51.76
						44.04	
0.02			0.02		7.00	31.78	
34.00			1.78		5593.00	111.90	
17.00					1700.00	174.05	
228.00			5.70			352.63	
122.00			5.70			186.57	
106.00						166.06	
-0.02	**0.01**				**0.03**		
322.60	**133.97**	**367.14**	**43.00**	**6.43**	**46826.16**	**3116.91**	**149.66**

6-12 安徽能源平衡表(实物量)-2011

项　　目	Item	煤合计 (万吨) Coal Total (10^4 tn)	原煤 (万吨) Raw Coal (10^4 tn)
一.可供本地区消费的能源量	**Total Primary Energy Supply**	**14515.09**	**15026.09**
1.一次能源生产量	Indigenous Production	14079.90	14079.90
2.外省(区、市)调入量	Moving In from Other Provinces	4747.24	4747.24
3.进口量	Import		
4.境内轮船和飞机在境外的加油量	Domestic Airplanes&Ships Refueling in Abroad		
5.本省(区、市)调出量(-)	Sending Out to Other Provinces(-)	-4144.87	-3632.87
6.出口量(-)	Export(-)		
7.境外轮船和飞机在境内的加油量(-)	Oversea Airplanes&Ships Refueling in China		
8.库存增(-)、减(+)量	Stock Change	-167.18	-168.18
二.加工转换投入(-)产出(+)量	**Input(-) & Output(+) of Transformation**	**-9335.68**	**-10427.82**
1.火力发电	Thermal Power	-7245.25	-5690.22
2.供　　热	Heating Supply	-352.76	-349.21
3.洗 选 煤	Coal Washing	-468.79	-4282.00
4.炼　　焦	Coking	-1182.48	
5.炼油及煤制油	Petroleum Refineries		
#油品再投入量(-)	Petroleum Products Input (-)		
6.制　　气	Gas Works	-90.19	-90.19
#焦炭再投入量(-)	Coke Input (-)		
7.天然气液化	Natural Gas Liquefaction		
8.煤制品加工	Briquettes	3.79	-16.20
9.回收能	Recovery of Energy		
三.损 失 量	**Loss**		
四.终端消费量	**Total Final Consumption**	**5202.63**	**4623.01**
1.农、林、牧、渔、水利业	Agriculture, Forestry, Animal Husbandry, Fishery and Water Conservancy	58.03	58.03
2.工业	Industry	4769.13	4190.90
#用作原料、材料	Non-Energy Use	379.49	357.42
3.建筑业	Construction	20.31	18.92
4.交通运输、仓储和邮政业	Transport, Storage and Post	42.18	42.18
5.批发、零售业和住宿、餐饮业	Wholesale, Retail Trade and Hotel, Restaurants	36.78	36.78
6.其他	Others	50.19	50.19
7.生活消费	Residential Consumption	226.00	226.00
城 镇	Urban	98.00	98.00
乡 村	Rural	128.00	128.00
五.平衡差额	**Statistical Difference**	**-23.22**	**-24.74**
六.消费量合计	**Total Energy Consumption**	**14538.31**	**15050.83**

ENERGY BALANCE OF ANHUI (PHYSICAL QUANTITY)-2011

洗精煤 (万吨) Cleaned Coal (10^4 tn)	其他洗煤 (万吨) Other Washed Coal (10^4 tn)	型煤 (万吨) Briquettes (10^4 tn)	煤矸石 (万吨) Gangue (10^4 tn)	焦炭 (万吨) Coke (10^4 tn)	焦炉煤气 (亿立方米) Coke Oven Gas (10^8 cu.m)	高炉煤气 (亿立方米) Blast Furnace Gas (10^8 cu.m)	转炉煤气 (亿立方米) Converter Gas (10^8 cu.m)	其他煤气 (亿立方米) Other Gas (10^8 cu.m)
-513.73	**1.94**	**0.79**		**79.33**				
				80.30				
-512.00								
-1.73	1.94	0.79		-0.97				
618.47	**453.68**	**19.99**	**2.31**	**868.80**	**18.74**			**13.38**
	-1555.03		-185.19		-5.73			
	-3.55		-7.50		-1.87			
1800.95	2012.26		195.00					
-1182.48				868.80	26.34			
								13.38
		19.99						
104.37	**455.26**	**19.99**	**3.28**	**948.12**	**18.43**			**13.38**
102.98	455.26	19.99	3.28	948.12	18.43			13.38
21.07		1.00	0.35	0.24				
1.39								
0.37	**0.36**	**0.79**	**-0.97**	**0.01**	**0.31**			
1286.85	**2013.84**	**19.99**	**195.97**	**948.12**	**26.03**			**13.38**

续表 1

项目	Item	其他焦化产品(万吨) Other Coking Products (10^4 tn)	油品合计(万吨) Petroleum Products Total (10^4 tn)
一.可供本地区消费的能源量	**Total Primary Energy Supply**	**-45.82**	**695.21**
1.一次能源生产量	Indigenous Production	1.05	
2.外省(区、市)调入量	Moving In from Other Provinces	-1.05	724.24
3.进口量	Import		253.59
4.境内轮船和飞机在境外的加油量	Domestic Airplanes&Ships Refueling in Abroad		
5.本省(区、市)调出量(-)	Sending Out to Other Provinces(-)	-45.83	-267.38
6.出口量(-)	Export(-)		
7.境外轮船和飞机在境内的加油量(-)	Oversea Airplanes&Ships Refueling in China		
8.库存增(-)、减(+)量	Stock Change	0.01	-15.24
二.加工转换投入(-)产出(+)量	**Input(-) & Output(+) of Transformation**	**55.60**	**16.44**
1.火力发电	Thermal Power		-1.51
2.供　　热	Heating Supply		-2.13
3.洗 选 煤	Coal Washing		
4.炼　　焦	Coking	55.60	
5.炼油及煤制油	Petroleum Refineries		32.06
#油品再投入量(-)	Petroleum Products Input (-)		-11.98
6.制　　气	Gas Works		
#焦炭再投入量(-)	Coke Input (-)		
7.天然气液化	Natural Gas Liquefaction		
8.煤制品加工	Briquettes		
9.回收能	Recovery of Energy		
三.损 失 量	**Loss**		
四.终端消费量	**Total Final Consumption**	**8.43**	**723.89**
1.农、林、牧、渔、水利业	Agriculture, Forestry, Animal Husbandry, Fishery and Water Conservancy		86.52
2.工业	Industry	8.43	134.44
#用作原料、材料	Non-Energy Use	8.08	17.66
3.建筑业	Construction		44.98
4.交通运输、仓储和邮政业	Transport, Storage and Post		331.39
5.批发、零售业和住宿、餐饮业	Wholesale, Retail Trade and Hotel, Restaurants		9.46
6.其他	Others		36.20
7.生活消费	Residential Consumption		80.91
城 镇	Urban		67.01
乡 村	Rural		13.90
五.平衡差额	**Statistical Difference**	**1.35**	**-12.24**
六.消费量合计	**Total Energy Consumption**	**8.43**	**707.45**

Continued 1

原油（万吨） Crude Oil (10^4 tn)	汽油（万吨） Gasoline (10^4 tn)	煤油（万吨） Kerosene (10^4 tn)	柴油（万吨） Diesel Oil (10^4 tn)	燃料油（万吨） Fuel Oil (10^4 tn)	石脑油（万吨） Naphtha (10^4 tn)	润滑油（万吨） Lubricants (10^4 tn)	石蜡（万吨） Paraffin Waxes (10^4 tn)	溶剂油（万吨） White Spirit (10^4 tn)
483.49	**79.32**	**9.09**	**199.63**	**3.42**	**-6.67**	**-0.96**		**0.36**
229.88	114.00	9.05	330.00	6.23				0.36
253.59								
	-27.57		-123.38	-2.87	-6.67			
0.02	-7.11	0.04	-6.99	0.06		-0.96		
-482.52	**96.32**		**207.88**	**7.89**	**6.67**			
			-0.31					
			-0.03					
-482.52	96.32		208.22	7.89	6.67			
1.61	**176.16**	**9.09**	**416.35**	**11.31**		**0.15**	**0.10**	**0.36**
	14.61		71.92					
1.61	8.56	0.54	47.16	10.27		0.15	0.10	0.36
	0.14	0.02	0.81					0.14
	7.96		35.97	1.04				
	73.31	8.55	249.51					
	4.11		4.70					
	28.44		7.10					
	39.17							
	39.17							
-0.64	**-0.52**		**-8.84**			**-1.11**	**-0.10**	
484.13	**176.16**	**9.09**	**416.69**	**11.31**		**0.15**	**0.10**	**0.36**

续表 2

项　　目	Item	石油沥青（万吨） Bitumen Asphalt (10^4 tn)	石油焦（万吨） Petroleum Coke (10^4 tn)
一.可供本地区消费的能源量	**Total Primary Energy Supply**	**0.30**	**-39.00**
1.一次能源生产量	Indigenous Production		
2.外省(区、市)调入量	Moving In from Other Provinces	0.30	
3.进口量	Import		
4.境内轮船和飞机在境外的加油量	Domestic Airplanes&Ships Refueling in Abroad		
5.本省(区、市)调出量(-)	Sending Out to Other Provinces(-)		-39.00
6.出口量(-)	Export(-)		
7.境外轮船和飞机在境内的加油量(-)	Oversea Airplanes&Ships Refueling in China		
8.库存增(-)、减(+)量	Stock Change		
二.加工转换投入(-)产出(+)量	**Input(-) & Output(+) of Transformation**		**42.41**
1.火力发电	Thermal Power		
2.供　　热	Heating Supply		
3.洗 选 煤	Coal Washing		
4.炼　　焦	Coking		
5.炼油及煤制油	Petroleum Refineries		42.41
#油品再投入量(-)	Petroleum Products Input (-)		
6.制　　气	Gas Works		
#焦炭再投入量(-)	Coke Input (-)		
7.天然气液化	Natural Gas Liquefaction		
8.煤制品加工	Briquettes		
9.回收能	Recovery of Energy		
三.损 失 量	**Loss**		
四.终端消费量	**Total Final Consumption**	**0.30**	**4.42**
1.农、林、牧、渔、水利业	Agriculture, Forestry, Animal Husbandry, Fishery and Water Conservancy		
2.工业	Industry	0.30	4.42
#用作原料、材料	Non-Energy Use	0.08	
3.建筑业	Construction		
4.交通运输、仓储和邮政业	Transport, Storage and Post		
5.批发、零售业和住宿、餐饮业	Wholesale, Retail Trade and Hotel, Restaurants		
6.其他	Others		
7.生活消费	Residential Consumption		
城 镇	Urban		
乡 村	Rural		
五.平衡差额	**Statistical Difference**		**-1.01**
六.消费量合计	**Total Energy Consumption**	**0.30**	**4.42**

Continued 2

液化石油气（万吨） LPG (10^4 tn)	炼厂干气（万吨） Refinery Gas (10^4 tn)	其他石油制品（万吨） Other Petroleum Products (10^4 tn)	天然气（亿立方米） Natural Gas (10^8 cu.m)	液化天然气（万吨） LNG (10^4 tn)	热力（万百万千焦） Heat (10^10 kJ)	电力（亿千瓦小时） Electricity (10^8 kW•h)	其他能源（万吨标煤） Other Energy (10^4 tce)
10.77		**-44.54**	**20.00**	**0.75**		**-402.80**	**288.00**
						31.07	78.00
34.42			20.00	0.75		1.22	210.00
-24.46		-43.43				-435.09	
0.81		-1.11					
34.88	**8.76**	**94.15**			**7675.63**	**1624.00**	**-258.81**
	-1.20				-763.00	1624.00	-213.74
	-2.10				6848.63		-45.07
34.88	17.79	100.40					
	-5.73	-6.25					
					1590.00		
						85.07	
45.65	**8.79**	**49.61**	**20.03**	**0.75**	**7884.10**	**1136.12**	**29.89**
						12.94	
2.61	8.77	49.61	6.63	0.75	5799.54	792.72	29.89
1.56		14.91					
						18.21	
	0.02		3.00		2.56	17.93	
0.65			2.40			44.41	
0.66						58.36	
41.74			8.00		2082.00	191.55	
27.84			8.00		2041.00	93.75	
13.90					41.00	97.80	
	-0.03		**-0.03**		**-208.47**	**0.01**	**-0.70**
45.65	**17.82**	**55.86**	**20.03**	**0.75**	**8647.10**	**1221.19**	**288.70**

6-13 福建能源平衡表(实物量)-2011

项　　目	Item	煤合计(万吨) Coal Total (10^4 tn)	原煤(万吨) Raw Coal (10^4 tn)
一.可供本地区消费的能源量	**Total Primary Energy Supply**	**8713.75**	**8566.19**
1.一次能源生产量	Indigenous Production	2620.49	2620.49
2.外省(区、市)调入量	Moving In from Other Provinces	4016.95	3803.00
3.进口量	Import	2999.67	2999.67
4.境内轮船和飞机在境外的加油量	Domestic Airplanes&Ships Refueling in Abroad		
5.本省(区、市)调出量(-)	Sending Out to Other Provinces(-)	-712.46	-642.01
6.出口量(-)	Export(-)		
7.境外轮船和飞机在境内的加油量(-)	Oversea Airplanes&Ships Refueling in China		
8.库存增(-)、减(+)量	Stock Change	-210.90	-214.96
二.加工转换投入(-)产出(+)量	**Input(-) & Output(+) of Transformation**	**-5573.30**	**-5453.02**
1.火力发电	Thermal Power	-5160.00	-5160.00
2.供　热	Heating Supply	-205.13	-205.13
3.洗 选 煤	Coal Washing	-6.09	-76.54
4.炼　焦	Coking	-196.89	-6.16
5.炼油及煤制油	Petroleum Refineries		
#油品再投入量(-)	Petroleum Products Input (-)		
6.制　气	Gas Works	-5.19	-5.19
#焦炭再投入量(-)	Coke Input (-)		
7.天然气液化	Natural Gas Liquefaction		
8.煤制品加工	Briquettes		
9.回收能	Recovery of Energy		
三.损 失 量	**Loss**		
四.终端消费量	**Total Final Consumption**	**3140.45**	**3113.17**
1.农、林、牧、渔、水利业	Agriculture, Forestry, Animal Husbandry, Fishery and Water Conservancy	62.00	62.00
2.工业	Industry	2936.25	2908.97
#用作原料、材料	Non-Energy Use	283.28	281.28
3.建筑业	Construction	10.00	10.00
4.交通运输、仓储和邮政业	Transport, Storage and Post	4.00	4.00
5.批发、零售业和住宿、餐饮业	Wholesale, Retail Trade and Hotel, Restaurants	25.00	25.00
6.其他	Others	9.00	9.00
7.生活消费	Residential Consumption	94.20	94.20
城 镇	Urban	17.66	17.66
乡 村	Rural	76.54	76.54
五.平衡差额	**Statistical Difference**		
六.消费量合计	**Total Energy Consumption**	**8713.75**	**8566.19**

ENERGY BALANCE OF FUJIAN (PHYSICAL QUANTITY)-2011

洗精煤 (万吨) Cleaned Coal (10^4 tn)	其他洗煤 (万吨) Other Washed Coal (10^4 tn)	型煤 (万吨) Briquettes (10^4 tn)	煤矸石 (万吨) Gangue (10^4 tn)	焦炭 (万吨) Coke (10^4 tn)	焦炉煤气 (亿立方米) Coke Oven Gas (10^8 cu.m)	高炉煤气 (亿立方米) Blast Furnace Gas (10^8 cu.m)	转炉煤气 (亿立方米) Converter Gas (10^8 cu.m)	其他煤气 (亿立方米) Other Gas (10^8 cu.m)
127.73	**0.71**	**19.12**	**3.00**	**578.17**		**67.35**	**4.80**	**0.04**
			3.00					
194.26	0.71	18.98		576.39		67.35	4.80	0.04
-70.45				-2.30				
3.92		0.14		4.08				
-120.28				**150.48**	**5.56**	**-26.37**	**-0.81**	**1.29**
					-0.19	-7.29	-0.44	
					-0.36	-12.43	-0.37	
70.45								
-190.73				150.48	6.11	-6.65		
								1.29
7.45	**0.71**	**19.12**	**3.00**	**728.65**	**5.56**	**40.98**	**3.99**	**1.33**
7.45	0.71	19.12	3.00	728.65	5.56	40.98	3.99	1.33
2.00				20.00				
198.18	**0.71**	**19.12**	**3.00**	**728.65**	**6.11**	**60.70**	**4.80**	**1.33**

续表 1

项目	Item	其他焦化产品(万吨) Other Coking Products (10^4 tn)	油品合计(万吨) Petroleum Products Total (10^4 tn)
一.可供本地区消费的能源量	**Total Primary Energy Supply**	**0.02**	**1649.37**
1.一次能源生产量	Indigenous Production		
2.外省(区、市)调入量	Moving In from Other Provinces		1716.92
3.进口量	Import		
4.境内轮船和飞机在境外的加油量	Domestic Airplanes&Ships Refueling in Abroad		
5.本省(区、市)调出量(-)	Sending Out to Other Provinces(-)		-72.36
6.出口量(-)	Export(-)		
7.境外轮船和飞机在境内的加油量(-)	Oversea Airplanes&Ships Refueling in China		
8.库存增(-)、减(+)量	Stock Change	0.02	4.81
二.加工转换投入(-)产出(+)量	**Input(-) & Output(+) of Transformation**	**6.86**	**-136.78**
1.火力发电	Thermal Power		-43.27
2.供热	Heating Supply		-16.94
3.洗选煤	Coal Washing		
4.炼焦	Coking	6.86	
5.炼油及煤制油	Petroleum Refineries		-76.57
#油品再投入量(-)	Petroleum Products Input (-)		
6.制气	Gas Works		
#焦炭再投入量(-)	Coke Input (-)		
7.天然气液化	Natural Gas Liquefaction		
8.煤制品加工	Briquettes		
9.回收能	Recovery of Energy		
三.损失量	**Loss**		
四.终端消费量	**Total Final Consumption**	**6.88**	**1512.59**
1.农、林、牧、渔、水利业	Agriculture, Forestry, Animal Husbandry, Fishery and Water Conservancy		120.11
2.工业	Industry	6.88	540.39
#用作原料、材料	Non-Energy Use		141.15
3.建筑业	Construction		66.49
4.交通运输、仓储和邮政业	Transport, Storage and Post		540.45
5.批发、零售业和住宿、餐饮业	Wholesale, Retail Trade and Hotel, Restaurants		42.15
6.其他	Others		81.32
7.生活消费	Residential Consumption		121.68
城镇	Urban		75.49
乡村	Rural		46.19
五.平衡差额	**Statistical Difference**		
六.消费量合计	**Total Energy Consumption**	**6.88**	**1649.37**

Continued 1

原油 (万吨) Crude Oil (10^4 tn)	汽油 (万吨) Gasoline (10^4 tn)	煤油 (万吨) Kerosene (10^4 tn)	柴油 (万吨) Diesel Oil (10^4 tn)	燃料油 (万吨) Fuel Oil (10^4 tn)	石脑油 (万吨) Naphtha (10^4 tn)	润滑油 (万吨) Lubricants (10^4 tn)	石蜡 (万吨) Paraffin Waxes (10^4 tn)	溶剂油 (万吨) White Spirit (10^4 tn)
963.00	**240.50**	**-39.05**	**285.50**	**161.79**		**7.84**	**0.20**	**0.12**
958.45	240.48		285.27	161.64		7.84	0.20	0.12
		-39.08						
4.55	0.02	0.03	0.23	0.15				
-959.46	**133.51**	**103.44**	**244.50**	**13.79**				
			-1.28	-0.44				
			-0.08	-13.64				
-959.46	133.51	103.44	245.86	27.87				
3.54	**374.01**	**64.39**	**530.00**	**175.58**		**7.84**	**0.20**	**0.12**
	20.09		72.00	12.00		0.02		
3.54	78.60	0.89	105.70	73.58		2.80	0.20	0.12
	11.22		42.00					
	96.55	63.50	278.60	90.00		5.00		
	27.95		11.50					
	69.00		11.20			0.02		
	70.60		9.00					
	48.95		3.00					
	21.65		6.00					
963.00	**374.01**	**64.39**	**531.36**	**189.66**		**7.84**	**0.20**	**0.12**

续表 2

项　　目	Item	石油沥青(万吨) Bitumen Asphalt (10^4 tn)	石油焦(万吨) Petroleum Coke (10^4 tn)
一.可供本地区消费的能源量	**Total Primary Energy Supply**		**-0.15**
1.一次能源生产量	Indigenous Production		
2.回收能	Recovery of Energy		
3.外省(区、市)调入量	Moving In from Other Provinces		
4.进口量	Import		
5.境内轮船和飞机在境外的加油量	Domestic Airplanes&Ships Refueling in Abroad		
6.本省(区、市)调出量(-)	Sending Out to Other Provinces(-)		
7.出口量(-)	Export(-)		
8.境外轮船和飞机在境内的加油量(-)	Oversea Airplanes&Ships Refueling in China		-0.15
9.库存增(-)、减(+)量	Stock Change		13.71
二.加工转换投入(-)产出(+)量	**Input(-) & Output(+) of Transformation**		
1.火力发电	Thermal Power		
2.供　　热	Heating Supply		
3.洗 选 煤	Coal Washing		
4.炼　　焦	Coking		13.71
5.炼油及煤制油	Petroleum Refineries		
#油品再投入量(-)	Petroleum Products Input (-)		
6.制　　气	Gas Works		
#焦炭再投入量(-)	Coke Input (-)		
7.天然气液化	Natural Gas Liquefaction		
8.煤制品加工	Briquettes		
三.损 失 量	**Loss**		
四.终端消费量	**Total Final Consumption**		**13.56**
1.农、林、牧、渔、水利业	Agriculture, Forestry, Animal Husbandry, Fishery and Water Conservancy		
2.工业	Industry		13.56
#用作原料、材料	Non-Energy Use		
3.建筑业	Construction		
4.交通运输、仓储和邮政业	Transport, Storage and Post		
5.批发、零售业和住宿、餐饮业	Wholesale, Retail Trade and Hotel, Restaurants		
6.其他	Others		
7.生活消费	Residential Consumption		
城 镇	Urban		
乡 村	Rural		
五.平衡差额	**Statistical Difference**		
六.消费量合计	**Total Energy Consumption**		**13.56**

Continued 2

液化石油气（万吨） LPG (10^4 tn)	炼厂干气（万吨） Refinery Gas (10^4 tn)	其他石油制品（万吨） Other Petroleum Products (10^4 tn)	天然气（亿立方米） Natural Gas (10^8 cu.m)	液化天然气（万吨） LNG (10^4 tn)	热力（万百万千焦） Heat (10^{10} kJ)	电力（亿千瓦小时） Electricity (10^8 kW•h)	其他能源（万吨标煤） Other Energy (10^4 tce)
62.90		**-33.28**	**37.89**		**1289.92**	**248.36**	**103.35**
						311.49	
62.92					1289.92	0.25	103.35
			39.78				
		-33.28				-63.38	
-0.02			-1.89				
21.10	71.18	221.45	-22.39		3572.51	1271.84	-4.59
	-41.55		**-22.39**		**-895.49**	**1271.84**	**-1.28**
	-3.22				4468.00		-3.31
21.10	115.95	221.45					
						93.64	
84.00	**71.18**	**188.17**	**15.50**		**4862.43**	**1426.56**	**98.76**
3.00		13.00				17.44	15.26
28.05	71.18	162.17	9.20		4862.43	939.21	83.50
		141.15					
0.27		13.00				25.92	
6.80			0.33			19.83	
2.70			0.43			58.33	
1.10			0.25			95.40	
42.08			5.29			270.43	
23.54			4.91			136.91	
18.54			0.38			133.52	
84.00	**115.95**	**188.17**	**37.89**		**5757.92**	**1520.20**	**103.35**

6-14 江西能源平衡表(实物量)-2011

项目	Item	煤合计(万吨) Coal Total (10^4 tn)	原煤(万吨) Raw Coal (10^4 tn)
一.可供本地区消费的能源量	**Total Primary Energy Supply**	**6988.41**	**6261.66**
1.一次能源生产量	Indigenous Production	3236.84	3236.84
2.外省(区、市)调入量	Moving In from Other Provinces	4437.88	3693.58
3.进口量	Import		
4.境内轮船和飞机在境外的加油量	Domestic Airplanes&Ships Refueling in Abroad		
5.本省(区、市)调出量(-)	Sending Out to Other Provinces(-)	-558.17	-556.54
6.出口量(-)	Export(-)		
7.境外轮船和飞机在境内的加油量(-)	Oversea Airplanes&Ships Refueling in China		
8.库存增(-)、减(+)量	Stock Change	-128.14	-112.22
二.加工转换投入(-)产出(+)量	**Input(-) & Output(+) of Transformation**	**-4485.07**	**-3960.21**
1.火力发电	Thermal Power	-3080.51	-3080.51
2.供　热	Heating Supply	-50.85	-50.85
3.洗 选 煤	Coal Washing	-254.99	-761.71
4.炼　焦	Coking	-1076.01	
5.炼油及煤制油	Petroleum Refineries		
#油品再投入量(-)	Petroleum Products Input (-)		
6.制　气	Gas Works	-7.96	
#焦炭再投入量(-)	Coke Input (-)		
7.天然气液化	Natural Gas Liquefaction		
8.煤制品加工	Briquettes	-14.75	-67.14
9.回收能	Recovery of Energy		
三.损 失 量	**Loss**		
四.终端消费量	**Total Final Consumption**	**2503.34**	**2301.45**
1.农、林、牧、渔、水利业	Agriculture, Forestry, Animal Husbandry, Fishery and Water Conservancy	22.00	22.00
2.工业	Industry	2298.04	2251.15
#用作原料、材料	Non-Energy Use	223.40	222.80
3.建筑业	Construction	5.50	5.00
4.交通运输、仓储和邮政业	Transport, Storage and Post	1.80	1.30
5.批发、零售业和住宿、餐饮业	Wholesale, Retail Trade and Hotel, Restaurants	15.00	
6.其他	Others	20.00	
7.生活消费	Residential Consumption	141.00	22.00
城 镇	Urban	24.00	5.00
乡 村	Rural	117.00	17.00
五.平衡差额	**Statistical Difference**		
六.消费量合计	**Total Energy Consumption**	**6988.41**	**6261.66**

ENERGY BALANCE OF JIANGXI (PHYSICAL QUANTITY)-2011

洗精煤 (万吨) Cleaned Coal (10^4 tn)	其他洗煤 (万吨) Other Washed Coal (10^4 tn)	型煤 (万吨) Briquettes (10^4 tn)	煤矸石 (万吨) Gangue (10^4 tn)	焦炭 (万吨) Coke (10^4 tn)	焦炉煤气 (亿立方米) Coke Oven Gas (10^8 cu.m)	高炉煤气 (亿立方米) Blast Furnace Gas (10^8 cu.m)	转炉煤气 (亿立方米) Converter Gas (10^8 cu.m)	其他煤气 (亿立方米) Other Gas (10^8 cu.m)
710.16	**11.47**	**5.12**	**49.27**	**96.42**				
722.23	17.07	5.00	49.27	262.19				
-1.63				-147.39				
-10.44	-5.60	0.12		-18.38				
-704.13	**26.17**	**153.10**	**-40.79**	**775.90**	**20.22**	**3.00**	**0.03**	**1.47**
			-40.79		-0.55	-11.89	-1.82	
379.84	126.88							
-1076.01				775.90	20.77			
-7.96								1.47
	-100.71	153.10						
						14.89	1.85	
6.03	**37.64**	**158.22**	**8.48**	**872.32**	**20.22**	**3.00**	**0.03**	**1.47**
6.03	37.64	3.22	8.48	872.32	10.12	3.00	0.03	1.47
0.60			6.14	1.69				
		0.50						
		0.50						
		15.00			5.00			
		20.00			2.00			
		119.00			3.10			
		19.00			3.00			
		100.00			0.10			
1090.00	**138.35**	**158.22**	**49.27**	**872.32**	**20.77**	**14.89**	**1.85**	**1.47**

续表 1

项　　目	Item	其他焦化产品（万吨）Other Coking Products (10^4 tn)	油品合计（万吨）Petroleum Products Total (10^4 tn)
一.可供本地区消费的能源量	**Total Primary Energy Supply**	**-20.10**	**727.32**
1.一次能源生产量	Indigenous Production		
2.外省(区、市)调入量	Moving In from Other Provinces	4.57	855.18
3.进口量	Import		244.75
4.境内轮船和飞机在境外的加油量	Domestic Airplanes&Ships Refueling in Abroad		
5.本省(区、市)调出量(-)	Sending Out to Other Provinces(-)	-24.67	-361.21
6.出口量(-)	Export(-)		
7.境外轮船和飞机在境内的加油量(-)	Oversea Airplanes&Ships Refueling in China		
8.库存增(-)、减(+)量	Stock Change		-11.40
二.加工转换投入(-)产出(+)量	**Input(-) & Output(+) of Transformation**	**25.52**	**-5.16**
1.火力发电	Thermal Power		-0.50
2.供　　热	Heating Supply		-6.71
3.洗 选 煤	Coal Washing		
4.炼　　焦	Coking	25.52	
5.炼油及煤制油	Petroleum Refineries		2.05
#油品再投入量(-)	Petroleum Products Input (-)		
6.制　　气	Gas Works		
#焦炭再投入量(-)	Coke Input (-)		
7.天然气液化	Natural Gas Liquefaction		
8.煤制品加工	Briquettes		
9.回收能	Recovery of Energy		
三.损 失 量	**Loss**		**0.93**
四.终端消费量	**Total Final Consumption**	**5.42**	**721.23**
1.农、林、牧、渔、水利业	Agriculture, Forestry, Animal Husbandry, Fishery and Water Conservancy		55.00
2.工业	Industry	5.42	194.04
#用作原料、材料	Non-Energy Use	0.05	0.76
3.建筑业	Construction		23.07
4.交通运输、仓储和邮政业	Transport, Storage and Post		313.61
5.批发、零售业和住宿、餐饮业	Wholesale, Retail Trade and Hotel, Restaurants		18.05
6.其他	Others		24.71
7.生活消费	Residential Consumption		92.75
城 镇	Urban		66.24
乡 村	Rural		26.51
五.平衡差额	**Statistical Difference**		
六.消费量合计	**Total Energy Consumption**	**5.42**	**727.32**

Continued 1

原油（万吨） Crude Oil (10^4 tn)	汽油（万吨） Gasoline (10^4 tn)	煤油（万吨） Kerosene (10^4 tn)	柴油（万吨） Diesel Oil (10^4 tn)	燃料油（万吨） Fuel Oil (10^4 tn)	石脑油（万吨） Naphtha (10^4 tn)	润滑油（万吨） Lubricants (10^4 tn)	石蜡（万吨） Paraffin Waxes (10^4 tn)	溶剂油（万吨） White Spirit (10^4 tn)
432.77	**82.07**	**9.05**	**198.66**	**19.03**	**-16.58**	**0.42**		**-0.96**
188.52	190.68	9.05	395.25	25.97		0.42		
244.75								
	-100.72		-193.77	-6.68	-16.58			-0.96
-0.50	-7.89		-2.82	-0.26				
-431.84	**100.69**		**193.38**	**5.87**	**16.58**			**0.96**
			-0.50					
				-1.90				
-431.84	100.69		193.88	7.77	16.58			0.96
0.93								
	182.76	**9.05**	**392.04**	**24.90**		**0.42**		
	5.00		50.00					
	40.00	0.49	77.00	23.90		0.21		
			0.13	0.33				
	3.00	0.05	7.00					
	79.06	8.50	225.00	1.00				
	5.00	0.01	7.00					
	17.70		6.50					
	33.00		19.54			0.21		
	25.00		5.13			0.11		
	8.00		14.41			0.10		
432.77	**182.76**	**9.05**	**392.54**	**26.80**		**0.42**		

续表 2

项　　目	Item	石油沥青（万吨） Bitumen Asphalt (10^4 tn)	石油焦（万吨） Petroleum Coke (10^4 tn)
一.可供本地区消费的能源量	**Total Primary Energy Supply**	**-1.68**	**-31.44**
1.一次能源生产量	Indigenous Production		
2.外省(区、市)调入量	Moving In from Other Provinces		0.73
3.进口量	Import		
4.境内轮船和飞机在境外的加油量	Domestic Airplanes&Ships Refueling in Abroad		
5.本省(区、市)调出量(−)	Sending Out to Other Provinces(-)	-1.68	-32.17
6.出口量(−)	Export(-)		
7.境外轮船和飞机在境内的加油量(−)	Oversea Airplanes&Ships Refueling in China		
8.库存增(−)、减(+)量	Stock Change		
二.加工转换投入(−)产出(+)量	**Input(-) & Output(+) of Transformation**	**14.74**	**32.22**
1.火力发电	Thermal Power		
2.供　　热	Heating Supply		
3.洗 选 煤	Coal Washing		
4.炼　　焦	Coking		
5.炼油及煤制油	Petroleum Refineries	14.74	32.22
#油品再投入量(−)	Petroleum Products Input (-)		
6.制　　气	Gas Works		
#焦炭再投入量(−)	Coke Input (-)		
7.天然气液化	Natural Gas Liquefaction		
8.煤制品加工	Briquettes		
9.回收能	Recovery of Energy		
三.损 失 量	**Loss**		
四.终端消费量	**Total Final Consumption**	**13.06**	**0.78**
1.农、林、牧、渔、水利业	Agriculture, Forestry, Animal Husbandry, Fishery and Water Conservancy		
2.工业	Industry	0.06	0.78
#用作原料、材料	Non-Energy Use		
3.建筑业	Construction	13.00	
4.交通运输、仓储和邮政业	Transport, Storage and Post		
5.批发、零售业和住宿、餐饮业	Wholesale, Retail Trade and Hotel, Restaurants		
6.其他	Others		
7.生活消费	Residential Consumption		
城 镇	Urban		
乡 村	Rural		
五.平衡差额	**Statistical Difference**		
六.消费量合计	**Total Energy Consumption**	**13.06**	**0.78**

Continued 2

液化石油气 (万吨) LPG (10^4 tn)	炼厂干气 (万吨) Refinery Gas (10^4 tn)	其他石油制品 (万吨) Other Petroleum Products (10^4 tn)	天然气 (亿立方米) Natural Gas (10^8 cu.m)	液化天然气 (万吨) LNG (10^4 tn)	热力 (万百万千焦) Heat (10^{10} kJ)	电力 (亿千瓦小时) Electricity (10^8 kW•h)	其他能源 (万吨标煤) Other Energy (10^4 tce)
32.20		**3.78**	**4.73**	**11.66**		**176.64**	**30.24**
			1.38			83.76	
40.81		3.75	3.35	11.63		92.88	30.24
-8.65							
0.04		0.03		0.03			
21.27	**9.03**	**31.94**	**-0.38**		**724.66**	**658.46**	**-7.41**
			-0.38		-675.29	658.46	
	-4.81				789.82		-7.41
21.27	13.84	31.94					
					610.13		
						54.19	
53.47	**9.03**	**35.72**	**4.35**	**11.66**	**724.66**	**780.91**	**22.83**
						11.00	
6.95	9.03	35.62	2.53	9.16	724.66	541.85	22.83
0.17		0.13	0.05				0.09
		0.02				10.14	
0.02		0.03				17.49	
6.00		0.04	0.20			30.34	
0.50		0.01	0.01			45.14	
40.00			1.61	2.50		124.95	
36.00			1.60	2.50		69.71	
4.00			0.01			55.24	
53.47	**13.84**	**35.72**	**4.73**	**11.66**	**1399.95**	**835.10**	**30.24**

6-15 山东能源平衡表(实物量)-2011

项目	Item	煤合计 (万吨) Coal Total (10^4 tn)	原煤 (万吨) Raw Coal (10^4 tn)
一.可供本地区消费的能源量	**Total Primary Energy Supply**	**38920.53**	**40588.75**
1.一次能源生产量	Indigenous Production	16113.60	16113.60
2.外省(区、市)调入量	Moving In from Other Provinces	29935.45	29935.45
3.进口量	Import		
4.境内轮船和飞机在境外的加油量	Domestic Airplanes&Ships Refueling in Abroad		
5.本省(区、市)调出量(-)	Sending Out to Other Provinces(-)	-6736.01	-5124.29
6.出口量(-)	Export(-)	-32.79	
7.境外轮船和飞机在境内的加油量(-)	Oversea Airplanes&Ships Refueling in China		
8.库存增(-)、减(+)量	Stock Change	-359.72	-336.01
二.加工转换投入(-)产出(+)量	**Input(-) & Output(+) of Transformation**	**-25878.18**	**-29274.58**
1.火力发电	Thermal Power	-14543.50	-13784.68
2.供　热	Heating Supply	-4307.30	-3976.15
3.洗 选 煤	Coal Washing	-1313.46	-11213.71
4.炼　焦	Coking	-5653.66	-41.69
5.炼油及煤制油	Petroleum Refineries		
#油品再投入量(-)	Petroleum Products Input (-)		
6.制　气	Gas Works	-58.07	
#焦炭再投入量(-)	Coke Input (-)		
7.天然气液化	Natural Gas Liquefaction		
8.煤制品加工	Briquettes	-2.19	-258.36
9.回收能	Recovery of Energy		
三.损 失 量	**Loss**		
四.终端消费量	**Total Final Consumption**	**13042.36**	**11314.16**
1.农、林、牧、渔、水利业	Agriculture, Forestry, Animal Husbandry, Fishery and Water Conservancy	89.00	89.00
2.工业	Industry	10875.54	9519.03
#用作原料、材料	Non-Energy Use		
3.建筑业	Construction	98.60	98.60
4.交通运输、仓储和邮政业	Transport, Storage and Post	30.58	30.58
5.批发、零售业和住宿、餐饮业	Wholesale, Retail Trade and Hotel, Restaurants	869.19	736.81
6.其他	Others	584.06	550.61
7.生活消费	Residential Consumption	495.40	289.54
城 镇	Urban	280.58	146.90
乡 村	Rural	214.82	142.64
五.平衡差额	**Statistical Difference**		
六.消费量合计	**Total Energy Consumption**	**38920.53**	**40588.75**

ENERGY BALANCE OF SHANDONG (PHYSICAL QUANTITY)-2011

洗精煤 (万吨) Cleaned Coal (10^4 tn)	其他洗煤 (万吨) Other Washed Coal (10^4 tn)	型煤 (万吨) Briquettes (10^4 tn)	煤矸石 (万吨) Gangue (10^4 tn)	焦炭 (万吨) Coke (10^4 tn)	焦炉煤气 (亿立方米) Coke Oven Gas (10^8 cu.m)	高炉煤气 (亿立方米) Blast Furnace Gas (10^8 cu.m)	转炉煤气 (亿立方米) Converter Gas (10^8 cu.m)	其他煤气 (亿立方米) Other Gas (10^8 cu.m)
-1139.96	**-516.79**	**-11.47**	**-1.22**	**-671.86**				
-1099.77	-511.95			-646.60				
-32.79								
-7.40	-4.84	-11.47	-1.22	-25.26				
1658.66	**1157.51**	**580.23**	**49.34**	**3986.63**	**46.26**		**6.93**	**19.10**
-1.67	-724.81	-32.34	-960.13		-15.55	-159.41	-12.69	-0.53
-0.05	-275.51	-55.59	-164.28		-3.92	-31.04	-0.42	
7330.42	2569.83		1173.75					
-5611.97				3944.77	64.81			
-58.07				41.86	0.91			
	-412.00	668.17						
						190.45	20.04	19.63
518.70	**640.73**	**568.76**	**48.11**	**3314.77**	**46.25**		**6.93**	**19.10**
518.70	640.73	197.07	48.11	3314.77	42.95		6.93	19.10
		132.38			1.30			
		33.45			0.46			
		205.86			1.54			
		133.68			1.54			
		72.18						
6190.46	**2053.05**	**656.70**	**1172.52**	**3314.77**	**65.72**	**190.45**	**20.04**	**19.63**

续表 1

项　　目	Item	其他焦化产品(万吨) Other Coking Products (10^4 tn)	油品合计(万吨) Petroleum Products Total (10^4 tn)
一.可供本地区消费的能源量	**Total Primary Energy Supply**	**-112.69**	**5034.17**
1.一次能源生产量	Indigenous Production		2781.50
2.外省(区、市)调入量	Moving In from Other Provinces		2032.58
3.进口量	Import		2920.28
4.境内轮船和飞机在境外的加油量	Domestic Airplanes&Ships Refueling in Abroad		
5.本省(区、市)调出量(−)	Sending Out to Other Provinces(-)	-113.23	-2706.81
6.出口量(−)	Export(-)		-21.20
7.境外轮船和飞机在境内的加油量(−)	Oversea Airplanes&Ships Refueling in China		
8.库存增(−)、减(+)量	Stock Change	0.54	27.82
二.加工转换投入(−)产出(+)量	**Input(-) & Output(+) of Transformation**	**225.66**	**-681.82**
1.火力发电	Thermal Power	-1.29	-25.25
2.供　　热	Heating Supply		-60.52
3.洗 选 煤	Coal Washing		
4.炼　　焦	Coking	224.31	
5.炼油及煤制油	Petroleum Refineries		1801.10
#油品再投入量(−)	Petroleum Products Input (-)		-2397.15
6.制　　气	Gas Works	2.64	
#焦炭再投入量(−)	Coke Input (-)		
7.天然气液化	Natural Gas Liquefaction		
8.煤制品加工	Briquettes		
9.回收能	Recovery of Energy		
三.损 失 量	**Loss**		
四.终端消费量	**Total Final Consumption**	**112.98**	**4357.34**
1.农、林、牧、渔、水利业	Agriculture, Forestry, Animal Husbandry, Fishery and Water Conservancy		157.81
2.工业	Industry	112.98	1159.55
#用作原料、材料	Non-Energy Use		
3.建筑业	Construction		429.36
4.交通运输、仓储和邮政业	Transport, Storage and Post		1743.67
5.批发、零售业和住宿、餐饮业	Wholesale, Retail Trade and Hotel, Restaurants		97.52
6.其他	Others		147.51
7.生活消费	Residential Consumption		621.92
城 镇	Urban		456.66
乡 村	Rural		165.26
五.平衡差额	**Statistical Difference**		**-4.99**
六.消费量合计	**Total Energy Consumption**	**114.27**	**5039.16**

Continued 1

原油 (万吨) Crude Oil (10^4 tn)	汽油 (万吨) Gasoline (10^4 tn)	煤油 (万吨) Kerosene (10^4 tn)	柴油 (万吨) Diesel Oil (10^4 tn)	燃料油 (万吨) Fuel Oil (10^4 tn)	石脑油 (万吨) Naphtha (10^4 tn)	润滑油 (万吨) Lubricants (10^4 tn)	石蜡 (万吨) Paraffin Waxes (10^4 tn)	溶剂油 (万吨) White Spirit (10^4 tn)
5826.37	**-480.13**	**-52.56**	**-797.63**	**1015.91**	**-136.75**	**-14.67**	**0.04**	**-55.54**
2781.50								
648.46	91.02		505.76	718.25		2.02	0.04	
2385.15				489.46				
	-562.39	-52.57	-1291.28	-199.81	-135.18	-16.69		-55.66
	-8.90		-12.30					
11.26	0.14	0.01	0.19	8.01	-1.57			0.12
-5684.02	**1286.55**	**92.22**	**2459.99**	**-617.00**	**245.76**	**15.01**		**56.23**
			-1.76	-1.68				
-2.10			-0.18	-3.61				
-5681.92	1286.55	92.22	2461.93	450.69	245.76	15.01		56.23
				-1062.40				
142.35	**806.41**	**39.66**	**1662.35**	**398.91**	**109.02**	**0.35**	**0.04**	**0.70**
	10.98		146.83					
142.35	82.60	1.12	113.57	56.29	109.02	0.15	0.04	0.70
	19.32	0.09	50.98	3.11				
	281.29	38.46	1082.28	338.37		0.20		
	20.60		45.25	0.70				
	43.28		92.70	0.44				
	348.34		130.75					
	289.94		52.00					
	58.40		78.75					
			0.01					
5826.37	**806.41**	**39.66**	**1664.29**	**1466.60**	**109.02**	**0.35**	**0.04**	**0.70**

续表 2

项　　目	Item	石油沥青 (万吨) Bitumen Asphalt (10^4 tn)	石油焦 (万吨) Petroleum Coke (10^4 tn)
一.可供本地区消费的能源量	**Total Primary Energy Supply**	**-137.88**	**-124.57**
1.一次能源生产量	Indigenous Production		
2.外省(区、市)调入量	Moving In from Other Provinces		
3.进口量	Import		
4.境内轮船和飞机在境外的加油量	Domestic Airplanes&Ships Refueling in Abroad		
5.本省(区、市)调出量(−)	Sending Out to Other Provinces(-)	-137.87	-122.82
6.出口量(−)	Export(-)		
7.境外轮船和飞机在境内的加油量(−)	Oversea Airplanes&Ships Refueling in China		
8.库存增(−)、减(+)量	Stock Change	-0.01	-1.75
二.加工转换投入(−)产出(+)量	**Input(-) & Output(+) of Transformation**	**490.85**	**150.15**
1.火力发电	Thermal Power		-13.63
2.供　热	Heating Supply		-30.37
3.洗 选 煤	Coal Washing		
4.炼　焦	Coking		
5.炼油及煤制油	Petroleum Refineries	490.85	194.15
#油品再投入量(−)	Petroleum Products Input (-)		
6.制　气	Gas Works		
#焦炭再投入量(−)	Coke Input (-)		
7.天然气液化	Natural Gas Liquefaction		
8.煤制品加工	Briquettes		
9.回收能	Recovery of Energy		
三.损 失 量	**Loss**		
四.终端消费量	**Total Final Consumption**	**352.96**	**25.58**
1.农、林、牧、渔、水利业	Agriculture, Forestry, Animal Husbandry, Fishery and Water Conservancy		
2.工业	Industry	0.14	25.58
#用作原料、材料	Non-Energy Use		
3.建筑业	Construction	352.82	
4.交通运输、仓储和邮政业	Transport, Storage and Post		
5.批发、零售业和住宿、餐饮业	Wholesale, Retail Trade and Hotel, Restaurants		
6.其他	Others		
7.生活消费	Residential Consumption		
城 镇	Urban		
乡 村	Rural		
五.平衡差额	**Statistical Difference**		
六.消费量合计	**Total Energy Consumption**	**352.96**	**69.57**

Continued 2

液化石油气 (万吨) LPG (10^4 tn)	炼厂干气 (万吨) Refinery Gas (10^4 tn)	其他石油制品 (万吨) Other Petroleum Products (10^4 tn)	天然气 (亿立方米) Natural Gas (10^8 cu.m)	液化天然气 (万吨) LNG (10^4 tn)	热力 (万百万千焦) Heat (10^{10} kJ)	电力 (亿千瓦小时) Electricity (10^8 kW•h)	其他能源 (万吨标煤) Other Energy (10^4 tce)
-132.38		**123.95**	**51.27**	**8.54**		**505.78**	**150.62**
			5.20			43.41	150.62
		67.02	46.07	8.57		462.82	
		45.67					
-132.54						-0.44	
0.16		11.26		-0.03			
347.78	**95.51**	**379.17**	**-1.12**	**2.98**	**74049.17**	**3129.04**	**-93.88**
	-3.27	-4.91	-0.13		-1078.50	3129.04	-53.00
-0.10	-11.48	-12.68	-0.53		74049.07		-40.88
382.61	110.25	1696.78					
-34.72		-1300.02					
			-0.46	2.98			
					1078.60		
215.40	**100.51**	**503.11**	**50.15**	**11.53**	**74049.17**	**3635.26**	**56.74**
						85.40	
30.06	100.51	497.44	30.08	11.53	60328.99	2812.02	56.74
0.96		2.09	0.05		712.83	32.29	
0.04		3.03	5.49		464.83	57.81	
30.55		0.43	4.20		2712.30	90.54	
10.97		0.12	0.26		2984.92	168.99	
142.83			10.07		6845.30	388.19	
114.72			10.07		6442.50	175.09	
28.11					402.80	213.10	
	-5.00					**-0.43**	
250.23	**115.26**	**1820.72**	**51.27**	**11.53**	**75127.67**	**3635.26**	**150.62**

6-16 河南能源平衡表(实物量)-2011

项　　目	Item	煤合计 (万吨) Coal Total (10^4 tn)	原煤 (万吨) Raw Coal (10^4 tn)
一.可供本地区消费的能源量	**Total Primary Energy Supply**	**26262.45**	**31436.34**
1.一次能源生产量	Indigenous Production	20957.06	20957.06
2.外省(区、市)调入量	Moving In from Other Provinces	17396.73	16891.19
3.进口量	Import		
4.境内轮船和飞机在境外的加油量	Domestic Airplanes&Ships Refueling in Abroad		
5.本省(区、市)调出量(-)	Sending Out to Other Provinces(-)	-12113.58	-6495.17
6.出口量(-)	Export(-)		
7.境外轮船和飞机在境内的加油量(-)	Oversea Airplanes&Ships Refueling in China		
8.库存增(-)、减(+)量	Stock Change	22.24	83.26
二.加工转换投入(-)产出(+)量	**Input(-) & Output(+) of Transformation**	**-18657.46**	**-25032.62**
1.火力发电	Thermal Power	-12241.68	-12081.67
2.供　热	Heating Supply	-1022.97	-1012.14
3.洗 选 煤	Coal Washing	-1318.87	-11316.25
4.炼　焦	Coking	-3802.09	-331.47
5.炼油及煤制油	Petroleum Refineries		
#油品再投入量(-)	Petroleum Products Input (-)		
6.制　气	Gas Works	-277.35	-277.35
#焦炭再投入量(-)	Coke Input (-)		
7.天然气液化	Natural Gas Liquefaction		
8.煤制品加工	Briquettes	5.50	-13.74
9.回收能	Recovery of Energy		
三.损 失 量	**Loss**		
四.终端消费量	**Total Final Consumption**	**9716.38**	**8356.97**
1.农、林、牧、渔、水利业	Agriculture, Forestry, Animal Husbandry, Fishery and Water Conservancy	140.60	140.60
2.工业	Industry	8484.85	7327.14
#用作原料、材料	Non-Energy Use		
3.建筑业	Construction	21.23	21.23
4.交通运输、仓储和邮政业	Transport, Storage and Post	40.00	29.00
5.批发、零售业和住宿、餐饮业	Wholesale, Retail Trade and Hotel, Restaurants	9.60	5.00
6.其他	Others	26.10	
7.生活消费	Residential Consumption	994.00	834.00
城 镇	Urban	235.00	235.00
乡 村	Rural	759.00	599.00
五.平衡差额	**Statistical Difference**	**-2111.39**	**-1953.25**
六.消费量合计	**Total Energy Consumption**	**28373.84**	**33389.59**

ENERGY BALANCE OF HENAN (PHYSICAL QUANTITY)-2011

洗精煤 (万吨) Cleaned Coal (10^4 tn)	其他洗煤 (万吨) Other Washed Coal (10^4 tn)	型煤 (万吨) Briquettes (10^4 tn)	煤矸石 (万吨) Gangue (10^4 tn)	焦炭 (万吨) Coke (10^4 tn)	焦炉煤气 (亿立方米) Coke Oven Gas (10^8 cu.m)	高炉煤气 (亿立方米) Blast Furnace Gas (10^8 cu.m)	转炉煤气 (亿立方米) Converter Gas (10^8 cu.m)	其他煤气 (亿立方米) Other Gas (10^8 cu.m)
-3025.61	**-2329.72**	**181.44**	**206.96**	**-1048.42**				**74.38**
327.00		178.54	207.00					74.38
-3289.68	-2328.73			-1071.82				
-62.93	-0.99	2.90	-0.04	23.40				
3613.58	**2742.34**	**19.24**	**-165.69**	**3031.98**	**28.24**			**22.49**
-30.51	-129.50		-299.59		-6.08	-29.60		-0.06
	-10.83		-61.46					
7114.71	2882.67		195.36					
-3470.62				3101.05				
				-69.07	34.32			22.55
		19.24						
						29.60		
746.12	**412.62**	**200.68**	**41.27**	**1983.56**	**28.24**			**96.87**
739.52	387.52	30.68	41.27	1983.56	28.24			96.87
1.00		10.00						
0.50	4.10							
5.10	21.00							
		160.00						
		160.00						
-158.15								
4247.25	**552.95**	**219.92**	**402.32**	**2052.63**	**34.32**	**29.60**		**119.48**

续表 1

项　　目	Item	其他焦化产品(万吨) Other Coking Products (10^4 tn)	油品合计(万吨) Petroleum Products Total (10^4 tn)
一.可供本地区消费的能源量	**Total Primary Energy Supply**	**-85.69**	**1524.79**
1.一次能源生产量	Indigenous Production		485.50
2.外省(区、市)调入量	Moving In from Other Provinces		821.78
3.进口量	Import		326.00
4.境内轮船和飞机在境外的加油量	Domestic Airplanes&Ships Refueling in Abroad		
5.本省(区、市)调出量(-)	Sending Out to Other Provinces(-)	-71.69	-165.69
6.出口量(-)	Export(-)		
7.境外轮船和飞机在境内的加油量(-)	Oversea Airplanes&Ships Refueling in China		
8.库存增(-)、减(+)量	Stock Change	-14.00	57.20
二.加工转换投入(-)产出(+)量	**Input(-) & Output(+) of Transformation**	**122.53**	**-101.45**
1.火力发电	Thermal Power		-10.26
2.供　　热	Heating Supply		-14.76
3.洗 选 煤	Coal Washing		
4.炼　　焦	Coking	122.53	
5.炼油及煤制油	Petroleum Refineries		2.93
#油品再投入量(-)	Petroleum Products Input (-)		-79.36
6.制　　气	Gas Works		
#焦炭再投入量(-)	Coke Input (-)		
7.天然气液化	Natural Gas Liquefaction		
8.煤制品加工	Briquettes		
9.回收能	Recovery of Energy		
三.损 失 量	**Loss**		
四.终端消费量	**Total Final Consumption**	**36.84**	**1423.33**
1.农、林、牧、渔、水利业	Agriculture, Forestry, Animal Husbandry, Fishery and Water Conservancy		104.95
2.工业	Industry	36.84	402.28
#用作原料、材料	Non-Energy Use		10.95
3.建筑业	Construction		52.18
4.交通运输、仓储和邮政业	Transport, Storage and Post		641.39
5.批发、零售业和住宿、餐饮业	Wholesale, Retail Trade and Hotel, Restaurants		46.38
6.其他	Others		21.62
7.生活消费	Residential Consumption		154.53
城 镇	Urban		107.83
乡 村	Rural		46.70
五.平衡差额	**Statistical Difference**		**0.01**
六.消费量合计	**Total Energy Consumption**	**36.84**	**1524.78**

Continued 1

原油 (万吨) Crude Oil (10^4 tn)	汽油 (万吨) Gasoline (10^4 tn)	煤油 (万吨) Kerosene (10^4 tn)	柴油 (万吨) Diesel Oil (10^4 tn)	燃料油 (万吨) Fuel Oil (10^4 tn)	石脑油 (万吨) Naphtha (10^4 tn)	润滑油 (万吨) Lubricants (10^4 tn)	石蜡 (万吨) Paraffin Waxes (10^4 tn)	溶剂油 (万吨) White Spirit (10^4 tn)
874.63	**183.54**	**1.94**	**373.86**	**27.10**	**-7.90**	**7.57**	**-0.20**	**-0.11**
485.50								
186.88	170.74	3.21	346.85	27.30		8.26		
326.00								
-140.00					-9.49		-0.20	
16.25	12.80	-1.27	27.01	-0.20	1.59	-0.69		-0.11
-861.77	**174.99**	**47.70**	**287.73**	**11.79**	**29.93**		**0.20**	**1.97**
-0.04			-1.67	-1.82				
			-0.08	-1.12				
-861.73	174.99	47.70	289.48	14.73	29.93		0.20	1.97
12.86	**358.53**	**49.64**	**661.59**	**38.89**	**22.03**	**7.57**		**1.86**
	15.45		89.50					
12.86	62.49	11.15	118.99	38.89	22.03	0.44		1.86
	0.85							
	7.50		20.35			0.04		
	170.00	38.17	389.21			1.21		
	8.00	0.32	14.80			4.26		
	20.00					1.62		
	75.09		28.74					
	60.09		8.34					
	15.00		20.40					
				0.01				
874.63	**358.53**	**49.64**	**663.34**	**41.83**	**22.03**	**7.57**		**1.86**

续表 2

项　　目	Item	石油沥青(万吨) Bitumen Asphalt (10^4 tn)	石油焦(万吨) Petroleum Coke (10^4 tn)
一.可供本地区消费的能源量	**Total Primary Energy Supply**	**-15.48**	**43.72**
1.一次能源生产量	Indigenous Production		
2.外省(区、市)调入量	Moving In from Other Provinces		42.80
3.进口量	Import		
4.境内轮船和飞机在境外的加油量	Domestic Airplanes&Ships Refueling in Abroad		
5.本省(区、市)调出量(−)	Sending Out to Other Provinces(-)	-16.00	
6.出口量(−)	Export(-)		
7.境外轮船和飞机在境内的加油量(−)	Oversea Airplanes&Ships Refueling in China		
8.库存增(−)、减(+)量	Stock Change	0.52	0.92
二.加工转换投入(−)产出(+)量	**Input(-) & Output(+) of Transformation**	**24.61**	**20.13**
1.火力发电	Thermal Power		-5.58
2.供　　热	Heating Supply		-10.25
3.洗 选 煤	Coal Washing		
4.炼　　焦	Coking		
5.炼油及煤制油	Petroleum Refineries	24.61	35.96
#油品再投入量(−)	Petroleum Products Input (-)		
6.制　　气	Gas Works		
#焦炭再投入量(−)	Coke Input (-)		
7.天然气液化	Natural Gas Liquefaction		
8.煤制品加工	Briquettes		
9.回收能	Recovery of Energy		
三.损 失 量	**Loss**		
四.终端消费量	**Total Final Consumption**	**9.13**	**63.85**
1.农、林、牧、渔、水利业	Agriculture, Forestry, Animal Husbandry, Fishery and Water Conservancy		
2.工业	Industry	4.13	63.85
#用作原料、材料	Non-Energy Use		
3.建筑业	Construction	5.00	
4.交通运输、仓储和邮政业	Transport, Storage and Post		
5.批发、零售业和住宿、餐饮业	Wholesale, Retail Trade and Hotel, Restaurants		
6.其他	Others		
7.生活消费	Residential Consumption		
城 镇	Urban		
乡 村	Rural		
五.平衡差额	**Statistical Difference**		
六.消费量合计	**Total Energy Consumption**	**9.13**	**79.68**

Continued 2

液化石油气 (万吨) LPG (10^4 tn)	炼厂干气 (万吨) Refinery Gas (10^4 tn)	其他石油制品 (万吨) Other Petroleum Products (10^4 tn)	天然气 (亿立方米) Natural Gas (10^8 cu.m)	液化天然气 (万吨) LNG (10^4 tn)	热力 (万百万千焦) Heat (10^{10} kJ)	电力 (亿千瓦小时) Electricity (10^8 kW•h)	其他能源 (万吨标煤) Other Energy (10^4 tce)
35.85		**0.27**	**54.88**	**0.59**		**329.39**	**312.52**
			5.00			194.57	
35.74			49.88	0.59		186.82	312.52
						-52.00	
0.11		0.27					
47.66	**20.98**	**92.63**	**-14.03**		**15245.59**	**2483.79**	**-82.40**
	-1.15		-13.93		-990.89	2483.79	-69.79
	-3.31		-0.10		15946.48		-12.61
47.66	25.44	171.99					
		-79.36					
					290.00		
					369.46	**104.80**	
83.51	**20.98**	**92.90**	**40.85**	**0.59**	**15747.23**	**2717.81**	**230.12**
			0.55		490.00	99.93	
13.72	20.98	30.90	27.00	0.59	12261.09	2004.65	
10.10			2.90				
0.09		19.20	0.90		2.40	19.40	
		42.80			0.80	54.90	150.12
19.00			2.90		204.64	76.20	
			0.40		150.30	119.13	30.00
50.70			9.10		2638.00	343.60	50.00
39.40			9.10		2638.00	159.10	30.00
11.30						184.50	20.00
					-871.10	**-9.43**	
83.51	**25.44**	**172.26**	**54.88**	**0.59**	**17107.58**	**2822.61**	**312.52**

6-17 湖北能源平衡表(实物量)-2011

项目	Item	煤合计 (万吨) Coal Total (10^4 tn)	原煤 (万吨) Raw Coal (10^4 tn)
一.可供本地区消费的能源量	**Total Primary Energy Supply**	**15805.32**	**14065.80**
1.一次能源生产量	Indigenous Production	952.60	952.60
2.外省(区、市)调入量	Moving In from Other Provinces	15041.82	13295.39
3.进口量	Import		
4.境内轮船和飞机在境外的加油量	Domestic Airplanes&Ships Refueling in Abroad		
5.本省(区、市)调出量(-)	Sending Out to Other Provinces(-)		
6.出口量(-)	Export(-)		
7.境外轮船和飞机在境内的加油量(-)	Oversea Airplanes&Ships Refueling in China		
8.库存增(-)、减(+)量	Stock Change	-189.10	-182.19
二.加工转换投入(-)产出(+)量	**Input(-) & Output(+) of Transformation**	**-5956.67**	**-4541.62**
1.火力发电	Thermal Power	-4076.95	-4076.95
2.供　热	Heating Supply	-442.69	-442.69
3.洗 选 煤	Coal Washing	-1.02	-4.78
4.炼　焦	Coking	-1420.73	
5.炼油及煤制油	Petroleum Refineries		
#油品再投入量(-)	Petroleum Products Input (-)		
6.制　气	Gas Works	-15.20	-15.20
#焦炭再投入量(-)	Coke Input (-)		
7.天然气液化	Natural Gas Liquefaction		
8.煤制品加工	Briquettes	-0.08	-2.00
9.回收能	Recovery of Energy		
三.损 失 量	**Loss**		
四.终端消费量	**Total Final Consumption**	**9848.65**	**9524.18**
1.农、林、牧、渔、水利业	Agriculture, Forestry, Animal Husbandry, Fishery and Water Conservancy	212.81	212.81
2.工业	Industry	7564.01	7274.90
#用作原料、材料	Non-Energy Use		
3.建筑业	Construction	161.62	161.62
4.交通运输、仓储和邮政业	Transport, Storage and Post	538.10	538.10
5.批发、零售业和住宿、餐饮业	Wholesale, Retail Trade and Hotel, Restaurants	616.63	583.19
6.其他	Others	243.74	243.74
7.生活消费	Residential Consumption	511.74	509.82
城 镇	Urban	309.68	307.76
乡 村	Rural	202.06	202.06
五.平衡差额	**Statistical Difference**		
六.消费量合计	**Total Energy Consumption**	**15805.32**	**14065.80**

ENERGY BALANCE OF HUBEI (PHYSICAL QUANTITY)-2011

洗精煤 (万吨) Cleaned Coal (10^4 tn)	其他洗煤 (万吨) Other Washed Coal (10^4 tn)	型煤 (万吨) Briquettes (10^4 tn)	煤矸石 (万吨) Gangue (10^4 tn)	焦炭 (万吨) Coke (10^4 tn)	焦炉煤气 (亿立方米) Coke Oven Gas (10^8 cu.m)	高炉煤气 (亿立方米) Blast Furnace Gas (10^8 cu.m)	转炉煤气 (亿立方米) Converter Gas (10^8 cu.m)	其他煤气 (亿立方米) Other Gas (10^8 cu.m)
1614.60	**49.27**	**75.65**	**157.20**	**180.08**				
1620.23	50.09	76.11	157.20	186.26				
-5.63	-0.82	-0.46		-6.18				
-1416.97		**1.92**	**-54.56**	**992.64**	**10.52**	**196.69**	**1.92**	**4.80**
			-54.56		-0.02	-147.59		
					-31.51		-17.70	
3.76								
-1420.73				992.64	42.05	-15.75		
								4.80
		1.92						
						360.03	19.62	
197.63	**49.27**	**77.57**	**102.64**	**1172.72**	**10.52**	**196.69**	**1.92**	**4.80**
197.63	49.27	42.21	102.64	1172.72	10.52	196.69	1.92	4.80
		33.44						
		1.92						
		1.92						
1618.36	**49.27**	**77.57**	**157.20**	**1172.72**	**42.05**	**360.03**	**19.62**	**4.80**

续表 1

项　　目	Item	其他焦化产品(万吨) Other Coking Products (10^4 tn)	油品合计(万吨) Petroleum Products Total (10^4 tn)
一.可供本地区消费的能源量	**Total Primary Energy Supply**	**-33.07**	**1851.58**
1.一次能源生产量	Indigenous Production		88.00
2.外省(区、市)调入量	Moving In from Other Provinces		1783.14
3.进口量	Import		
4.境内轮船和飞机在境外的加油量	Domestic Airplanes&Ships Refueling in Abroad		
5.本省(区、市)调出量(−)	Sending Out to Other Provinces(-)	-33.00	-46.11
6.出口量(−)	Export(-)		
7.境外轮船和飞机在境内的加油量(−)	Oversea Airplanes&Ships Refueling in China		
8.库存增(−)、减(+)量	Stock Change	-0.07	26.55
二.加工转换投入(−)产出(+)量	**Input(-) & Output(+) of Transformation**	**50.66**	**-2.13**
1.火力发电	Thermal Power		-2.14
2.供　　热	Heating Supply		-8.80
3.洗 选 煤	Coal Washing		
4.炼　　焦	Coking	50.66	
5.炼油及煤制油	Petroleum Refineries		72.20
#油品再投入量(−)	Petroleum Products Input (-)		-63.39
6.制　　气	Gas Works		
#焦炭再投入量(−)	Coke Input (-)		
7.天然气液化	Natural Gas Liquefaction		
8.煤制品加工	Briquettes		
9.回收能	Recovery of Energy		
三.损 失 量	**Loss**		
四.终端消费量	**Total Final Consumption**	**17.59**	**1849.45**
1.农、林、牧、渔、水利业	Agriculture, Forestry, Animal Husbandry, Fishery and Water Conservancy		145.25
2.工业	Industry	17.59	385.10
#用作原料、材料	Non-Energy Use		11.60
3.建筑业	Construction		137.62
4.交通运输、仓储和邮政业	Transport, Storage and Post		716.68
5.批发、零售业和住宿、餐饮业	Wholesale, Retail Trade and Hotel, Restaurants		168.96
6.其他	Others		83.56
7.生活消费	Residential Consumption		212.28
城 镇	Urban		124.71
乡 村	Rural		87.57
五.平衡差额	**Statistical Difference**		
六.消费量合计	**Total Energy Consumption**	**17.59**	**1851.58**

Continued 1

原油 (万吨) Crude Oil (10^4 tn)	汽油 (万吨) Gasoline (10^4 tn)	煤油 (万吨) Kerosene (10^4 tn)	柴油 (万吨) Diesel Oil (10^4 tn)	燃料油 (万吨) Fuel Oil (10^4 tn)	石脑油 (万吨) Naphtha (10^4 tn)	润滑油 (万吨) Lubricants (10^4 tn)	石蜡 (万吨) Paraffin Waxes (10^4 tn)	溶剂油 (万吨) White Spirit (10^4 tn)
1026.23	**254.88**	**-4.45**	**308.87**	**79.01**	**-33.40**	**5.46**	**-8.32**	
88.00								
937.56	242.28		294.83	77.97		5.46		
		-4.39			-33.40		-8.32	
0.67	12.60	-0.06	14.04	1.04				
-1017.91	**242.93**	**51.20**	**388.07**	**17.11**	**37.65**		**11.98**	**2.85**
			-1.04	-0.22				
			-0.09	-1.00				
-1017.91	242.93	51.20	389.20	18.33	37.65		11.98	2.85
8.32	**497.81**	**46.75**	**696.94**	**96.12**	**4.25**	**5.46**	**3.66**	**2.85**
	36.24		101.67					
8.32	31.64	2.73	53.38	46.89	4.25	0.72	2.25	2.85
					4.25			
	15.92		88.16			1.06		
	257.67	21.89	309.67	49.23		3.68	1.41	
	34.38		85.25					
	51.65	7.52						
	70.31	14.61	58.81					
	44.77		36.19					
	25.54	14.61	22.62					
1026.23	**497.81**	**46.75**	**698.07**	**97.34**	**4.25**	**5.46**	**3.66**	**2.85**

续表 2

项　　目	Item	石油沥青(万吨) Bitumen Asphalt (10^4 tn)	石油焦(万吨) Petroleum Coke (10^4 tn)
一.可供本地区消费的能源量	**Total Primary Energy Supply**	**23.29**	**0.39**
1.一次能源生产量	Indigenous Production		
2.外省(区、市)调入量	Moving In from Other Provinces	23.29	
3.进口量	Import		
4.境内轮船和飞机在境外的加油量	Domestic Airplanes&Ships Refueling in Abroad		
5.本省(区、市)调出量(-)	Sending Out to Other Provinces(-)		
6.出口量(-)	Export(-)		
7.境外轮船和飞机在境内的加油量(-)	Oversea Airplanes&Ships Refueling in China		
8.库存增(-)、减(+)量	Stock Change		0.39
二.加工转换投入(-)产出(+)量	**Input(-) & Output(+) of Transformation**	**7.71**	**78.55**
1.火力发电	Thermal Power		
2.供　　热	Heating Supply		-0.27
3.洗 选 煤	Coal Washing		
4.炼　　焦	Coking		
5.炼油及煤制油	Petroleum Refineries	7.71	78.82
#油品再投入量(-)	Petroleum Products Input (-)		
6.制　　气	Gas Works		
#焦炭再投入量(-)	Coke Input (-)		
7.天然气液化	Natural Gas Liquefaction		
8.煤制品加工	Briquettes		
9.回收能	Recovery of Energy		
三.损 失 量	**Loss**		
四.终端消费量	**Total Final Consumption**	**31.00**	**78.94**
1.农、林、牧、渔、水利业	Agriculture, Forestry, Animal Husbandry, Fishery and Water Conservancy		
2.工业	Industry		67.70
#用作原料、材料	Non-Energy Use		7.35
3.建筑业	Construction	22.43	
4.交通运输、仓储和邮政业	Transport, Storage and Post	5.17	
5.批发、零售业和住宿、餐饮业	Wholesale, Retail Trade and Hotel, Restaurants		
6.其他	Others		11.24
7.生活消费	Residential Consumption	3.40	
城 镇	Urban	1.58	
乡 村	Rural	1.82	
五.平衡差额	**Statistical Difference**		
六.消费量合计	**Total Energy Consumption**	**31.00**	**79.21**

Continued 2

液化石油气（万吨） LPG (10⁴ tn)	炼厂干气（万吨） Refinery Gas (10⁴ tn)	其他石油制品（万吨） Other Petroleum Products (10⁴ tn)	天然气（亿立方米） Natural Gas (10⁸ cu.m)	液化天然气（万吨） LNG (10⁴ tn)	热力（万百万千焦） Heat (10¹⁰ kJ)	电力（亿千瓦小时） Electricity (10⁸ kW•h)	其他能源（万吨标煤） Other Energy (10⁴ tce)
42.72	**17.03**	**139.87**	**24.83**	**0.64**		**655.12**	
						1184.20	
42.72	17.03	142.00	24.83	0.64			
						-529.08	
		-2.13					
62.27	**22.29**	**93.17**	**-1.77**		**8681.06**	**917.47**	
	-0.88		-1.75			917.47	
	-7.44		-0.02		8681.06		
62.27	33.17	154.00					
	-2.56	-60.83					
						91.11	
104.99	**39.32**	**233.04**	**23.06**	**0.64**	**8681.06**	**1481.48**	
		7.34				24.05	
4.46	39.32	120.59	11.79	0.64	7388.78	1071.72	
		10.05				15.55	
12.65		55.31	4.51			25.47	
28.24		21.09	2.38		514.03	63.31	
		13.15				70.34	
59.64		5.51	4.38		778.25	211.04	
38.35		3.82	4.38		778.25	144.57	
21.29		1.69				66.47	
104.99	**50.20**	**293.87**	**24.83**	**0.64**	**8681.06**	**1572.59**	

6-18 湖南能源平衡表(实物量)-2011

项目	Item	煤合计(万吨) Coal Total (10^4 tn)	原煤(万吨) Raw Coal (10^4 tn)
一.可供本地区消费的能源量	**Total Primary Energy Supply**	**13005.75**	**12076.62**
1.一次能源生产量	Indigenous Production	8414.48	8414.48
2.外省(区、市)调入量	Moving In from Other Provinces	5974.83	4490.25
3.进口量	Import	172.39	172.39
4.境内轮船和飞机在境外的加油量	Domestic Airplanes&Ships Refueling in Abroad		
5.本省(区、市)调出量(-)	Sending Out to Other Provinces(-)	-1365.19	-847.30
6.出口量(-)	Export(-)	-83.10	-23.58
7.境外轮船和飞机在境内的加油量(-)	Oversea Airplanes&Ships Refueling in China		
8.库存增(-)、减(+)量	Stock Change	-107.66	-129.62
二.加工转换投入(-)产出(+)量	**Input(-) & Output(+) of Transformation**	**-6349.62**	**-6774.45**
1.火力发电	Thermal Power	-4204.70	-4204.70
2.供　　热	Heating Supply	-570.91	-259.23
3.洗 选 煤	Coal Washing	-703.59	-2302.23
4.炼　　焦	Coking	-868.78	-8.29
5.炼油及煤制油	Petroleum Refineries		
#油品再投入量(-)	Petroleum Products Input (-)		
6.制　　气	Gas Works	-1.64	
#焦炭再投入量(-)	Coke Input (-)		
7.天然气液化	Natural Gas Liquefaction		
8.煤制品加工	Briquettes		
9.回收能	Recovery of Energy		
三.损 失 量	**Loss**	**6.30**	**3.72**
四.终端消费量	**Total Final Consumption**	**6649.83**	**5298.45**
1.农、林、牧、渔、水利业	Agriculture, Forestry, Animal Husbandry, Fishery and Water Conservancy	388.42	371.00
2.工业	Industry	5080.91	4300.32
#用作原料、材料	Non-Energy Use	290.47	290.25
3.建筑业	Construction	68.26	52.00
4.交通运输、仓储和邮政业	Transport, Storage and Post	66.61	7.31
5.批发、零售业和住宿、餐饮业	Wholesale, Retail Trade and Hotel, Restaurants	329.68	197.10
6.其他	Others	105.91	78.04
7.生活消费	Residential Consumption	610.04	292.68
城 镇	Urban	156.28	85.23
乡 村	Rural	453.76	207.45
五.平衡差额	**Statistical Difference**		
六.消费量合计	**Total Energy Consumption**	**13005.75**	**12076.62**

ENERGY BALANCE OF HUNAN (PHYSICAL QUANTITY)-2011

洗精煤 (万吨) Cleaned Coal (10^4 tn)	其他洗煤 (万吨) Other Washed Coal (10^4 tn)	型煤 (万吨) Briquettes (10^4 tn)	煤矸石 (万吨) Gangue (10^4 tn)	焦炭 (万吨) Coke (10^4 tn)	焦炉煤气 (亿立方米) Coke Oven Gas (10^8 cu.m)	高炉煤气 (亿立方米) Blast Furnace Gas (10^8 cu.m)	转炉煤气 (亿立方米) Converter Gas (10^8 cu.m)	其他煤气 (亿立方米) Other Gas (10^8 cu.m)
23.51	**213.77**	**691.85**	**87.57**	**182.21**	**11.02**		**-0.06**	**1.40**
589.73	211.40	683.45	87.57	231.13	11.02			1.40
				0.60				
-517.89				-46.37			-0.06	
-59.52								
11.19	2.37	8.40		-3.15				
491.47	**-66.64**		**-57.15**	**639.59**	**9.19**	**98.61**	**7.02**	**0.70**
			-57.15		-0.15	-53.35	-2.98	
-179.18	-132.50			-29.85		-36.17		
1532.78	65.86							
-860.49				669.44				
-1.64								0.50
					9.34	188.13	10.00	0.20
2.58								
512.40	**147.13**	**691.85**	**30.42**	**821.80**	**20.21**	**98.61**	**6.96**	**2.10**
		17.42		15.36				
504.86	147.01	128.72	30.42	806.44	20.21	98.61	6.96	2.09
0.18		0.04	1.16	5.96				
4.10	0.12	12.04						0.01
1.10		58.20						
2.34		130.24						
		27.87						
		317.36						
		71.05						
		246.31						
1556.29	**279.63**	**691.85**	**87.57**	**851.65**	**20.36**	**188.13**	**9.94**	**2.10**

续表 1

项　　目	Item	其他焦化产品(万吨) Other Coking Products (10^4 tn)	油品合计(万吨) Petroleum Products Total (10^4 tn)
一.可供本地区消费的能源量	**Total Primary Energy Supply**	**0.88**	**1234.54**
1.一次能源生产量	Indigenous Production		
2.外省(区、市)调入量	Moving In from Other Provinces	0.98	1181.83
3.进口量	Import		364.14
4.境内轮船和飞机在境外的加油量	Domestic Airplanes&Ships Refueling in Abroad		
5.本省(区、市)调出量(-)	Sending Out to Other Provinces(-)		-334.19
6.出口量(-)	Export(-)		
7.境外轮船和飞机在境内的加油量(-)	Oversea Airplanes&Ships Refueling in China		
8.库存增(-)、减(+)量	Stock Change	-0.10	22.76
二.加工转换投入(-)产出(+)量	**Input(-) & Output(+) of Transformation**	**23.55**	**-116.96**
1.火力发电	Thermal Power		-7.47
2.供　热	Heating Supply		-43.13
3.洗 选 煤	Coal Washing		
4.炼　焦	Coking	23.55	
5.炼油及煤制油	Petroleum Refineries		-6.99
#油品再投入量(-)	Petroleum Products Input (-)		-59.37
6.制　气	Gas Works		
#焦炭再投入量(-)	Coke Input (-)		
7.天然气液化	Natural Gas Liquefaction		
8.煤制品加工	Briquettes		
9.回收能	Recovery of Energy		
三.损 失 量	**Loss**		
四.终端消费量	**Total Final Consumption**	**24.43**	**1117.59**
1.农、林、牧、渔、水利业	Agriculture, Forestry, Animal Husbandry, Fishery and Water Conservancy		17.13
2.工业	Industry	24.43	204.95
#用作原料、材料	Non-Energy Use	3.99	24.74
3.建筑业	Construction		75.28
4.交通运输、仓储和邮政业	Transport, Storage and Post		597.78
5.批发、零售业和住宿、餐饮业	Wholesale, Retail Trade and Hotel, Restaurants		88.57
6.其他	Others		26.29
7.生活消费	Residential Consumption		107.59
城 镇	Urban		62.55
乡 村	Rural		45.04
五.平衡差额	**Statistical Difference**		**-0.01**
六.消费量合计	**Total Energy Consumption**	**24.43**	**1234.55**

Continued 1

原油 (万吨) Crude Oil (10^4 tn)	汽油 (万吨) Gasoline (10^4 tn)	煤油 (万吨) Kerosene (10^4 tn)	柴油 (万吨) Diesel Oil (10^4 tn)	燃料油 (万吨) Fuel Oil (10^4 tn)	石脑油 (万吨) Naphtha (10^4 tn)	润滑油 (万吨) Lubricants (10^4 tn)	石蜡 (万吨) Paraffin Waxes (10^4 tn)	溶剂油 (万吨) White Spirit (10^4 tn)
766.03	**110.77**	**19.51**	**270.49**	**41.03**	**-7.86**	**5.75**		**-11.35**
412.22	161.95	25.47	385.80	63.38		5.17		
364.07	0.01		0.01	0.05				
	-67.05	-6.07	-134.37	-21.21	-7.11			-11.35
-10.26	15.86	0.11	19.05	-1.19	-0.75	0.58		
-764.00	**184.28**	**12.52**	**290.36**	**24.71**	**8.48**			**11.57**
			-0.78	-0.91				
			-0.09	-2.33				
-764.00	184.28	12.52	291.23	27.95	8.48			11.57
2.03	**295.05**	**32.03**	**560.85**	**65.74**	**0.62**	**5.75**		**0.22**
	9.39		7.54	0.01		0.01		
2.03	22.98	1.21	57.68	22.12	0.62	0.65		0.22
			4.28					
	19.84	0.15	54.36	0.04		0.01		
	129.37	29.17	393.02	40.85		2.82		
	35.38	1.10	31.12	1.14		0.82		
	10.45	0.40	11.83	0.58		0.78		
	67.64		5.30	1.00		0.66		
	34.57		4.18	0.60		0.56		
	33.07		1.12	0.40		0.10		
			-0.01					
766.03	**295.05**	**32.03**	**561.72**	**68.98**	**0.62**	**5.75**		**0.22**

续表 2

项　　目	Item	石油沥青(万吨) Bitumen Asphalt (10^4 tn)	石油焦(万吨) Petroleum Coke (10^4 tn)
一.可供本地区消费的能源量	**Total Primary Energy Supply**		**3.91**
1.一次能源生产量	Indigenous Production		
2.外省(区、市)调入量	Moving In from Other Provinces		4.28
3.进口量	Import		
4.境内轮船和飞机在境外的加油量	Domestic Airplanes&Ships Refueling in Abroad		
5.本省(区、市)调出量(-)	Sending Out to Other Provinces(-)		
6.出口量(-)	Export(-)		
7.境外轮船和飞机在境内的加油量(-)	Oversea Airplanes&Ships Refueling in China		
8.库存增(-)、减(+)量	Stock Change		-0.37
二.加工转换投入(-)产出(+)量	**Input(-) & Output(+) of Transformation**		
1.火力发电	Thermal Power		
2.供　热	Heating Supply		
3.洗 选 煤	Coal Washing		
4.炼　焦	Coking		
5.炼油及煤制油	Petroleum Refineries		
#油品再投入量(-)	Petroleum Products Input (-)		
6.制　气	Gas Works		
#焦炭再投入量(-)	Coke Input (-)		
7.天然气液化	Natural Gas Liquefaction		
8.煤制品加工	Briquettes		
9.回收能	Recovery of Energy		
三.损 失 量	**Loss**		
四.终端消费量	**Total Final Consumption**		**3.91**
1.农、林、牧、渔、水利业	Agriculture, Forestry, Animal Husbandry, Fishery and Water Conservancy		
2.工业	Industry		3.91
#用作原料、材料	Non-Energy Use		0.17
3.建筑业	Construction		
4.交通运输、仓储和邮政业	Transport, Storage and Post		
5.批发、零售业和住宿、餐饮业	Wholesale, Retail Trade and Hotel, Restaurants		
6.其他	Others		
7.生活消费	Residential Consumption		
城 镇	Urban		
乡 村	Rural		
五.平衡差额	**Statistical Difference**		
六.消费量合计	**Total Energy Consumption**		**3.91**

Continued 2

	液化石油气（万吨）LPG (10^4 tn)	炼厂干气（万吨）Refinery Gas (10^4 tn)	其他石油制品（万吨）Other Petroleum Products (10^4 tn)	天然气（亿立方米）Natural Gas (10^8 cu.m)	液化天然气（万吨）LNG (10^4 tn)	热力（万百万千焦）Heat (10^{10} kJ)	电力（亿千瓦小时）Electricity (10^8 kW•h)	其他能源（万吨标煤）Other Energy (10^4 tce)
	24.42	**-2.09**	**13.93**	**14.65**	**4.98**		**661.21**	**1304.46**
							464.98	75.14
	39.23		84.33	14.65	4.98		282.23	1229.38
	-14.66	-2.09	-70.28				-86.00	
	-0.15		-0.12					-0.06
	53.24	**23.23**	**38.65**	**-0.02**		**11576.02**	**883.77**	**85.15**
		-0.77	-5.01			-1877.16	883.77	-47.07
		-1.43	-39.28	-0.02		12380.71		-0.13
	53.24	26.39	141.35					
		-0.96	-58.41					
						1072.47		132.35
							93.19	
	77.66	**21.14**	**52.58**	**14.63**	**4.98**	**11576.02**	**1451.79**	**1389.61**
	0.18			0.07			98.04	121.38
	23.20	21.14	49.19	6.25	0.27	11568.93	970.76	338.63
	0.92		19.37					11.15
	0.43		0.45	0.05		4.59	13.36	122.07
	0.39		2.16	0.75	2.02		34.96	1.86
	19.01			3.00	0.64		38.88	132.73
	1.72		0.53	1.23		2.50	66.19	63.57
	32.74		0.25	3.28	2.05		229.60	609.37
	22.49		0.15	2.95	2.05		124.27	148.03
	10.25		0.10	0.33			105.33	461.34
	77.66	**24.30**	**155.28**	**14.65**	**4.98**	**13453.18**	**1544.98**	**1436.81**

6-19 广东能源平衡表(实物量)-2011

项　目	Item	煤合计 (万吨) Coal Total (10^4 tn)	原煤 (万吨) Raw Coal (10^4 tn)
一.可供本地区消费的能源量	**Total Primary Energy Supply**	**18439.37**	**17099.56**
1.一次能源生产量	Indigenous Production		
2.外省(区、市)调入量	Moving In from Other Provinces	12518.94	11186.63
3.进口量	Import	6080.83	6080.62
4.境内轮船和飞机在境外的加油量	Domestic Airplanes&Ships Refueling in Abroad		
5.本省(区、市)调出量(-)	Sending Out to Other Provinces(-)		
6.出口量(-)	Export(-)		
7.境外轮船和飞机在境内的加油量(-)	Oversea Airplanes&Ships Refueling in China		
8.库存增(-)、减(+)量	Stock Change	-160.40	-167.69
二.加工转换投入(-)产出(+)量	**Input(-) & Output(+) of Transformation**	**-12804.81**	**-12358.04**
1.火力发电	Thermal Power	-11982.27	-11799.44
2.供　热	Heating Supply	-555.35	-541.90
3.洗选煤	Coal Washing		
4.炼　焦	Coking	-273.58	
5.炼油及煤制油	Petroleum Refineries		
#油品再投入量(-)	Petroleum Products Input (-)		
6.制　气	Gas Works	-1.12	-1.12
#焦炭再投入量(-)	Coke Input (-)		
7.天然气液化	Natural Gas Liquefaction		
8.煤制品加工	Briquettes	7.51	-15.58
9.回收能	Recovery of Energy		
三.损失量	**Loss**	**9.30**	**9.30**
四.终端消费量	**Total Final Consumption**	**5625.26**	**4732.22**
1.农、林、牧、渔、水利业	Agriculture, Forestry, Animal Husbandry, Fishery and Water Conservancy	61.70	61.70
2.工业	Industry	5453.76	4582.62
#用作原料、材料	Non-Energy Use	83.36	83.18
3.建筑业	Construction	3.03	3.03
4.交通运输、仓储和邮政业	Transport, Storage and Post	2.16	2.16
5.批发、零售业和住宿、餐饮业	Wholesale, Retail Trade and Hotel, Restaurants	36.73	36.73
6.其他	Others		
7.生活消费	Residential Consumption	67.88	45.98
城镇	Urban	36.86	22.73
乡村	Rural	31.02	23.25
五.平衡差额	**Statistical Difference**		
六.消费量合计	**Total Energy Consumption**	**18439.37**	**17099.56**

ENERGY BALANCE OF GUANGDONG (PHYSICAL QUANTITY)-2011

洗精煤 (万吨) Cleaned Coal (10^4 tn)	其他洗煤 (万吨) Other Washed Coal (10^4 tn)	型煤 (万吨) Briquettes (10^4 tn)	煤矸石 (万吨) Gangue (10^4 tn)	焦炭 (万吨) Coke (10^4 tn)	焦炉煤气 (亿立方米) Coke Oven Gas (10^8 cu.m)	高炉煤气 (亿立方米) Blast Furnace Gas (10^8 cu.m)	转炉煤气 (亿立方米) Converter Gas (10^8 cu.m)	其他煤气 (亿立方米) Other Gas (10^8 cu.m)
1015.55	**17.52**	**306.74**	**321.65**	**358.66**				**18.00**
1007.65	17.50	307.16	321.65	355.65				18.00
		0.21						
7.90	0.02	-0.63		3.01				
-273.58		**-173.19**	**-320.15**	**193.47**	**6.94**	**128.46**	**4.27**	**0.25**
		-182.83	-320.15			-1.58	-0.33	
		-13.45				-3.13	-0.04	
-273.58				193.47	6.94			
								0.25
		23.09						
						133.17	4.64	
741.97	**17.52**	**133.55**	**1.50**	**552.13**	**6.94**	**128.46**	**4.27**	**18.25**
741.97	17.52	111.65	1.50	552.13	6.94	128.46	4.27	0.55
0.11		0.07						
								4.86
		21.90						12.84
		14.13						12.84
		7.77						
1015.55	**17.52**	**329.83**	**321.65**	**552.13**	**6.94**	**133.17**	**4.64**	**18.25**

续表 1

项　　目	Item	其他焦化产品(万吨) Other Coking Products (10^4 tn)	油品合计(万吨) Petroleum Products Total (10^4 tn)
一.可供本地区消费的能源量	**Total Primary Energy Supply**	**-0.15**	**5462.21**
1.一次能源生产量	Indigenous Production		1152.77
2.外省(区、市)调入量	Moving In from Other Provinces		3570.18
3.进口量	Import	98.38	2086.77
4.境内轮船和飞机在境外的加油量	Domestic Airplanes&Ships Refueling in Abroad		138.89
5.本省(区、市)调出量(-)	Sending Out to Other Provinces(-)	-98.15	-485.37
6.出口量(-)	Export(-)		-730.56
7.境外轮船和飞机在境内的加油量(-)	Oversea Airplanes&Ships Refueling in China		-208.33
8.库存增(-)、减(+)量	Stock Change	-0.38	-62.14
二.加工转换投入(-)产出(+)量	**Input(-) & Output(+) of Transformation**	**10.80**	**-233.33**
1.火力发电	Thermal Power		-45.19
2.供　　热	Heating Supply		-103.12
3.洗 选 煤	Coal Washing		
4.炼　　焦	Coking	10.80	
5.炼油及煤制油	Petroleum Refineries		202.51
#油品再投入量(-)	Petroleum Products Input (-)		-287.53
6.制　　气	Gas Works		
#焦炭再投入量(-)	Coke Input (-)		
7.天然气液化	Natural Gas Liquefaction		
8.煤制品加工	Briquettes		
9.回收能	Recovery of Energy		
三.损 失 量	**Loss**		**16.09**
四.终端消费量	**Total Final Consumption**	**10.65**	**5212.79**
1.农、林、牧、渔、水利业	Agriculture, Forestry, Animal Husbandry, Fishery and Water Conservancy		110.74
2.工业	Industry	10.65	1752.42
#用作原料、材料	Non-Energy Use		707.12
3.建筑业	Construction		377.19
4.交通运输、仓储和邮政业	Transport, Storage and Post		1784.26
5.批发、零售业和住宿、餐饮业	Wholesale, Retail Trade and Hotel, Restaurants		226.68
6.其他	Others		62.15
7.生活消费	Residential Consumption		899.35
城 镇	Urban		577.33
乡 村	Rural		322.02
五.平衡差额	**Statistical Difference**		
六.消费量合计	**Total Energy Consumption**	**10.65**	**5462.21**

Continued 1

原油 (万吨) Crude Oil (10^4 tn)	汽油 (万吨) Gasoline (10^4 tn)	煤油 (万吨) Kerosene (10^4 tn)	柴油 (万吨) Diesel Oil (10^4 tn)	燃料油 (万吨) Fuel Oil (10^4 tn)	石脑油 (万吨) Naphtha (10^4 tn)	润滑油 (万吨) Lubricants (10^4 tn)	石蜡 (万吨) Paraffin Waxes (10^4 tn)	溶剂油 (万吨) White Spirit (10^4 tn)
4403.37	**572.13**	**-149.15**	**-51.11**	**355.31**	**58.73**	**0.97**	**-8.24**	**-5.31**
1152.77								
2084.49	600.02			341.46	61.18	10.10		
1230.55		81.90	118.23	384.95				
		21.06	2.92	114.91				
		-98.71	-8.26			-7.74	-8.29	-5.31
-67.14	-16.28	-124.76	-113.64	-315.18				
		-31.58	-4.38	-172.37				
2.70	-11.61	2.94	-45.98	1.54	-2.45	-1.39	0.05	
-4382.42	**635.46**	**366.08**	**1548.69**	**32.90**	**366.17**	**20.94**	**8.49**	**6.49**
			-2.80	-24.44				
			-0.17	-90.75				
-4382.42	635.46	366.08	1551.66	149.97	366.17	20.94	8.49	6.49
				-1.88				
4.10	**3.27**	**0.70**	**7.94**	**0.07**		**0.01**		
16.85	**1204.32**	**216.23**	**1489.64**	**388.14**	**424.90**	**21.90**	**0.25**	**1.18**
	14.87		88.67			7.20		
16.85	68.72	7.02	334.86	259.62	424.90	4.60	0.25	1.18
0.01	0.53	0.05	2.46	11.09	424.86		0.02	0.59
	34.13		31.21			0.02		
	575.23	205.30	883.48	114.42		5.83		
	69.25		127.53	12.83		0.04		
	51.36		7.58	1.27		0.03		
	390.76	3.91	16.31			4.18		
	265.84	0.41	4.08			2.75		
	124.92	3.50	12.23			1.43		
4403.37	**1207.59**	**216.93**	**1500.55**	**505.28**	**424.90**	**21.91**	**0.25**	**1.18**

续表 2

项　　目	Item	石油沥青(万吨) Bitumen Asphalt (10^4 tn)	石油焦(万吨) Petroleum Coke (10^4 tn)
一.可供本地区消费的能源量	**Total Primary Energy Supply**	**82.91**	**-185.75**
1.一次能源生产量	Indigenous Production		
2.外省(区、市)调入量	Moving In from Other Provinces	82.91	
3.进口量	Import		
4.境内轮船和飞机在境外的加油量	Domestic Airplanes&Ships Refueling in Abroad		
5.本省(区、市)调出量(-)	Sending Out to Other Provinces(-)		-184.81
6.出口量(-)	Export(-)		
7.境外轮船和飞机在境内的加油量(-)	Oversea Airplanes&Ships Refueling in China		
8.库存增(-)、减(+)量	Stock Change		-0.94
二.加工转换投入(-)产出(+)量	**Input(-) & Output(+) of Transformation**	**228.63**	**229.97**
1.火力发电	Thermal Power		-16.51
2.供　热	Heating Supply		-6.22
3.洗 选 煤	Coal Washing		
4.炼　焦	Coking		
5.炼油及煤制油	Petroleum Refineries	228.63	252.70
#油品再投入量(-)	Petroleum Products Input (-)		
6.制　气	Gas Works		
#焦炭再投入量(-)	Coke Input (-)		
7.天然气液化	Natural Gas Liquefaction		
8.煤制品加工	Briquettes		
9.回收能	Recovery of Energy		
三.损 失 量	**Loss**		
四.终端消费量	**Total Final Consumption**	**311.54**	**44.22**
1.农、林、牧、渔、水利业	Agriculture, Forestry, Animal Husbandry, Fishery and Water Conservancy		
2.工业	Industry	0.51	44.22
#用作原料、材料	Non-Energy Use		
3.建筑业	Construction	311.03	
4.交通运输、仓储和邮政业	Transport, Storage and Post		
5.批发、零售业和住宿、餐饮业	Wholesale, Retail Trade and Hotel, Restaurants		
6.其他	Others		
7.生活消费	Residential Consumption		
城 镇	Urban		
乡 村	Rural		
五.平衡差额	**Statistical Difference**		
六.消费量合计	**Total Energy Consumption**	**311.54**	**66.95**

Continued 2

液化石油气 (万吨) LPG (10^4 tn)	炼厂干气 (万吨) Refinery Gas (10^4 tn)	其他石油制品 (万吨) Other Petroleum Products (10^4 tn)	天然气 (亿立方米) Natural Gas (10^8 cu.m)	液化天然气 (万吨) LNG (10^4 tn)	热力 (万百万千焦) Heat (10^{10} kJ)	电力 (亿千瓦小时) Electricity (10^8 kW•h)	其他能源 (万吨标煤) Other Energy (10^4 tce)
513.90	**5.88**	**-131.43**	**74.53**	**289.37**		**1346.59**	**611.92**
			83.28			650.71	
384.14	5.88		0.51	303.46		695.88	611.80
224.11		47.03					
		-172.25					
-93.44		-0.12	-9.26				
-0.91		-6.09		-14.09			0.12
183.47	**72.48**	**449.32**	**-38.38**	**-201.44**	**12981.41**	**3052.43**	**-34.94**
	-0.91	-0.53	-38.19	-195.10	-2087.32	3052.43	-34.53
	-4.71	-1.27	-0.19	-6.34	12976.67		-0.41
233.96	78.10	686.28					
-50.49		-235.16					
					2092.06		
				24.46		**197.47**	**29.60**
697.37	**78.36**	**317.89**	**36.15**	**63.47**	**12981.41**	**4201.55**	**547.38**
						74.76	
193.44	78.36	317.89	16.96	63.47	12864.22	2762.75	530.58
34.83	0.01	232.67	0.29	0.02			0.44
0.80						51.28	16.80
			1.96			65.29	
17.03			5.15		117.19	235.86	
1.91						388.74	
484.19			12.08			622.87	
304.25			12.08			377.34	
179.94						245.53	
747.86	**83.98**	**554.85**	**74.53**	**289.37**	**15068.73**	**4399.02**	**611.92**

6-20 广西能源平衡表(实物量)-2011

项目	Item	煤合计(万吨) Coal Total (10^4 tn)	原煤(万吨) Raw Coal (10^4 tn)
一.可供本地区消费的能源量	**Total Primary Energy Supply**	**7032.84**	**6389.99**
1.一次能源生产量	Indigenous Production	783.78	783.78
2.外省(区、市)调入量	Moving In from Other Provinces	6271.95	5682.71
3.进口量	Import	1588.68	1546.32
4.境内轮船和飞机在境外的加油量	Domestic Airplanes&Ships Refueling in Abroad		
5.本省(区、市)调出量(-)	Sending Out to Other Provinces(-)	-1546.62	-1546.62
6.出口量(-)	Export(-)		
7.境外轮船和飞机在境内的加油量(-)	Oversea Airplanes&Ships Refueling in China		
8.库存增(-)、减(+)量	Stock Change	-64.95	-76.20
二.加工转换投入(-)产出(+)量	**Input(-) & Output(+) of Transformation**	**-3957.50**	**-3390.20**
1.火力发电	Thermal Power	-2807.29	-2807.29
2.供　　热	Heating Supply	-481.73	-481.73
3.洗 选 煤	Coal Washing		
4.炼　　焦	Coking	-567.30	
5.炼油及煤制油	Petroleum Refineries		
#油品再投入量(-)	Petroleum Products Input (-)		
6.制　　气	Gas Works	-101.18	-101.18
#焦炭再投入量(-)	Coke Input (-)		
7.天然气液化	Natural Gas Liquefaction		
8.煤制品加工	Briquettes		
9.回收能	Recovery of Energy		
三.损 失 量	**Loss**		
四.终端消费量	**Total Final Consumption**	**3075.39**	**2999.84**
1.农、林、牧、渔、水利业	Agriculture, Forestry, Animal Husbandry, Fishery and Water Conservancy	9.50	9.50
2.工业	Industry	2922.84	2847.29
#用作原料、材料	Non-Energy Use	148.32	148.32
3.建筑业	Construction		
4.交通运输、仓储和邮政业	Transport, Storage and Post	0.16	0.16
5.批发、零售业和住宿、餐饮业	Wholesale, Retail Trade and Hotel, Restaurants	56.32	56.32
6.其他	Others	54.12	54.12
7.生活消费	Residential Consumption	32.45	32.45
城 镇	Urban	25.33	25.33
乡 村	Rural	7.12	7.12
五.平衡差额	**Statistical Difference**	**-0.05**	**-0.05**
六.消费量合计	**Total Energy Consumption**	**7032.89**	**6390.04**

ENERGY BALANCE OF GUANGXI (PHYSICAL QUANTITY)-2011

洗精煤 (万吨) Cleaned Coal (10^4 tn)	其他洗煤 (万吨) Other Washed Coal (10^4 tn)	型煤 (万吨) Briquettes (10^4 tn)	煤矸石 (万吨) Gangue (10^4 tn)	焦炭 (万吨) Coke (10^4 tn)	焦炉煤气 (亿立方米) Coke Oven Gas (10^8 cu.m)	高炉煤气 (亿立方米) Blast Furnace Gas (10^8 cu.m)	转炉煤气 (亿立方米) Converter Gas (10^8 cu.m)	其他煤气 (亿立方米) Other Gas (10^8 cu.m)
626.78	**3.73**	**12.34**	**4.75**	**329.11**	**1.03**			
573.05	3.83	12.36	4.75	336.26				
42.36								
11.37	-0.10	-0.02		-7.15	1.03			
-567.30				**411.14**	**14.49**	**105.13**	**4.72**	**32.70**
					-3.05	-44.78	-2.71	
-567.30				411.14	17.54			
								32.70
						149.91	7.43	
59.48	**3.73**	**12.34**	**4.75**	**740.25**	**15.52**	**105.13**	**4.72**	**32.70**
59.48	3.73	12.34	4.75	740.25	15.52	104.38	4.72	32.70
				25.00				
						0.75		
626.78	**3.73**	**12.34**	**4.75**	**740.25**	**18.57**	**149.91**	**7.43**	**32.70**

续表 1

项　　目	Item	其他焦化产品(万吨) Other Coking Products (10^4 tn)	油品合计(万吨) Petroleum Products Total (10^4 tn)
一.可供本地区消费的能源量	**Total Primary Energy Supply**		**1018.84**
1.一次能源生产量	Indigenous Production		2.27
2.外省(区、市)调入量	Moving In from Other Provinces		1736.04
3.进口量	Import		
4.境内轮船和飞机在境外的加油量	Domestic Airplanes&Ships Refueling in Abroad		
5.本省(区、市)调出量(−)	Sending Out to Other Provinces(-)		-738.62
6.出口量(−)	Export(-)		
7.境外轮船和飞机在境内的加油量(−)	Oversea Airplanes&Ships Refueling in China		
8.库存增(−)、减(+)量	Stock Change		19.15
二.加工转换投入(−)产出(+)量	**Input(-) & Output(+) of Transformation**	**22.52**	**-50.25**
1.火力发电	Thermal Power		-0.65
2.供　　热	Heating Supply		-0.03
3.洗 选 煤	Coal Washing		
4.炼　　焦	Coking	22.52	
5.炼油及煤制油	Petroleum Refineries		-48.35
#油品再投入量(−)	Petroleum Products Input (-)		-1.22
6.制　　气	Gas Works		
#焦炭再投入量(−)	Coke Input (-)		
7.天然气液化	Natural Gas Liquefaction		
8.煤制品加工	Briquettes		
9.回收能	Recovery of Energy		
三.损 失 量	**Loss**		
四.终端消费量	**Total Final Consumption**	**22.52**	**968.59**
1.农、林、牧、渔、水利业	Agriculture, Forestry, Animal Husbandry, Fishery and Water Conservancy		39.91
2.工业	Industry	22.52	129.11
#用作原料、材料	Non-Energy Use		0.57
3.建筑业	Construction		4.29
4.交通运输、仓储和邮政业	Transport, Storage and Post		529.91
5.批发、零售业和住宿、餐饮业	Wholesale, Retail Trade and Hotel, Restaurants		48.27
6.其他	Others		39.60
7.生活消费	Residential Consumption		177.50
城 镇	Urban		131.84
乡 村	Rural		45.66
五.平衡差额	**Statistical Difference**		
六.消费量合计	**Total Energy Consumption**	**22.52**	**1018.84**

Continued 1

原油 (万吨) Crude Oil (10^4 tn)	汽油 (万吨) Gasoline (10^4 tn)	煤油 (万吨) Kerosene (10^4 tn)	柴油 (万吨) Diesel Oil (10^4 tn)	燃料油 (万吨) Fuel Oil (10^4 tn)	石脑油 (万吨) Naphtha (10^4 tn)	润滑油 (万吨) Lubricants (10^4 tn)	石蜡 (万吨) Paraffin Waxes (10^4 tn)	溶剂油 (万吨) White Spirit (10^4 tn)
1064.06	**29.75**	**-16.98**	**2.10**	**-7.45**	**-12.93**	**0.08**	**-0.10**	**-22.27**
2.27								
1070.35	196.34		370.57			0.08		
	-165.60	-17.47	-396.64	-7.49	-12.93		-0.10	-22.27
-8.56	-0.99	0.49	28.17	0.04				
-1064.06	**229.73**	**17.26**	**474.20**	**57.07**	**12.93**		**0.23**	**22.44**
			-0.58	-0.07				
			-0.03					
-1064.06	229.73	17.26	474.81	57.90	12.93		0.23	22.44
				-0.76				
	259.48	**0.28**	**476.30**	**49.62**		**0.08**	**0.13**	**0.17**
	6.23		29.36					
	6.00	0.28	30.74	19.50		0.08	0.13	0.17
	0.25							
	3.36		0.93					
	120.31		379.48	30.12				
	9.45		19.56					
	21.19		16.23					
	92.94							
	60.63							
	32.31							
1064.06	**259.48**	**0.28**	**476.91**	**50.45**		**0.08**	**0.13**	**0.17**

续表 2

项　　目	Item	石油沥青(万吨) Bitumen Asphalt (10^4 tn)	石油焦(万吨) Petroleum Coke (10^4 tn)
一.可供本地区消费的能源量	**Total Primary Energy Supply**	**-17.74**	**12.39**
1.一次能源生产量	Indigenous Production		
2.外省(区、市)调入量	Moving In from Other Provinces		12.39
3.进口量	Import		
4.境内轮船和飞机在境外的加油量	Domestic Airplanes&Ships Refueling in Abroad		
5.本省(区、市)调出量(-)	Sending Out to Other Provinces(-)	-17.74	
6.出口量(-)	Export(-)		
7.境外轮船和飞机在境内的加油量(-)	Oversea Airplanes&Ships Refueling in China		
8.库存增(-)、减(+)量	Stock Change		
二.加工转换投入(-)产出(+)量	**Input(-) & Output(+) of Transformation**	**17.74**	
1.火力发电	Thermal Power		
2.供　　热	Heating Supply		
3.洗 选 煤	Coal Washing		
4.炼　　焦	Coking		
5.炼油及煤制油	Petroleum Refineries	17.74	
#油品再投入量(-)	Petroleum Products Input (-)		
6.制　　气	Gas Works		
#焦炭再投入量(-)	Coke Input (-)		
7.天然气液化	Natural Gas Liquefaction		
8.煤制品加工	Briquettes		
9.回收能	Recovery of Energy		
三.损 失 量	**Loss**		
四.终端消费量	**Total Final Consumption**		**12.39**
1.农、林、牧、渔、水利业	Agriculture, Forestry, Animal Husbandry, Fishery and Water Conservancy		
2.工业	Industry		12.39
#用作原料、材料	Non-Energy Use		
3.建筑业	Construction		
4.交通运输、仓储和邮政业	Transport, Storage and Post		
5.批发、零售业和住宿、餐饮业	Wholesale, Retail Trade and Hotel, Restaurants		
6.其他	Others		
7.生活消费	Residential Consumption		
城 镇	Urban		
乡 村	Rural		
五.平衡差额	**Statistical Difference**		
六.消费量合计	**Total Energy Consumption**		**12.39**

Continued 2

液化石油气（万吨） LPG (10^4 tn)	炼厂干气（万吨） Refinery Gas (10^4 tn)	其他石油制品（万吨） Other Petroleum Products (10^4 tn)	天然气（亿立方米） Natural Gas (10^8 cu.m)	液化天然气（万吨） LNG (10^4 tn)	热力（万百万千焦） Heat (10^{10} kJ)	电力（亿千瓦小时） Electricity (10^8 kW•h)	其他能源（万吨标煤） Other Energy (10^4 tce)
53.24		**-65.31**	**2.37**	**1.14**		**475.59**	**603.79**
						415.07	603.79
86.31			2.37	1.10		132.55	
-33.07		-65.31				-72.03	
				0.04			
59.70	**26.36**	**96.15**			**5634.95**	**636.62**	**-190.06**
					-2872.95	636.62	-159.22
					5783.35		-30.84
59.70	26.36	96.61					
		-0.46					
					2724.55		
						68.21	
112.94	**26.36**	**30.84**	**2.37**	**1.14**	**5634.95**	**1044.00**	**413.73**
4.32						22.74	
2.62	26.36	30.84	0.57	1.14	5634.95	747.55	413.73
0.32							
						11.83	
						13.31	
19.26						27.41	
2.18						51.27	
84.56			1.80			169.89	
71.21			1.80			95.37	
13.35						74.52	
112.94	**26.36**	**31.30**	**2.37**	**1.14**	**8507.90**	**1112.21**	**603.79**

6-21 海南能源平衡表(实物量)-2011

项目	Item	煤合计(万吨) Coal Total (10^4 tn)	原煤(万吨) Raw Coal (10^4 tn)
一.可供本地区消费的能源量	**Total Primary Energy Supply**	**816.91**	**816.88**
1.一次能源生产量	Indigenous Production		
2.外省(区、市)调入量	Moving In from Other Provinces	451.37	451.34
3.进口量	Import	372.24	372.24
4.境内轮船和飞机在境外的加油量	Domestic Airplanes&Ships Refueling in Abroad		
5.本省(区、市)调出量(-)	Sending Out to Other Provinces(-)		
6.出口量(-)	Export(-)		
7.境外轮船和飞机在境内的加油量(-)	Oversea Airplanes&Ships Refueling in China		
8.库存增(-)、减(+)量	Stock Change	-6.70	-6.70
二.加工转换投入(-)产出(+)量	**Input(-) & Output(+) of Transformation**	**-607.41**	**-607.41**
1.火力发电	Thermal Power	-607.41	-607.41
2.供　热	Heating Supply		
3.洗 选 煤	Coal Washing		
4.炼　焦	Coking		
5.炼油及煤制油	Petroleum Refineries		
#油品再投入量(-)	Petroleum Products Input (-)		
6.制　气	Gas Works		
#焦炭再投入量(-)	Coke Input (-)		
7.天然气液化	Natural Gas Liquefaction		
8.煤制品加工	Briquettes		
9.回收能	Recovery of Energy		
三.损 失 量	**Loss**		
四.终端消费量	**Total Final Consumption**	**208.06**	**208.03**
1.农、林、牧、渔、水利业	Agriculture, Forestry, Animal Husbandry, Fishery and Water Conservancy		
2.工业	Industry	208.06	208.03
#用作原料、材料	Non-Energy Use		
3.建筑业	Construction		
4.交通运输、仓储和邮政业	Transport, Storage and Post		
5.批发、零售业和住宿、餐饮业	Wholesale, Retail Trade and Hotel, Restaurants		
6.其他	Others		
7.生活消费	Residential Consumption		
城 镇	Urban		
乡 村	Rural		
五.平衡差额	**Statistical Difference**	**1.44**	**1.44**
六.消费量合计	**Total Energy Consumption**	**815.47**	**815.44**

ENERGY BALANCE OF HAINAN (PHYSICAL QUANTITY)-2011

洗精煤 (万吨) Cleaned Coal (10⁴ tn)	其他洗煤 (万吨) Other Washed Coal (10⁴ tn)	型煤 (万吨) Briquettes (10⁴ tn)	煤矸石 (万吨) Gangue (10⁴ tn)	焦炭 (万吨) Coke (10⁴ tn)	焦炉煤气 (亿立方米) Coke Oven Gas (10⁸ cu.m)	高炉煤气 (亿立方米) Blast Furnace Gas (10⁸ cu.m)	转炉煤气 (亿立方米) Converter Gas (10⁸ cu.m)	其他煤气 (亿立方米) Other Gas (10⁸ cu.m)
		0.03		**2.42**				
		0.03		0.02				
				2.40				
		0.03		**0.02**				
		0.03		0.02				
				2.40				
		0.03		**0.02**				

续表 1

项　　目	Item	其他焦化产品(万吨) Other Coking Products (10^4 tn)	油品合计(万吨) Petroleum Products Total (10^4 tn)
一.可供本地区消费的能源量	**Total Primary Energy Supply**		**402.44**
1.一次能源生产量	Indigenous Production		19.66
2.外省(区、市)调入量	Moving In from Other Provinces		70.70
3.进口量	Import		888.77
4.境内轮船和飞机在境外的加油量	Domestic Airplanes&Ships Refueling in Abroad		
5.本省(区、市)调出量(-)	Sending Out to Other Provinces(-)		-516.35
6.出口量(-)	Export(-)		-52.40
7.境外轮船和飞机在境内的加油量(-)	Oversea Airplanes&Ships Refueling in China		
8.库存增(-)、减(+)量	Stock Change		-7.94
二.加工转换投入(-)产出(+)量	**Input(-) & Output(+) of Transformation**		**-14.51**
1.火力发电	Thermal Power		-0.03
2.供　热	Heating Supply		-2.97
3.洗 选 煤	Coal Washing		
4.炼　焦	Coking		
5.炼油及煤制油	Petroleum Refineries		7.36
#油品再投入量(-)	Petroleum Products Input (-)		-18.87
6.制　气	Gas Works		
#焦炭再投入量(-)	Coke Input (-)		
7.天然气液化	Natural Gas Liquefaction		
8.煤制品加工	Briquettes		
9.回收能	Recovery of Energy		
三.损 失 量	**Loss**		
四.终端消费量	**Total Final Consumption**		**387.93**
1.农、林、牧、渔、水利业	Agriculture, Forestry, Animal Husbandry, Fishery and Water Conservancy		64.55
2.工业	Industry		48.62
#用作原料、材料	Non-Energy Use		2.67
3.建筑业	Construction		10.14
4.交通运输、仓储和邮政业	Transport, Storage and Post		202.96
5.批发、零售业和住宿、餐饮业	Wholesale, Retail Trade and Hotel, Restaurants		6.30
6.其他	Others		25.08
7.生活消费	Residential Consumption		30.28
城 镇	Urban		24.88
乡 村	Rural		5.40
五.平衡差额	**Statistical Difference**		
六.消费量合计	**Total Energy Consumption**		**402.44**

Continued 1

原油 (万吨) Crude Oil (10^4 tn)	汽油 (万吨) Gasoline (10^4 tn)	煤油 (万吨) Kerosene (10^4 tn)	柴油 (万吨) Diesel Oil (10^4 tn)	燃料油 (万吨) Fuel Oil (10^4 tn)	石脑油 (万吨) Naphtha (10^4 tn)	润滑油 (万吨) Lubricants (10^4 tn)	石蜡 (万吨) Paraffin Waxes (10^4 tn)	溶剂油 (万吨) White Spirit (10^4 tn)
915.19	**-234.75**	**22.09**	**-173.02**	**-1.40**	**-14.09**			
19.66								
10.98		56.29		3.43				
887.07				1.70				
	-223.39		-167.29		-14.09			
	-8.90	-34.20	-3.10	-6.20				
-2.52	-2.46		-2.63	-0.33				
-915.19	**295.25**	**68.06**	**319.17**	**36.69**	**14.09**			
			-0.03					
-915.19	295.25	68.06	319.20	36.69	14.09			
	60.50	**90.15**	**146.15**	**35.29**				
	3.05		61.50					
	0.62		3.96	1.95				
	3.58		6.56					
	8.97	90.15	70.50	33.34				
	2.50		1.30					
	22.35		2.33					
	19.43							
	15.30							
	4.13							
915.19	**60.50**	**90.15**	**146.18**	**35.29**				

续表 2

项　　目	Item	石油沥青(万吨) Bitumen Asphalt (10^4 tn)	石油焦(万吨) Petroleum Coke (10^4 tn)
一.可供本地区消费的能源量	**Total Primary Energy Supply**		
1.一次能源生产量	Indigenous Production		
3.外省(区、市)调入量	Moving In from Other Provinces		
4.进口量	Import		
5.境内轮船和飞机在境外的加油量	Domestic Airplanes&Ships Refueling in Abroad		
6.本省(区、市)调出量(-)	Sending Out to Other Provinces(-)		
7.出口量(-)	Export(-)		
8.境外轮船和飞机在境内的加油量(-)	Oversea Airplanes&Ships Refueling in China		
9.库存增(-)、减(+)量	Stock Change		
二.加工转换投入(-)产出(+)量	**Input(-) & Output(+) of Transformation**		
1.火力发电	Thermal Power		
2.供　热	Heating Supply		
3.洗 选 煤	Coal Washing		
4.炼　焦	Coking		
5.炼油及煤制油	Petroleum Refineries		
#油品再投入量(-)	Petroleum Products Input (-)		
6.制　气	Gas Works		
#焦炭再投入量(-)	Coke Input (-)		
7.天然气液化	Natural Gas Liquefaction		
8.煤制品加工	Briquettes		
2.回收能	Recovery of Energy		
三.损 失 量	**Loss**		
四.终端消费量	**Total Final Consumption**		
1.农、林、牧、渔、水利业	Agriculture, Forestry, Animal Husbandry, Fishery and Water Conservancy		
2.工业	Industry		
#用作原料、材料	Non-Energy Use		
3.建筑业	Construction		
4.交通运输、仓储和邮政业	Transport, Storage and Post		
5.批发、零售业和住宿、餐饮业	Wholesale, Retail Trade and Hotel, Restaurants		
6.其他	Others		
7.生活消费	Residential Consumption		
城 镇	Urban		
乡 村	Rural		
五.平衡差额	**Statistical Difference**		
六.消费量合计	**Total Energy Consumption**		

Continued 2

液化石油气（万吨）LPG (10^4 tn)	炼厂干气（万吨）Refinery Gas (10^4 tn)	其他石油制品（万吨）Other Petroleum Products (10^4 tn)	天然气（亿立方米）Natural Gas (10^8 cu.m)	液化天然气（万吨）LNG (10^4 tn)	热力（万百万千焦）Heat (10^{10} kJ)	电力（亿千瓦小时）Electricity (10^8 kW•h)	其他能源（万吨标煤）Other Energy (10^4 tce)
-46.25		**-65.33**	**48.86**			**30.62**	**9.44**
			1.95			30.85	
			65.98			0.17	9.44
-46.25		-65.33				-0.40	
			-19.07				
60.06	**15.31**	**92.05**	**-6.83**		**260.56**	**153.20**	**-8.51**
			-6.83			153.20	
	-2.97				260.56		-8.51
60.06	30.76	98.44					
	-12.48	-6.39					
						12.50	
13.81	**15.31**	**26.72**	**42.03**		**263.98**	**172.57**	**0.93**
						8.92	
0.06	15.31	26.72	40.00		263.98	86.35	0.93
		2.67	24.66				
						4.13	
			1.02			2.75	
2.50			0.76			13.50	
0.40						29.68	
10.85			0.25			27.24	
9.58			0.25			14.29	
1.27						12.95	
					-3.42	**-1.25**	
13.81	**30.76**	**33.11**	**48.86**		**263.98**	**185.07**	**9.44**

6-22 重庆能源平衡表(实物量)-2011

项　目	Item	煤合计(万吨) Coal Total (10^4 tn)	原煤(万吨) Raw Coal (10^4 tn)
一.可供本地区消费的能源量	**Total Primary Energy Supply**	**7189.25**	**7007.40**
1.一次能源生产量	Indigenous Production	4363.97	4363.97
2.外省(区、市)调入量	Moving In from Other Provinces	4004.07	3697.14
3.进口量	Import		
4.境内轮船和飞机在境外的加油量	Domestic Airplanes&Ships Refueling in Abroad		
5.本省(区、市)调出量(-)	Sending Out to Other Provinces(-)	-1047.73	-907.10
6.出口量(-)	Export(-)		
7.境外轮船和飞机在境内的加油量(-)	Oversea Airplanes&Ships Refueling in China		
8.库存增(-)、减(+)量	Stock Change	-131.05	-146.61
二.加工转换投入(-)产出(+)量	**Input(-) & Output(+) of Transformation**	**-3247.61**	**-4200.22**
1.火力发电	Thermal Power	-1934.27	-1780.22
2.供　热	Heating Supply	-176.02	-175.51
3.洗 选 煤	Coal Washing	-573.14	-2197.83
4.炼　焦	Coking	-563.09	-46.66
5.炼油及煤制油	Petroleum Refineries		
#油品再投入量(-)	Petroleum Products Input (-)		
6.制　气	Gas Works		
#焦炭再投入量(-)	Coke Input (-)		
7.天然气液化	Natural Gas Liquefaction		
8.煤制品加工	Briquettes	-1.09	
9.回收能	Recovery of Energy		
三.损 失 量	**Loss**		
四.终端消费量	**Total Final Consumption**	**3941.64**	**2807.18**
1.农、林、牧、渔、水利业	Agriculture, Forestry, Animal Husbandry, Fishery and Water Conservancy	301.55	282.45
2.工业	Industry	3286.14	2170.78
#用作原料、材料	Non-Energy Use	111.44	109.41
3.建筑业	Construction	27.14	27.14
4.交通运输、仓储和邮政业	Transport, Storage and Post	32.27	32.27
5.批发、零售业和住宿、餐饮业	Wholesale, Retail Trade and Hotel, Restaurants	12.56	12.56
6.其他	Others	85.61	85.61
7.生活消费	Residential Consumption	196.37	196.37
城 镇	Urban	2.12	2.12
乡 村	Rural	194.25	194.25
五.平衡差额	**Statistical Difference**	**0.01**	
六.消费量合计	**Total Energy Consumption**	**7189.25**	**7007.39**

ENERGY BALANCE OF CHONGQING (PHYSICAL QUANTITY)-2011

洗精煤 (万吨) Cleaned Coal (10^4 tn)	其他洗煤 (万吨) Other Washed Coal (10^4 tn)	型煤 (万吨) Briquettes (10^4 tn)	煤矸石 (万吨) Gangue (10^4 tn)	焦炭 (万吨) Coke (10^4 tn)	焦炉煤气 (亿立方米) Coke Oven Gas (10^8 cu.m)	高炉煤气 (亿立方米) Blast Furnace Gas (10^8 cu.m)	转炉煤气 (亿立方米) Converter Gas (10^8 cu.m)	其他煤气 (亿立方米) Other Gas (10^8 cu.m)
92.34	**84.64**	**4.88**	**540.83**	**-14.45**				
142.79	151.72	12.42	527.03	124.80				
-67.65	-65.44	-7.54		-144.25				
17.20	-1.64		13.80	5.00				
735.91	**212.03**	**4.68**	**-255.32**	**392.24**				
	-154.05		-255.32		-1.38	-42.53	-0.33	
	-0.50				-0.36			
1258.11	366.59							
-516.43				392.24	1.74			
-5.77		4.68						
						42.53	0.33	
828.24	**296.67**	**9.55**	**285.51**	**377.79**				
	19.10			28.30				
828.24	277.57	9.55	285.51	349.49				
		2.03		1.03				
		0.01						
1350.44	**451.23**	**9.55**	**540.83**	**377.79**	**1.74**	**42.53**	**0.33**	

续表 1

项　　目	Item	其他焦化产品 (万吨) Other Coking Products (10^4 tn)	油品合计 (万吨) Petroleum Products Total (10^4 tn)
一.可供本地区消费的能源量	**Total Primary Energy Supply**		**621.72**
1.一次能源生产量	Indigenous Production		
2.外省(区、市)调入量	Moving In from Other Provinces		621.85
3.进口量	Import		
4.境内轮船和飞机在境外的加油量	Domestic Airplanes&Ships Refueling in Abroad		
5.本省(区、市)调出量(-)	Sending Out to Other Provinces(-)		
6.出口量(-)	Export(-)		
7.境外轮船和飞机在境内的加油量(-)	Oversea Airplanes&Ships Refueling in China		
8.库存增(-)、减(+)量	Stock Change		-0.13
二.加工转换投入(-)产出(+)量	**Input(-) & Output(+) of Transformation**	**19.00**	**-0.69**
1.火力发电	Thermal Power		-0.69
2.供　热	Heating Supply		
3.洗 选 煤	Coal Washing		
4.炼　焦	Coking	19.00	
5.炼油及煤制油	Petroleum Refineries		
#油品再投入量(-)	Petroleum Products Input (-)		
6.制　气	Gas Works		
#焦炭再投入量(-)	Coke Input (-)		
7.天然气液化	Natural Gas Liquefaction		
8.煤制品加工	Briquettes		
9.回收能	Recovery of Energy		
三.损 失 量	**Loss**		
四.终端消费量	**Total Final Consumption**	**19.00**	**621.03**
1.农、林、牧、渔、水利业	Agriculture, Forestry, Animal Husbandry, Fishery and Water Conservancy		13.89
2.工业	Industry	19.00	125.86
#用作原料、材料	Non-Energy Use	19.00	
3.建筑业	Construction		32.73
4.交通运输、仓储和邮政业	Transport, Storage and Post		357.75
5.批发、零售业和住宿、餐饮业	Wholesale, Retail Trade and Hotel, Restaurants		23.43
6.其他	Others		10.39
7.生活消费	Residential Consumption		56.98
城 镇	Urban		37.63
乡 村	Rural		19.35
五.平衡差额	**Statistical Difference**		
六.消费量合计	**Total Energy Consumption**	**19.00**	**621.72**

Continued 1

原油 (万吨) Crude Oil (10^4 tn)	汽油 (万吨) Gasoline (10^4 tn)	煤油 (万吨) Kerosene (10^4 tn)	柴油 (万吨) Diesel Oil (10^4 tn)	燃料油 (万吨) Fuel Oil (10^4 tn)	石脑油 (万吨) Naphtha (10^4 tn)	润滑油 (万吨) Lubricants (10^4 tn)	石蜡 (万吨) Paraffin Waxes (10^4 tn)	溶剂油 (万吨) White Spirit (10^4 tn)
	144.97	**52.78**	**397.70**	**9.37**		**1.18**		
	144.96	52.78	397.85	9.36		1.16		
	0.01		-0.15	0.01		0.02		
			-0.69					
			-0.69					
	144.97	**52.78**	**397.00**	**9.37**		**1.18**		
	6.32		7.57					
	38.85	9.99	71.11	2.36		1.18		
	6.58	0.19	24.55	0.51				
	28.54	40.14	282.57	6.50				
	12.87		4.35					
	9.77		0.62					
	42.04	2.46	6.23					
	30.65	2.46	0.58					
	11.39		5.65					
	144.97	**52.78**	**397.70**	**9.37**		**1.18**		

续表 2

项　　目	Item	石油沥青 (万吨) Bitumen Asphalt (10^4 tn)	石油焦 (万吨) Petroleum Coke (10^4 tn)
一.可供本地区消费的能源量	**Total Primary Energy Supply**		
1.一次能源生产量	Indigenous Production		
2.外省(区、市)调入量	Moving In from Other Provinces		
3.进口量	Import		
4.境内轮船和飞机在境外的加油量	Domestic Airplanes&Ships Refueling in Abroad		
5.本省(区、市)调出量(−)	Sending Out to Other Provinces(-)		
6.出口量(−)	Export(-)		
7.境外轮船和飞机在境内的加油量(−)	Oversea Airplanes&Ships Refueling in China		
8.库存增(−)、减(+)量	Stock Change		
二.加工转换投入(−)产出(+)量	**Input(-) & Output(+) of Transformation**		
1.火力发电	Thermal Power		
2.供　热	Heating Supply		
3.洗 选 煤	Coal Washing		
4.炼　焦	Coking		
5.炼油及煤制油	Petroleum Refineries		
#油品再投入量(−)	Petroleum Products Input (-)		
6.制　气	Gas Works		
#焦炭再投入量(−)	Coke Input (-)		
7.天然气液化	Natural Gas Liquefaction		
8.煤制品加工	Briquettes		
9.回收能	Recovery of Energy		
三.损 失 量	**Loss**		
四.终端消费量	**Total Final Consumption**		
1.农、林、牧、渔、水利业	Agriculture, Forestry, Animal Husbandry, Fishery and Water Conservancy		
2.工业	Industry		
#用作原料、材料	Non-Energy Use		
3.建筑业	Construction		
4.交通运输、仓储和邮政业	Transport, Storage and Post		
5.批发、零售业和住宿、餐饮业	Wholesale, Retail Trade and Hotel, Restaurants		
6.其他	Others		
7.生活消费	Residential Consumption		
城 镇	Urban		
乡 村	Rural		
五.平衡差额	**Statistical Difference**		
六.消费量合计	**Total Energy Consumption**		

Continued 2

液化石油气（万吨） LPG (10^4 tn)	炼厂干气（万吨） Refinery Gas (10^4 tn)	其他石油制品（万吨） Other Petroleum Products (10^4 tn)	天然气（亿立方米） Natural Gas (10^8 cu.m)	液化天然气（万吨） LNG (10^4 tn)	热力（万百万千焦） Heat (10^{10} kJ)	电力（亿千瓦小时） Electricity (10^8 kW•h)	其他能源（万吨标煤） Other Energy (10^4 tce)
14.71		**1.02**	**61.64**	**1.14**		**330.09**	**363.83**
			61.27			145.61	
14.74		1.00	33.42	1.14		224.75	365.22
			-33.05			-40.27	
-0.03		0.02					-1.39
			-0.10		**2608.78**	**386.94**	**-3.44**
			-0.02		-575.68	386.94	-16.14
			-0.08		2651.10		-1.51
					533.36		14.21
			0.34			**45.58**	
14.71		**1.02**	**61.20**	**1.14**	**2608.78**	**671.45**	**360.39**
			0.74			1.82	
1.35		1.02	42.97	0.94	2608.78	447.55	360.39
			15.44				
0.90			0.13			19.08	
			3.45			11.63	
6.21			3.58			13.00	
			0.21			59.10	
6.25			10.12	0.20		119.27	
3.94			10.12	0.20		80.47	
2.31						38.79	
14.71		**1.02**	**61.64**	**1.14**	**3184.46**	**717.03**	**378.04**

6-23 四川能源平衡表(实物量)-2011

项目	Item	煤合计(万吨) Coal Total (10^4 tn)	原煤(万吨) Raw Coal (10^4 tn)
一.可供本地区消费的能源量	**Total Primary Energy Supply**	**11454.34**	**11408.91**
1.一次能源生产量	Indigenous Production	9377.47	9377.47
2.外省(区、市)调入量	Moving In from Other Provinces	2382.07	2209.66
3.进口量	Import		
4.境内轮船和飞机在境外的加油量	Domestic Airplanes&Ships Refueling in Abroad		
5.本省(区、市)调出量(-)	Sending Out to Other Provinces(-)	-262.67	-149.74
6.出口量(-)	Export(-)		
7.境外轮船和飞机在境内的加油量(-)	Oversea Airplanes&Ships Refueling in China		
8.库存增(-)、减(+)量	Stock Change	-42.53	-28.48
二.加工转换投入(-)产出(+)量	**Input(-) & Output(+) of Transformation**	**-6040.93**	**-6777.52**
1.火力发电	Thermal Power	-2902.57	-2783.89
2.供　热	Heating Supply	-192.78	-192.78
3.洗 选 煤	Coal Washing	-1046.73	-3506.20
4.炼　焦	Coking	-1880.19	-230.63
5.炼油及煤制油	Petroleum Refineries	-1.32	-1.32
#油品再投入量(-)	Petroleum Products Input (-)		
6.制　气	Gas Works	-13.05	-2.13
#焦炭再投入量(-)	Coke Input (-)		
7.天然气液化	Natural Gas Liquefaction		
8.煤制品加工	Briquettes	-4.29	-60.57
9.回收能	Recovery of Energy		
三.损 失 量	**Loss**	**76.81**	**71.40**
四.终端消费量	**Total Final Consumption**	**5336.60**	**4559.99**
1.农、林、牧、渔、水利业	Agriculture, Forestry, Animal Husbandry, Fishery and Water Conservancy	8.79	8.79
2.工业	Industry	4726.89	3950.28
#用作原料、材料	Non-Energy Use	360.50	333.36
3.建筑业	Construction	13.14	13.14
4.交通运输、仓储和邮政业	Transport, Storage and Post	5.00	5.00
5.批发、零售业和住宿、餐饮业	Wholesale, Retail Trade and Hotel, Restaurants	35.00	35.00
6.其他	Others	10.00	10.00
7.生活消费	Residential Consumption	537.78	537.78
城 镇	Urban	2.00	2.00
乡 村	Rural	535.78	535.78
五.平衡差额	**Statistical Difference**		
六.消费量合计	**Total Energy Consumption**	**11454.34**	**11408.91**

ENERGY BALANCE OF SICHUAN (PHYSICAL QUANTITY)-2011

洗精煤 (万吨) Cleaned Coal (10^4 tn)	其他洗煤 (万吨) Other Washed Coal (10^4 tn)	型煤 (万吨) Briquettes (10^4 tn)	煤矸石 (万吨) Gangue (10^4 tn)	焦炭 (万吨) Coke (10^4 tn)	焦炉煤气 (亿立方米) Coke Oven Gas (10^8 cu.m)	高炉煤气 (亿立方米) Blast Furnace Gas (10^8 cu.m)	转炉煤气 (亿立方米) Converter Gas (10^8 cu.m)	其他煤气 (亿立方米) Other Gas (10^8 cu.m)
-124.96	**146.68**	**23.71**	**0.19**	**159.98**				
	153.24	19.17		300.73				
-112.93				-149.22				
-12.03	-6.56	4.54	0.19	8.47				
471.70	**188.47**	**76.42**	**127.62**	**1278.87**	**27.90**	**186.67**	**3.25**	**1.49**
	-118.68		-79.66		-5.11	-50.76	-6.85	
			-5.71		-3.28	-12.90	-0.11	
2141.40	318.07		212.99					
-1649.56				1278.87	36.29			
	-10.92							1.49
-20.14		76.42						
						250.33	10.21	
4.80	**0.60**	**0.01**		**2.60**				
341.94	**334.55**	**100.12**	**127.81**	**1436.25**	**27.90**	**186.67**	**3.25**	**1.49**
341.94	334.55	100.12	127.81	1430.65	27.90	186.67	3.25	1.49
24.70	2.27	0.17	13.50	78.92				
				3.00				
				2.60				
2016.44	**464.75**	**100.13**	**213.18**	**1438.85**	**36.29**	**250.33**	**10.21**	**1.49**

续表 1

项　　目	Item	其他焦化产品 (万吨) Other Coking Products (10^4 tn)	油品合计 (万吨) Petroleum Products Total (10^4 tn)
一.可供本地区消费的能源量	**Total Primary Energy Supply**	**-46.21**	**1824.50**
1.一次能源生产量	Indigenous Production		16.17
2.外省(区、市)调入量	Moving In from Other Provinces		1840.86
3.进口量	Import		
4.境内轮船和飞机在境外的加油量	Domestic Airplanes&Ships Refueling in Abroad		1.14
5.本省(区、市)调出量(-)	Sending Out to Other Provinces(-)	-46.03	-34.00
6.出口量(-)	Export(-)		
7.境外轮船和飞机在境内的加油量(-)	Oversea Airplanes&Ships Refueling in China		-3.23
8.库存增(-)、减(+)量	Stock Change	-0.18	3.56
二.加工转换投入(-)产出(+)量	**Input(-) & Output(+) of Transformation**	**64.75**	**-55.20**
1.火力发电	Thermal Power		-1.01
2.供　热	Heating Supply		-0.01
3.洗 选 煤	Coal Washing		
4.炼　焦	Coking	64.75	
5.炼油及煤制油	Petroleum Refineries		19.31
#油品再投入量(-)	Petroleum Products Input (-)		-73.49
6.制　气	Gas Works		
#焦炭再投入量(-)	Coke Input (-)		
7.天然气液化	Natural Gas Liquefaction		
8.煤制品加工	Briquettes		
9.回收能	Recovery of Energy		
三.损 失 量	**Loss**		**3.55**
四.终端消费量	**Total Final Consumption**	**18.54**	**1765.75**
1.农、林、牧、渔、水利业	Agriculture, Forestry, Animal Husbandry, Fishery and Water Conservancy		140.92
2.工业	Industry	18.54	248.54
#用作原料、材料	Non-Energy Use	2.86	11.30
3.建筑业	Construction		83.49
4.交通运输、仓储和邮政业	Transport, Storage and Post		756.95
5.批发、零售业和住宿、餐饮业	Wholesale, Retail Trade and Hotel, Restaurants		173.68
6.其他	Others		156.72
7.生活消费	Residential Consumption		205.45
城 镇	Urban		109.24
乡 村	Rural		96.21
五.平衡差额	**Statistical Difference**		
六.消费量合计	**Total Energy Consumption**	**18.54**	**1824.50**

Continued 1

原油（万吨） Crude Oil (10^4 tn)	汽油（万吨） Gasoline (10^4 tn)	煤油（万吨） Kerosene (10^4 tn)	柴油（万吨） Diesel Oil (10^4 tn)	燃料油（万吨） Fuel Oil (10^4 tn)	石脑油（万吨） Naphtha (10^4 tn)	润滑油（万吨） Lubricants (10^4 tn)	石蜡（万吨） Paraffin Waxes (10^4 tn)	溶剂油（万吨） White Spirit (10^4 tn)
361.75	**565.92**	**205.34**	**489.91**	**40.92**		**0.01**		
16.17								
341.53	568.93	207.79	486.53	41.43				
		1.14						
		-3.23						
4.05	-3.01	-0.36	3.38	-0.51		0.01		
-360.19	**76.16**	**0.90**	**85.59**	**-28.40**		**31.08**	**0.04**	**5.90**
			-1.01					
			-0.01					
-360.19	76.16	0.90	86.61	29.53		31.08	0.04	5.90
				-57.93				
1.01	**1.50**	**0.03**	**1.01**					
0.55	**640.58**	**206.21**	**574.49**	**12.52**		**31.09**	**0.04**	**5.90**
	0.73	0.12	140.07					
0.55	72.40	2.68	95.92	12.52		18.09	0.04	0.36
	0.61	0.23	2.41	1.93			0.01	0.31
	35.60	2.00	2.56					2.12
	168.73	191.39	173.23			13.00		3.42
	73.06	6.97	93.65					
	85.23	2.50	68.99					
	204.83	0.55	0.07					
	109.19	0.05						
	95.64	0.50	0.07					
361.75	**642.08**	**206.24**	**576.52**	**70.45**		**31.09**	**0.04**	**5.90**

续表 2

项　　目	Item	石油沥青（万吨） Bitumen Asphalt (10^4 tn)	石油焦（万吨） Petroleum Coke (10^4 tn)
一.可供本地区消费的能源量	**Total Primary Energy Supply**	**149.70**	**10.95**
1.一次能源生产量	Indigenous Production		
2.外省(区、市)调入量	Moving In from Other Provinces	183.70	10.95
3.进口量	Import		
4.境内轮船和飞机在境外的加油量	Domestic Airplanes&Ships Refueling in Abroad		
5.本省(区、市)调出量(−)	Sending Out to Other Provinces(-)	-34.00	
6.出口量(−)	Export(-)		
7.境外轮船和飞机在境内的加油量(−)	Oversea Airplanes&Ships Refueling in China		
8.库存增(−)、减(+)量	Stock Change		
二.加工转换投入(−)产出(+)量	**Input(-) & Output(+) of Transformation**	**98.87**	
1.火力发电	Thermal Power		
2.供　　热	Heating Supply		
3.洗 选 煤	Coal Washing		
4.炼　　焦	Coking		
5.炼油及煤制油	Petroleum Refineries	98.87	
#油品再投入量(−)	Petroleum Products Input (-)		
6.制　　气	Gas Works		
#焦炭再投入量(−)	Coke Input (-)		
7.天然气液化	Natural Gas Liquefaction		
8.煤制品加工	Briquettes		
9.回收能	Recovery of Energy		
三.损 失 量	**Loss**		
四.终端消费量	**Total Final Consumption**	**248.57**	**10.95**
1.农、林、牧、渔、水利业	Agriculture, Forestry, Animal Husbandry, Fishery and Water Conservancy		
2.工业	Industry	0.18	10.95
#用作原料、材料	Non-Energy Use	0.18	
3.建筑业	Construction	41.21	
4.交通运输、仓储和邮政业	Transport, Storage and Post	207.18	
5.批发、零售业和住宿、餐饮业	Wholesale, Retail Trade and Hotel, Restaurants		
6.其他	Others		
7.生活消费	Residential Consumption		
城 镇	Urban		
乡 村	Rural		
五.平衡差额	**Statistical Difference**		
六.消费量合计	**Total Energy Consumption**	**248.57**	**10.95**

Continued 2

液化石油气 (万吨) LPG (10[4] tn)	炼厂干气 (万吨) Refinery Gas (10[4] tn)	其他石油制品 (万吨) Other Petroleum Products (10[4] tn)	天然气 (亿立方米) Natural Gas (10[8] cu.m)	液化天然气 (万吨) LNG (10[4] tn)	热力 (万百万千焦) Heat (10[10] kJ)	电力 (亿千瓦小时) Electricity (10[8] kW•h)	其他能源 (万吨标煤) Other Energy (10[4] tce)
			154.97			**1362.69**	**796.37**
			242.00			1468.29	
						97.70	796.37
			-87.03			-203.30	
21.63	**0.85**	**12.37**	**-2.70**	**8.03**	**3779.14**	**599.81**	**760.14**
			-0.71			599.81	-2.08
			-0.74		3779.14		-0.20
21.63	2.98	25.80					
	-2.13	-13.43					
			-1.25	8.03			
							762.42
			5.00		**3.00**	**155.68**	
21.63	**0.85**	**12.37**	**147.27**	**8.03**	**3776.14**	**1806.82**	**1556.51**
			0.02			14.51	
21.63	0.85	12.37	86.92	2.53	3776.14	1278.22	1556.51
		5.62	30.94				
			5.50			42.84	
			4.98	5.50		29.49	
			7.30			72.69	
						94.07	
			42.55			275.00	
			42.55			159.46	
						115.54	
21.63	**2.98**	**25.80**	**154.97**	**8.03**	**3779.14**	**1962.50**	**1558.79**

6-24 贵州能源平衡表(实物量)-2011

项　　目	Item	煤合计(万吨) Coal Total (10^4 tn)	原煤(万吨) Raw Coal (10^4 tn)
一.可供本地区消费的能源量	**Total Primary Energy Supply**	**12738.14**	**14347.52**
1.一次能源生产量	Indigenous Production	15601.02	15601.02
2.外省(区、市)调入量	Moving In from Other Provinces	167.42	167.42
3.进口量	Import		
4.境内轮船和飞机在境外的加油量	Domestic Airplanes&Ships Refueling in Abroad		
5.本省(区、市)调出量(−)	Sending Out to Other Provinces(-)	-2812.84	-1754.84
6.出口量(−)	Export(-)		
7.境外轮船和飞机在境内的加油量(−)	Oversea Airplanes&Ships Refueling in China		
8.库存增(−)、减(+)量	Stock Change	-217.46	333.92
二.加工转换投入(−)产出(+)量	**Input(-) & Output(+) of Transformation**	**-7265.27**	**-9018.70**
1.火力发电	Thermal Power	-5557.29	-4266.00
2.供　热	Heating Supply	-6.29	-6.29
3.洗 选 煤	Coal Washing	-750.61	-4511.83
4.炼　焦	Coking	-948.43	-162.96
5.炼油及煤制油	Petroleum Refineries		
#油品再投入量(−)	Petroleum Products Input (-)		
6.制　气	Gas Works	-1.06	-1.06
#焦炭再投入量(−)	Coke Input (-)		
7.天然气液化	Natural Gas Liquefaction		
8.煤制品加工	Briquettes	-1.59	-70.56
9.回收能	Recovery of Energy		
三.损 失 量	**Loss**	**40.00**	**40.00**
四.终端消费量	**Total Final Consumption**	**4779.70**	**4635.65**
1.农、林、牧、渔、水利业	Agriculture, Forestry, Animal Husbandry, Fishery and Water Conservancy	115.69	115.69
2.工业	Industry	2840.24	2730.18
#用作原料、材料	Non-Energy Use	496.36	485.18
3.建筑业	Construction	20.26	20.26
4.交通运输、仓储和邮政业	Transport, Storage and Post	15.16	15.16
5.批发、零售业和住宿、餐饮业	Wholesale, Retail Trade and Hotel, Restaurants	510.90	506.65
6.其他	Others	563.10	562.46
7.生活消费	Residential Consumption	714.36	685.26
城 镇	Urban	203.10	190.90
乡 村	Rural	511.26	494.36
五.平衡差额	**Statistical Difference**	**653.17**	**653.17**
六.消费量合计	**Total Energy Consumption**	**12084.97**	**13694.35**

ENERGY BALANCE OF GUIZHOU (PHYSICAL QUANTITY)-2011

洗精煤 (万吨) Cleaned Coal (10^4 tn)	其他洗煤 (万吨) Other Washed Coal (10^4 tn)	型煤 (万吨) Briquettes (10^4 tn)	煤矸石 (万吨) Gangue (10^4 tn)	焦炭 (万吨) Coke (10^4 tn)	焦炉煤气 (亿立方米) Coke Oven Gas (10^8 cu.m)	高炉煤气 (亿立方米) Blast Furnace Gas (10^8 cu.m)	转炉煤气 (亿立方米) Converter Gas (10^8 cu.m)	其他煤气 (亿立方米) Other Gas (10^8 cu.m)
-1504.31	**-97.30**	**-7.77**		**-271.86**				
-1058.00				-255.17				
-446.31	-97.30	-7.77		-16.69				
1570.31	**114.15**	**68.97**	**13.68**	**669.24**	**10.63**	**57.84**	**2.73**	**2.02**
	-1291.29		-71.26		-1.88	-9.16		
2355.78	1405.44		84.94					
-785.47				674.74	12.51		2.73	
				-5.10				2.02
				-0.40				
		68.97						
						67.00		
					0.03			
66.00	**16.85**	**61.20**	**13.68**	**397.38**	**10.60**	**57.84**	**2.73**	**2.02**
					0.71			
66.00	16.85	27.21	13.68	395.78	6.72	57.84	2.73	2.02
4.07		7.11		30.33	0.08			
				1.60	0.05			
					0.01			
		4.25			1.38			
		0.64			0.45			
		29.10			1.28			
		12.20			1.28			
		16.90						
851.47	**1308.14**	**61.20**	**84.94**	**402.88**	**12.51**	**67.00**	**2.73**	**2.02**

续表 1

项目	Item	其他焦化产品（万吨）Other Coking Products (10^4 tn)	油品合计（万吨）Petroleum Products Total (10^4 tn)
一.可供本地区消费的能源量	**Total Primary Energy Supply**	**-11.70**	**545.94**
1.一次能源生产量	Indigenous Production		
3.外省(区、市)调入量	Moving In from Other Provinces		578.26
4.进口量	Import		
5.境内轮船和飞机在境外的加油量	Domestic Airplanes&Ships Refueling in Abroad		
6.本省(区、市)调出量(-)	Sending Out to Other Provinces(-)	-8.00	
7.出口量(-)	Export(-)		
8.境外轮船和飞机在境内的加油量(-)	Oversea Airplanes&Ships Refueling in China		
9.库存增(-)、减(+)量	Stock Change	-3.70	-32.32
二.加工转换投入(-)产出(+)量	**Input(-) & Output(+) of Transformation**	**18.93**	**-3.58**
1.火力发电	Thermal Power		-3.58
2.供　热	Heating Supply		
3.洗 选 煤	Coal Washing		
4.炼　焦	Coking	18.93	
5.炼油及煤制油	Petroleum Refineries		
#油品再投入量(-)	Petroleum Products Input (-)		
6.制　气	Gas Works		
#焦炭再投入量(-)	Coke Input (-)		
7.天然气液化	Natural Gas Liquefaction		
8.煤制品加工	Briquettes		
2.回收能	Recovery of Energy		
三.损 失 量	**Loss**		
四.终端消费量	**Total Final Consumption**	**7.23**	**542.36**
1.农、林、牧、渔、水利业	Agriculture, Forestry, Animal Husbandry, Fishery and Water Conservancy		7.22
2.工业	Industry	7.23	82.36
#用作原料、材料	Non-Energy Use		0.05
3.建筑业	Construction		15.98
4.交通运输、仓储和邮政业	Transport, Storage and Post		343.63
5.批发、零售业和住宿、餐饮业	Wholesale, Retail Trade and Hotel, Restaurants		23.64
6.其他	Others		48.61
7.生活消费	Residential Consumption		20.92
城 镇	Urban		15.51
乡 村	Rural		5.41
五.平衡差额	**Statistical Difference**		
六.消费量合计	**Total Energy Consumption**	**7.23**	**545.94**

Continued 1

原油 (万吨) Crude Oil (10^4 tn)	汽油 (万吨) Gasoline (10^4 tn)	煤油 (万吨) Kerosene (10^4 tn)	柴油 (万吨) Diesel Oil (10^4 tn)	燃料油 (万吨) Fuel Oil (10^4 tn)	石脑油 (万吨) Naphtha (10^4 tn)	润滑油 (万吨) Lubricants (10^4 tn)	石蜡 (万吨) Paraffin Waxes (10^4 tn)	溶剂油 (万吨) White Spirit (10^4 tn)
	145.23	**10.84**	**304.97**	**16.04**		**1.31**		**0.04**
	153.71	10.39	330.20	15.49		1.81		0.04
	-8.48	0.45	-25.23	0.55		-0.50		
			-3.58					
			-3.58					
	145.23	**10.84**	**301.39**	**16.04**		**1.31**		**0.04**
	0.15	0.03	0.25					
	5.18	1.17	20.38	13.92		0.25		0.04
			0.05					
	5.13		10.60			0.10		
	109.18	9.51	222.37	2.12		0.45		
	4.62	0.09	9.34			0.10		
	12.30		36.20					
	8.67	0.04	2.25			0.41		
	6.17					0.24		
	2.50	0.04	2.25			0.17		
	145.23	**10.84**	**304.97**	**16.04**		**1.31**		**0.04**

续表 2

项　　目	Item	石油沥青(万吨) Bitumen Asphalt (10^4 tn)	石油焦(万吨) Petroleum Coke (10^4 tn)
一.可供本地区消费的能源量	**Total Primary Energy Supply**		**47.09**
1.一次能源生产量	Indigenous Production		
2.外省(区、市)调入量	Moving In from Other Provinces		47.09
3.进口量	Import		
4.境内轮船和飞机在境外的加油量	Domestic Airplanes&Ships Refueling in Abroad		
5.本省(区、市)调出量(-)	Sending Out to Other Provinces(-)		
6.出口量(-)	Export(-)		
7.境外轮船和飞机在境内的加油量(-)	Oversea Airplanes&Ships Refueling in China		
8.库存增(-)、减(+)量	Stock Change		
二.加工转换投入(-)产出(+)量	**Input(-) & Output(+) of Transformation**		
1.火力发电	Thermal Power		
2.供　　热	Heating Supply		
3.洗 选 煤	Coal Washing		
4.炼　　焦	Coking		
5.炼油及煤制油	Petroleum Refineries		
#油品再投入量(-)	Petroleum Products Input (-)		
6.制　　气	Gas Works		
#焦炭再投入量(-)	Coke Input (-)		
7.天然气液化	Natural Gas Liquefaction		
8.煤制品加工	Briquettes		
9.回收能	Recovery of Energy		
三.损 失 量	**Loss**		
四.终端消费量	**Total Final Consumption**		**47.09**
1.农、林、牧、渔、水利业	Agriculture, Forestry, Animal Husbandry, Fishery and Water Conservancy		6.36
2.工业	Industry		40.73
#用作原料、材料	Non-Energy Use		
3.建筑业	Construction		
4.交通运输、仓储和邮政业	Transport, Storage and Post		
5.批发、零售业和住宿、餐饮业	Wholesale, Retail Trade and Hotel, Restaurants		
6.其他	Others		
7.生活消费	Residential Consumption		
城 镇	Urban		
乡 村	Rural		
五.平衡差额	**Statistical Difference**		
六.消费量合计	**Total Energy Consumption**		**47.09**

Continued 2

液化石油气 (万吨) LPG (10^4 tn)	炼厂干气 (万吨) Refinery Gas (10^4 tn)	其他石油制品 (万吨) Other Petroleum Products (10^4 tn)	天然气 (亿立方米) Natural Gas (10^8 cu.m)	液化天然气 (万吨) LNG (10^4 tn)	热力 (万百万千焦) Heat (10^{10} kJ)	电力 (亿千瓦小时) Electricity (10^8 kW•h)	其他能源 (万吨标煤) Other Energy (10^4 tce)
19.53		**0.89**	**4.54**	**1.58**		**-79.86**	
						348.88	
19.53			4.54	1.58			
						-428.74	
		0.89					
			-0.76		**526.13**	**1023.99**	
			-0.76		-1408.65	1023.99	
					82.57		
					1852.21		
						60.71	
19.53		**0.89**	**3.78**	**1.58**	**526.13**	**883.42**	
		0.43				3.89	
0.23		0.46	3.65	1.58	526.13	654.82	
			2.88				
0.15						10.33	
						25.94	
9.49						14.80	
0.11						28.58	
9.55			0.13			145.06	
9.10			0.13			97.85	
0.45						47.21	
19.53		**0.89**	**4.54**	**1.58**	**1934.78**	**944.13**	

6-25 云南能源平衡表(实物量)-2011

项 目	Item	煤合计(万吨) Coal Total (10^4 tn)	原煤(万吨) Raw Coal (10^4 tn)
一.可供本地区消费的能源量	**Total Primary Energy Supply**	**9663.94**	**9535.07**
1.一次能源生产量	Indigenous Production	9957.41	9957.41
2.外省(区、市)调入量	Moving In from Other Provinces	1229.30	580.46
3.进口量	Import		
4.境内轮船和飞机在境外的加油量	Domestic Airplanes&Ships Refueling in Abroad		
5.本省(区、市)调出量(-)	Sending Out to Other Provinces(-)	-1617.85	-1078.38
6.出口量(-)	Export(-)		
7.境外轮船和飞机在境内的加油量(-)	Oversea Airplanes&Ships Refueling in China		
8.库存增(-)、减(+)量	Stock Change	95.08	75.58
二.加工转换投入(-)产出(+)量	**Input(-) & Output(+) of Transformation**	**-6254.10**	**-6250.60**
1.火力发电	Thermal Power	-3543.38	-3520.42
2.供 热	Heating Supply	-44.91	-44.91
3.洗 选 煤	Coal Washing	-477.53	-2213.67
4.炼 焦	Coking	-1980.53	-403.73
5.炼油及煤制油	Petroleum Refineries	-20.02	-20.02
#油品再投入量(-)	Petroleum Products Input (-)		
6.制 气	Gas Works	-189.37	-26.90
#焦炭再投入量(-)	Coke Input (-)		
7.天然气液化	Natural Gas Liquefaction		
8.煤制品加工	Briquettes	1.63	-20.95
9.回收能	Recovery of Energy		
三.损 失 量	**Loss**		
四.终端消费量	**Total Final Consumption**	**3409.85**	**3284.45**
1.农、林、牧、渔、水利业	Agriculture, Forestry, Animal Husbandry, Fishery and Water Conservancy	196.14	195.49
2.工业	Industry	2716.35	2638.18
#用作原料、材料	Non-Energy Use	401.24	398.51
3.建筑业	Construction	30.08	29.69
4.交通运输、仓储和邮政业	Transport, Storage and Post	17.66	17.66
5.批发、零售业和住宿、餐饮业	Wholesale, Retail Trade and Hotel, Restaurants	61.57	60.56
6.其他	Others	32.91	32.79
7.生活消费	Residential Consumption	355.14	310.09
城 镇	Urban	33.25	27.34
乡 村	Rural	321.89	282.75
五.平衡差额	**Statistical Difference**	**-0.01**	**0.02**
六.消费量合计	**Total Energy Consumption**	**9663.95**	**9535.05**

ENERGY BALANCE OF YUNNAN (PHYSICAL QUANTITY)-2011

洗精煤 (万吨) Cleaned Coal (10^4 tn)	其他洗煤 (万吨) Other Washed Coal (10^4 tn)	型煤 (万吨) Briquettes (10^4 tn)	煤矸石 (万吨) Gangue (10^4 tn)	焦炭 (万吨) Coke (10^4 tn)	焦炉煤气 (亿立方米) Coke Oven Gas (10^8 cu.m)	高炉煤气 (亿立方米) Blast Furnace Gas (10^8 cu.m)	转炉煤气 (亿立方米) Converter Gas (10^8 cu.m)	其他煤气 (亿立方米) Other Gas (10^8 cu.m)
617.52	**-492.32**	**3.68**	**42.41**	**-384.27**				
			53.36					
644.25	4.59			20.64				
-42.72	-496.75			-394.29				
15.99	-0.16	3.68	-10.95	-10.63				
-581.96	**555.88**	**22.57**	**-37.23**	**1602.74**	**19.66**	**107.26**	**3.42**	**0.20**
	-22.96		-36.78		-2.66	-50.65	-2.38	
			-0.45					
1142.14	594.01							
-1561.63	-15.17			1485.78	19.43			
-162.47				116.96	2.89			0.20
		22.57						
						157.91	5.80	
35.59	**63.54**	**26.27**	**5.18**	**1218.44**	**19.66**	**107.26**	**3.41**	**0.22**
		0.65		1.94				
35.59	25.38	17.20	5.18	1216.22	15.24	107.26	3.41	
2.71		0.02		66.30	0.08			
	0.39							
		1.01			1.08			
		0.12			0.11			
	37.77	7.29		0.28	3.23			0.22
	4.46	1.45		0.17	3.23			0.18
	33.31	5.84		0.11				0.04
-0.03	**0.02**	**-0.01**		**0.02**			**0.01**	**-0.02**
1759.69	**101.67**	**26.27**	**42.41**	**1218.44**	**22.32**	**157.91**	**5.79**	**0.22**

续表 1

项　　目	Item	其他焦化产品(万吨) Other Coking Products (10^4 tn)	油品合计(万吨) Petroleum Products Total (10^4 tn)
一.可供本地区消费的能源量	**Total Primary Energy Supply**	**-55.91**	**975.43**
1.一次能源生产量	Indigenous Production		0.03
2.外省(区、市)调入量	Moving In from Other Provinces		995.07
3.进口量	Import		3.65
4.境内轮船和飞机在境外的加油量	Domestic Airplanes&Ships Refueling in Abroad		5.33
5.本省(区、市)调出量(-)	Sending Out to Other Provinces(-)	-55.74	-14.95
6.出口量(-)	Export(-)		-1.11
7.境外轮船和飞机在境内的加油量(-)	Oversea Airplanes&Ships Refueling in China		-4.71
8.库存增(-)、减(+)量	Stock Change	-0.17	-7.89
二.加工转换投入(-)产出(+)量	**Input(-) & Output(+) of Transformation**	**84.33**	**-1.04**
1.火力发电	Thermal Power		-2.43
2.供　　热	Heating Supply		-0.02
3.洗 选 煤	Coal Washing		
4.炼　　焦	Coking	75.47	
5.炼油及煤制油	Petroleum Refineries		1.49
#油品再投入量(-)	Petroleum Products Input (-)		
6.制　　气	Gas Works	23.23	-0.08
#焦炭再投入量(-)	Coke Input (-)	-14.37	
7.天然气液化	Natural Gas Liquefaction		
8.煤制品加工	Briquettes		
9.回收能	Recovery of Energy		
三.损 失 量	**Loss**		
四.终端消费量	**Total Final Consumption**	**28.42**	**974.40**
1.农、林、牧、渔、水利业	Agriculture, Forestry, Animal Husbandry, Fishery and Water Conservancy		25.62
2.工业	Industry	27.69	137.34
#用作原料、材料	Non-Energy Use	0.54	22.49
3.建筑业	Construction	0.73	62.07
4.交通运输、仓储和邮政业	Transport, Storage and Post		594.49
5.批发、零售业和住宿、餐饮业	Wholesale, Retail Trade and Hotel, Restaurants		40.64
6.其他	Others		27.58
7.生活消费	Residential Consumption		86.67
城 镇	Urban		42.97
乡 村	Rural		43.70
五.平衡差额	**Statistical Difference**		**-0.01**
六.消费量合计	**Total Energy Consumption**	**42.79**	**975.44**

Continued 1

原油 (万吨) Crude Oil (10^4 tn)	汽油 (万吨) Gasoline (10^4 tn)	煤油 (万吨) Kerosene (10^4 tn)	柴油 (万吨) Diesel Oil (10^4 tn)	燃料油 (万吨) Fuel Oil (10^4 tn)	石脑油 (万吨) Naphtha (10^4 tn)	润滑油 (万吨) Lubricants (10^4 tn)	石蜡 (万吨) Paraffin Waxes (10^4 tn)	溶剂油 (万吨) White Spirit (10^4 tn)
0.03	**250.33**	**51.11**	**609.83**	**2.59**		**1.54**		**0.16**
0.03								
	258.14	51.26	621.29	2.41		1.63		0.16
	0.33	2.51	0.81					
		4.09	1.24					
	-5.98		-8.97					
	-0.32		-0.79					
		-4.09	-0.62					
	-1.84	-2.66	-3.13	0.18		-0.09		
			-1.07					
			-1.05					
			-0.02					
0.02	**250.34**	**51.12**	**608.77**	**2.59**		**1.54**		**0.16**
	8.70	0.08	16.76					
0.02	15.16	0.29	83.14	2.59		1.28		0.16
	0.03	0.02	0.07			0.04		0.14
	20.04	1.24	40.70					
	110.73	48.78	434.62			0.26		
	22.74	0.63	11.95					
	17.51	0.07	8.87					
	55.46	0.02	12.73					
	29.80	0.01	4.25					
	25.66	0.01	8.48					
0.01	**-0.01**		**-0.01**					
0.02	**250.34**	**51.12**	**609.84**	**2.59**		**1.54**		**0.16**

续表 2

项目	Item	石油沥青(万吨) Bitumen Asphalt (10^4 tn)	石油焦(万吨) Petroleum Coke (10^4 tn)
一.可供本地区消费的能源量	**Total Primary Energy Supply**	**3.99**	**30.01**
1.一次能源生产量	Indigenous Production		
2.外省(区、市)调入量	Moving In from Other Provinces	3.99	30.16
3.进口量	Import		
4.境内轮船和飞机在境外的加油量	Domestic Airplanes&Ships Refueling in Abroad		
5.本省(区、市)调出量(-)	Sending Out to Other Provinces(-)		
6.出口量(-)	Export(-)		
7.境外轮船和飞机在境内的加油量(-)	Oversea Airplanes&Ships Refueling in China		
8.库存增(-)、减(+)量	Stock Change		-0.16
二.加工转换投入(-)产出(+)量	**Input(-) & Output(+) of Transformation**		**-1.38**
1.火力发电	Thermal Power		-1.38
2.供　热	Heating Supply		
3.洗 选 煤	Coal Washing		
4.炼　焦	Coking		
5.炼油及煤制油	Petroleum Refineries		
#油品再投入量(-)	Petroleum Products Input (-)		
6.制　气	Gas Works		
#焦炭再投入量(-)	Coke Input (-)		
7.天然气液化	Natural Gas Liquefaction		
8.煤制品加工	Briquettes		
9.回收能	Recovery of Energy		
三.损 失 量	**Loss**		
四.终端消费量	**Total Final Consumption**	**3.99**	**28.63**
1.农、林、牧、渔、水利业	Agriculture, Forestry, Animal Husbandry, Fishery and Water Conservancy		
2.工业	Industry	3.99	28.63
#用作原料、材料	Non-Energy Use	3.37	18.77
3.建筑业	Construction		
4.交通运输、仓储和邮政业	Transport, Storage and Post		
5.批发、零售业和住宿、餐饮业	Wholesale, Retail Trade and Hotel, Restaurants		
6.其他	Others		
7.生活消费	Residential Consumption		
城 镇	Urban		
乡 村	Rural		
五.平衡差额	**Statistical Difference**		
六.消费量合计	**Total Energy Consumption**	**3.99**	**30.01**

Continued 2

液化石油气 (万吨) LPG (10[4] tn)	炼厂干气 (万吨) Refinery Gas (10[4] tn)	其他石油制品 (万吨) Other Petroleum Products (10[4] tn)	天然气 (亿立方米) Natural Gas (10[8] cu.m)	液化天然气 (万吨) LNG (10[4] tn)	热力 (万百万千焦) Heat (10[10] kJ)	电力 (亿千瓦小时) Electricity (10[8] kW•h)	其他能源 (万吨标煤) Other Energy (10[4] tce)
23.18		**2.66**	**4.20**	**0.02**		**666.75**	**85.09**
			0.07			1017.73	84.60
23.23		2.80	4.13	0.02		0.43	
						24.91	
						-330.35	
						-45.96	
-0.05		-0.14					0.49
1.41					**1167.62**	**537.41**	**-25.20**
					-1264.23	537.41	-25.20
					507.07		
1.49							
-0.08							
					1924.78		
						94.53	
24.59		**2.66**	**4.20**	**0.02**	**1167.61**	**1109.63**	**59.89**
0.07			0.01			11.69	1.45
0.55		1.54	3.85	0.02	1166.11	849.86	57.23
0.05							
0.08						21.70	
0.11			0.06			18.55	
5.33			0.05			30.44	
		1.12	0.01		1.50	44.61	
18.45			0.22			132.78	1.22
8.91			0.22			75.75	1.22
9.54						57.03	
					0.01		
24.67		**2.66**	**4.20**	**0.02**	**2431.84**	**1204.16**	**85.09**

6-26 陕西能源平衡表(实物量)-2011

项　　目	Item	煤合计 (万吨) Coal Total (10^4 tn)	原煤 (万吨) Raw Coal (10^4 tn)
一.可供本地区消费的能源量	**Total Primary Energy Supply**	**14196.77**	**14367.41**
1.一次能源生产量	Indigenous Production	41135.08	41135.08
2.外省(区、市)调入量	Moving In from Other Provinces	930.80	930.80
3.进口量	Import		
4.境内轮船和飞机在境外的加油量	Domestic Airplanes&Ships Refueling in Abroad		
5.本省(区、市)调出量(−)	Sending Out to Other Provinces(-)	-27508.07	-27373.07
6.出口量(−)	Export(-)	-249.82	-249.82
7.境外轮船和飞机在境内的加油量(−)	Oversea Airplanes&Ships Refueling in China		
8.库存增(−)、减(+)量	Stock Change	-111.23	-75.58
二.加工转换投入(−)产出(+)量	**Input(-) & Output(+) of Transformation**	**-9645.59**	**-10215.74**
1.火力发电	Thermal Power	-5580.94	-4107.56
2.供　热	Heating Supply	-385.60	-385.60
3.洗 选 煤	Coal Washing	-578.36	-3589.97
4.炼　焦	Coking	-3101.49	-2126.32
5.炼油及煤制油	Petroleum Refineries		
#油品再投入量(−)	Petroleum Products Input (-)		
6.制　气	Gas Works		
#焦炭再投入量(−)	Coke Input (-)		
7.天然气液化	Natural Gas Liquefaction		
8.煤制品加工	Briquettes	0.80	-6.30
9.回收能	Recovery of Energy		
三.损 失 量	**Loss**		
四.终端消费量	**Total Final Consumption**	**3672.33**	**3423.95**
1.农、林、牧、渔、水利业	Agriculture, Forestry, Animal Husbandry, Fishery and Water Conservancy	25.47	25.47
2.工业	Industry	2747.63	2682.25
#用作原料、材料	Non-Energy Use	586.60	586.60
3.建筑业	Construction	31.70	31.70
4.交通运输、仓储和邮政业	Transport, Storage and Post	55.90	55.90
5.批发、零售业和住宿、餐饮业	Wholesale, Retail Trade and Hotel, Restaurants	97.20	97.20
6.其他	Others	276.89	276.89
7.生活消费	Residential Consumption	437.54	254.54
城 镇	Urban	159.74	90.74
乡 村	Rural	277.80	163.80
五.平衡差额	**Statistical Difference**	**878.85**	**727.73**
六.消费量合计	**Total Energy Consumption**	**13317.92**	**13639.69**

ENERGY BALANCE OF SHAANXI (PHYSICAL QUANTITY)-2011

洗精煤 (万吨) Cleaned Coal (10^4 tn)	其他洗煤 (万吨) Other Washed Coal (10^4 tn)	型煤 (万吨) Briquettes (10^4 tn)	煤矸石 (万吨) Gangue (10^4 tn)	焦炭 (万吨) Coke (10^4 tn)	焦炉煤气 (亿立方米) Coke Oven Gas (10^8 cu.m)	高炉煤气 (亿立方米) Blast Furnace Gas (10^8 cu.m)	转炉煤气 (亿立方米) Converter Gas (10^8 cu.m)	其他煤气 (亿立方米) Other Gas (10^8 cu.m)
-170.65				**-1381.36**				
-135.00				-1350.00				
-35.65				-31.36				
535.03	**28.02**	**7.10**	**11.87**	**2206.43**	**5.60**	**21.00**		
	-1473.38		-251.88		-6.35			
			-3.25					
1510.21	1501.40		267.00					
-975.18				2206.43	11.94			
		7.10						
						21.00		
241.00	**2.80**	**4.58**	**13.04**	**793.68**	**4.60**	**22.70**		
58.00	2.80	4.58	13.04	793.68	4.60	22.70		
			4.95	57.01				
183.00								
69.00								
114.00								
123.39	**25.22**	**2.52**	**-1.17**	**31.39**	**0.99**	**-1.70**		
1216.18	**1476.18**	**4.58**	**268.17**	**793.68**	**10.95**	**22.70**		

续表 1

项　　目	Item	其他焦化产品(万吨) Other Coking Products (10^4 tn)	油品合计(万吨) Petroleum Products Total (10^4 tn)
一.可供本地区消费的能源量	**Total Primary Energy Supply**	**-75.00**	**1122.60**
1.一次能源生产量	Indigenous Production		3225.42
2.外省(区、市)调入量	Moving In from Other Provinces		93.83
3.进口量	Import		
4.境内轮船和飞机在境外的加油量	Domestic Airplanes&Ships Refueling in Abroad		
5.本省(区、市)调出量(-)	Sending Out to Other Provinces(-)	-75.00	-2161.46
6.出口量(-)	Export(-)		
7.境外轮船和飞机在境内的加油量(-)	Oversea Airplanes&Ships Refueling in China		
8.库存增(-)、减(+)量	Stock Change		-35.18
二.加工转换投入(-)产出(+)量	**Input(-) & Output(+) of Transformation**	**92.37**	**-131.22**
1.火力发电	Thermal Power		-0.66
2.供　热	Heating Supply		-1.71
3.洗 选 煤	Coal Washing		
4.炼　焦	Coking	134.71	
5.炼油及煤制油	Petroleum Refineries	-42.34	-119.45
#油品再投入量(-)	Petroleum Products Input (-)		-9.40
6.制　气	Gas Works		
#焦炭再投入量(-)	Coke Input (-)		
7.天然气液化	Natural Gas Liquefaction		
8.煤制品加工	Briquettes		
9.回收能	Recovery of Energy		
三.损 失 量	**Loss**		
四.终端消费量	**Total Final Consumption**	**8.03**	**1022.97**
1.农、林、牧、渔、水利业	Agriculture, Forestry, Animal Husbandry, Fishery and Water Conservancy		50.50
2.工业	Industry	8.03	196.63
#用作原料、材料	Non-Energy Use	0.09	1.44
3.建筑业	Construction		59.47
4.交通运输、仓储和邮政业	Transport, Storage and Post		538.85
5.批发、零售业和住宿、餐饮业	Wholesale, Retail Trade and Hotel, Restaurants		44.52
6.其他	Others		16.20
7.生活消费	Residential Consumption		116.80
城 镇	Urban		87.60
乡 村	Rural		29.20
五.平衡差额	**Statistical Difference**	**9.34**	**-31.59**
六.消费量合计	**Total Energy Consumption**	**50.37**	**1154.19**

Continued 1

原油 (万吨) Crude Oil (10^4 tn)	汽油 (万吨) Gasoline (10^4 tn)	煤油 (万吨) Kerosene (10^4 tn)	柴油 (万吨) Diesel Oil (10^4 tn)	燃料油 (万吨) Fuel Oil (10^4 tn)	石脑油 (万吨) Naphtha (10^4 tn)	润滑油 (万吨) Lubricants (10^4 tn)	石蜡 (万吨) Paraffin Waxes (10^4 tn)	溶剂油 (万吨) White Spirit (10^4 tn)
1983.79	**-317.59**	**-12.26**	**-222.28**	**-30.69**	**-58.82**	**-3.54**		
3225.42								
	18.50		75.33					
-1213.02	-333.67	-12.00	-293.67	-30.90	-58.82	-3.39		
-28.61	-2.42	-0.26	-3.94	0.21		-0.15		
-1962.57	**610.81**	**25.69**	**852.58**	**30.90**	**58.82**	**3.60**		
			-0.66					
			-0.08					
-1962.57	610.81	25.69	853.32	30.90	58.82	3.60		
133.10	**279.60**	**9.67**	**573.00**	**0.16**		**0.05**		
	7.50		43.00					
133.10	10.94	2.20	47.80	0.16		0.05		
	1.00		0.38					
	9.70	0.37	49.40					
	147.35	7.10	384.40					
	12.81		28.70					
	4.80		11.40					
	86.50		8.30					
	68.00		2.60					
	18.50		5.70					
-111.88	**13.62**	**3.75**	**57.30**	**0.05**				
2095.67	**279.60**	**9.67**	**573.75**	**0.16**		**0.05**		

续表 2

项目	Item	石油沥青（万吨） Bitumen Asphalt (10^4 tn)	石油焦（万吨） Petroleum Coke (10^4 tn)
一.可供本地区消费的能源量	**Total Primary Energy Supply**	**-23.00**	**-45.00**
1.一次能源生产量	Indigenous Production		
2.外省(区、市)调入量	Moving In from Other Provinces		
3.进口量	Import		
4.境内轮船和飞机在境外的加油量	Domestic Airplanes&Ships Refueling in Abroad		
5.本省(区、市)调出量(−)	Sending Out to Other Provinces(-)	-23.00	-45.00
6.出口量(−)	Export(-)		
7.境外轮船和飞机在境内的加油量(−)	Oversea Airplanes&Ships Refueling in China		
8.库存增(−)、减(+)量	Stock Change		
二.加工转换投入(−)产出(+)量	**Input(-) & Output(+) of Transformation**	**23.49**	**46.69**
1.火力发电	Thermal Power		
2.供　　热	Heating Supply		
3.洗 选 煤	Coal Washing		
4.炼　　焦	Coking		
5.炼油及煤制油	Petroleum Refineries	23.49	46.69
#油品再投入量(−)	Petroleum Products Input (-)		
6.制　　气	Gas Works		
#焦炭再投入量(−)	Coke Input (-)		
7.天然气液化	Natural Gas Liquefaction		
8.煤制品加工	Briquettes		
9.回收能	Recovery of Energy		
三.损 失 量	**Loss**		
四.终端消费量	**Total Final Consumption**		
1.农、林、牧、渔、水利业	Agriculture, Forestry, Animal Husbandry, Fishery and Water Conservancy		
2.工业	Industry		
#用作原料、材料	Non-Energy Use		
3.建筑业	Construction		
4.交通运输、仓储和邮政业	Transport, Storage and Post		
5.批发、零售业和住宿、餐饮业	Wholesale, Retail Trade and Hotel, Restaurants		
6.其他	Others		
7.生活消费	Residential Consumption		
城 镇	Urban		
乡 村	Rural		
五.平衡差额	**Statistical Difference**	**0.49**	**1.69**
六.消费量合计	**Total Energy Consumption**		

Continued 2

液化石油气 (万吨) LPG (10⁴ tn)	炼厂干气 (万吨) Refinery Gas (10⁴ tn)	其他石油制品 (万吨) Other Petroleum Products (10⁴ tn)	天然气 (亿立方米) Natural Gas (10⁸ cu.m)	液化天然气 (万吨) LNG (10⁴ tn)	热力 (万百万千焦) Heat (10¹⁰ kJ)	电力 (亿千瓦小时) Electricity (10⁸ kW•h)	其他能源 (万吨标煤) Other Energy (10⁴ tce)
-56.00		**-92.00**	**62.41**	**0.01**		**-188.27**	**10.45**
			272.21			88.23	
				0.01			10.45
-56.00		-92.00	-210.42			-276.50	
			0.62				
82.25	**0.43**	**96.10**	**-1.35**		**5869.97**	**1170.74**	**-0.56**
			-0.83		-287.48	1170.74	-0.56
	-1.62		-0.52		6157.46		
82.25	2.05	105.51					
		-9.40					
25.43	**0.30**	**1.65**	**61.14**	**0.01**	**5676.13**	**982.47**	**9.89**
						42.54	
0.42	0.30	1.65	34.68	0.01	2571.06	661.91	9.89
		0.06	5.71				
						16.58	
			4.60		0.17	43.47	
3.01			7.79		97.30	30.96	
			0.32		307.60	57.02	
22.00			13.75		2700.00	129.99	
17.00			13.10		2700.00	78.23	
5.00			0.65			51.76	
0.82	**0.13**	**2.45**	**-0.07**		**193.85**		
25.43	**1.92**	**11.05**	**62.48**	**0.01**	**5963.61**	**982.47**	**10.45**

6-27 甘肃能源平衡表(实物量)-2011

项目	Item	煤合计(万吨) Coal Total (10^4 tn)	原煤(万吨) Raw Coal (10^4 tn)
一.可供本地区消费的能源量	**Total Primary Energy Supply**	**6303.37**	**6039.24**
1.一次能源生产量	Indigenous Production	4700.65	4700.65
2.外省(区、市)调入量	Moving In from Other Provinces	2963.84	2686.47
3.进口量	Import		
4.境内轮船和飞机在境外的加油量	Domestic Airplanes&Ships Refueling in Abroad		
5.本省(区、市)调出量(-)	Sending Out to Other Provinces(-)	-1162.58	-1162.58
6.出口量(-)	Export(-)		
7.境外轮船和飞机在境内的加油量(-)	Oversea Airplanes&Ships Refueling in China		
8.库存增(-)、减(+)量	Stock Change	-198.54	-185.30
二.加工转换投入(-)产出(+)量	**Input(-) & Output(+) of Transformation**	**-4396.16**	**-4269.13**
1.火力发电	Thermal Power	-3427.40	-3427.40
2.供　　热	Heating Supply	-496.02	-496.02
3.洗 选 煤	Coal Washing	-51.89	-226.14
4.炼　　焦	Coking	-413.24	-111.96
5.炼油及煤制油	Petroleum Refineries		
#油品再投入量(-)	Petroleum Products Input (-)		
6.制　　气	Gas Works	-7.61	-7.61
#焦炭再投入量(-)	Coke Input (-)		
7.天然气液化	Natural Gas Liquefaction		
8.煤制品加工	Briquettes		
9.回收能	Recovery of Energy		
三.损 失 量	**Loss**		
四.终端消费量	**Total Final Consumption**	**1907.21**	**1770.11**
1.农、林、牧、渔、水利业	Agriculture, Forestry, Animal Husbandry, Fishery and Water Conservancy	60.99	53.89
2.工业	Industry	1207.82	1160.82
#用作原料、材料	Non-Energy Use	96.19	89.50
3.建筑业	Construction	27.20	27.20
4.交通运输、仓储和邮政业	Transport, Storage and Post	50.20	50.20
5.批发、零售业和住宿、餐饮业	Wholesale, Retail Trade and Hotel, Restaurants	30.00	30.00
6.其他	Others	23.00	23.00
7.生活消费	Residential Consumption	508.00	425.00
城 镇	Urban	104.00	73.00
乡 村	Rural	404.00	352.00
五.平衡差额	**Statistical Difference**		
六.消费量合计	**Total Energy Consumption**	**6303.37**	**6039.24**

ENERGY BALANCE OF GANSU (PHYSICAL QUANTITY)-2011

洗精煤 (万吨) Cleaned Coal (10^4 tn)	其他洗煤 (万吨) Other Washed Coal (10^4 tn)	型煤 (万吨) Briquettes (10^4 tn)	煤矸石 (万吨) Gangue (10^4 tn)	焦炭 (万吨) Coke (10^4 tn)	焦炉煤气 (亿立方米) Coke Oven Gas (10^8 cu.m)	高炉煤气 (亿立方米) Blast Furnace Gas (10^8 cu.m)	转炉煤气 (亿立方米) Converter Gas (10^8 cu.m)	其他煤气 (亿立方米) Other Gas (10^8 cu.m)
165.03		**99.10**	**41.61**	**338.04**				
178.26		99.11	41.61	348.30				
-13.23		-0.01		-10.26				
-127.03			**-41.53**	**262.96**	**9.58**	**3.68**	**0.94**	**1.92**
			-41.53		-0.66	-4.68	-1.08	
					-0.84	-8.37	-0.09	
174.25								
-301.28				263.24	11.08			
								1.92
				-0.28				
						16.73	2.11	
						3.68		
38.00		**99.10**	**0.08**	**601.00**	**9.58**		**0.94**	**1.92**
		7.10						
38.00		9.00	0.08	601.00	9.43		0.94	1.92
2.25		4.44		23.14				
		83.00			0.15			
		31.00			0.15			
		52.00						
339.28		**99.10**	**41.61**	**601.28**	**11.08**	**16.73**	**2.11**	**1.92**

续表 1

项　　目	Item	其他焦化产品（万吨）Other Coking Products (10^4 tn)	油品合计（万吨）Petroleum Products Total (10^4 tn)
一.可供本地区消费的能源量	**Total Primary Energy Supply**	**-18.97**	**662.21**
1.一次能源生产量	Indigenous Production		502.66
2.外省(区、市)调入量	Moving In from Other Provinces		1936.01
3.进口量	Import		
4.境内轮船和飞机在境外的加油量	Domestic Airplanes&Ships Refueling in Abroad		
5.本省(区、市)调出量(-)	Sending Out to Other Provinces(-)	-18.97	-1769.45
6.出口量(-)	Export(-)		
7.境外轮船和飞机在境内的加油量(-)	Oversea Airplanes&Ships Refueling in China		
8.库存增(-)、减(+)量	Stock Change		-7.01
二.加工转换投入(-)产出(+)量	**Input(-) & Output(+) of Transformation**	**19.48**	**-169.44**
1.火力发电	Thermal Power		-0.62
2.供　热	Heating Supply		-13.04
3.洗 选 煤	Coal Washing		
4.炼　焦	Coking	19.48	
5.炼油及煤制油	Petroleum Refineries		-155.78
#油品再投入量(-)	Petroleum Products Input (-)		
6.制　气	Gas Works		
#焦炭再投入量(-)	Coke Input (-)		
7.天然气液化	Natural Gas Liquefaction		
8.煤制品加工	Briquettes		
9.回收能	Recovery of Energy		
三.损 失 量	**Loss**		
四.终端消费量	**Total Final Consumption**	**0.51**	**492.77**
1.农、林、牧、渔、水利业	Agriculture, Forestry, Animal Husbandry, Fishery and Water Conservancy		34.04
2.工业	Industry	0.51	227.33
#用作原料、材料	Non-Energy Use		64.59
3.建筑业	Construction		24.10
4.交通运输、仓储和邮政业	Transport, Storage and Post		176.50
5.批发、零售业和住宿、餐饮业	Wholesale, Retail Trade and Hotel, Restaurants		7.35
6.其他	Others		11.20
7.生活消费	Residential Consumption		12.25
城 镇	Urban		9.65
乡 村	Rural		2.60
五.平衡差额	**Statistical Difference**		
六.消费量合计	**Total Energy Consumption**	**0.51**	**662.21**

Continued 1

原油 (万吨) Crude Oil (10^4 tn)	汽油 (万吨) Gasoline (10^4 tn)	煤油 (万吨) Kerosene (10^4 tn)	柴油 (万吨) Diesel Oil (10^4 tn)	燃料油 (万吨) Fuel Oil (10^4 tn)	石脑油 (万吨) Naphtha (10^4 tn)	润滑油 (万吨) Lubricants (10^4 tn)	石蜡 (万吨) Paraffin Waxes (10^4 tn)	溶剂油 (万吨) White Spirit (10^4 tn)
1635.77	**-339.82**	**-27.94**	**-513.34**	**-6.12**	**18.07**	**-23.94**	**-4.76**	
502.66								
1135.49	220.72	1.25	558.00	1.25	18.07			
	-542.14	-32.13	-1084.21	-5.48		-24.18	-4.76	
-2.38	-18.40	2.94	12.87	-1.89		0.24		
-1615.44	**398.59**	**31.66**	**735.36**	**13.01**	**7.31**	**23.99**	**4.84**	**0.24**
			-0.47	-0.15				
			-0.19	-2.38				
-1615.44	398.59	31.66	736.02	15.54	7.31	23.99	4.84	0.24
20.33	**58.77**	**3.72**	**222.02**	**6.89**	**25.38**	**0.05**	**0.08**	**0.24**
	3.92	0.02	30.10					
20.33	6.60	0.20	20.55	6.89	25.38	0.05	0.08	0.24
		0.11	0.07		25.38		0.07	
	9.30		12.10					
	19.00	3.50	154.00					
	4.55		2.80					
	9.00		2.20					
	6.40		0.27					
	5.40							
	1.00		0.27					
1635.77	**58.77**	**3.72**	**222.68**	**9.42**	**25.38**	**0.05**	**0.08**	**0.24**

续表 2

项目	Item	石油沥青(万吨) Bitumen Asphalt (10^4 tn)	石油焦(万吨) Petroleum Coke (10^4 tn)
一.可供本地区消费的能源量	**Total Primary Energy Supply**	**1.23**	**-23.84**
1.一次能源生产量	Indigenous Production		
2.外省(区、市)调入量	Moving In from Other Provinces	1.23	
3.进口量	Import		
4.境内轮船和飞机在境外的加油量	Domestic Airplanes&Ships Refueling in Abroad		
5.本省(区、市)调出量(-)	Sending Out to Other Provinces(-)		-24.27
6.出口量(-)	Export(-)		
7.境外轮船和飞机在境内的加油量(-)	Oversea Airplanes&Ships Refueling in China		
8.库存增(-)、减(+)量	Stock Change		0.43
二.加工转换投入(-)产出(+)量	**Input(-) & Output(+) of Transformation**	**1.47**	**39.01**
1.火力发电	Thermal Power		
2.供　热	Heating Supply		
3.洗 选 煤	Coal Washing		
4.炼　焦	Coking		
5.炼油及煤制油	Petroleum Refineries	1.47	39.01
#油品再投入量(-)	Petroleum Products Input (-)		
6.制　气	Gas Works		
#焦炭再投入量(-)	Coke Input (-)		
7.天然气液化	Natural Gas Liquefaction		
8.煤制品加工	Briquettes		
9.回收能	Recovery of Energy		
三.损 失 量	**Loss**		
四.终端消费量	**Total Final Consumption**	**2.70**	**15.17**
1.农、林、牧、渔、水利业	Agriculture, Forestry, Animal Husbandry, Fishery and Water Conservancy		
2.工业	Industry		15.17
#用作原料、材料	Non-Energy Use		
3.建筑业	Construction	2.70	
4.交通运输、仓储和邮政业	Transport, Storage and Post		
5.批发、零售业和住宿、餐饮业	Wholesale, Retail Trade and Hotel, Restaurants		
6.其他	Others		
7.生活消费	Residential Consumption		
城 镇	Urban		
乡 村	Rural		
五.平衡差额	**Statistical Difference**		
六.消费量合计	**Total Energy Consumption**	**2.70**	**15.17**

Continued 2

液化石油气 (万吨) LPG (10^4 tn)	炼厂干气 (万吨) Refinery Gas (10^4 tn)	其他石油制品 (万吨) Other Petroleum Products (10^4 tn)	天然气 (亿立方米) Natural Gas (10^8 cu.m)	液化天然气 (万吨) LNG (10^4 tn)	热力 (万百万千焦) Heat (10^{10} kJ)	电力 (亿千瓦小时) Electricity (10^8 kW•h)	其他能源 (万吨标煤) Other Energy (10^4 tce)
-37.09		**-16.01**	**15.56**	**2.13**		**213.54**	**11.50**
			0.81			318.00	
			14.75	2.13			11.50
-37.09		-15.19				-104.46	
		-0.82					
42.91	**68.59**	**79.02**	**-0.51**		**9128.06**	**709.91**	**2.14**
					-81.53	709.91	-2.78
	-10.47		-0.51		9209.59		
42.91	79.06	79.02					
							4.92
						42.07	
5.82	**68.59**	**63.01**	**15.05**	**2.13**	**9128.06**	**881.38**	**13.64**
						55.89	
0.24	68.59	63.01	11.54	2.13	7108.06	670.46	13.64
0.17		38.79	3.76				
						11.55	
			1.43			31.89	
			0.50			14.83	
			0.20			34.31	
5.58			1.38		2020.00	62.45	
4.25			1.38		2020.00	35.62	
1.33						26.83	
5.82	**79.06**	**63.01**	**15.56**	**2.13**	**9209.59**	**923.45**	**16.42**

6-28 青海能源平衡表(实物量)-2011

项 目	Item	煤合计 (万吨) Coal Total (10^4 tn)	原煤 (万吨) Raw Coal (10^4 tn)
一.可供本地区消费的能源量	**Total Primary Energy Supply**	**1508.31**	**2021.62**
1.一次能源生产量	Indigenous Production	2175.80	2175.80
2.外省(区、市)调入量	Moving In from Other Provinces	726.57	726.17
3.进口量	Import		
4.境内轮船和飞机在境外的加油量	Domestic Airplanes&Ships Refueling in Abroad		
5.本省(区、市)调出量(-)	Sending Out to Other Provinces(-)	-1361.48	-868.49
6.出口量(-)	Export(-)		
7.境外轮船和飞机在境内的加油量(-)	Oversea Airplanes&Ships Refueling in China		
8.库存增(-)、减(+)量	Stock Change	-32.58	-11.86
二.加工转换投入(-)产出(+)量	**Input(-) & Output(+) of Transformation**	**-978.91**	**-1499.19**
1.火力发电	Thermal Power	-556.68	-556.68
2.供 热	Heating Supply	-11.57	-11.57
3.洗 选 煤	Coal Washing	-186.94	-816.79
4.炼 焦	Coking	-223.73	-114.15
5.炼油及煤制油	Petroleum Refineries		
#油品再投入量(-)	Petroleum Products Input (-)		
6.制 气	Gas Works		
#焦炭再投入量(-)	Coke Input (-)		
7.天然气液化	Natural Gas Liquefaction		
8.煤制品加工	Briquettes		
9.回收能	Recovery of Energy		
三.损 失 量	**Loss**	**2.30**	**2.30**
四.终端消费量	**Total Final Consumption**	**527.01**	**520.06**
1.农、林、牧、渔、水利业	Agriculture, Forestry, Animal Husbandry, Fishery and Water Conservancy	4.69	4.69
2.工业	Industry	306.29	299.35
#用作原料、材料	Non-Energy Use	35.31	32.77
3.建筑业	Construction	4.73	4.73
4.交通运输、仓储和邮政业	Transport, Storage and Post	12.75	12.75
5.批发、零售业和住宿、餐饮业	Wholesale, Retail Trade and Hotel, Restaurants	13.03	13.03
6.其他	Others	57.31	57.31
7.生活消费	Residential Consumption	128.21	128.21
城 镇	Urban	18.76	18.76
乡 村	Rural	109.45	109.45
五.平衡差额	**Statistical Difference**	**0.09**	**0.07**
六.消费量合计	**Total Energy Consumption**	**1508.22**	**2021.55**

ENERGY BALANCE OF QINGHAI (PHYSICAL QUANTITY)-2011

洗精煤（万吨） Cleaned Coal (10^4 tn)	其他洗煤（万吨） Other Washed Coal (10^4 tn)	型煤（万吨） Briquettes (10^4 tn)	煤矸石（万吨） Gangue (10^4 tn)	焦炭（万吨） Coke (10^4 tn)	焦炉煤气（亿立方米） Coke Oven Gas (10^8 cu.m)	高炉煤气（亿立方米） Blast Furnace Gas (10^8 cu.m)	转炉煤气（亿立方米） Converter Gas (10^8 cu.m)	其他煤气（亿立方米） Other Gas (10^8 cu.m)
-513.77	**0.01**	**0.45**		**-11.49**				
		0.40						
-492.99				-10.43				
-20.78	0.01	0.05		-1.06				
520.27				**167.53**	**1.74**	**10.92**		
						-4.72		
629.85								
-109.58				167.53	1.74			
						15.64		
6.48		**0.46**		**156.03**	**1.74**	**10.75**		
6.48		0.46		156.03	1.74	10.75		
2.07		0.46		48.44				
0.02	**0.01**	**-0.01**		**0.01**		**0.17**		
116.06		**0.46**		**156.03**	**1.74**	**15.47**		

续表 1

项目	Item	其他焦化产品(万吨) Other Coking Products (10^4 tn)	油品合计(万吨) Petroleum Products Total (10^4 tn)
一.可供本地区消费的能源量	**Total Primary Energy Supply**	**-5.59**	**254.28**
1.一次能源生产量	Indigenous Production		195.00
2.外省(区、市)调入量	Moving In from Other Provinces		178.21
3.进口量	Import		
4.境内轮船和飞机在境外的加油量	Domestic Airplanes&Ships Refueling in Abroad		
5.本省(区、市)调出量(-)	Sending Out to Other Provinces(-)	-5.80	-109.33
6.出口量(-)	Export(-)		
7.境外轮船和飞机在境内的加油量(-)	Oversea Airplanes&Ships Refueling in China		
8.库存增(-)、减(+)量	Stock Change	0.21	-9.60
二.加工转换投入(-)产出(+)量	**Input(-) & Output(+) of Transformation**	**6.59**	**-15.86**
1.火力发电	Thermal Power		-0.56
2.供　热	Heating Supply		
3.洗 选 煤	Coal Washing		
4.炼　焦	Coking	6.59	
5.炼油及煤制油	Petroleum Refineries		-15.30
#油品再投入量(-)	Petroleum Products Input (-)		
6.制　气	Gas Works		
#焦炭再投入量(-)	Coke Input (-)		
7.天然气液化	Natural Gas Liquefaction		
8.煤制品加工	Briquettes		
9.回收能	Recovery of Energy		
三.损 失 量	**Loss**		**0.06**
四.终端消费量	**Total Final Consumption**	**0.99**	**238.24**
1.农、林、牧、渔、水利业	Agriculture, Forestry, Animal Husbandry, Fishery and Water Conservancy		8.73
2.工业	Industry	0.99	123.95
#用作原料、材料	Non-Energy Use	0.99	0.27
3.建筑业	Construction		8.76
4.交通运输、仓储和邮政业	Transport, Storage and Post		65.72
5.批发、零售业和住宿、餐饮业	Wholesale, Retail Trade and Hotel, Restaurants		13.13
6.其他	Others		8.92
7.生活消费	Residential Consumption		9.02
城 镇	Urban		3.80
乡 村	Rural		5.22
五.平衡差额	**Statistical Difference**	**0.01**	**0.12**
六.消费量合计	**Total Energy Consumption**	**0.99**	**254.16**

原油 (万吨) Crude Oil (10^4 tn)	汽油 (万吨) Gasoline (10^4 tn)	煤油 (万吨) Kerosene (10^4 tn)	柴油 (万吨) Diesel Oil (10^4 tn)	燃料油 (万吨) Fuel Oil (10^4 tn)	石脑油 (万吨) Naphtha (10^4 tn)	润滑油 (万吨) Lubricants (10^4 tn)	石蜡 (万吨) Paraffin Waxes (10^4 tn)	溶剂油 (万吨) White Spirit (10^4 tn)
156.28	**-17.35**		**29.40**	**-4.07**				
195.00								
	17.53		62.70					
-38.91	-34.90		-31.70	-3.82				
0.19	0.02		-1.60	-0.25				
-154.07	**46.34**	**0.19**	**72.54**	**4.08**				
			-0.47	-0.08				
-154.07	46.34	0.19	73.02	4.17				
	0.01		**0.05**					
2.19	**28.96**	**0.19**	**101.84**	**0.01**				
	1.88		6.85					
2.19	0.91	0.01	24.55	0.01				
			0.27					
	2.17	0.18	6.40					
	7.91		57.80					
	2.81		3.90					
	7.50		1.42					
	5.77		0.92					
	2.84							
	2.93		0.92					
0.03	**0.02**		**0.05**					
156.25	**28.97**	**0.19**	**102.37**	**0.10**				

续表 2

项目	Item	石油沥青(万吨) Bitumen Asphalt (10^4 tn)	石油焦(万吨) Petroleum Coke (10^4 tn)
一.可供本地区消费的能源量	**Total Primary Energy Supply**	**2.29**	**82.24**
1.一次能源生产量	Indigenous Production		
2.外省(区、市)调入量	Moving In from Other Provinces	3.24	88.87
3.进口量	Import		
4.境内轮船和飞机在境外的加油量	Domestic Airplanes&Ships Refueling in Abroad		
5.本省(区、市)调出量(-)	Sending Out to Other Provinces(-)		
6.出口量(-)	Export(-)		
7.境外轮船和飞机在境内的加油量(-)	Oversea Airplanes&Ships Refueling in China		
8.库存增(-)、减(+)量	Stock Change	-0.95	-6.63
二.加工转换投入(-)产出(+)量	**Input(-) & Output(+) of Transformation**		
1.火力发电	Thermal Power		
2.供　热	Heating Supply		
3.洗 选 煤	Coal Washing		
4.炼　焦	Coking		
5.炼油及煤制油	Petroleum Refineries		
#油品再投入量(-)	Petroleum Products Input (-)		
6.制　气	Gas Works		
#焦炭再投入量(-)	Coke Input (-)		
7.天然气液化	Natural Gas Liquefaction		
8.煤制品加工	Briquettes		
9.回收能	Recovery of Energy		
三.损 失 量	**Loss**		
四.终端消费量	**Total Final Consumption**	**2.29**	**82.23**
1.农、林、牧、渔、水利业	Agriculture, Forestry, Animal Husbandry, Fishery and Water Conservancy		
2.工业	Industry	2.29	82.23
#用作原料、材料	Non-Energy Use		
3.建筑业	Construction		
4.交通运输、仓储和邮政业	Transport, Storage and Post		
5.批发、零售业和住宿、餐饮业	Wholesale, Retail Trade and Hotel, Restaurants		
6.其他	Others		
7.生活消费	Residential Consumption		
城 镇	Urban		
乡 村	Rural		
五.平衡差额	**Statistical Difference**		**0.01**
六.消费量合计	**Total Energy Consumption**	**2.29**	**82.23**

Continued 2

液化石油气（万吨） LPG (10^4 tn)	炼厂干气（万吨） Refinery Gas (10^4 tn)	其他石油制品（万吨） Other Petroleum Products (10^4 tn)	天然气（亿立方米） Natural Gas (10^8 cu.m)	液化天然气（万吨） LNG (10^4 tn)	热力（万百万千焦） Heat (10^{10} kJ)	电力（亿千瓦小时） Electricity (10^8 kW•h)	其他能源（万吨标煤） Other Energy (10^4 tce)
2.20		**3.29**	**32.01**			**444.47**	
			65.01			373.93	
2.20		3.67				110.99	
			-33.00			-40.46	
		-0.38					
6.59	**5.68**	**2.77**	**-5.27**		**510.63**	**116.22**	
			-4.62			116.22	
			-0.65		510.63		
6.59	5.68	2.77					
			0.50			**19.18**	
8.77	**5.68**	**6.07**	**26.28**		**510.63**	**541.50**	
						0.92	
	5.68	6.07	16.83		90.06	503.66	
			4.21				
0.01			0.11		0.25	5.02	
0.01			0.89		4.66	3.22	
6.42			0.77		22.20	3.76	
			3.40		82.82	9.05	
2.33			4.27		310.65	15.88	
0.96			4.15		310.65	11.51	
1.37			0.12			4.36	
0.02		**-0.01**	**-0.04**				
8.77	**5.68**	**6.07**	**32.05**		**510.63**	**560.68**	

6-29 宁夏能源平衡表(实物量)-2011

项　　目	Item	煤合计（万吨） Coal Total (10^4 tn)	原煤（万吨） Raw Coal (10^4 tn)
一.可供本地区消费的能源量	**Total Primary Energy Supply**	**7945.83**	**9999.67**
1.一次能源生产量	Indigenous Production	8123.85	8123.85
2.外省(区、市)调入量	Moving In from Other Provinces	4090.03	3887.16
3.进口量	Import		
4.境内轮船和飞机在境外的加油量	Domestic Airplanes&Ships Refueling in Abroad		
5.本省(区、市)调出量(−)	Sending Out to Other Provinces(-)	-3811.50	-1788.28
6.出口量(−)	Export(-)		
7.境外轮船和飞机在境内的加油量(−)	Oversea Airplanes&Ships Refueling in China		
8.库存增(−)、减(+)量	Stock Change	-456.55	-223.06
二.加工转换投入(−)产出(+)量	**Input(-) & Output(+) of Transformation**	**-6698.26**	**-8881.69**
1.火力发电	Thermal Power	-5094.09	-5051.73
2.供　热	Heating Supply	-299.07	-287.22
3.洗 选 煤	Coal Washing	-503.95	-3187.87
4.炼　焦	Coking	-795.06	-347.82
5.炼油及煤制油	Petroleum Refineries		
#油品再投入量(−)	Petroleum Products Input (-)		
6.制　气	Gas Works	-6.02	-6.02
#焦炭再投入量(−)	Coke Input (-)		
7.天然气液化	Natural Gas Liquefaction		
8.煤制品加工	Briquettes	-0.08	-1.05
9.回收能	Recovery of Energy		
三.损 失 量	**Loss**		
四.终端消费量	**Total Final Consumption**	**1248.70**	**1118.97**
1.农、林、牧、渔、水利业	Agriculture, Forestry, Animal Husbandry, Fishery and Water Conservancy	5.46	4.47
2.工业	Industry	1116.21	987.48
#用作原料、材料	Non-Energy Use	229.61	168.85
3.建筑业	Construction	7.80	7.80
4.交通运输、仓储和邮政业	Transport, Storage and Post	6.20	6.20
5.批发、零售业和住宿、餐饮业	Wholesale, Retail Trade and Hotel, Restaurants	4.39	4.39
6.其他	Others	36.70	36.70
7.生活消费	Residential Consumption	71.94	71.94
城 镇	Urban	8.80	8.80
乡 村	Rural	63.14	63.14
五.平衡差额	**Statistical Difference**	**-1.13**	**-1.00**
六.消费量合计	**Total Energy Consumption**	**7946.96**	**10000.67**

ENERGY BALANCE OF NINGXIA (PHYSICAL QUANTITY)-2011

洗精煤 (万吨) Cleaned Coal (10^4 tn)	其他洗煤 (万吨) Other Washed Coal (10^4 tn)	型煤 (万吨) Briquettes (10^4 tn)	煤矸石 (万吨) Gangue (10^4 tn)	焦炭 (万吨) Coke (10^4 tn)	焦炉煤气 (亿立方米) Coke Oven Gas (10^8 cu.m)	高炉煤气 (亿立方米) Blast Furnace Gas (10^8 cu.m)	转炉煤气 (亿立方米) Converter Gas (10^8 cu.m)	其他煤气 (亿立方米) Other Gas (10^8 cu.m)
-1311.77	**-742.20**	**0.13**	**-1.30**	**-191.48**				
149.17	53.70			169.60				
-1221.22	-802.00			-353.90				
-239.72	6.10	0.13	-1.30	-7.18				
1418.74	**763.73**	**0.97**	**9.00**	**548.67**	**12.23**	**1.94**	**0.13**	**1.75**
	-42.36		-170.51		-0.05	-0.14		
	-11.85		-5.12					
1841.12	842.80		184.63					
-422.38	-24.86			548.67	12.28			
								1.75
		0.97						
						2.07	0.13	
106.76	**21.57**	**1.39**	**7.73**	**357.44**	**12.23**	**1.94**	**0.13**	**1.75**
		0.99						
106.76	21.57	0.40	7.73	357.44	12.23	1.94	0.13	1.75
59.72	1.05			124.15		1.92		
0.21	**-0.04**	**-0.29**	**-0.03**	**-0.25**				
529.14	**100.64**	**1.39**	**183.36**	**357.44**	**12.28**	**2.07**	**0.13**	**1.75**

续表 1

项　　目	Item	其他焦化产品 (万吨) Other Coking Products (10^4 tn)	油品合计 (万吨) Petroleum Products Total (10^4 tn)
一.可供本地区消费的能源量	**Total Primary Energy Supply**	**-23.47**	**199.08**
1.一次能源生产量	Indigenous Production		8.32
2.外省(区、市)调入量	Moving In from Other Provinces		279.57
3.进口量	Import		
4.境内轮船和飞机在境外的加油量	Domestic Airplanes&Ships Refueling in Abroad		
5.本省(区、市)调出量(−)	Sending Out to Other Provinces(-)	-23.50	-82.47
6.出口量(−)	Export(-)		
7.境外轮船和飞机在境内的加油量(−)	Oversea Airplanes&Ships Refueling in China		
8.库存增(−)、减(+)量	Stock Change	0.03	-6.34
二.加工转换投入(−)产出(+)量	**Input(-) & Output(+) of Transformation**	**28.19**	**-9.05**
1.火力发电	Thermal Power		-0.77
2.供　　热	Heating Supply		
3.洗 选 煤	Coal Washing		
4.炼　　焦	Coking	28.19	
5.炼油及煤制油	Petroleum Refineries		34.63
#油品再投入量(−)	Petroleum Products Input (-)		-42.92
6.制　　气	Gas Works		
#焦炭再投入量(−)	Coke Input (-)		
7.天然气液化	Natural Gas Liquefaction		
8.煤制品加工	Briquettes		
9.回收能	Recovery of Energy		
三.损 失 量	**Loss**		
四.终端消费量	**Total Final Consumption**	**4.88**	**189.77**
1.农、林、牧、渔、水利业	Agriculture, Forestry, Animal Husbandry, Fishery and Water Conservancy		8.94
2.工业	Industry	4.88	61.22
#用作原料、材料	Non-Energy Use	2.38	0.01
3.建筑业	Construction		18.40
4.交通运输、仓储和邮政业	Transport, Storage and Post		84.49
5.批发、零售业和住宿、餐饮业	Wholesale, Retail Trade and Hotel, Restaurants		1.11
6.其他	Others		9.17
7.生活消费	Residential Consumption		6.44
城 镇	Urban		4.58
乡 村	Rural		1.86
五.平衡差额	**Statistical Difference**	**-0.15**	**0.26**
六.消费量合计	**Total Energy Consumption**	**4.88**	**198.82**

Continued 1

原油 (万吨) Crude Oil (10^4 tn)	汽油 (万吨) Gasoline (10^4 tn)	煤油 (万吨) Kerosene (10^4 tn)	柴油 (万吨) Diesel Oil (10^4 tn)	燃料油 (万吨) Fuel Oil (10^4 tn)	石脑油 (万吨) Naphtha (10^4 tn)	润滑油 (万吨) Lubricants (10^4 tn)	石蜡 (万吨) Paraffin Waxes (10^4 tn)	溶剂油 (万吨) White Spirit (10^4 tn)
91.71	**-28.12**	**6.58**	**48.98**	**32.92**	**-4.54**	**0.04**		
8.32								
79.77	11.45	6.82	93.48	33.50				
	-34.00		-39.47		-5.00			
3.62	-5.57	-0.24	-5.03	-0.58	0.46	0.04		
-91.71	**48.33**		**55.19**	**-32.70**	**5.36**			
			-0.29	-0.47				
-91.71	48.34		55.48	3.66	5.36			
				-35.89				
	20.80	**6.58**	**103.75**	**0.30**	**1.12**	**0.04**		
	0.25		8.70					
	0.63	0.03	7.03	0.30	1.12	0.04		
	2.10		13.10					
	5.76	6.55	72.18					
	0.35		0.76					
	7.24		1.93					
	4.48		0.06					
	2.90							
	1.58		0.06					
	-0.59		**0.41**	**-0.08**	**-0.29**			
91.71	**20.80**	**6.58**	**104.04**	**36.66**	**1.12**	**0.04**		

续表 2

项　　目	Item	石油沥青(万吨) Bitumen Asphalt (10^4 tn)	石油焦(万吨) Petroleum Coke (10^4 tn)
一.可供本地区消费的能源量	**Total Primary Energy Supply**	**4.16**	**44.19**
1.一次能源生产量	Indigenous Production		
2.外省(区、市)调入量	Moving In from Other Provinces	4.05	43.00
3.进口量	Import		
4.境内轮船和飞机在境外的加油量	Domestic Airplanes&Ships Refueling in Abroad		
5.本省(区、市)调出量(-)	Sending Out to Other Provinces(-)		
6.出口量(-)	Export(-)		
7.境外轮船和飞机在境内的加油量(-)	Oversea Airplanes&Ships Refueling in China		
8.库存增(-)、减(+)量	Stock Change	0.11	1.19
二.加工转换投入(-)产出(+)量	**Input(-) & Output(+) of Transformation**		
1.火力发电	Thermal Power		
2.供　　热	Heating Supply		
3.洗 选 煤	Coal Washing		
4.炼　　焦	Coking		
5.炼油及煤制油	Petroleum Refineries		
#油品再投入量(-)	Petroleum Products Input (-)		
6.制　　气	Gas Works		
#焦炭再投入量(-)	Coke Input (-)		
7.天然气液化	Natural Gas Liquefaction		
8.煤制品加工	Briquettes		
9.回收能	Recovery of Energy		
三.损 失 量	**Loss**		
四.终端消费量	**Total Final Consumption**	**4.18**	**44.40**
1.农、林、牧、渔、水利业	Agriculture, Forestry, Animal Husbandry, Fishery and Water Conservancy		
2.工业	Industry	0.98	44.40
#用作原料、材料	Non-Energy Use		
3.建筑业	Construction	3.20	
4.交通运输、仓储和邮政业	Transport, Storage and Post		
5.批发、零售业和住宿、餐饮业	Wholesale, Retail Trade and Hotel, Restaurants		
6.其他	Others		
7.生活消费	Residential Consumption		
城 镇	Urban		
乡 村	Rural		
五.平衡差额	**Statistical Difference**	**-0.01**	**-0.21**
六.消费量合计	**Total Energy Consumption**	**4.18**	**44.40**

Continued 2

液化石油气（万吨） LPG (10^4 tn)	炼厂干气（万吨） Refinery Gas (10^4 tn)	其他石油制品（万吨） Other Petroleum Products (10^4 tn)	天然气（亿立方米） Natural Gas (10^8 cu.m)	液化天然气（万吨） LNG (10^4 tn)	热力（万百万千焦） Heat (10^{10} kJ)	电力（亿千瓦小时） Electricity (10^8 kW•h)	其他能源（万吨标煤） Other Energy (10^4 tce)
-4.28		**7.45**	**18.58**	**-3.60**		**-242.34**	
						36.01	
		7.50	18.58			53.35	
-4.00				-3.60		-331.70	
-0.28		-0.05					
12.36	**0.14**	**-6.02**	**-2.03**	**3.60**	**4364.40**	**966.88**	
			-0.77		-148.88	966.88	
			-0.62		4462.07		
12.36	0.14	1.00					
		-7.03					
			-0.64	3.60			
					51.21		
						28.63	
7.98	**0.14**	**0.49**	**16.55**		**4364.41**	**695.91**	
						12.81	
6.08	0.14	0.49	10.77		2299.09	638.60	
			0.06				
					95.00	6.02	
			1.73		38.00	7.02	
			1.27		170.00	6.77	
			1.16		420.00	9.74	
1.90			1.62		1342.32	14.95	
1.68			1.62		1342.32	8.39	
0.23						6.56	
0.10		**0.94**					
7.98	**0.14**	**7.52**	**18.58**		**4513.29**	**724.54**	

6-30 新疆能源平衡表(实物量)-2011

项　　目	Item	煤合计 (万吨) Coal Total (10^4 tn)	原煤 (万吨) Raw Coal (10^4 tn)
一.可供本地区消费的能源量	**Total Primary Energy Supply**	**9705.55**	**9775.94**
1.一次能源生产量	Indigenous Production	11991.71	11991.71
2.外省(区、市)调入量	Moving In from Other Provinces		
3.进口量	Import	1.81	1.81
4.境内轮船和飞机在境外的加油量	Domestic Airplanes&Ships Refueling in Abroad		
5.本省(区、市)调出量(-)	Sending Out to Other Provinces(-)	-2075.63	-2040.16
6.出口量(-)	Export(-)	-0.08	-0.08
7.境外轮船和飞机在境内的加油量(-)	Oversea Airplanes&Ships Refueling in China		
8.库存增(-)、减(+)量	Stock Change	-212.26	-177.34
二.加工转换投入(-)产出(+)量	**Input(-) & Output(+) of Transformation**	**-7175.82**	**-7251.20**
1.火力发电	Thermal Power	-3368.56	-3358.94
2.供　热	Heating Supply	-1233.00	-1233.00
3.洗 选 煤	Coal Washing	-205.40	-936.18
4.炼　焦	Coking	-2365.07	-1719.29
5.炼油及煤制油	Petroleum Refineries	-1.74	-1.74
#油品再投入量(-)	Petroleum Products Input (-)		
6.制　气	Gas Works	-2.05	-2.05
#焦炭再投入量(-)	Coke Input (-)		
7.天然气液化	Natural Gas Liquefaction		
8.煤制品加工	Briquettes		
9.回收能	Recovery of Energy		
三.损 失 量	**Loss**		
四.终端消费量	**Total Final Consumption**	**2569.26**	**2564.27**
1.农、林、牧、渔、水利业	Agriculture, Forestry, Animal Husbandry, Fishery and Water Conservancy	101.30	101.30
2.工业	Industry	2054.66	2049.67
#用作原料、材料	Non-Energy Use		
3.建筑业	Construction	21.00	21.00
4.交通运输、仓储和邮政业	Transport, Storage and Post	49.30	49.30
5.批发、零售业和住宿、餐饮业	Wholesale, Retail Trade and Hotel, Restaurants	45.00	45.00
6.其他	Others	42.00	42.00
7.生活消费	Residential Consumption	256.00	256.00
城 镇	Urban	65.00	65.00
乡 村	Rural	191.00	191.00
五.平衡差额	**Statistical Difference**	**-39.53**	**-39.53**
六.消费量合计	**Total Energy Consumption**	**9745.08**	**9815.47**

ENERGY BALANCE OF XINJIANG (PHYSICAL QUANTITY)-2011

洗精煤 (万吨) Cleaned Coal (10^4 tn)	其他洗煤 (万吨) Other Washed Coal (10^4 tn)	型煤 (万吨) Briquettes (10^4 tn)	煤矸石 (万吨) Gangue (10^4 tn)	焦炭 (万吨) Coke (10^4 tn)	焦炉煤气 (亿立方米) Coke Oven Gas (10^8 cu.m)	高炉煤气 (亿立方米) Blast Furnace Gas (10^8 cu.m)	转炉煤气 (亿立方米) Converter Gas (10^8 cu.m)	其他煤气 (亿立方米) Other Gas (10^8 cu.m)
-17.86	**-52.53**		**0.09**	**-496.29**				
	-35.47			-489.54				
				-24.98				
-17.86	-17.06		0.09	18.23				
20.01	**55.37**		**8.86**	**1376.52**	**21.42**			**0.58**
	-9.62		-69.53		-1.38	-4.47	-1.05	
			-2.88		-1.24	-32.49	-1.35	
660.61	70.17		81.27					
-640.60	-5.18			1376.52	24.04			
								0.58
						36.96	2.40	
2.15	**2.84**		**8.95**	**880.23**	**21.42**			**0.58**
2.15	2.84		8.95	880.23	21.23			0.58
					0.19			
					0.19			
642.75	**17.64**		**81.36**	**880.23**	**24.04**	**36.96**	**2.40**	**0.58**

续表 1

项　目	Item	其他焦化产品(万吨) Other Coking Products (10^4 tn)	油品合计(万吨) Petroleum Products Total (10^4 tn)
一.可供本地区消费的能源量	**Total Primary Energy Supply**	**-51.20**	**970.64**
1.一次能源生产量	Indigenous Production		2615.63
2.外省(区、市)调入量	Moving In from Other Provinces		
3.进口量	Import		1172.67
4.境内轮船和飞机在境外的加油量	Domestic Airplanes&Ships Refueling in Abroad		1.50
5.本省(区、市)调出量(−)	Sending Out to Other Provinces(-)	-52.31	-2806.87
6.出口量(−)	Export(-)		-0.58
7.境外轮船和飞机在境内的加油量(−)	Oversea Airplanes&Ships Refueling in China		1.00
8.库存增(−)、减(+)量	Stock Change	1.11	-12.71
二.加工转换投入(−)产出(+)量	**Input(-) & Output(+) of Transformation**	**62.21**	**-97.27**
1.火力发电	Thermal Power		-8.79
2.供　热	Heating Supply		-17.60
3.洗 选 煤	Coal Washing		
4.炼　焦	Coking	62.13	
5.炼油及煤制油	Petroleum Refineries		4.92
#油品再投入量(−)	Petroleum Products Input (-)		-75.80
6.制　气	Gas Works	0.08	
#焦炭再投入量(−)	Coke Input (-)		
7.天然气液化	Natural Gas Liquefaction		
8.煤制品加工	Briquettes		
9.回收能	Recovery of Energy		
三.损 失 量	**Loss**		**70.60**
四.终端消费量	**Total Final Consumption**	**11.01**	**802.77**
1.农、林、牧、渔、水利业	Agriculture, Forestry, Animal Husbandry, Fishery and Water Conservancy		74.30
2.工业	Industry	11.01	272.70
#用作原料、材料	Non-Energy Use		
3.建筑业	Construction		26.37
4.交通运输、仓储和邮政业	Transport, Storage and Post		310.73
5.批发、零售业和住宿、餐饮业	Wholesale, Retail Trade and Hotel, Restaurants		41.55
6.其他	Others		46.91
7.生活消费	Residential Consumption		30.21
城 镇	Urban		26.60
乡 村	Rural		3.61
五.平衡差额	**Statistical Difference**		
六.消费量合计	**Total Energy Consumption**	**11.01**	**970.64**

Continued 1

原油 (万吨) Crude Oil (10^4 tn)	汽油 (万吨) Gasoline (10^4 tn)	煤油 (万吨) Kerosene (10^4 tn)	柴油 (万吨) Diesel Oil (10^4 tn)	燃料油 (万吨) Fuel Oil (10^4 tn)	石脑油 (万吨) Naphtha (10^4 tn)	润滑油 (万吨) Lubricants (10^4 tn)	石蜡 (万吨) Paraffin Waxes (10^4 tn)	溶剂油 (万吨) White Spirit (10^4 tn)
2598.46	**-94.66**	**-8.81**	**-706.85**	**-19.72**	**-46.74**	**-67.76**		**-17.29**
2615.63								
1093.93								
		1.50						
-1105.49	-94.93	-11.31	-706.73	-17.00	-46.74	-67.75		-17.27
	-0.01		-0.56					
		1.00						
-5.61	0.28		0.44	-2.72		-0.01		-0.02
-2482.08	**233.50**	**46.13**	**1096.60**	**21.39**	**53.84**	**67.92**		**17.62**
			-0.74	-0.06				
			-0.03	-0.02				
-2482.08	233.50	46.13	1097.37	22.12	53.84	67.92		17.62
				-0.65				
70.60								
45.78	**138.84**	**37.32**	**389.75**	**1.67**	**7.10**	**0.16**		**0.33**
	9.88	0.42	63.00					
45.78	6.41	0.03	66.46	1.67	7.10	0.11		0.32
	3.30	0.17	14.45					
	76.00	36.00	189.00			0.03		
	10.80	0.06	25.70			0.01		0.01
	20.80	0.30	24.40			0.01		
	11.65	0.34	6.74					
	10.98	0.04	5.23					
	0.67	0.30	1.51					
2598.46	**138.84**	**37.32**	**390.52**	**2.40**	**7.10**	**0.16**		**0.33**

续表 2

项　　目	Item	石油沥青(万吨) Bitumen Asphalt (10^4 tn)	石油焦(万吨) Petroleum Coke (10^4 tn)
一.可供本地区消费的能源量	**Total Primary Energy Supply**	**-163.72**	**-160.81**
1.一次能源生产量	Indigenous Production		
2.外省(区、市)调入量	Moving In from Other Provinces		
3.进口量	Import		
4.境内轮船和飞机在境外的加油量	Domestic Airplanes&Ships Refueling in Abroad		
5.本省(区、市)调出量(-)	Sending Out to Other Provinces(-)	-163.92	-159.77
6.出口量(-)	Export(-)		
7.境外轮船和飞机在境内的加油量(-)	Oversea Airplanes&Ships Refueling in China		
8.库存增(-)、减(+)量	Stock Change	0.20	-1.04
二.加工转换投入(-)产出(+)量	**Input(-) & Output(+) of Transformation**	**173.41**	**165.58**
1.火力发电	Thermal Power		
2.供　　热	Heating Supply		
3.洗 选 煤	Coal Washing		
4.炼　　焦	Coking		
5.炼油及煤制油	Petroleum Refineries	173.41	165.58
#油品再投入量(-)	Petroleum Products Input (-)		
6.制　　气	Gas Works		
#焦炭再投入量(-)	Coke Input (-)		
7.天然气液化	Natural Gas Liquefaction		
8.煤制品加工	Briquettes		
9.回收能	Recovery of Energy		
三.损 失 量	**Loss**		
四.终端消费量	**Total Final Consumption**	**9.69**	**4.77**
1.农、林、牧、渔、水利业	Agriculture, Forestry, Animal Husbandry, Fishery and Water Conservancy		
2.工业	Industry	0.19	4.77
#用作原料、材料	Non-Energy Use		
3.建筑业	Construction	1.50	
4.交通运输、仓储和邮政业	Transport, Storage and Post	8.00	
5.批发、零售业和住宿、餐饮业	Wholesale, Retail Trade and Hotel, Restaurants		
6.其他	Others		
7.生活消费	Residential Consumption		
城 镇	Urban		
乡 村	Rural		
五.平衡差额	**Statistical Difference**		
六.消费量合计	**Total Energy Consumption**	**9.69**	**4.77**

Continued 2

液化石油气 (万吨) LPG (10^4 tn)	炼厂干气 (万吨) Refinery Gas (10^4 tn)	其他石油制品 (万吨) Other Petroleum Products (10^4 tn)	天然气 (亿立方米) Natural Gas (10^8 cu.m)	液化天然气 (万吨) LNG (10^4 tn)	热力 (万百万千焦) Heat (10^{10} kJ)	电力 (亿千瓦小时) Electricity (10^8 kW•h)	其他能源 (万吨标煤) Other Energy (10^4 tce)
-7.90		**-333.56**	**95.01**	**-25.96**		**106.74**	**6.80**
			235.38			142.83	6.80
0.82		77.92					
-8.72		-407.24	-140.37	-25.96		-36.09	
-0.01							
0.01		-4.24					
51.68	**83.36**	**373.78**	**-15.20**	**26.05**	**21898.57**	**732.36**	**-4.78**
	-7.99		-9.26			732.36	-6.80
	-17.55		-1.81		21898.57		-1.84
51.68	108.90	448.93					
		-75.15					
			-4.13	26.05			
							3.86
						70.66	
43.78	**83.36**	**40.22**	**79.81**	**0.09**	**21898.57**	**768.44**	**2.02**
1.00			0.02		10.00	74.86	
23.50	83.36	33.00	68.41	0.09	9513.00	568.68	2.02
0.05		6.90	0.03		30.00	9.91	
1.70			3.70		39.00	7.69	
4.80		0.17	1.45		123.30	19.10	
1.31		0.09	0.49		80.00	33.05	
11.42		0.06	5.71		12103.27	55.15	
10.30		0.05	5.65		12103.27	36.07	
1.12		0.01	0.06			19.08	
43.78	**108.90**	**115.37**	**95.01**	**0.09**	**21898.57**	**839.10**	**10.66**

七、香港、澳门特别行政区能源数据

Chapter 7　Energy Data for Hong Kong and Macao Special Administrative Region

7-1　香港主要能源及相关指标

MAJOR ENERGY AND RELATED INDICATORS OF HONG KONG

项　目　Item	1990	2000	2005	2008	2009	2010
一次能源供应总量（百万吨标准油） Total Primary Energy Supply (Mtoe)	10.7	15.5	18.1	14.1	14.9	13.8
净进口量（百万吨标准油） Net Imports (Mtoe)	11.9	18.9	23.5	25.7	29.9	31.7
油净进口量（百万吨标准油） Net Oil Imports (Mtoe)	6.6	12.4	14.1	15.5	19.1	21.5
油可供量（百万吨标准油） Oil Supply (Mtoe)	5.3	8.9	8.6	3.8	4.1	3.5
电消费量（十亿千瓦小时） Electricity Consumption (tW·h)	23.8	36.3	40.1	40.9	41.5	41.9
能源最终消费量（百万吨标准油） Total Final Consumption of Energy (Mtoe)	7.1	11.9	12.0	8.1	8.9	8.3
年中人口数（万人） Mid-year Population (10^4 persons)	570	667	680	695	700	705
国内生产总值（10亿美元,2005年价） GDP (10^9 US$,2005 prices)	98.9	145.2	177.8	207.1	201.6	215.6
人均国内生产总值（美元,2005年价） Per Capita GDP (US$,2005 prices)	17344	21782	26143	29796	28796	30582
人均能源供应量（吨标准油/人） TPES/Population (toe per capita)	1.52	2.01	1.86	2.03	2.13	1.95
人均电力消费量（千瓦小时/人） Per Capita Electricity Consumption (kW·h/capita)	4178	5446	5879	5866	5924	5923

资料来源：国际能源署，《非OECD成员国能源平衡表》
Source: ENERGY BALANCES OF NON-OECD COUNTRIES, IEA

7-2 香港电力和煤气消费量

CONSUMPTION OF ELECTRICITY AND GAS OF HONG KONG

年 份 Year	电力（太焦耳） Electricity (terajoule)				煤气（太焦耳） Gas (terajoule)			
	住 宅 Residential	商 业 Commercial	工业 Industrial	总 计 Total	住 宅 Residential	商 业 Commercial	工业 Industrial	总 计 Total
1990	19037	41830	24934	85801	7596	6877	583	15056
1995	27063	60191	20222	107477	11408	9586	978	21972
2000	32234	80672	17769	130675	13866	11209	982	26057
2001	32799	84580	16759	134139	14493	11060	1011	26564
2002	33394	87606	16112	137112	14794	10860	987	26641
2003	34365	89218	14851	138435	15446	10542	1015	27002
2004	34134	91638	15430	141201	15237	10945	955	27137
2005	35811	93724	14636	144171	15444	10919	898	27261
2006	35428	95761	14015	145204	15082	11050	903	27034
2007	36422	97546	13104	147072	14842	11305	895	27041
2008	37100	98063	12182	147345	15583	11095	905	27583
2009	38972	98856	11143	149366	15303	11069	902	27274
2010	39344	99883	11080	150705	15272	11389	917	27578
2011	39872	100067	11104	151432	15500	11562	1086	28147

资料来源：《香港能源统计》，下同。
Source: Hong Kong Energy Statistics, the same applies to tables following.

7-3 香港油产品进口留用量

HONG KONG RETAINED IMPORTS OF OIL PRODUCTS

年 份 Year	航空汽油与煤油（千公升） Aviation Gasoline and Kerosene (kilolitre)	车用汽油（千公升） Motor Gasoline (kilolitre)		轻质柴油、重质柴油与石脑油(千公升) Gas Oil, Diesel Oil and Naphtha (kilolitre)	燃料油（千公升） Fuel Oil (kilolitre)	液化石油气和天然气(公吨) LPG, Natural Gas (tonne)
1990	2303262		390577	2690712	1347198	169224
		含铅 Leaded Petrol	不含铅 Unleaded Petrol			
1995	3318386	171456	323351	4691324	1561524	147544
2000	4011029		486087	7802247	2140655	2363434
2001	4198740		524588	6920460	2394450	2459050
2002	4315798		473441	6810838	2973785	2420756
2003	3986920		458985	7094270	3216278	1689413
2004	4937314		458802	6989635	4626483	2299778
2005	5424882		454254	4992498	4975866	2310535
2006	5543549		425146	5075975	5915645	2592142
2007	6261518		471418	4762939	7089613	2404774
2008	6003457		447546	3582774	6625377	2728962
2009	5807816		485331	7457229	6949268	2650259
2010	6510406		512091	6576001	9731120	3208070
2011	6990394		535880	5353688	7715460	2644854

7-4 香港煤产品进口留用量

HONG KONG RETAINED IMPORTS OF COAL PRODUCTS

单位：公吨 (tonne)

年 份 Year	蒸馏煤与其他煤产品 Steam Coal and Other Coal	木炭 Wood Charcoal	无烟煤 Anthracite	焦煤与半焦煤 Coke and Semi-coke
1990	8928614	16252	2053	1404
1995	9108994	13920		1063
2000	6057802	6050	1310	
2001	8033097	-4764	540	
2002	8717699	8142	201	
2003	10675881	8313	677	
2004	10691194	8052	396	-59
2005	10823664	7307	1423	
2006	11403420	6491	139	
2007	12261438	3945		
2008	11344961	7374	162	
2009	12331385	5831	389	
2010	10324200	3932	99	
2011	12528714	6094	163	

7-5 香港电力生产、消费和进出口

HONG KONG ELECTRICITY PRODUCTION, CONSUMPTION,IMPORTS AND EXPORTS

单位：太焦耳 (terajoule)

年 份 Year	本地发电厂产电 Electricity Generated at Local Plant	由大陆进口 Imports to Mainland of China	系统损耗 System Loss	出口往大陆 Exports of Mainland of China	由电表量度的本地电力耗用 Local Electricity Consumption as Measured at Meter Point
1990	104256		11985	6470	85801
1995	100496	27164	14843	5340	107477
2000	112783	36732	14587	4253	130675
2001	116745	37278	14192	5692	134139
2002	123522	36655	15235	7830	137112
2003	127822	37428	15988	10827	138435
2004	133663	35413	16763	11112	141201
2005	138414	39604	17654	16192	144172
2006	139005	39230	16731	16300	145204
2007	140212	39453	18066	14527	147072
2008	136765	40668	17299	12789	147345
2009	139420	41725	18347	13432	149366
2010	137850	39765	17518	9392	150705
2011	140495	40822	19240	10645	151432

7-6 澳门主要能源及相关指标

MAJOR ENERGY RELATED INDICATORS OF MACAO

项 目　　Item	1990	1995	2000	2005	2007	2008	2009	2010	2011
净进口量（太焦耳） Net Imports (Terajoule)	13955	17487	22742	33605	37524	26367	29462		
可供电量（百万千瓦小时） Electricity Supply (GWh)		1335	1657	2287	3137	3463	3632	3815	3999
电力消费量（百万千瓦小时） Electricity Consumption (GWh)		1265	1570	2112	2937	3264	3422	3615	3809
能源消费量（太焦耳） Energy Consumption (Terajoule)	8953	12120	12823	16748	21054	22211	22427	23392	24796
年中人口数（万人） Mid-year Population (10^4 persons)	34	41	43	47	53	54	55	55	55
国内生产总值（万澳门元，现价） GDP (10^4 MOP, Current Market Prices)	2617500	5227400	5141859	9412203	15020712	16601021	17009467	22374332	29209055
人均国内生产总值（澳门元，现价） Per Capita GDP (MOP,Current Prices)	78134	127716	119301	198989	285565	305166	317557	421312	531723
人均能源消费量（百万焦耳） Per Capita Energy Consumption (10^6 joules)	26725	29612	29752	35408	40045	40829	41075	42764	45084
人均电力消费量（千瓦小时/人） Per Capita Electricity Consumption (kW•h/capita)		3092	3643	4466	5585	6088	6268	6609	6925

资料来源：《澳门统计年鉴》，下同。
Source: Macao Statistical Yearbook, the same applies to tables following.

7-7 澳门能源平衡表

MACAO ENERGY BALANCE TABLE

单位：太焦耳　　(terajoules)

项 目	Item	1990	1995	2000	2005	2006	2007	2008	2009	2010	2011
进口	Import										
总计	Total Energy	13975	17499	22742	33605	34833	37524	26367	29462	17941	20981
#轻柴油	#Gas Oil and Diesel	3564	3257	3467	7114	6191	7062	5504	5560	5303	5815
#重油	#Fuel Oil	8274	10325	11949	14108	12745	10711	5853	7993	2607	3773
#电力	#Electricity	327	650	701	1227	3472	6060	8319	8016	10031	11393
#汽油	#Gasoline	752	1128	1340	1758	1802	2003	2038	2220		
出口	Export										
总计	Total Energy	20	12								
#电力	#Electricity	9	11								
#液化石油气	#LPG		1								
库存变化	Change in Stocks	252	-43	-487	-68	372	341	-917	122	-399	-86
内部总消费	Gross Internal Consumption	13704	17670	19795	26050	25700	27488	27284	29341	28823	28720
能源转化	Energy Transformation	-4461	-5124	-6458	-8558	-6517	-5662	-4298	-6084	-4705	-3230
电厂自耗和输电损失	Distribution and Transmission Loss	149	240	304	462	482	550	545	826	749	699
最终能源耗用量	Total Final Consumption	8953	12120	12823	16748	18442	21054	22211	22427	23392	24796

附录 1、台湾省能源数据

Appendix Ⅰ Energy Data for Taiwan Province

附录 1-1　台湾省主要能源及相关指标

MAJOR ENERGY RELATED INDICATORS OF TAIWAN PROVINCE

项　目　Item	1990	2000	2005	2008	2009	2010
能源生产量（百万吨标准油） Energy Production (Mtoe)	10.81	11.49	12.27	12.68	12.84	12.96
净进口量（百万吨标准油） Net Imports (Mtoe)	41.75	79.31	95.14	97.49	90.88	100.42
一次能源需求总量（百万吨标准油） Total Primary Energy Supply (Mtoe)	48.24	85.10	102.59	105.50	102.40	109.28
油净进口量（百万吨标准油） Net Oil Imports (Mtoe)	28.76	45.15	48.20	46.07	43.28	46.14
油可供量（百万吨标准油） Oil Supply (Mtoe)	25.88	38.31	43.45	42.38	40.43	42.19
电消费量（十亿千瓦小时） Electricity Consumption (tW•h)	84.85	176.15	218.32	229.73	220.28	237.33
终端能源消费量（百万吨标准油） Total Final Consumption of Energy (Mtoe)	29.36	48.64	60.44	63.29	62.88	67.71
年中人口数（百万人） Mid-year Population (10^6 persons)	20.40	22.10	22.70	22.90	22.95	23.10
国内生产总值（10亿美元，2005年价） GDP (10^9 US$,2005 prices)	167.05	305.75	364.85	410.68	402.77	446.36
人均国内生产总值（美元，2005年价） Per Capita GDP (US$, 2005 prices)	8189	13835	16073	17934	17550	19323
人均能源消费量（吨标准油/人） Per Capita Energy Consumption (toe/capita)	2.38	3.85	4.50	4.61	4.46	4.71
人均电力消费量（千瓦小时/人） Per Capita Electricity Consumption (kW•h/capita)	4184	7941	9617	10023	9588	10237

资料来源：国际能源署，《非OECD成员国能源平衡表》
Source: ENERGY BALANCES OF NON-OECD COUNTRIES, IEA

附录 1-2　台湾省分行业电力消费量

TAIWAN PROVINCE ELECTRICITY CONSUMPTION BY SECTOR

单位：百万千瓦小时　　(GWh)

年　份 Year	总计 Total	农、林、牧、渔业 Farming,Forestry, Animal Husbandry, Fishery	采掘业 Mining and Quarrying	制造业 Manufacturing	建筑业 Construction	批发及零售业 Wholesale and Retail Trades	运输及仓储业 Transport and Storage	住宿及餐饮业 Hotels and Catering Services
1990	51841	1611	171	40698	265			
1995	68931	2042	209	50792	564			
2000	94768	2262	319	67378	490	4818	2893	1911
2001	94794	2229	293	66127	543	5011	3014	1997
2002	100435	2326	367	69696	530	5363	3240	2074
2003	106043	2416	431	73691	544	5628	3326	2140
2004	113293	2511	444	79267	556	5936	3440	2262
2005	117648	2490	443	82518	553	6216	3572	2405
2006	123598	2602	453	86869	539	6297	2373	2502
2007	128226	2620	462	91042	575	6302	2669	2574
2008	128644	2600	380	91207	566	6020	3005	2545
2009	121348	2582	338	85298	488	5701	3003	2547
2010	134135	2616	419	97113	472	5631	3143	2680
2011	138161		435					

资料来源：中国台湾省编辑的《统计年鉴》，下同。
Source: Statistical Yearbook, Taiwan Province of China, the same applies to tables following.

附录 1-3　台湾省能源供给总量及构成
TAIWAN PROVINCE ENERGY SUPPLY AND COMPOSITION

年　份 Year	供给量总计 (千公升油当量) Total Supply (10^3 kl oil equivalent)	占供给总量的比重(%) As Percentage of Total Supply (%)				
		煤炭 Coal	石油 Petroleum	天然气 Natural Gas	水力发电 Hydro power	核能发电 Nuclear Power
1990	58521	24.0	55.2	3.5	1.0	16.3
1995	79770	26.8	54.5	5.2	0.6	12.8
2000	104654	31.6	50.2	6.2	0.4	10.7
2001	109459	32.5	50.2	6.4	0.4	9.4
2002	114909	32.8	48.9	6.8	0.2	10.0
2003	123657	32.1	50.2	6.5	0.2	9.1
2004	136397	32.1	50.9	7.2	0.2	8.4
2005	137528	31.7	51.2	7.2	0.3	8.4
2006	140867	32.0	50.5	7.5	0.3	8.2
2007	148697	31.8	50.6	7.5	0.3	7.9
2008	143344	32.2	49.2	8.5	0.3	8.2
2009	140118	30.0	51.1	8.5	0.3	8.6
2010	146638	31.3	48.7	10.1	0.3	8.2
2011	143016	33.6	44.6	11.4	0.3	8.5

附录 1-4　台湾省能源消费总量及分部门消费构成
TAIWAN PROVINCE ENERGY CONSUMPTION AND COMPOSITION BY SECTOR

年　份 Year	消费总计 (千公升油当量) Total Energy Consumption (10^3 kl oil equivalent)	占消费总量比重(%) As Percentage of Total Energy Consumption(%)					
		农业部门 Agriculture	工业部门 Industry	能源部门 Residence	运输部门 Transportation	其他部门 Other	非能源消费 Non-energy Use
1990	50355	2.9	41.4	9.6	14.7	21.7	9.8
1995	62628	2.4	41.2	10.2	17.3	24.2	4.7
2000	89958	1.6	40.3	9.2	13.9	24.5	10.5
2001	95298	1.5	37.8	9.0	13.2	23.8	14.7
2002	98660	1.5	38.6	8.4	13.2	23.5	14.8
2003	102608	1.6	37.8	8.3	12.7	23.4	16.1
2004	106730	1.6	38.0	8.3	12.7	23.1	16.3
2005	109057	1.4	37.7	8.5	12.8	23.9	15.7
2006	111535	1.1	38.4	8.5	12.5	23.8	15.8
2007	117053	0.9	38.2	7.9	11.5	22.7	18.8
2008	113852	1.0	37.8	7.4	11.2	23.4	19.1
2009	111294	0.9	36.0	7.3	11.6	23.5	20.7
2010	117447	0.8	37.8	7.1	11.4	22.2	20.6
2011	116752	0.9	39.2	7.2	11.6	22.8	18.3

附录 1-5　台湾省电力生产量和消费量
TAIWAN PROVINCE EIECTRICITY PRODUCTION AND CONSUMPTION

单位：百万千瓦小时　　　　(GWh)

年　份 Year	发电量 Electricity Generation				耗电量 Electricity Consumption			损失 Loss
	总计 Total	水力发电 Hydro power	火力发电 Thermal Power	核能发电 Nuclear Power	总计 Total	工业用电 Industry Consumption	住户及商业用电 Residence and Commerce	
1990	82350	8167	42629	31554	74345	51841	22504	5355
1995	117859	8858	75071	33931	105368	68931	36437	6848
2000	156511	8843	110672	36996	142413	94768	47645	8735
2001	158058	9138	114822	34094	143624	94807	48816	8610
2002	165901	6358	121526	38009	151193	100435	50758	9417
2003	173810	6863	129566	37371	159380	106043	53336	8751
2004	181245	6524	136770	37939	167478	113293	54185	8937
2005	189663	7885	143295	38404	175293	117648	57645	9036
2006	196567	7970	150014	38317	181593	123598	57996	9539
2007	201856	8322	154142	38961	187075	128226	58848	9590
2008	200241	7742	152636	39260	186931	128644	58288	8584
2009	193605	7019	145756	39981	179239	121348	57890	9418
2010	207385	7216	159112	40029	193313	134135	59179	9669
2011	213042	6864	164085	40522	198637	138161	60476	10149

附录 2、有关国家和地区能源数据

Appendix Ⅱ Energy Data for Related Countries or Areas

附录2-1 年中人口数

Mid-YEAR POPULATION

单位:百万人 (millions)

国家和地区	Contury or Area	2002	2003	2004	2005	2006	2007	2008	2009	2010	比重% Percent of World
世界总计	**World**	**6202.2**	**6280.2**	**6356.3**	**6431.7**	**6534.5**	**6610.5**	**6687.9**	**6722.4**	**6787.1**	**100.00**
OECD合计	**OECD Total**	**1148.0**	**1155.7**	**1164.1**	**1171.5**	**1173.8**	**1181.9**	**1189.8**	**1221.2**	**1228.7**	**18.10**
美国	United States	288.2	291.1	293.9	296.7	298.4	301.7	304.5	306.2	311.6	4.59
日本	Japan	127.4	127.7	127.8	127.8	127.8	127.8	127.7	127.4	127.1	1.87
墨西哥	Mexico	101.4	102.7	104.0	105.3	104.3	105.7	106.6	107.0	116.1	1.71
德国	Germany	82.5	82.5	82.5	82.5	82.4	82.3	82.1	82.0	81.7	1.20
法国	France	61.4	61.9	62.3	62.7	63.0	63.8	64.1	64.3	64.9	0.96
英国	United Kingdom	59.3	59.6	59.8	60.2	60.4	61.0	61.4	61.6	62.3	0.92
意大利	Italy	58.1	57.6	58.2	58.5	58.7	59.4	59.9	60.0	60.4	0.89
韩国	Korea	47.6	47.9	48.1	48.3	48.2	48.5	48.6	48.7	48.9	0.72
西班牙	Spain	41.3	42.0	42.7	43.4	43.7	44.9	45.6	45.8	46.1	0.68
加拿大	Canada	31.4	31.7	32.0	32.3	32.5	32.9	33.3	33.5	34.3	0.51
澳大利亚	Australia	19.8	20.0	20.2	20.5	20.6	21.2	21.5	21.9	22.7	0.33
荷兰	Netherlands	16.2	16.2	16.3	16.3	16.3	16.4	16.4	16.5	16.7	0.25
比利时	Belgium	10.3	10.4	10.4	10.5	10.5	10.6	10.7	10.8	10.9	0.16
瑞典	Sweden	8.9	9.0	9.0	9.0	9.1	9.2	9.3	9.3	9.4	0.14
瑞士	Switzerland	7.3	7.4	7.5	7.5	7.5	7.6	7.7	7.8	7.8	0.11
以色列	Israel	6.6	6.7	6.8	6.9	7.1	7.2	7.3	7.4	7.7	0.11
非OECD合计	**NON-OECD Total**	**5054.3**	**5124.5**	**5192.2**	**5260.2**	**5360.7**	**5428.6**	**5498.1**	**5489.35**	**5558.35**	**81.90**
中国	China	1280.4	1288.4	1296.2	1300.4	1311.0	1318.3	1325.6	1328.1	1334.9	19.67
印度	India	1048.6	1064.4	1079.7	1087.2	1109.8	1124.8	1140.0	1147.7	1163.1	17.14
印度尼西亚	Indonesia	211.8	214.7	217.6	219.1	223.0	225.6	228.2	236.2	238.7	3.52
巴西	Brazil	178.9	181.4	183.9	185.6	188.2	190.1	192.0	192.4	194.1	2.86
俄罗斯	Russia	145.3	144.6	143.9	143.6	142.5	142.1	141.8	142.0	141.9	2.09
埃及	Egypt	69.9	71.3	72.6	72.3	78.6	80.1	81.5	79.0	80.4	1.18
伊朗	Islamic Republic of Iran	65.5	66.4	67.3	68.6	70.1	71.0	72.0	72.7	73.6	1.08
泰国	Thailand	62.6	63.1	63.7	62.8	66.5	67.0	67.4	68.5	68.9	1.02
南非	South Africa	45.3	45.8	46.4	46.6	47.4	47.9	48.7	49.1	49.7	0.73
阿根廷	Argentina	37.6	38.0	38.4	38.6	39.1	39.5	39.9	39.9	40.3	0.59
委内瑞拉	Venezuela	25.2	25.7	26.1	26.4	27.0	27.5	27.9	28.2	28.6	0.42
沙特阿拉伯	Saudi Arabia	22.7	22.1	22.5	22.8	23.7	24.2	24.6	26.5	27.1	0.40
中国，台北	Chinese Taipei	22.5	22.6	22.8	22.7	22.8	22.9	22.9	23.0	23.0	0.34
中国，香港	Hong Kong, China	6.8	6.8	6.9	6.8	6.9	6.9	7.0	7.0	7.1	0.10

资料来源：国际能源署，《OECD成员国能源统计》，《非OECD成员国能源统计》，《OECD成员国能源平衡表》，《非OECD成员国能源平衡表》，下同。

Source: ENERGY STATISTICS OF OECD COUNTRIES, ENERGY STATISTICS OF NON-OECD COUNTRIES, ENERGY BALANCES OF OECD COUNTRIES, ENERGY BALANCES OF NON-OECD COUNTRIES, IEA, the same applies to tables following.

附录2-2 国内生产总值汇率算法(2005年价格)

GROSS DOMESTIC PRODUCTS USING EXCHANGE RATES(US$2005)

单位:10亿美元 (billion US$)

国家和地区	Contury or Area	1980	1990	2000	2005	2008	2009	2010	比重% Percent of World
世界总计	**World**	**22477.9**	**30140.5**	**39637.5**	**45617.2**	**50105.7**	**48949.1**	**50929.6**	**100.00**
OECD合计	**OECD Total**	**18205.9**	**24706.5**	**32225.9**	**35806.9**	**37887.0**	**36401.3**	**37494.1**	**73.62**
美国	United States	5796.4	7962.6	11158.1			12635.2	13017.0	25.56
日本	Japan	2411.7	3794.1	4266.9			4403.9	4578.6	8.99
德国	Germany	1760.6	2216.3	2685.2			2840.9	2945.8	5.78
英国	United Kingdom	1132.2	1485.1	1979.3			2289.7	2337.6	4.59
法国	France	1283.6	1623.8	1973.0			2176.4	2208.6	4.34
意大利	Italy	1144.3	1451.6	1701.0			1734.0	1765.3	3.47
加拿大	Canada	568.3	749.9	999.9			1166.4	1203.9	2.36
西班牙	Spain	547.3	730.9	963.1			1182.7	1181.9	2.32
韩国	Korea	142.5	360.3	678.3			958.5	1017.6	2.00
墨西哥	Mexico	458.0	547.8	770.7			871.6	920.0	1.81
荷兰	Netherlands	351.2	437.8	598.0			673.7	685.1	1.35
瑞士	Switzerland	252.0	313.9	349.1			400.8	411.7	0.81
瑞典	Sweden	212.4	263.9	324.5			376.9	400.0	0.79
比利时	Belgium	229.3	279.8	348.6			391.1	399.9	0.79
澳大利亚	Australia	333.9	451.4	644.7			319.8	327.2	0.64
以色列	Israel	47.1	68.1	120.9			156.6	164.1	0.32
非OECD合计	**NON-OECD Total**	**4272.0**	**5433.9**	**7411.5**	**9810.3**	**12218.6**	**12547.8**	**13435.5**	**26.38**
中国	China	216.3	525.7	1417.1	2256.9	3183.6	3476.5	3838.0	7.54
印度	India	203.9	350.0	595.5	834.0	1050.2	1145.8	1246.7	2.45
巴西	Brazil	513.3	598.5	769.0	882.2	1023.2	1016.6	1092.7	2.15
俄罗斯	Russian Federation		843.1	567.4	764.0	943.9	870.1	905.2	1.78
中国，台北	Chinese Taipei	80.1	167.1	305.8	364.9	410.7	402.8	446.4	0.88
印度尼西亚	Indonesia	80.9	150.1	226.9	285.9	340.0	355.6	377.3	0.74
沙特阿拉伯	Saudi Arabia	213.8	200.4	262.0	315.6	346.2	346.7	359.8	0.71
南非	South Africa	147.1	170.9	204.7	247.1	285.3	280.5	288.5	0.57
阿根廷	Argentina	123.9	106.4	166.0	183.2	230.5	232.5	253.7	0.50
伊朗	Islamic Republic of Iran	82.7	101.5	146.3	192.0	224.3	228.3	229.5	0.45
中国，香港	Hong Kong, China	51.6	98.9	145.2	177.8	207.1	201.6	215.6	0.42
泰国	Thailand	41.8	88.9	137.5	176.4	199.5	194.9	210.1	0.41
委内瑞拉	Venezuela	96.2	104.3	128.3	145.5	183.1	177.2	174.6	0.34
埃及	Egypt	29.1	49.5	75.4	89.7	110.0	115.1	121.0	0.24

附录2-3　国内生产总值购买力平价算法(2005年价格)

GROSS DOMESTIC PRODUCTS USING PURCHASING POWER PARITIES(US$2005)

单位：10亿美元　　　　(billion US$)

国家和地区	Contury or Area	1980	1990	2000	2005	2008	2009	2010	比重% Percent of World
世界总计	**World**	**27061.2**	**36075.8**	**48064.5**	**57277.0**	**65.17.51**	**64467.0**	**67663.8**	**100.00**
OECD合计	**OECD Total**	**17723.4**	**24022.7**	**31596.8**	**35251.9**	**37427.3**	**35987.9**	**37113.4**	**54.85**
美国	United States	5796.4	7962.6	11158.1			12635.2	13017.0	19.24
日本	Japan	2051.8	3227.9	3630.1			3746.7	3895.3	5.76
德国	Germany	1633.2	2055.8	2490.8			2635.3	2732.5	4.04
英国	United Kingdom	978.8	1284.0	1711.2			1979.5	2020.9	2.99
法国	France	1117.9	1414.2	1718.3			1895.4	1923.5	2.84
意大利	Italy	1061.8	1346.9	1578.3			1608.9	1637.9	2.42
墨西哥	Mexico	700.3	837.7	1178.6			1332.7	1406.8	2.08
韩国	Korea	184.9	467.7	880.5			1244.3	1320.9	1.95
西班牙	Spain	575.4	768.3	1012.5			1243.3	1242.5	1.84
加拿大	Canada	567.4	748.7	998.4			1164.6	1202.0	1.78
澳大利亚	Australia	315.0	425.8	608.1			804.8	824.8	1.22
荷兰	Netherlands	315.1	392.9	536.5			604.5	614.7	0.91
比利时	Belgium	205.0	250.1	311.6			349.6	357.5	0.53
瑞典	Sweden	169.2	210.3	258.6			300.3	318.8	0.47
瑞士	Switzerland	180.1	224.3	249.4			286.4	294.1	0.43
以色列	Israel	56.8	82.3	146.0			189.0	198.2	0.29
非OECD合计	**NON-OECD Total**	**9337.8**	**12053.0**	**16467.8**	**22025.1**	**27590.2**	**28479.2**	**30550.5**	**45.15**
中国	China	514.1	1249.5	3368.1	5364.3	7566.8	8262.9	9122.2	13.48
印度	India	615.5	1056.5	1797.4	2517.3	3169.7	3458.3	3762.9	5.56
巴西	Brazil	920.9	1073.7	1379.6	1582.6	1835.6	1823.8	1960.4	2.90
俄罗斯	Russian Federation		1872.3	1260.1	1696.7	2096.2	1932.4	2010.4	2.97
印度尼西亚	Indonesia	199.5	370.2	559.7	705.2	838.7	877.1	930.7	1.38
伊朗	Islamic Republic of Iran	277.3	340.2	490.3	643.5	751.7	765.2	773.1	1.14
中国，台北	Chinese Taipei	133.2	277.8	508.5	606.8	683.0	669.9	742.3	1.10
阿根廷	Argentina	283.4	243.5	379.7	419.1	527.2	531.7	580.4	0.86
沙特阿拉伯	Saudi Arabia	332.3	311.6	407.4	490.6	538.1	539.0	559.2	0.83
泰国	Thailand	105.4	224.5	347.2	445.2	503.7	491.9	530.4	0.78
南非	South Africa	241.6	280.7	336.2	405.8	468.5	460.7	473.8	0.70
埃及	Egypt	108.1	184.0	280.2	333.2	408.5	427.7	449.7	0.66
委内瑞拉	Venezuela	174.3	189.1	232.5	263.8	331.8	321.2	316.4	0.47
中国，香港	Hong Kong, China	70.6	135.2	198.5	243.1	283.2	275.6	294.8	0.44

附录2-4 能源生产总量

TOTAL ENERGY PRODUCTION

单位：百万吨标准油 (Mtoe)

国家和地区	Contury or Area	2003	2004	2005	2006	2007	2008	2009	2010	比重% Percent of World
世界总计	**World**	**10611.98**	**11145.52**	**11573.31**	**11778.39**	**11985.38**	**12334.15**	**12232.12**	**12789.25**	**100.00**
OECD合计	**OECD Total**	**3806.93**	**3858.86**	**3838.09**	**3842.02**	**3843.28**	**3863.22**	**3793.93**	**3879.21**	**30.33**
美国	United States	1634.52	1647.02	1629.89	1654.23	1668.96	1706.06	1685.85	1724.51	13.48
加拿大	Canada	285.93	397.44	402.09	411.74	415.92	407.38	390.15	397.83	3.11
澳大利亚	Australia	253.89	259.02	268.19	267.79	298.60	302.13	297.08	310.62	2.43
墨西哥	Mexico	242.31	253.60	259.21	255.97	244.44	233.60	220.03	226.36	1.77
英国	United Kingdom	246.60	225.43	205.16	186.62	176.44	166.69	158.94	148.77	1.16
法国	France	136.48	137.31	137.12	137.02	134.79	136.63	128.86	135.57	1.06
德国	Germany	134.64	136.19	135.28	136.76	138.64	134.11	127.15	131.35	1.03
日本	Japan	84.00	95.01	99.89	101.07	90.60	88.66	93.96	96.79	0.76
荷兰	Netherlands	58.44	67.66	61.90	60.77	61.18	66.54	63.06	69.76	0.55
韩国	Korea	37.94	38.27	42.93	43.73	42.60	44.73	44.31	44.92	0.35
西班牙	Spain	32.99	32.67	30.13	31.36	30.26	30.42	29.97	34.24	0.27
瑞典	Sweden	31.04	34.46	34.67	32.79	33.58	33.24	30.35	33.50	0.26
意大利	Italy	27.59	28.15	27.85	27.43	26.38	26.94	26.99	29.79	0.23
比利时	Belgium	13.70	13.75	15.64	15.48	14.37	14.55	15.32	16.04	0.13
瑞士	Switzerland	11.79	11.82	10.88	12.15	12.62	12.73	12.79	12.64	0.10
以色列	Israel	0.75	1.76	2.12	2.65	2.73	3.27	3.27	3.85	0.03
非OECD合计	**NON-OECD Total**	**6805.05**	**7287.85**	**7735.22**	**7936.38**	**8142.09**	**8470.93**	**8438.19**	**8910.04**	**69.67**
中国	China	1331.34	1511.72	1664.62	1724.41	1820.65	1950.58	2044.83	2208.96	17.27
俄罗斯	Russia	1106.87	1158.44	1203.24	1227.00	1239.13	1253.92	1186.38	1293.05	10.11
沙特阿拉伯	Saudi Arabia	530.53	548.71	580.56	570.65	552.00	579.32	528.38	538.09	4.21
印度	India	394.22	407.41	423.75	437.87	452.73	470.92	505.41	518.67	4.06
印度尼西亚	Indonesia	254.79	263.23	279.94	313.88	333.35	323.63	351.83	381.45	2.98
伊朗	Islamic Republic of Iran	263.69	278.72	310.47	311.53	327.37	337.43	341.49	349.12	2.73
巴西	Brazil	171.67	182.84	194.61	206.48	216.36	227.94	230.41	246.37	1.93
委内瑞拉	Venezuela	178.83	195.32	233.73	195.73	183.83	205.47	198.62	192.71	1.51
南非	South Africa	153.47	157.46	157.89	157.97	159.67	161.39	159.53	162.41	1.27
埃及	Egypt	64.43	64.66	77.98	79.74	82.28	89.14	87.99	88.38	0.69
阿根廷	Argentina	84.32	83.08	84.69	86.19	82.87	82.87	80.82	78.85	0.62
泰国	Thailand	48.26	50.44	55.19	56.26	59.31	65.49	64.61	70.56	0.55
中国，台北	Chinese Taipei	12.53	12.40	12.48	12.41	12.71	12.71	12.84	12.96	0.10
中国，香港	Hong Kong, China	0.05	0.05	0.05	0.05	0.05	0.05	0.05	0.05	

附录2-5 能源生产量/一次能源供应量(能源自给率)

ENERGY PRODUCTION/TPES (SELF SUFFICIENCY)

国家和地区	Contury or Area	2002	2003	2004	2005	2006	2007	2008	2009	2010
世界	**World**	**1.01**	**1.00**	**1.00**	**1.01**	**1.00**	**1.00**	**1.01**	**1.01**	**1.01**
OECD合计	**OECD Total**	**0.72**	**0.70**	**0.70**	**0.70**	**0.70**	**0.70**	**0.71**	**0.73**	**0.72**
澳大利亚	Australia	2.27	2.25	2.28	2.22	2.19	2.40	2.32	2.36	2.49
加拿大	Canada	1.54	1.47	1.48	1.47	1.53	1.53	1.53	1.56	1.58
墨西哥	Mexico	1.48	1.52	1.53	1.47	1.44	1.39	1.29	1.26	1.27
荷兰	Netherlands	0.77	0.72	0.82	0.75	0.76	0.76	0.84	0.81	0.84
美国	United States	0.73	0.72	0.71	0.70	0.71	0.71	0.75	0.78	0.78
英国	United Kingdom	1.13	1.06	0.97	0.87	0.81	0.84	0.80	0.81	0.73
瑞典	Sweden	0.61	0.61	0.65	0.66	0.64	0.67	0.67	0.67	0.65
法国	France	0.51	0.50	0.50	0.50	0.50	0.51	0.51	0.51	0.52
瑞士	Switzerland	0.43	0.44	0.44	0.40	0.43	0.49	0.48	0.47	0.48
德国	Germany	0.39	0.39	0.39	0.39	0.39	0.40	0.40	0.40	0.40
西班牙	Spain	0.24	0.24	0.23	0.21	0.22	0.21	0.22	0.24	0.27
比利时	Belgium	0.23	0.23	0.24	0.25	0.25	0.25	0.25	0.27	0.26
日本	Japan	0.19	0.16	0.18	0.19	0.19	0.18	0.18	0.20	0.19
韩国	Korea	0.17	0.18	0.18	0.20	0.20	0.19	0.20	0.19	0.18
意大利	Italy	0.16	0.15	0.15	0.15	0.15	0.15	0.15	0.16	0.18
以色列	Israel	0.04	0.04	0.09	0.10	0.13	0.13	0.15	0.15	0.17
非OECD合计	**NON-OECD Total**	**1.32**	**1.34**	**1.33**	**1.36**	**1.33**	**1.31**	**1.32**	**1.28**	**1.28**
沙特阿拉伯	Saudi Arabia	3.78	4.31	4.16	3.99	3.99	3.73	3.76	3.35	3.18
委内瑞拉	Venezuela	3.52	3.36	3.43	3.49	3.22	2.89	2.93	2.83	2.50
俄罗斯	Russia	1.67	1.73	1.80	1.85	1.83	1.84	1.82	1.83	1.84
印度尼西亚	Indonesia	1.52	1.53	1.53	1.55	1.73	1.75	1.73	1.77	1.84
伊朗	Islamic Republic of Iran	1.81	1.89	1.85	1.80	1.74	1.69	1.66	1.60	1.68
埃及	Egypt	1.16	1.17	1.14	1.24	1.25	1.22	1.24	1.23	1.21
南非	South Africa	1.26	1.30	1.22	1.23	1.23	1.19	1.09	1.11	1.19
阿根廷	Argentina	1.45	1.41	1.32	1.26	1.18	1.13	1.08	1.08	1.06
巴西	Brazil	0.85	0.89	0.87	0.90	0.93	0.92	0.92	0.96	0.93
中国	China	0.99	0.98	0.95	0.95	0.93	0.93	0.94	0.91	0.91
印度	India	0.82	0.80	0.78	0.79	0.78	0.76	0.75	0.75	0.75
泰国	Thailand	0.54	0.54	0.52	0.56	0.56	0.57	0.61	0.60	0.60
中国，台北	Chinese Taipei	0.12	0.13	0.12	0.12	0.12	0.12	0.12	0.13	0.12
中国，香港	Hong Kong, China									

附录2-6 能源供应量/GDP(吨标准油/千美元 2005年价格)

TPES/GDP(toe per thousand 2005 US$)

国家和地区	Contury or Area	1980	1990	2000	2005	2008	2009	2010
世界	**World**	**0.31**	**0.28**	**0.25**	**0.25**	**0.24**	**0.25**	**0.25**
OECD合计	**OECD Total**	**0.22**	**0.18**	**0.16**	**0.15**	**0.14**	**0.14**	**0.14**
澳大利亚	Australia	1.23	1.83	2.16			2.36	2.49
加拿大	Canada	1.08	1.31	1.48			1.56	1.58
墨西哥	Mexico	1.55	1.59	1.53			1.26	1.27
荷兰	Netherlands	1.12	0.92	0.79			0.81	0.84
美国	United States	0.86	0.86	0.73			0.78	0.78
英国	United Kingdom	1.00	1.01	1.22			0.81	0.73
瑞典	Sweden	0.40	0.63	0.64			0.67	0.65
法国	France	0.27	0.50	0.52			0.51	0.52
瑞士	Switzerland	0.35	0.42	0.48			0.47	0.48
德国	Germany	0.52	0.53	0.40			0.40	0.40
西班牙	Spain	0.23	0.38	0.26			0.24	0.27
比利时	Belgium	0.17	0.27	0.23			0.27	0.26
日本	Japan	0.13	0.17	0.20			0.20	0.19
韩国	Korea	0.23	0.24	0.18			0.19	0.18
意大利	Italy	0.15	0.17	0.16			0.16	0.18
以色列	Israel	0.02	0.04	0.04			0.15	0.17
非OECD合计	**NON-OECD Total**	**0.69**	**0.75**	**0.61**	**0.58**	**0.53**	**0.52**	**0.52**
伊朗	Islamic Republic of Iran	0.46	0.68	0.84	0.90	0.91	0.93	0.91
俄罗斯	Russian Federation		1.04	1.09	0.85	0.73	0.74	0.78
中国	China	2.77	1.66	0.83	0.78	0.66	0.65	0.63
埃及	Egypt	0.52	0.65	0.54	0.70	0.65	0.62	0.61
印度	India	1.01	0.90	0.77	0.65	0.60	0.59	0.56
泰国	Thailand	0.53	0.47	0.53	0.56	0.54	0.55	0.56
印度尼西亚	Indonesia	0.69	0.66	0.68	0.63	0.55	0.56	0.55
南非	South Africa	0.44	0.53	0.53	0.52	0.52	0.51	0.47
沙特阿拉伯	Saudi Arabia	0.15	0.30	0.39	0.46	0.45	0.46	0.47
委内瑞拉	Venezuela	0.37	0.42	0.44	0.46	0.38	0.40	0.44
阿根廷	Argentina	0.34	0.43	0.37	0.37	0.33	0.32	0.29
中国，台北	Chinese Taipei	0.35	0.29	0.28	0.28	0.26	0.25	0.24
巴西	Brazil	0.22	0.23	0.24	0.24	0.24	0.24	0.24
中国，香港	Hong Kong, China	0.09	0.09	0.09	0.07	0.07	0.07	0.06

附录2-7 人均能源供应量(吨标准油/人)

TPES/POPULATION (toe per capita)

国家和地区	Contury or Area	2002	2003	2004	2005	2006	2007	2008	2009	2010
世界	**World**	**1.65**	**1.69**	**1.75**	**1.79**	**1.80**	**1.82**	**1.83**	**1.80**	**1.86**
OECD合计	**OECD Total**	**4.66**	**4.67**	**4.73**	**4.62**	**4.64**	**4.65**	**4.49**	**4.27**	**4.39**
加拿大	Canada	7.97	8.28	8.40	8.47	8.27	8.26	8.00	7.44	7.38
美国	United States	7.94	7.84	7.92	7.89	7.74	7.74	7.50	7.04	7.03
比利时	Belgium	5.48	5.73	5.58	5.89	5.79	5.37	5.47	5.29	5.59
澳大利亚	Australia	5.66	5.66	5.62	5.90	5.90	5.88	6.05	5.68	5.53
瑞典	Sweden	5.91	5.70	5.91	5.78	5.65	5.47	5.36	4.88	5.47
韩国	Korea	4.24	4.34	4.44	4.42	4.48	4.58	4.67	4.70	5.12
荷兰	Netherlands	4.87	4.99	5.41	5.05	4.90	4.90	4.85	4.73	5.02
法国	France	4.33	4.38	4.41	4.40	4.31	4.14	4.16	3.93	4.04
德国	Germany	4.19	4.21	4.22	4.19	4.23	4.05	4.08	3.87	4.00
日本	Japan	4.09	4.04	4.17	4.14	4.13	4.03	3.88	3.70	3.90
瑞士	Switzerland	3.65	3.63	3.64	3.60	3.73	3.38	3.46	3.46	3.37
英国	United Kingdom	3.85	3.90	3.90	3.89	3.82	3.45	3.40	3.19	3.26
以色列	Israel	3.05	3.09	3.02	2.96	2.96	3.02	3.01	2.88	3.01
意大利	Italy	2.99	3.14	3.14	3.17	3.13	3.02	2.94	2.74	2.81
西班牙	Spain	3.19	3.24	3.33	3.34	3.28	3.21	3.04	2.78	2.77
墨西哥	Mexico	1.53	1.56	1.59	1.70	1.69	1.67	1.69	1.63	1.64
非OECD合计	**NON-OECD Total**	**0.97**	**0.99**	**1.05**	**1.08**	**1.11**	**1.15**	**1.18**	**1.19**	**1.24**
沙特阿拉伯	Saudi Arabia	5.54	5.59	5.86	6.05	6.04	6.13	5.89	5.89	6.17
俄罗斯	Russian Federation	4.25	4.42	4.47	4.55	4.71	4.73	4.85	4.56	4.95
中国，台北	Chinese Taipei	4.16	4.36	4.59	4.50	4.60	4.81	4.61	4.46	4.71
伊朗	Islamic Republic of Iran	1.99	2.10	2.22	2.47	2.56	2.73	2.82	2.91	2.82
南非	South Africa	2.51	2.58	2.79	2.72	2.72	2.81	3.03	2.93	2.74
委内瑞拉	Venezuela	2.29	2.07	2.18	2.52	2.25	2.31	2.51	2.47	2.67
中国，香港	Hong Kong, China	2.41	2.47	2.58	1.86	1.94	2.07	2.03	2.13	1.95
阿根廷	Argentina	1.49	1.57	1.65	1.73	1.87	1.86	1.93	1.86	1.85
中国	China	0.95	1.06	1.22	1.34	1.41	1.49	1.57	1.69	1.81
泰国	Thailand	1.33	1.41	1.56	1.49	1.50	1.55	1.58	1.56	1.70
巴西	Brazil	1.07	1.07	1.14	1.16	1.19	1.24	1.30	1.24	1.36
埃及	Egypt	0.75	0.78	0.79	0.85	0.81	0.84	0.92	0.90	0.90
印度尼西亚	Indonesia	0.76	0.78	0.79	0.79	0.81	0.84	0.80	0.84	0.87
印度	India	0.51	0.46	0.48	0.49	0.51	0.53	0.55	0.58	0.59

附录2-8 煤生产量

COAL PRODUCTION

单位：百万吨标准油 (Mtoe)

国家和地区	Contury or Area	2002	2003	2004	2005	2006	2007	2008	2009	2010	比重% Percent of World
世界总计	**World**	**2375.3**	**2517.7**	**2743.5**	**2977.8**	**3081.7**	**3230.9**	**3415.7**	**3394.4**	**3596.0**	**100.00**
中国	China	752.6	876.9	1033.0	1186.0	1234.5	1312.2	1452.9	1496.2	1623.2	45.14
美国	United States	555.1	526.1	553.2	564.2	576.8	568.5	579.3	530.1	531.9	14.79
印度	India	156.8	166.3	176.4	187.8	197.9	210.2	225.1	244.9	244.5	6.80
澳大利亚	Australia	184.4	185.2	192.6	202.0	201.4	227.4	231.9	225.7	237.3	6.60
印度尼西亚	Indonesia	63.6	70.9	86.0	98.2	137.5	157.9	165.0	166.8	186.3	5.18
俄罗斯	Russian Federation	117.8	127.3	130.1	157.4	143.3	163.0	167.2	153.6	180.0	5.01
南非	South Atrica	124.3	134.8	137.1	138.4	138.3	139.9	142.5	140.9	143.8	4.00
波兰	Poland	71.2	70.8	69.8	68.9	67.6	62.5	60.9	56.4	55.4	1.54
哈萨克斯坦	Kazakhstan	35.6	37.3	38.2	38.3	42.3	43.0	48.8	44.3	48.6	1.35
哥伦比亚	Colombia	26.1	32.8	35.2	38.4	42.6	45.4	47.8	47.3	48.3	1.34
德国	Germany	58.4	57.7	58.3	56.5	53.4	54.6	50.1	45.7	45.1	1.25
加拿大	Canada	32.6	30.3	32.2	33.1	32.5	34.3	33.6	30.7	33.8	0.94
乌克兰	Ukraine	32.0	37.1	34.8	34.7	35.3	33.6	33.7	32.0	31.0	0.86
英国	United Kingdom	17.8	16.8	14.9	11.9	10.7	10.2	10.8	10.7	11.0	0.31

附录2-9 原油和天然气凝析液(NGL)生产量

CRUDE OIL AND NGL PRODUCTION

单位：千吨 (1000 tonnes)

国家和地区	Contury or Area	2003	2004	2005	2006	2007	2008	2009	2010	比重% Percent of World
世界总计	**World**	**3707983**	**3951180**	**3965041**	**4011420**	**3998630**	**4041340**	**3901215**	**3974009**	**100.00**
石油输出国家组织	**OPEC**	**1511598**	**1698790**	**1722991**	**1727900**	**1697710**	**1746660**	**1642594**	**1664310**	**41.88**
俄罗斯	Russian Federation	418582	458470	466448	478130	490040	488530	491247	504102	12.68
沙特阿拉伯	Saudi Arabia	477792	502230	514016	517090	496200	518280	456926	461100	11.60
美国	United States	338430	325916	322550	317810	317450	312910	321675	332428	8.37
伊朗	Iran	191417	202540	220078	217090	219790	216420	219427	221883	5.58
中国	China	169655	175940	181426	184850	186420	195170	189616	203154	5.11
加拿大	Canada	140426	145419	147450	155300	161950	160420	152622	161220	4.06
委内瑞拉	Venezuela	137829	161520	182556	159420	147840	145910	155502	149994	3.77
墨西哥	Mexico	189289	191367	197280	190480	179600	168930	146007	144722	3.64
尼日利亚	Nigeria	117666	131000	127976	127180	114850	110080	115054	133174	3.35
阿联酋	United Arab Emirates	119291	126750	132943	137600	135440	138450	125621	130963	3.30
科威特	Kuwait	111125	122730	134662	140910	137130	142970	118946	122246	3.08
伊拉克	Iraq	65949	101230	93644	99550	103550	116100	117074	118691	2.99
挪威	Norway	147011	144627	142030	131280	122010	116910	108295	99648	2.51
安哥拉	Angola	43083	50480	62446	72600	87370	97990	91072	88487	2.23
哈萨克斯坦	Kazakhstan	51452	59760	62238	65840	67410	70980	77522	80961	2.04
阿尔及利亚	Algeria	79180	87390	86130	90490	90610	88190	77433	74403	1.87
利比亚	Libya	70781	79520	86512	89970	87990	90590	78038	72695	1.83
英国	United Kingdom	106193	95491	88470	80010	80160	74610	68198	52005	1.31
印度尼西亚	Indonesia	59356	55950	52447	49140	47510	49230	47313	47535	1.20
阿根廷	Argentina	40369	39430	37707	37670	36680	35710	35252	34893	0.88

附录2-10 天然气生产量

PRODUCTION OF NATURAL GAS

单位：百万标准油 (Mtoe)

国家和地区	Contury or Area	2002	2003	2004	2005	2006	2007	2008	2009	2010	比重% Percent of World
世界总计	**World**	**2170.1**	**2246.1**	**2305.3**	**2373.3**	**2437.4**	**2507.7**	**2608.2**	**2528.8**	**2719.1**	**100.00**
俄罗斯	Russian Federation	479.4	499.7	509.2	515.7	525.7	521.9	534.6	474.4	540.0	19.86
美国	United States	442.3	447.9	435.8	421.4	430.9	449.8	472.6	479.6	495.0	18.21
加拿大	Canada	153.3	151.1	150.8	154.0	154.9	151.4	143.8	135.3	132.3	4.87
伊朗	Iran	58.5	66.2	73.6	83.4	87.4	104.0	108.0	116.2	121.3	4.46
卡塔尔	Qatar	26.0	27.6	33.5	40.0	44.4	55.1	69.7	79.5	107.3	3.95
中国	China	33.8	29.3	35.3	41.3	49.0	57.9	67.2	71.3	79.4	2.92
印度尼西亚	Indonesia	65.9	66.0	63.5	65.5	64.1	62.4	64.3	67.1	74.7	2.75
阿尔及利亚	Algeria	75.1	79.4	78.3	75.6	74.4	73.6	73.8	70.9	72.0	2.65
沙特阿拉伯	Saudi Arabia	46.8	42.8	46.5	55.6	53.6	55.1	60.8	61.4	66.5	2.45
荷兰	Netherland	54.3	52.2	61.6	56.3	55.4	54.4	59.9	56.4	63.4	2.33
英国	United Kingdom	93.4	92.6	86.4	79.5	72.0	64.9	62.7	53.7	51.5	1.89
埃及	Egypt	23.1	26.1	28.2	42.6	44.6	45.9	49.2	50.7	50.3	1.85
乌兹别克斯坦	Uzbekistan	47.1	47.2	48.1	49.0	51.0	52.9	54.9	49.9	48.8	1.80
马来西亚	Malaysia	38.4	44.7	46.5	49.8	54.6	50.0	52.5	46.8	45.9	1.69
阿联酋	United Arab Emirates	34.7	35.9	38.8	39.0	40.9	42.9	42.1	40.9	43.0	1.58
澳大利亚	Australia	30.3	31.3	32.0	35.4	36.8	39.0	39.4	39.3	42.5	1.56
印度	India	22.6	23.6	23.4	25.9	23.4	26.1	26.3	38.5	42.4	1.56
墨西哥	Mexico	32.4	33.9	35.5	36.9	40.5	39.0	38.8	38.4	41.9	1.54
特立尼达和多巴哥	Trinidad and Tobago	13.7	20.9	22.0	27.7	26.1	32.5	32.2	36.2	37.5	1.38
土库曼斯坦	Turkmenistan	43.6	48.2	48.0	51.3	51.5	56.1	57.4	31.1	36.9	1.36
阿根廷	Argentina	32.2	35.8	36.8	39.9	37.2	38.9	39.1	37.2	35.4	1.30
巴基斯坦	Pakistan	17.8	22.2	24.1	25.6	25.1	27.2	26.5	27.3	27.0	0.99
泰国	Thailand	16.1	16.9	17.5	18.5	19.0	20.3	22.5	21.4	24.7	0.91
委内瑞拉	Venezuela	24.3	22.6	22.3	28.7	23.4	22.7	22.3	22.0	23.2	0.85
德国	Germany	16.0	15.9	14.7	14.2	14.1	13.1	11.3	11.1	9.7	0.36

附录2-11 总发电量(2010年)

TOTAL ELECTRICITY GENERATION(2010)

单位：百万千瓦小时 (GWh)

国家和地区	Contury or Area	总发电量 Total Production of Electricity	发电量占世界比重 (%) Percent of World (%)	煤电比重 (%) Electricity Generation from Coal (% of total)	油电比重 (%) Electricity Generation from Oil (% of total)	气电比重 (%) Electricity Generation from Gas (% of total)	水电比重 (%) Electricity Generation from Hydro (% of total)	核电比重 (%) Electricity Generation from Nuclear (% of total)
世界总计	**World**	**21431466**	**100.00**	**40.60**	**4.60**	**22.20**	**16.00**	**12.90**
美国	United States	4354355	20.32	45.80	1.10	23.38	6.02	19.27
中国	China	4208261	19.64	77.80	0.30	1.60	17.20	1.80
日本	Japan	1110751	5.18	27.41	8.77	27.42	7.40	25.95
俄罗斯	Russian Federation	1036116	4.83	16.00	0.90	50.20	16.10	16.40
印度	India	959916	4.48	68.00	2.80	12.30	11.90	2.70
德国	Germany	622055	2.90	43.98	1.34	13.96	3.28	22.60
加拿大	Canada	607841	2.84	14.47	1.22	8.54	57.82	14.91
法国	France	564291	2.63	4.66	1.03	4.21	10.99	75.94
巴西	Brazil	515745	2.41	2.20	3.10	7.10	78.20	2.80
韩国	Korea	496718	2.32	44.14	3.81	20.77	0.74	29.92
英国	United Kingdom	377979	1.76	28.78	1.29	46.30	0.95	16.44
西班牙	Spain	299882	1.40	8.78	5.52	32.22	14.10	20.67
墨西哥	Mexico	270968	1.26	12.01	16.19	52.03	13.70	2.17
南非	South Africa	256648	1.20	94.20	0.10		0.80	4.70
中国，台北	Chinese Taipei	243935	1.14	51.40	4.40	23.50	1.70	17.10
乌克兰	Ukraine	188584	0.88	36.90	0.40	8.30	7.00	47.30
瑞典	Sweden	148506	0.69	1.83	1.19	1.94	44.71	38.94
阿根廷	Argentina	125263	0.58	2.60	13.20	49.80	26.80	5.70
荷兰	Netherlands	118140	0.55	21.84	1.06	62.81	0.09	3.36
巴基斯坦	Pakistan	94453	0.44	0.10	35.20	27.40	33.70	3.60
比利时	Belgium	93764	0.44	6.34	0.43	33.51	0.33	51.13
捷克	Czech Republic	86864	0.41	58.79	0.19	1.26	3.27	32.82
芬兰	Finland	73546	0.34	26.55	0.60	13.96	16.02	28.26
瑞士	Switzerland	66060	0.31		0.11	1.58	54.59	39.87
罗马尼亚	Romania	60259	0.28	34.40	1.10	12.10	32.40	19.30
保加利亚	Bulgaria	46017	0.21	49.10	0.90	4.30	11.00	33.10

附录2-12 终端能源消费量

TOTAL FINAL CONSUMPTION OF ENERGY

单位：百万吨标准油 (Mtoe)

国家和地区	Contury or Area	2002	2003	2004	2005	2006	2007	2008	2009	2010	比重% Percent of World
世界	**World**	**6110.96**	**6426.07**	**7731.12**	**7938.51**	**8074.24**	**8287.07**	**8411.73**	**8316.56**	**8676.63**	**100.00**
OECD合计	**OECD Total**	**3569.52**	**3636.13**	**3702.41**	**3783.65**	**3824.38**	**3759.89**	**3732.30**	**3568.70**	**3691.11**	**42.54**
美国	United States	1549.47	1570.93	1599.74	1591.86	1572.16	1581.62	1542.25	1458.67	1500.18	17.29
日本	Japan	352.48	346.68	350.65	353.75	351.79	342.27	318.81	314.41	324.58	3.74
德国	Germany	239.48	250.59	252.56	249.26	253.57	228.32	235.67	222.73	226.75	2.61
加拿大	Canada	190.01	197.47	202.46	204.16	201.51	205.33	202.26	190.95	195.98	2.26
法国	France	168.99	175.03	176.81	175.23	173.95	165.18	165.55	157.90	162.81	1.88
韩国	Korea	138.99	143.13	145.34	143.64	145.08	147.10	147.54	147.82	157.44	1.81
英国	United Kingdom	158.66	160.75	162.53	161.30	158.73	142.21	142.85	131.46	137.91	1.59
意大利	Italy	133.83	139.36	146.31	145.22	144.57	138.52	133.40	125.58	129.77	1.50
墨西哥	Mexico	99.81	100.47	105.33	108.64	113.43	113.79	115.40	110.10	113.45	1.31
西班牙	Spain	94.44	99.74	103.50	105.19	103.93	102.79	99.07	92.04	93.70	1.08
澳大利亚	Australia	70.96	72.30	73.95	77.90	77.73	75.07	76.71	74.66	75.28	0.87
荷兰	Netherlands	60.15	62.28	63.25	63.92	61.25	61.63	61.04	60.10	64.77	0.75
比利时	Belgium	40.93	42.79	41.37	44.55	43.55	39.65	42.36	39.22	41.68	0.48
瑞典	Sweden	35.72	35.66	35.59	35.17	34.99	34.40	33.77	31.88	35.23	0.41
瑞士	Switzerland	21.07	21.69	22.04	22.27	22.24	20.30	20.97	20.17	21.05	0.24
以色列	Israel	12.22	12.69	13.00	11.97	12.29	12.92	13.15	13.92	14.81	0.17
非OECD合计	**NON-OECD Total**	**2541.44**	**2643.09**	**3745.29**	**3839.32**	**4006.26**	**4191.60**	**4333.54**	**4415.43**	**4631.14**	**53.37**
中国	China	619.13	683.55	1025.16	1162.38	1171.91	1252.97	1369.86	1431.92	1512.22	17.43
印度	India	177.06	182.54	349.78	360.23	375.39	394.20	415.24	441.33	457.49	5.27
俄罗斯	Russia	409.62	419.47	427.36	412.36	425.05	428.26	434.88	418.15	445.76	5.14
巴西	Brazil	120.02	118.81	170.54	171.68	178.23	188.33	194.54	190.77	210.61	2.43
伊朗	Islamic Republic of Iran	102.07	108.42	119.07	124.45	140.23	150.28	152.45	159.91	157.18	1.81
印度尼西亚	Indonesia	75.57	72.73	128.54	134.24	134.99	138.12	140.74	146.52	156.45	1.80
沙特阿拉伯	Saudi Arabia	76.95	73.41	80.70	74.80	85.75	90.29	94.04	99.56	105.36	1.21
泰国	Thailand	47.25	49.85	68.75	69.78	67.33	69.57	73.61	77.82	84.58	0.97
中国，台北	Chinese Taipei	58.67	60.89	63.38	60.44	60.36	64.74	63.29	62.88	67.71	0.78
南非	South Africa	49.47	52.83	63.96	63.38	63.26	64.10	71.78	71.02	61.44	0.71
阿根廷	Argentina	38.90	42.07	46.12	49.97	53.67	54.15	54.59	52.15	53.73	0.62
埃及	Egypt	34.87	36.71	39.34	42.89	44.52	47.55	49.94	48.28	49.54	0.57
委内瑞拉	Venezuela	36.27	34.78	37.96	43.52	42.40	43.20	38.60	38.93	45.18	0.52
中国，香港	Hong Kong, China	11.49	11.20	11.41	7.54	7.76	7.99	8.07	8.91	8.32	0.10

附录2-13 煤的一次供应量

PRIMARY SUPPLY OF COAL

单位：百万吨标准油 (Mtoe)

国家和地区	Contury or Area	2002	2003	2004	2005	2006	2007	2008	2009	2010	比重% Percent of Word
世界	**World**	**2380.83**	**2536.38**	**2764.51**	**2951.39**	**3053.54**	**3190.30**	**3314.18**	**3289.99**	**3475.77**	**100.00**
OECD合计	**OECD Total**	**1099.49**	**1105.14**	**1131.74**	**1146.37**	**1138.65**	**1155.31**	**1128.09**	**1029.17**	**1086.37**	**31.26**
美国	United States	542.16	531.17	548.77	558.46	550.96	554.80	545.76	484.98	502.64	14.46
日本	Japan	103.16	106.44	116.48	111.04	112.41	116.24	113.50	101.15	114.95	3.31
德国	Germany	84.10	85.02	85.83	81.69	82.27	86.67	80.97	71.62	77.12	2.22
韩国	Korea	45.67	48.18	50.09	49.47	52.61	56.14	62.77	64.84	73.43	2.11
澳大利亚	Australia	49.04	48.29	49.47	53.18	53.75	55.47	57.96	52.33	51.37	1.48
英国	United Kingdom	35.67	38.64	37.35	37.94	41.29	38.77	35.89	29.83	30.75	0.88
加拿大	Canada	30.54	30.00	28.44	30.03	27.53	26.41	26.27	22.22	22.29	0.64
意大利	Italy	13.73	14.88	16.60	16.47	16.67	16.78	16.28	12.75	14.17	0.41
法国	France	13.57	14.36	13.90	14.30	13.20	13.64	12.88	11.20	12.04	0.35
墨西哥	Mexico	7.43	8.23	7.13	8.85	8.74	9.10	7.52	7.75	8.63	0.25
西班牙	Spain	21.58	20.11	21.02	20.49	17.87	20.01	13.48	10.15	7.68	0.22
荷兰	Netherlands	8.47	8.84	8.70	8.19	7.78	8.51	8.08	7.46	7.60	0.22
以色列	Israel	7.85	7.98	8.11	7.64	8.18	8.02	7.79	7.15	7.41	0.21
比利时	Belgium	6.34	5.95	5.79	5.02	4.78	4.24	4.35	2.98	3.19	0.09
瑞典	Sweden	2.84	2.67	2.94	2.62	2.69	2.65	2.43	1.93	2.49	0.07
瑞士	Switzerland	0.14	0.14	0.13	0.15	0.16	0.18	0.16	0.15	0.15	
非OECD合计	**NON-OECD Total**	**1281.34**	**1431.25**	**1630.44**	**1805.02**	**1915.05**	**2034.98**	**2186.09**	**2260.82**	**2389.40**	**68.74**
中国	China	688.70	807.99	973.63	1138.53	1206.98	1285.07	1406.35	1509.57	1595.14	45.89
印度	India	173.58	177.53	197.25	208.04	222.77	242.49	261.37	282.78	288.36	8.30
俄罗斯	Russian Federation	106.74	107.42	104.19	112.64	106.74	110.96	117.07	95.27	114.83	3.30
南非	South Africa	78.55	86.64	94.40	91.94	93.60	97.10	95.83	102.85	100.73	2.90
中国，台北	Chinese Taipei	33.31	36.05	37.46	38.14	39.96	41.79	40.11	38.16	41.43	1.19
印度尼西亚	Indonesia	17.95	18.84	20.22	23.18	29.22	33.99	37.14	30.51	30.48	0.88
泰国	Thailand	8.99	9.40	10.71	11.50	12.50	14.23	15.40	14.93	16.36	0.47
巴西	Brazil	12.96	13.10	13.43	12.99	12.79	13.59	13.73	10.98	14.44	0.42
中国，香港	Hong Kong, China	5.36	6.57	6.59	6.67	7.03	7.56	6.99	7.60	6.36	0.18
伊朗	Islamic Republic of Iran	1.14	1.11	1.03	1.65	1.28	1.71	1.61	1.18	1.44	0.04
阿根廷	Argentina	0.45	0.51	0.57	0.89	1.02	1.08	1.25	1.17	0.96	0.03
埃及	Egypt	0.83	0.86	0.94	0.90	0.87	0.87	0.85	0.82	0.80	0.02
委内瑞拉	Venezuela	0.02	0.04	-	0.04	0.04	0.05	0.04	0.24	0.20	0.01
沙特阿拉伯	Saudi Arabia										

附录2-14　石油的一次供应量

PRIMARY SUPPLY OF OIL

单位：百万吨标准油　　(Mtoe)

国家和地区	Contury or Area	2002	2003	2004	2005	2006	2007	2008	2009	2010	比重% Percent of Word
世界	**World**	**3587.33**	**3793.60**	**3944.34**	**4025.69**	**4033.43**	**4078.04**	**4072.29**	**3989.63**	**4107.45**	**100.00**
OECD合计	**OECD Total**	**2172.52**	**2202.07**	**2237.22**	**2188.05**	**2128.17**	**2102.69**	**2057.70**	**1953.00**	**1961.46**	**47.75**
美国	United States	900.20	921.41	947.47	952.20	937.12	902.87	851.60	801.73	804.93	19.60
日本	Japan	258.15	256.87	253.60	250.53	240.57	229.83	214.29	200.50	203.01	4.94
德国	Germany	128.83	126.51	125.21	123.15	123.55	104.40	111.13	103.69	105.14	2.56
墨西哥	Mexico	92.34	91.71	96.12	103.82	100.74	100.37	103.71	99.03	97.30	2.37
韩国	Korea	102.00	101.20	101.43	94.94	93.61	94.45	89.62	90.60	95.11	2.32
加拿大	Canada	86.37	92.84	97.95	97.50	95.34	99.17	96.42	85.39	86.43	2.10
法国	France	91.27	91.13	92.13	91.56	90.71	83.96	83.20	79.02	76.52	1.86
意大利	Italy	87.45	86.87	83.77	82.11	81.19	75.96	72.46	67.61	65.24	1.59
英国	United Kingdom	80.51	81.08	83.20	84.60	83.80	67.44	67.73	64.18	63.36	1.54
西班牙	Spain	67.27	69.04	70.77	71.17	70.84	67.94	65.05	60.37	58.16	1.42
澳大利亚	Australia	34.57	35.93	34.56	37.88	38.76	36.25	39.40	39.35	39.87	0.97
荷兰	Netherlands	29.85	31.53	31.96	33.41	32.40	32.79	31.01	30.33	31.49	0.77
比利时	Belgium	22.90	24.76	23.02	25.55	24.45	22.50	24.08	23.95	24.80	0.60
瑞典	Sweden	16.52	15.75	15.45	14.90	14.62	12.93	13.52	11.85	13.89	0.34
瑞士	Switzerland	12.96	12.58	12.53	12.63	12.97	10.45	11.09	11.51	10.35	0.25
以色列	Israel	11.59	12.08	10.84	10.89	10.51	11.16	11.09	10.22	10.29	0.25
非OECD合计	**NON-OECD Total**	**1414.81**	**1444.69**	**1543.70**	**1522.10**	**1583.29**	**1639.77**	**1668.69**	**1704.20**	**1791.62**	**43.62**
中国	China	244.16	269.81	311.12	317.44	341.53	354.99	363.63	377.99	431.35	10.50
印度	India	118.58	123.69	127.21	126.45	131.76	138.79	150.80	159.57	162.26	3.95
俄罗斯	Russia	128.35	131.51	131.62	129.20	133.80	132.39	143.13	137.92	139.08	3.39
巴西	Brazil	88.02	84.33	86.58	87.11	88.72	92.64	95.74	95.42	104.76	2.55
沙特阿拉伯	Saudi Arabia	78.94	80.45	85.45	89.94	89.51	93.03	93.03	96.50	102.80	2.50
伊朗	Islamic Republic of Iran	65.80	68.24	72.61	84.89	84.22	85.55	91.64	95.73	84.43	2.06
印度尼西亚	Indonesia	58.71	58.28	63.80	65.45	59.24	61.09	63.88	64.15	66.93	1.63
泰国	Thailand	37.90	40.61	45.68	43.74	42.29	41.86	40.31	42.07	44.56	1.08
委内瑞拉	Venezuela	27.75	24.72	28.12	30.68	29.90	33.12	37.23	37.83	44.02	1.07
中国，台北	Chinese Taipei	42.46	43.47	45.93	43.45	43.31	45.84	42.38	40.43	42.19	1.03
埃及	Egypt	26.23	26.53	28.04	29.35	29.36	31.19	31.85	32.18	31.58	0.77
阿根廷	Argentina	20.19	20.52	24.14	22.95	27.07	26.62	28.31	26.79	27.72	0.67
南非	South Africa	16.82	13.87	15.55	17.07	15.25	16.94	20.73	20.74	15.00	0.37
中国，香港	Hong Kong, China	8.35	8.02	8.13	3.19	3.30	3.89	3.83	4.08	3.52	0.09

附录2-15 天然气供应量

PRIMARY SUPPLY OF GAS

单位：百万吨标准油 (Mtoe)

国家和地区	Contury or Area	2002	2003	2004	2005	2006	2007	2008	2009	2010	比重% Percent of Word
世界	**World**	**2170.85**	**2240.82**	**2289.45**	**2368.26**	**2417.13**	**2527.91**	**2592.81**	**2538.80**	**2727.61**	**100.00**
OECD合计	**OECD Total**	**1167.30**	**1189.26**	**1195.39**	**1208.82**	**1205.82**	**1262.34**	**1276.75**	**1248.64**	**1316.96**	**48.28**
美国	United States	535.66	519.80	512.12	507.07	501.27	542.69	542.77	535.23	556.48	20.40
日本	Japan	66.47	71.30	70.56	70.57	77.44	83.05	83.71	80.66	86.01	3.15
英国	United Kingdom	85.83	85.86	87.36	85.60	81.04	81.94	84.45	78.10	84.79	3.11
加拿大	Canada	73.33	79.71	78.00	80.60	79.47	80.59	77.05	78.37	78.59	2.88
德国	Germany	75.55	79.11	78.71	80.83	79.47	76.85	76.53	76.56	73.38	2.69
意大利	Italy	57.69	63.60	66.00	70.63	69.17	69.51	69.50	63.88	68.04	2.49
墨西哥	Mexico	38.33	41.97	43.70	44.19	48.56	47.11	49.08	48.51	53.26	1.95
法国	France	37.47	39.31	40.14	41.07	39.61	38.48	39.87	38.45	42.53	1.56
荷兰	Netherlands	35.83	35.99	36.73	35.31	34.25	33.26	34.65	34.96	39.20	1.44
韩国	Korea	21.20	22.00	25.28	27.37	28.70	31.15	31.81	31.70	38.67	1.42
西班牙	Spain	18.75	21.35	25.16	29.84	31.01	31.77	34.90	31.22	31.18	1.14
澳大利亚	Australia	21.45	22.15	22.74	23.04	23.43	25.79	25.72	26.86	26.48	0.97
比利时	Belgium	13.37	14.40	14.76	14.74	14.99	14.92	14.83	15.11	16.96	0.62
以色列	Israel	0.01	0.01	0.98	1.35	1.88	1.94	2.37	3.42	4.41	0.16
瑞士	Switzerland	2.49	2.63	2.71	2.78	2.71	2.63	2.81	2.69	3.01	0.11
瑞典	Sweden	0.89	0.89	0.88	0.84	0.88	0.91	0.83	1.09	1.46	0.05
非OECD合计	**NON-OECD Total**	**1003.55**	**1051.56**	**1096.25**	**1159.44**	**1211.31**	**1265.57**	**1316.06**	**1290.17**	**1410.65**	**51.72**
俄罗斯	Russian Federation	325.56	342.50	346.56	349.57	358.61	365.96	366.17	350.29	382.67	14.03
伊朗	Islamic Republic of Iran	61.86	68.13	75.56	83.81	91.39	104.48	109.98	115.38	121.68	4.46
中国	China	31.85	27.73	33.25	38.78	47.36	59.12	68.32	75.04	88.57	3.25
沙特阿拉伯	Saudi Arabia	46.80	42.78	46.48	55.59	53.61	55.08	61.04	61.35	66.49	2.44
印度	India	22.57	23.57	26.34	31.75	33.48	35.70	35.58	48.93	52.72	1.93
印度尼西亚	Indonesia	32.98	32.54	30.31	29.25	28.25	30.08	29.79	34.37	38.79	1.42
埃及	Egypt	23.14	25.43	25.17	29.98	31.00	32.35	36.40	35.83	38.19	1.40
阿根廷	Argentina	27.36	30.17	31.31	35.81	36.64	38.08	39.37	38.72	37.97	1.39
泰国	Thailand	21.90	23.26	24.37	25.92	26.68	28.30	30.94	28.91	32.94	1.21
委内瑞拉	Venezuela	24.34	22.64	22.32	28.68	23.39	22.80	24.42	23.71	25.23	0.92
巴西	Brazil	12.38	12.76	15.77	16.72	17.50	17.72	21.21	16.99	23.02	0.84
中国，台北	Chinese Taipei	6.95	7.21	8.82	8.57	9.55	9.88	10.76	11.27	12.96	0.48
中国，香港	Hong Kong, China	1.92	1.51	2.18	2.19	2.40	2.24	2.59	2.52	3.13	0.11
南非	South Africa	1.80	1.08	2.78	2.76	3.75	3.77	3.49	2.58	2.95	0.11

附录2-16 国内生产总值电耗(千瓦小时/美元 2005年价)

ELECTRICITY CONSUMPTION/GDP (kW•h per 2005 US$)

国家和地区	Contury or Area	2000	2005	2008	2009	2010
世界	**World**	**0.36**	**0.37**	**0.37**	**0.38**	**0.39**
OECD合计	**OECD Total**	**0.28**	**0.28**	**0.27**	**0.27**	**0.27**
非OECD合计	**NON-OECD Total**	**0.67**	**0.69**	**0.69**	**0.69**	**0.71**
埃及	Egypt	0.89	1.06	1.06	1.07	1.08
中国	China	0.89	1.03	1.02	1.01	1.03
俄罗斯	Russia	1.34	1.08	0.97	1.00	1.01
伊朗	Islamic Republic of Iran	0.69	0.76	0.78	0.80	0.86
南非	South Africa	1.01	0.90	0.84	0.82	0.83
泰国	Thailand	0.66	0.71	0.70	0.72	0.74
印度	India	0.68	0.62	0.63	0.62	0.61
沙特阿拉伯	Saudi Arabia	0.45	0.50	0.54	0.57	0.61
委内瑞拉	Venezuela	0.50	0.53	0.47	0.49	0.54
中国，台北	Chinese Taipei	0.58	0.60	0.56	0.55	0.53
阿根廷	Argentina	0.46	0.51	0.48	0.48	0.46
巴西	Brazil	0.43	0.43	0.42	0.42	0.43
印度尼西亚	Indonesia	0.36	0.40	0.40	0.40	0.41
中国，香港	Hong Kong, China	0.25	0.23	0.20	0.21	0.19

附录2-17 人均电力消费量(千瓦小时/人)

ELECTRICITY CONSUMPTION/POPULATION (kW•h per capita)

国家和地区	Contury or Area	2002	2003	2004	2005	2006	2007	2008	2009	2010
世界	**World**	**2365**	**2435**	**2507**	**2593**	**2668**	**2758**	**2787**	**2739**	**2892**
OECD合计	**OECD Total**	**7991**	**8081**	**8205**	**8308**	**8418**	**8508**	**8377**	**7983**	**8315**
非OECD合计	**NON-OECD Total**	**1087**	**1162**	**1236**	**1296**	**1409**	**1506**	**1539**	**1576**	**1697**
中国，台北	Chinese Taipei	8441	8898	9293	9617	9917	10216	10023	9588	10237
沙特阿拉伯	Saudi Arabia	5810	6620	6587	6553	7080	7247	7127	7427	7967
俄罗斯	Russia	5305	5480	5642	5785	6123	6318	6435	6136	6460
中国，香港	Hong Kong, China	5612	5653	5779	5879	5883	5899	5866	5924	5923
南非	South Africa	4546	4756	4886	4704	4831	4980	4934	4666	4803
委内瑞拉	Venezuela	2653	2664	2760	2875	3029	2979	3092	3053	3287
中国	China	1184	1379	1586	1784	2041	2328	2458	2633	2942
阿根廷	Argentina	2017	2186	2301	2422	2560	2658	2801	2759	2904
伊朗	Islamic Republic of Iran	1782	1916	2006	2080	2334	2318	2417	2499	2652
巴西	Brazil	1813	1885	1951	2017	2075	2171	2236	2205	2384
泰国	Thailand	1656	1752	1898	1878	1984	2055	2052	2045	2243
埃及	Egypt	1103	1173	1234	1284	1304	1384	1484	1549	1608
印度	India	417	435	457	475	516	552	581	617	644
印度尼西亚	Indonesia	428	440	487	498	530	564	572	597	641

附录2-18 煤净进口量

NET IMPORT OF COAL

单位：百万吨标准油 (Mtoe)

国家和地区	Contury or Area	2002	2003	2004	2005	2006	2007	2008	2009	2010
日本	Japan	102.58	106.48	116.48	111.42	112.03	116.16	114.19	100.87	114.86
中国	China	-57.40	-63.86	-54.72	-28.95	-30.46	-17.39	-15.92	60.80	74.83
韩国	Korea	43.95	46.51	50.25	46.90	50.38	54.50	61.51	62.92	72.95
印度	India	15.48	14.11	19.30	25.07	29.49	33.43	36.62	46.22	47.30
中国台北	Chinese Taipei	34.15	35.98	39.73	38.60	39.96	41.90	40.84	37.27	41.35
德国	Germany	24.45	25.14	27.70	25.72	29.08	32.04	31.01	25.89	31.83
英国	United Kingdom	17.45	20.01	22.59	27.23	31.21	26.92	26.89	22.96	15.72
意大利	Italy	13.12	14.53	16.78	16.37	16.62	16.65	16.57	12.42	14.30
土耳其	Turkey	8.34	10.90	11.20	11.72	13.58	14.64	12.86	13.34	13.85
法国	France	12.60	11.76	13.11	13.51	13.83	12.59	14.20	10.27	12.15
巴西	Brazil	11.01	11.36	11.02	10.61	10.18	11.30	11.81	9.08	12.10
荷兰	Netherlands	8.24	9.23	8.58	8.32	7.97	8.87	8.56	9.30	9.24
以色列	Israel	7.98	7.70	8.02	7.94	7.99	8.10	7.66	7.11	7.38
西班牙	Spain	14.36	12.72	14.14	14.40	13.51	13.32	11.04	8.97	6.73
比利时	Belgium	5.46	5.80	5.87	5.09	4.58	4.07	4.64	2.44	3.14
波兰	Poland	-15.60	-14.72	-14.97	-12.99	-12.28	-8.52	-3.58	-2.64	-2.74
加拿大	Canada	-1.46	-2.00	-4.52	-5.09	-5.22	-7.91	-7.59	-9.63	-12.09
美国	United States	-11.49	-8.96	-10.06	-8.78	-5.05	-12.48	-27.13	-22.11	-36.80
南非	South Africa	-45.17	-46.69	-44.25	-46.43	-44.64	-42.77	-39.21	-33.33	-43.09
哥伦比亚	Colombia	-23.20	-29.73	-33.21	-34.85	-40.29	-41.99	-44.06	-43.78	-45.11
印度尼西亚	Indonesia	-45.62	-52.06	-65.50	-75.05	-107.81	-124.24	-128.57	-136.29	-155.85
澳大利亚	Australia	-132.58	-135.50	-141.70	-150.34	-150.00	-164.78	-172.58	-169.04	-190.14

注：负数表示净出口。

Negative numbers show net export.

附录2-19 石油净进口量

NET IMPORT OF OIL

单位：百万吨标准油 (Mtoe)

国家和地区	Contury or Area	2002	2003	2004	2005	2006	2007	2008	2009	2010
美国	United States	557.94	594.72	641.07	659.40	652.14	634.42	589.67	517.77	508.39
中国	China	79.80	106.16	148.29	143.43	168.56	183.83	200.54	218.06	252.86
日本	Japan	259.08	260.62	256.84	257.88	244.89	240.08	224.82	205.74	211.58
印度	India	80.35	85.19	88.09	91.79	97.02	104.90	115.92	124.63	123.37
德国	Germany	124.45	126.3	122.41	123.13	121.58	109.25	117.08	110.63	112.67
韩国	Korea	106.47	108.69	107.84	102.49	105.97	105.87	100.24	104.95	108.80
法国	France	93.39	93.78	93.87	93.93	92.36	91.08	89.93	85.25	82.87
新加坡	Singapore	41.03	34.81	41.79	44.63	44.38	44.38	56.21	61.84	70.56
西班牙	Spain	74.98	75.71	77.47	79.97	79.69	79.44	77.44	71.36	69.47
意大利	Italy	85.49	83.97	81.29	78.55	78.70	76.03	72.02	67.06	66.80
中国，台北	Chinese Taipei	43.79	45.35	48.36	48.20	49.34	50.01	46.07	43.28	46.14
荷兰	Netherlands	40.49	41.29	44.53	48.75	47.61	49.17	49.03	46.47	45.72
比利时	Belgium	29.43	31.93	30.72	33.43	32.96	31.91	35.57	31.81	33.73
泰国	Thailand	28.36	30.98	35.91	34.70	31.80	30.69	29.51	29.86	31.99
土耳其	Turkey	28.39	28.32	28.94	28.07	30.41	31.53	29.45	28.04	29.35
希腊	Greece	20.37	19.68	21.53	20.11	21.18	20.26	20.71	18.62	17.02
英国	United Kingdom	-39.85	-28.52	-14.15	-2.54	7.34	0.56	7.07	6.08	11.26
厄瓜多尔	Ecuador	-12.64	-13.41	-18.41	-17.96	-18.41	-16.31	-17.01	-14.91	-14.25
阿曼	Oman	-45.17	-41.27	-38.79	-38.56	-33.99	-30.99	-35.33	-39.26	-41.02
墨西哥	Mexico	-81.73	-94.4	-97.77	-92.24	-88.58	-74.24	-60.12	-55.42	-59.28
阿尔及利亚	Algeria	-64.54	-72.39	-75.61	-79.28	-77.51	-76.98	-73.01	-64.99	-60.69
利比亚	Libya	-51.25	-59.34	-66.74	-69.16	-77.49	-75.33	-73.45	-62.12	-61.04
卡塔尔	Qatar	-32.12	-34.16	-48.36	-52.14	-43.31	-43.05	-61.76	-58.83	-63.15
哈萨克斯坦	Kazakstan	-38.05	-44.38	-50.1	-54.69	-54.38	-56.05	-60.52	-68.64	-64.44
加拿大	Canada	-49.08	-49.32	-51.81	-47.03	-58.96	-63.01	-62.71	-70.27	-75.00
安哥拉	Angola	-42.82	-41.24	-47.2	-61.28	-69.36	-84.14	-93.20	-88.46	-82.90
挪威	Norway	-152.59	-145.41	-144.89	-125.68	-121.34	-112.36	-103.82	-98.55	-85.45
伊拉克	Iraq	-73.73	-42.85	-74.1	-70.30	-65.84	-71.74	-90.40	-91.16	-88.01
科威特	Kuwait	-86.17	-97.27	-105.23	-118.43	-124.98	-119.77	-123.41	-99.31	-101.93
阿联酋	United Arab Emirates	-89.27	-99.54	-104.38	-112.18	-111.74	-107.83	-116.58	-100.65	-104.73
委内瑞拉	Venezuela	-139.82	-120.07	-133.02	-169.27	-131.42	-113.53	-129.07	-123.44	-116.53
尼日利亚	Nigeria	-90.67	-107.68	-118.68	-116.41	-111.52	-106.67	-100.98	-108.95	-125.54
伊朗	Iran	-109.43	-126.37	-129.32	-139.82	-135.01	-132.37	-134.00	-127.42	-136.25
俄罗斯	Russian Federation	-250.44	-290.38	-325.42	-334.92	-334.63	-351.44	-338.15	-348.68	-356.33
沙特阿拉伯	Saudi Arabia	-346.91	-405.12	-414.65	-430.98	-423.26	-398.97	-422.36	-371.80	-391.35

注：负数表示净出口。

Negative numbers show net export.

附录2-20 天然气净进口量

NET IMPORT OF GAS

单位：百万吨标准油 (Mtoe)

国家和地区	Contury or Area	2002	2003	2004	2005	2006	2007	2008	2009	2010
日本	Japan	64.46	68.65	68.04	67.78	74.19	80.07	79.88	77.76	82.79
意大利	Italy	48.50	51.10	55.28	59.82	63.07	60.49	62.76	56.60	61.58
美国	United States	81.23	76.08	79.52	84.16	80.48	88.33	69.24	62.38	60.75
德国	Germany	60.05	62.42	65.88	65.72	66.41	61.74	64.67	67.27	60.10
法国	France	36.73	37.52	38.66	40.71	39.46	37.12	38.99	38.78	39.54
韩国	Korea	20.85	22.73	25.91	26.10	29.54	29.91	33.34	30.20	39.28
英国	United Kingdom	-6.98	-7.02	1.46	5.97	9.55	16.62	22.00	24.66	31.96
西班牙	Spain	18.92	21.16	24.61	30.24	31.24	31.50	35.23	30.87	30.94
土耳其	Turkey	14.34	17.28	18.12	22.13	25.17	29.76	30.24	28.93	30.78
乌克兰	Ukraine	45.82	49.00	48.68	48.25	42.11	42.00	44.09	30.65	29.55
白俄罗斯	Belarus	14.59	15.03	16.30	16.70	17.25	17.12	17.48	14.62	17.90
比利时	Belgium	13.65	14.24	14.55	14.81	15.03	14.90	14.89	14.96	16.79
中国，台北	Chinese Taipei	6.24	6.50	8.01	8.35	9.05	9.66	10.58	10.32	12.94
波兰	Poland	6.68	7.50	8.12	8.53	8.90	8.25	9.12	8.12	8.87
泰国	Thailand	5.82	6.31	6.85	7.42	7.64	7.99	7.44	7.47	8.23
匈牙利	Hungary	8.70	9.94	9.28	9.80	9.41	8.55	9.30	7.83	7.72
阿联酋	United Arab Emirates	-5.73	-5.73	-6.27	-4.84	-4.79	-1.12	6.02	8.21	7.60
捷克	Czech Republic	7.92	7.70	7.09	7.53	7.90	6.71	7.02	7.02	6.84
阿根廷	Argentina	-4.81	-5.59	-5.51	-4.11	-4.95	-0.83	0.24	1.56	2.61
文莱	Brunei Darssalam	-7.99	-8.39	-8.31	-8.16	-8.54	-8.25	-8.47	-8.01	-7.59
乌兹别克斯坦	Uzbekistan	-3.77	-4.89	-7.03	-9.18	-9.38	-10.87	-11.32	-11.66	-11.15
阿曼	Oman	-6.85	-7.62	-8.45	-10.48	-10.48	-14.22	-11.33	-12.68	-12.07
澳大利亚	Australia	-8.88	-9.15	-9.25	-12.38	-13.40	-13.17	-13.66	-12.46	-16.04
马来西亚	Malaysia	-16.99	-20.36	-25.98	-21.14	-20.81	-18.77	-18.41	-17.74	-17.83
土库曼斯坦	Turkmenistan	-32.00	-35.34	-36.56	-37.05	-39.19	-42.68	-43.69	-15.99	-19.55
尼日利亚	Nigeria	-6.64	-9.99	-10.67	-10.29	-14.89	-17.74	-16.77	-13.06	-19.84
印度尼西亚	Indonesia	-32.88	-33.47	-33.18	-36.27	-30.66	-32.31	-32.35	-32.68	-35.95
阿尔及利亚	Algeria	-55.31	-57.60	-57.08	-55.08	-52.82	-51.28	-51.26	-46.92	-48.64
加拿大	Canada	-82.78	-75.35	-77.52	-79.55	-76.01	-77.45	-71.86	-61.59	-60.40
卡塔尔	Qatar	-15.03	-15.91	-20.36	-26.08	-30.10	-36.94	-51.51	-59.99	-87.14
挪威	Norway	-55.04	-60.93	-65.32	-71.10	-73.65	-73.20	-82.24	-85.17	-87.31
俄罗斯	Russian Federation	-144.00	-145.87	-156.26	-161.18	-158.03	-148.98	-151.39	-129.32	-150.63

注：负数表示净出口。

Negative numbers show net export.

附录2-21 主要高耗能产品单位能耗中外比较

ENERGY CONSUMPTION FOR MAIN ENERGY INTENSIVE PRODUCTS BY COMPARING CHINA WITH SELECTED COUNTRIES

1. 火电厂发电煤耗 Gross Coal Consumption Rate for Fossil-Fired Power Plant

单位：克标准煤/千瓦小时 (gce/kW·h)

国家	Country	1990	1995	2000	2005	2006	2007	2008	2009	2010	2011
中国①	China	392	379	363	343	342	332	322	320	312	308
日本②	Japan	317	315	303	301	299	300	297	294	294	294

注(Note)：①6MW以上机组(>6MW Unit).

②九大电力公司平均(Average level of 9 key electricity companies).

资料来源(Source)：1.中国电力企业联合会(China Electricity Council).

2.The Institute of Energy Economics, Japan, Handbook of Energy and Economic Statistics in Japan, 2012 Edition.

2. 火电厂供电煤耗 Net Coal Consumption Rate for Fossil-fired Power Plant

单位：克标准煤/千瓦小时 (gce/kW·h)

国家	Country	1990	1995	2000	2005	2006	2007	2008	2009	2010	2011
中国	China	427	412	392	370	367	356	345	340	333	329
日本	Japan	332	331	316	314	312	312	310	307	306	306
意大利	Italy	326	319	315	288	383	280	376	378		
韩国	Korea	332	323	311	302	300	301	301	300		

资料来源(Source)：1.中国电力企业联合会(China Electricity Council).

2.The Institute of Energy Economics, Japan, Handbook of Energy and Economic Statistics in Japan, 2012 Edition.

3.International Energy Agency, Electricity Information.

2010年火电电源结构 2010 Fossil-Fired Power Generation by Source

单位：% (%)

国家	Country	煤 (Coal)	油 (Oil)	气 (Gas)
中国	China	94.3	0.5	2.3
日本	Japan	42.6	14.0	43.4
意大利	Italy	17.5	9.9	70.9
韩国	Korea	65.3	4.7	30.0

资料来源(Source)：1.国家统计局(National Bureau of Statistics).

2.中国电力企业联合会(China Electricity Council).

3.The Institute of Energy Economics, Japan, Handbook of Energy and Economic Statistics in Japan, 2012 Edition.

4.International Energy Agency, Electricity Information.

3. 钢可比能耗 Comparable Energy Consumption for Steel

单位：千克标准煤/吨 (kgce/tn)

国家	Country	1990	1995	2000	2005	2006	2007	2008	2009	2010	2011
中国①	China	997	976	784	732	729	718	709	697	681	675
日本	Japan	629	656	646	640	627	610		612		

注(Note)：①大中型钢铁企业平均值(Average level of key enterprises).
②综合能耗中的电耗，均按发电煤耗折算标准得(In the full energy consumption, all of conversion from electric to coal equivalent according to gross coal consumption for fossil-fired power plant).

资料来源(Source)：1.中国钢铁工业协会(China Iron and Steel Association).
2.日本能源学会志(Journal of Energy Society of Japan).
3.日本钢铁协会(Japan Steel Association).

4. 电解铝交流电耗 Alternating Current Power Consumption for Electrolytic Aluminium

单位：千瓦时/吨 (kW·h/t)

国家	Country	1990	1995	2000	2005	2008	2009	2010	2011
中国	China	17100	16620	15418	14575	14323	14171	13979	13913
国际先进水平	International Advanced Level	14400	14400	14400	14100	14100	13830	13830	13830

资料来源(Source)：中国有色金属工业协会(China Ferrous Metals Industry Association).

5. 水泥综合能耗 Fully Energy Consumption for Cement

单位：千克标准煤/吨 (kgce/tn)

国家	Country	1990	1995	2000	2005	2006	2007	2008	2009	2010	2011
中国	China	201	199	183	178	172	168	161	148	143	138
日本	Japan	123	124	126	127	126	118			119	

注(Note)：综合能耗中的电耗，均按发电煤耗折算标准煤(In the full energy consumption, all of conversion from electric to coal equivalant according to gross coal consumption for fossil-fired power plant).

资料来源(Source)：1.国家统计局(National Bureau of Statistics).
2.中国水泥协会(China Cement Association).
3.日本能源学会志(Journal of Energy Sociaty of Japan).
4.日本水泥协会(Japan Cement Association).

6. 乙烯综合能耗　Fully Energy Consumption for Ethylene

单位：千克标准煤/吨　　(kgce/tn)

国家	Country	1990	2000	2005	2006	2007	2008	2009	2010	2011
中国①	China	1580	1125	1073	1013	1026	1010	976	950	895
国际先进水平	International Advanced Level	897	714	629②	629②	629②	629②	629②	629②	629②

注(Note)：①主要用石油脑油作原料(Feedstocks of ethylene production is used naphtha mainly).
②中东地区平均值，主要用乙烷作原料(Average level of Middle-East region,feedstocks of ethylene production is uesd ethane mainly).
③综合能耗中，电耗按发电煤耗折算标准煤(In the full energy consumption, all of conversion from electric to coal equivalant according to gross coal consumption for fossil-fired power plant).

资料来源(Source)：1.国家统计局(National Bureau of Statistics).
2.中国石油和化学工业联合会(China Petroleum and Chemical Industry Federation).

7. 合成氨综合能耗　Fully Energy Consumption for Sythetic Ammonia

单位：千克标准煤/吨　　(kgce/tn)

国家	Country	1990	1995	2000	2005	2008	2009	2010	2011
中国①	China	2035	1849	1699	1650	1661	1591	1587	1568
美国②	United States	1000	1000	1000	990	990	990	990	990

资料来源 (Source)：①大、中、小装置平均值. 2010年煤占合成氨原料79%(Average level of large. medium and small size installation. In 2010, the coal amount to 79% of the feedstocks for sythetic ammonia).
②以天然气为原料的大型装置的平均值. 2010年天然气占合成氨原料98%(Average level of large size installation by natural gas. In 2010, the natural gas amount to 98% of the feedstocks for sythetic ammonia).

8. 纸和纸板综合能耗　Full Energy Consumption for Paper and Paperboard

单位：千克标准煤/吨　　(kgce/tn)

国家	Country	1990	2000	2005	2006	2007	2008	2009	2010
中国	China	1550	1540	1380	1290	1255	1153	1090	1080
日本	Japan	744	678	640	627	610		580	581

注(Note)：产品能耗为自制浆企业平均(Average level of enterprises which made pulp by oneself).

资料来源(Source)：1.国家统计局(National Bureau of Statistics).
2.中国造纸协会(China Paper Association).
3.日本能源学会志(Journal of Energy Society of Japan).
4.The Institute of Energy Economics, Japan, Handbook of Energy and Economic Statistics in Japan, 2012 Edition.

附录 3、主要统计指标解释

Appendix Ⅲ Explanatory Notes of Main Statistical Indicators

主要统计指标解释

国内生产总值 是按市场价格计算的国内生产总值的简称。国内生产总值及其产业构成的资料，是由国家统计局国民经济核算司根据不同产业部门的特点和资料来源情况而采用不同的方法计算的，有的部门以生产法计算增加值为准，有的部门以收入法计算的增加值为准，最后将各产业部门增加值求和得到国内生产总值的标准数据。按支出法计算的国内生产总值等于总消费、总投资、货物和服务净出口之和，它与按上述方法计算的国内生产总值不相等，两者的差率一般在±3%以内。

三次产业 根据社会生产活动历史发展的顺序对产业结构的划分，产品直接取自自然界的部门称为第一产业。对初级产品进行再加工的部门称为第二产业。为生产和消费提供各种服务的部门称为第三产业。它是世界上通用的产业结构分类，但各国的划分不尽一致。我国的三次产业划分是：

第一产业 是指农业、林业、畜牧业、渔业和农林牧渔服务业。

第二产业 是指采矿业，制造业，电力、煤气及水的生产和供应业，建筑业。

第三产业 是指除第一、二产业以外的其他行业。

能源生产总量 指一定时期内全国（地区）一次能源生产量的总和，是观察全国（地区）能源生产水平、规模、过程构成和发展速度的总量指标。一次能源生产量包括原煤、原油、天然气、水电、核电及其他动力能（如风能、地热能等）发电量。不包括低热值燃料生产量、生物质能、太阳能等的利用和由一次能源加工转换而成的二次能源产量。

能源消费总量 指一定地域内（国家或地区）国民经济各行业和居民家庭在一定时期消费的各种能源的总和。能源消费总量分为三部分，即终端能源消费量、能源加工转换损失量和损失量。

（1）终端能源消费量 指一定时期内全国（地区）各行业和居民生活消费的各种能源在扣除了用于加工转换二次能源消费量和损失量以后的数量。

（2）能源加工转换损失量 指一定时期内全国（地区）投入加工转换的各种能源数量之和与产出各种能源产品之和的差额。它是观察能源在加工转换过程中损失量变化的指标。

（3）能源损失量 指一定时期内能源在输送、分配、储存过程中发生的损失和由客观原因造成的各种损失量。不包括各种气体能源放空、放散量。

能源生产弹性系数 是能源生产量的增长与国民经济增长之间的比值。计算公式：

$$\text{能源生产弹性系数}=\frac{\text{能源生产总量年平均增长速度}}{\text{国民经济年平均增长速度}}$$

本资料采用国内生产总值指标计算国民经济年平均增长速度。

电力生产弹性系数 是电力生产量的增长与国民经济增长之间的比值。计算公式：

$$\text{电力生产弹性系数}=\frac{\text{电力生产量年平均增长速度}}{\text{国民经济年平均增长速度}}$$

能源消费弹性系数　是能源消费增长速度与国民经济增长速度之间的比值。计算公式：

$$能源消费弹性系数=\frac{能源消费总量年平均增长速度}{国民经济年平均增长速度}$$

电力消费弹性系数　是电力消费增长速度与国民经济增长速度之间的比值。计算公式：

$$电力消费弹性系数=\frac{电力消费量年平均增长速度}{国民经济年平均增长速度}$$

能源加工转换效率　指一定时期内能源经过加工转换后，产出的各种能源产品的数量与投入加工转换的各种能源数量的比率。它是观察能源加工转换装置和生产工艺先进与落后、管理水平高低等的重要指标。计算公式：

$$能源加工转换效率=\frac{加工转换产出量}{加工转换投入量}\times 100\ \%$$

Explanatory Notes on Main Statistical Indicators

Gross Domestic Product(GDP): refers to gross domestic products calculated at market price. The data on GDP and its industrial composition are calculated by the Department of National Economic Accounting, State Statistical Bureau (SSB) with various approaches in the light of the features of various sectors and the data sources. The value added in some sectors is calculated with the production approach. The value added in other sectors is calculated with the income approach. Finally, the GDP is the result of the sum of the value added of various sectors. This is the standard data of GDP. The GDP calculated with the expenditure approach equals to the sum of total consumption, total investment and the net export of goods and services. However, it is not equal to the GDP calculated with the method mentioned above. The difference between the two figures is generally within ±3%.

Three Industries: Industry structure has been classified according to the sequence of historical development of social production activities. Primary industry refers to extraction of natural resources; secondary industry involves processing of primary products; and tertiary industry provides services of various kinds for production and consumption. The above classification is universal although it to some extent from country to country. Industry classification in China comprises:

Primary industry: refers to agriculture, forestry, animal husbandry and fishery and services in support of these industries.

Secondary industry: refers to mining and quarrying, manufacturing, production and supply of electricity, water and gas, and construction.

Tertiary industry: refers to all other economic activities not included in the primary or secondary industries.

Total Energy Production: refers to the total production of primary energy by all energy producing enterprises in the country (region) in a given period of time. It is a comprehensive indicator to show the capacity, scale, composition and development of energy production of the country (region). The production of primary energy includes that of coal, crude oil, natural gas, hydro power and electricity generated by other means such as wind power and geothermal power. However, it excludes the production of fuels of low calorific value, bioenergy, solar energy and the secondary energy converted from the primary energy.

Total Energy Consumption: refers to the total consumption of energy of various kinds of national economy industries and residents in a certain area (country or region) in a given period of time. Total energy consumption can be divided into three parts:

(1) **Final Energy Consumption**: refers to the total energy consumption by industry and residential in the country (region) in a given period of time, but excludes the consumption in conversion of the primary energy into the secondary energy and the loss in the process of energy transformation.

(2) **Loss During Energy Transformation**: refers to the total input of various kinds of energy for transformation, minus the total output of various kinds of energy in the country in a given period of time. It is an indicator to show the loss that occurs during the process of energy transformation.

(3) **Loss**: refers to the total of the loss of energy during the course of energy transport, distribution and storage and the loss caused by any objective reason in a given period of time. The loss of various kinds of gas due to gas discharges and stocktaking is excluded. Elasticity of Energy Production: is an indicator to show the relationship between the growth rate of energy production and the growth rate of the national economy. The formula is:

$$\text{Elasticity of Energy Production} = \frac{\text{average annual growth rate of energy production}}{\text{average annual growth rate of national economy}}$$

The gross domestic products (GDP) is used to calculate the growth rate of national economy in this book.

Elasticity of Electricity Production: is an indicator to show the relationship between the growth rate of electricity production and the growth rate of the national economy. The formula is:

$$\text{Elasticity of Electricity Production} = \frac{\text{average annual growth rate of electricity production}}{\text{average annual growth rate of national economy}}$$

Elasticity of Energy Consumption: is an indicator to show the relationship between the growth rate of energy consumption and the growth rate of the national economy. The formula is:

$$\text{Elasticity of Energy Consumption} = \frac{\text{average annual growth rate of energy consumption}}{\text{average annual growth rate of national economy}}$$

Elasticity of Electricity Consumption: is an indicator to show the relationship between the growth rate of electricity consumption and the growth rate of the national economy. The formula is:

$$\text{Elasticity of Electricity Consumption} = \frac{\text{average annual growth rate of electricity consumption}}{\text{average annual growth rate of national economy}}$$

Efficiency of Energy Transformation: refers to the ratio of the total output of energy products after transformation and the total input of energy for transformation in the same reference period. It is an indicator to show the current conditions of energy processing and conversion equipment, production technique and management. The formula is:

$$\text{Efficiency of Energy Transformation} = \frac{\text{output of energy from transformation}}{\text{input of energy for transformation}}$$

附录 4、各种能源折标准煤参考系数

Appendix Ⅳ Conversion Factors from Physical Units to Coal Equivalent

各种能源折标准煤参考系数

能源名称	平均低位发热量	折标准煤系数
原煤	20 908 千焦／(5 000 千卡)／千克	0.7143 千克标准煤／千克
洗精煤	26 344 千焦／(6 300 千卡)／千克	0.9000 千克标准煤／千克
其它洗煤		
洗中煤	8 363 千焦／(2 000 千卡)／千克	0.2857 千克标准煤／千克
煤泥	8 363～12 545 千焦／(2 000～3 000 千卡)／千克	0.2857～0.4286 千克标准煤／千克
焦炭	28 435 千焦／(6 800 千卡)／千克	0.9714 千克标准煤／千克
原油	41 816 千焦／(10 000 千卡)／千克	1.4286 千克标准煤／千克
燃料油	41 816 千焦／(10 000 千卡)／千克	1.4286 千克标准煤／千克
汽油	43 070 千焦／(10 300 千卡)／千克	1.4714 千克标准煤／千克
煤油	43 070 千焦／(10 300 千卡)／千克	1.4714 千克标准煤／千克
柴油	42 652 千焦／(10 200 千卡)／千克	1.4571 千克标准煤／千克
液化石油气	50 179 千焦／(12 000 千卡)／千克	1.7143 千克标准煤／千克
炼厂干气	45 998 千焦／(11 000 千卡)／千克	1.5714 千克标准煤／千克
天然气	38 931 千焦／(9 310 千卡)／立方米	1.3300 千克标准煤／立方米
焦炉煤气	16 726～17 981 千焦／(4 000～4 300 千卡)／立方米	0.5714～0.6143 千克标准煤／立方米
其它煤气		
发生炉煤气	5 227 千焦／(1 250 千卡)／立方米	0.1786 千克标准煤／立方米
重油催化裂解煤气	19 235 千焦／(4 600 千卡)／立方米	0.6571 千克标准煤／立方米
重油热裂解煤气	35 544 千焦／(8 500 千卡)／立方米	1.2143 千克标准煤／立方米
焦炭制气	16 308 千焦／(3 900 千卡)／立方米	0.5571 千克标准煤／立方米
压力气化煤气	15 054 千焦／(3 600 千卡)／立方米	0.5143 千克标准煤／立方米
水煤气	10 454 千焦／(2 500 千卡)／立方米	0.3571 千克标准煤／立方米
煤焦油	33 453 千焦／(8 000 千卡)／千克	1.1429 千克标准煤／千克
粗苯	41 816 千焦／(10 000 千卡)／千克	1.4286 千克标准煤／千克
热力(当量)		0.03412 千克标准煤／百万焦耳 (0.14286 千克标准煤／1000 千卡)
电力(当量)	3 600 千焦／(860 千卡)／千瓦小时	0.1229 千克标准煤／千瓦小时
(等价)	按当年火电发电标准煤耗计算	
生物质能		
人粪	18 817 千焦／(4 500 千卡)／千克	0.643 千克标准煤／千克
牛粪	13 799 千焦／(3 300 千卡)／千克	0.471 千克标准煤／千克
猪粪	12 545 千焦／(3 000 千卡)／千克	0.429 千克标准煤／千克
羊、驴、马、骡粪	15 472 千焦／(3 700 千卡)／千克	0.529 千克标准煤／千克
鸡粪	18 817 千焦／(4 500 千卡)／千克	0.643 千克标准煤／千克
大豆秆、棉花秆	15 890 千焦／(3 800 千卡)／千克	0.543 千克标准煤／千克
稻秆	12 545 千焦／(3 000 千卡)／千克	0.429 千克标准煤／千克
麦秆	14 635 千焦／(3 500 千卡)／千克	0.500 千克标准煤／千克
玉米秆	15 472 千焦／(3 700 千卡)／千克	0.529 千克标准煤／千克
杂草	13 799 千焦／(3 300 千卡)／千克	0.471 千克标准煤／千克
树叶	14 635 千焦／(3 500 千卡)／千克	0.500 千克标准煤／千克
薪柴	16 726 千焦／(4 000 千卡)／千克	0.571 千克标准煤／千克
沼气	20 908 千焦／(5 000 千卡)／立方米	0.714 千克标准煤／立方米

Conversion Factors from Physical Unit to Coal Equivalent

Energy	Average Low Calorific Value	Conversion Factor
Raw Coal	20 908 kjoule / (5 000 kcal) / kg	0.7143 kgce / kg
Cleaned Coal	26 344 kjoule / (6 300 kcal) / kg	0.9000 kgce / kg
Other Washed Coal		
Middlings	8 363 kjoule / (2 000 kcal) / kg	0.2857 kgce / kg
Slimes	8 363 ~ 12 545 kjoule / (2 000 ~ 3 000kcal)/ kg	0.2857 ~ 0.4286 kgce / kg
Coke	28 435 kjoule / (6 800 kcal) / kg	0.9714 kgce / kg
Crude Oil	41 816 kjoule / (10 000 kcal) / kg	1.4286 kgce / kg
Fuel Oil	41 816 kjoule / (10 000 kcal) / kg	1.4286 kgce / kg
Gasoline	43 070 kjoule / (10 300 kcal) / kg	1.4714 kgce / kg
Kerosene	43 070 kjoule / (10 300 kcal) / kg	1.4714 kgce / kg
Diesel	42 652 kjoule / (10 200 kcal) / kg	1.4571 kgce / kg
Liquefied Petroleum Gas	50 179 kjoule / (12 000 kcal) / kg	1.7143 kgce / kg
Refinery Gas	45 998 kjoule / (11 000 kcal) / kg	1.5714 kgce / kg
Natural Gas	38 931kjoule / (9 310 kcal) / cu. m	1.3300 kgce / cu. m
Coke Oven Gas	16 726 ~ 17 981kKjoule/ (4 000 ~ 4 300kcal)/ cu. m	0.5714 ~ 0.6143 kgce / cu. m
Other Coal Gas		
By Gas Furnace	5 227 kjoule / (1 250 kcal) / cu. m	0.1786 kgce / cu. m
By Heavy Oil Catalytic Cracking	19 235 kjoule / (4 600 kcal) / cu. m	0.6571 kgce / cu. m
By Heavy Oil Thermal Cracking	35 544 kjoule / (8 500 kcal) / cu. m1.2143 kgce / cu. m	
Coke Gas	16 308 kjoule / (3 900 kcal) / cu. m	0.5571 kgce / cu. m
By Pressure Gasification	15 054 kjoule / (3 600 kcal) / cu. m	0.5143 kgce / cu. m
Water Coal Gas	10 454 kjoule / (2 500 kcal) / cu. m	0.3571 kgce / cu. m
Coal Tar	33 453 kjoule / (8 000 kcal) / kg	1.1429 kgce / kg
Benzene	41 816 kjoule / (10 000 kcal) / kg	1.4286 kgce / kg
Heat (in calorific value)	0.03412 kgce / Mjoule	(0.14286 kgce / 1000 kcal)
Electricity (in calorific value)	3 600 kjoule / (860 kcal) / kW · h	0.1229 kgce / kW · h
(in coal equivalent)	calculated by average coal input for thermal power generation in the year	
Biomass Energy		
Night Soil1	8 817 kjoule / (4 500 kcal) / kg	0.643 kgce / kg
Cow Dung	13 799 kjoule / (3 300 kcal) / kg	0.471 kgce / kg
Pig Dung	12 545 kjoule / (3 000 kcal) / kg	0.429 kgce / kg
Sheep/Donkey/Horse/Mule Dung	15 472 kjoule / (3 700 kcal) / kg	0.529 kgce / kg
Poultry Manure	18 817 kjoule / (4 500 kcal) / kg	0.643 kgce / kg
Soybean Stalk, Cotton Stalk	15 890 kjoule / (3 800 kcal) / kg	0.543 kgce / kg
Paddy Stalk	12 545 kjoule / (3 000 kcal) / kg	0.429 kgce / kg
Wheat stalk	14 635 kjoule / (3 500 kcal) / kg	0.500 kgce / kg
Maize Stalk	15 472 kjoule / (3 700 kcal) / kg	0.529 kgce / kg
Fireweed	13 799 kjoule / (3 300 kcal) / kg	0.471 kgce / kg
Leaves	14 635 kjoule / (3 500 kcal) / kg	0.500 kgce / kg
Firewood	16 726 kjoule / (4 000 kcal) / kg	0.571 kgce / kg
Biogas	20 908 kjoule / (5 000 kcal) / cu. m	0.714 kgce / cu. m